Werner Geers

Arbeiten mit Access 2013

Datenbanken mit
- Datenmodellierung
- Tabellen, Abfragen, Formularen und Berichten
- Beziehungen
- Makros
- Datenaustausch
- SQL – Structured Query Language

1. Auflage

Bestellnummer 61116

Bildungsverlag EINS

Haben Sie Anregungen oder Kritikpunkte zu diesem Produkt?
Dann senden Sie eine E-Mail an 61116_001@bv-1.de
Autor und Verlag freuen sich auf Ihre Rückmeldung.

Vorwort

Datenbanken gewinnen in Betrieben, Verwaltungen und Schulen eine immer größere Bedeutung. In diesem Buch werden theoretische Grundlagen über Datenbanken vermittelt und der praktische Umgang mit dem Datenbanksystem Access 2013 gezeigt.

- Das Arbeitsbuch zu Access 2013 ermöglicht es, Datenbanken handlungsorientiert im Unterricht einzusetzen. Es werden alle Inhalte zum Bereich Datenbank abgedeckt, die in vielen Rahmenlehrplänen angegeben werden.
- Einen breiten Raum nimmt die Modellierung einer Datenbank mithilfe des Entity-Relationship-Modells (ERM) ein. Außerdem wird die Normalisierung von Daten umfassend durchgeführt.
- Die einzelnen Objekte einer Datenbank (Tabellen, Abfragen, Formulare, Berichte, Makros) werden eingehend beschrieben. Anhand von Übungen lässt sich das jeweils Erlernte vertiefen.
- Der Datenaustausch zwischen Programmen führt dazu, dass Daten nur einmal erfasst und dann für unterschiedliche Zwecke genutzt werden. Anhand von Erklärungen, Beispielen und Übungen wird dieser Sachverhalt intensiv erarbeitet.
- Relationale Datenbanken nutzen die Datenbanksprache SQL (Structured Query Language). Anhand von Erklärungen und vielen Beispielen wird die Nutzung der Datenbanksprache intensiv geübt. Damit werden Grundlagen gelegt, die es ermöglichen, andere relationale Datenbanken wie MySQL, Oracle usw. zu nutzen.

In Abhängigkeit vom genutzten Betriebssystem werden Fenster farblich unterschiedlich dargestellt. Inhaltlich gibt es jedoch keine Unterschiede.

Neueste Informationen, eventuelle Änderungen und Ergänzungen, die sich beispielsweise durch Updates des Programms ergeben, können Sie über das Internet unter den folgenden Adressen abrufen:
www.berufliche-informatik.de
www.werner-geers.de

Papenburg, Sommer 2013 *Werner Geers*

Bildquellenverzeichnis:
MEV-Verlag, Augsburg: Cover
Werner Geers, Papenburg: Seite 186

www.bildungsverlag1.de

Bildungsverlag EINS GmbH
Hansestraße 115, 51149 Köln

ISBN 978-3-427-**61116**-5

1 Datenmodellierung

1.1 Funktionen einer Datenbank – Datenbankkonzept

Datenbanken werden genutzt, um Daten über Produkte, Lieferanten, Kunden usw. zu erfassen und sinnvoll auszuwerten. Es muss genau geplant werden, welche Daten zu welchen Zwecken benötigt werden und damit für bestimmte Zwecke ausgewertet werden können.

Kennzeichen eines guten Datenbankprogramms ist jedoch auch, dass durch betrieblich bedingte Notwendigkeiten später Änderungen vorgenommen werden können, die es erlauben, zusätzliche Daten zu erfassen und zu verarbeiten. Trotzdem besteht die unbedingte Notwendigkeit, eine Datenbank genau zu planen, damit sie auch späteren Anforderungen gerecht wird. Die Modellierung einer Datenbank wird in der Regel nach dem Entity-Relationship-Modell (ERM) vorgenommen.

Hinweis: Grundsätzlich ist es durchaus möglich, bei der Arbeit mit dem Kapitel *Aufbau einer Datenbank mit **Access 2013*** zu beginnen und die theoretischen Grundlagen nach Bedarf oder danach zu behandeln.

1.2 Datenmodelle

Mithilfe von Datenbanken sollen Ausschnitte aus der realen Welt abgebildet werden. Dies bedeutet, dass anfallende Daten sachgerecht abgebildet werden müssen, um danach optimal verarbeitet werden zu können.

Der Ablauf der Modellierung und die Erstellung einer Datenbank erfolgt normalerweise in der nachfolgend dargestellten Reihenfolge. Die einzelnen Schritte werden kurz angegeben und später im Buch intensiv beschrieben. Die theoretischen Grundlagen werden später anhand des Aufbaus einer Datenbank mit dem Programm **Access** in praktische Ergebnisse umgesetzt.

Begriff	Bedeutung
Semantisches Modell	Objekte und Beziehungen der realen Welt werden im semantischen Datenmodell abstrakt beschrieben. Zur visuellen Unterstützung werden semantische Datenmodelle, z. B. mithilfe von Entity-Relationship-Modellen, beschrieben. **Beispiel:** Autoren schreiben Bücher. Diese Bücher werden von einem Verlag herausgebracht. **Darstellung im Entity-Relationship-Modell:** 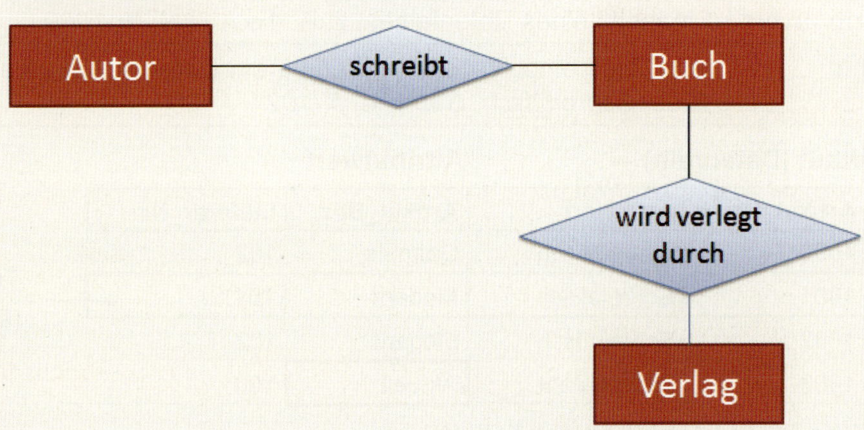

Logisches Modell	Das logische Datenmodell entspricht der konzeptionellen Erstellung einer Datenbank in Abhängigkeit von dem Datenbanksystem, welches später eingesetzt werden soll. In der Regel wird das relationale Datenbankmodell in der Praxis angewandt. Die im Entity-Relationship-Modell beschriebenen Objekte und Beziehungen werden in Form von Tabellen umgesetzt. Das Modell wird im nächsten Kapitel genauer beschrieben. Andere denkbare Modelle spielen in der Praxis keine Rolle und werden daher hier nicht beschrieben. Zur Verhinderung von Redundanzen (mehrfach vorhandene gleiche Daten) und Anomalien (Inkonsistenzen, nicht miteinander vereinbare Daten, widersprüchliche Daten) wird die Technik der Normalisierung eingesetzt. Sie wird später genau beschrieben.
Physisches Modell	Die Umsetzung des logischen Modells mithilfe der Datenbankbeschreibungssprache des Zielsystems (Data Description Language) wird als physisches Modell bezeichnet. Das Modell wird z. B. im Datenbankprogramm **Access** oder im Datenbankverwaltungssystem **MySQL** umgesetzt.

1.3 Relationale Datenbank

Von einer **relationalen Datenbank** spricht man, wenn Daten aus verschiedenen Tabellen miteinander verknüpft werden können, also beispielsweise bestimmte Artikel einem Lieferanten zugeordnet werden können.

Dabei muss eine relationale Datenbank bestimmte Mindestanforderungen erfüllen:

- Alle Informationen werden in Tabellen dargestellt. Grundlage der relationalen Datenbank ist die Tabelle oder „Relation". Der Aufbau aller Datensätze in einer Tabelle muss gleich sein, die Datensätze müssen also aus denselben Datenfeldern (z. B. *Artikel_Nr*, *Artikelart*, *Artikel_Bez*, *Bestand* usw.) bestehen.
- Eine Tabelle besteht aus Zeilen und Spalten. Jede Zeile enthält einen Datensatz (z. B. *1001*, *Schreibtisch*, *Gabriele*, *5,* usw.). Die Spalten der Tabelle enthalten ein einzelnes Datenfeld (z. B. *1001*).

In der Datenbanksprache werden die folgenden Begriffe benutzt:

Begriff	Bedeutung
Relation	Zweidimensionale Tabelle mit bestimmter Anzahl von Zeilen und Spalten.
Attribut	Eigenschaften einer Spalte einer Tabelle, z. B. *Artikel_Nr.*
Attributwert	Ein Inhalt eines Datenfeldes, z. B. die Artikel_Nr *1000.*
Tupel	Eine Zeile einer Tabelle und damit ein Datensatz in einer Tabelle, z. B. *1000*, *Schreibtisch*, *Gabriele*, *5*, *102.*

Attribut (Datenfeld) **Attributwert**

	Artikel_Nr	Artikelart	Artikel_Bez	Lieferer_Nr
	1000	Schreibtisch	Gabriele	102
	1001	Schreibtisch	Modern	101
	1002	Schreibtisch	Elegant	102
	1003	Büroschrank	Aktuell	100

Tupel (Datensatz)

Relation (gesamter Inhalt der Tabelle)

- Die Daten müssen bearbeitet werden können:
  - Tabellen müssen über mindestens ein gemeinsames Attribut verknüpft (in Beziehung gestellt) werden können. So muss beispielsweise über ein Datenfeld in einer Lagertabelle auf eine Lieferantentabelle zurückgegriffen werden können.

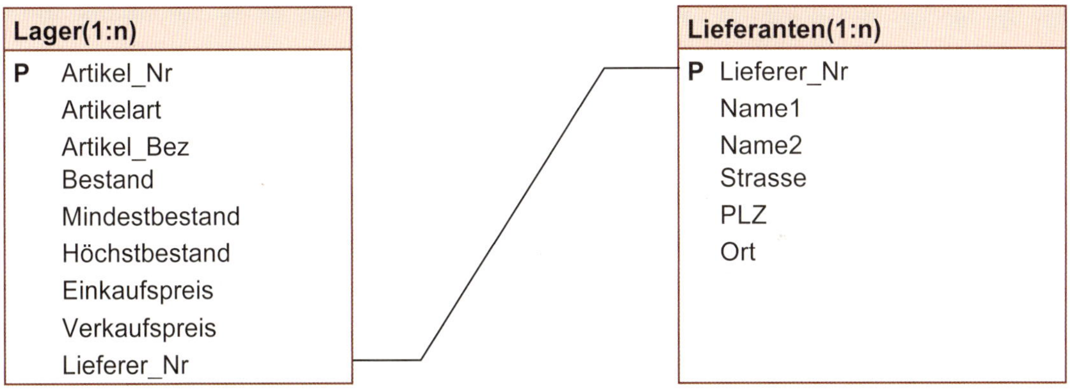

  Bei der hier abgebildeten Beziehung ist es möglich, über eine Abfrage einem Artikel einen Lieferanten zuzuordnen. Andere Beziehungen erlauben es z. B., einem Artikel mehrere Lieferanten oder einem Lieferanten mehrere Artikel zuzuordnen.

  - Alle Daten müssen durch Selektion (Auswahl) in bestimmte Ergebnistabellen kopiert werden können. Dies wird in **Access** über Abfragen realisiert.

	Artikel_Nr	**Artikelart**	**Artikel_Bez**	**Lieferer_Nr**	**Name1**	**Ort**
	1000	Schreibtisch	Gabriele	102	Tranel GmbH	Duisburg
	1001	Schreibtisch	Modern	101	Büromöbel AG	Berlin
	1002	Schreibtisch	Elegant	102	Tranel GmbH	Duisburg
	1003	Büroschrank	Aktuell	100	Wagner & Co.	Bielefeld

  Im abgebildeten Beispiel werden Daten aus zwei Tabellen, die miteinander verknüpft wurden, durch eine Abfrage zusammengeführt, sodass man sehen kann, welcher Artikel von welchem Lieferanten geliefert werden kann.

Wird die Datenbank vernünftig aufgebaut, werden Datenredundanzen und Dateninkonsistenzen vermieden und die Datenintegrität gewahrt:

Begriff	**Bedeutung**
Datenredundanz und Dateninkonsistenz	Mehrfache Einträge desselben Sachverhaltes in einer Datenbank nennt man Datenredundanzen. Beispielsweise ist es unlogisch, in einer Tabelle zu jedem Artikel den Lieferanten einzugeben. Liefert der Lieferant mehrere Artikel, müssten jedes Mal die Daten in allen Datensätzen geändert werden, wenn sich beispielsweise der Name (Firmenbezeichnung) des Lieferanten ändert. Bei der Datenänderung muss gewährleistet sein, dass alle betroffenen Eintragungen erfasst werden, ansonsten kommt es zur Dateninkonsistenz (nicht mehr aktuellen Daten). Ein besonderes Problem ist gegeben, wenn in Tabellen unterschiedliche Daten desselben Sachverhalts entstehen. Dies muss unbedingt bei der Planung und der Arbeit mit einer Datenbank verhindert werden. Durch mehrfache Einträge werden außerdem Platzressourcen verschwendet. Die mehrfache Erfassung führt daneben zur Zeitverschwendung etwa bei der Dateneingabe.
Datenintegrität	Unter Datenintegrität versteht man die Genauigkeit von Daten und ihre Übereinstimmung mit der erwarteten Bedeutung, insbesondere nachdem sie übertragen oder verarbeitet wurden.

1.4 Entity-Relationship-Modell (ERM) – semantisches Modell

1.4.1 Begriff

Das Entity-Relationship-Modell (ERM), auch als Gegenstands-Beziehungsmodell bezeichnet, bildet in der Regel die Grundlage für die Modellierung einer Datenbank. In dem Modell werden Objekte einer Datenbank in Beziehungen zueinander gesetzt.

Das Modell beschreibt einen Auszug aus einer realen Welt. Beispielsweise werden die Beziehungen zwischen einem Autor und einem oder mehreren Büchern beschrieben oder die Beziehung zwischen einem oder mehreren Lieferanten zu einem oder mehreren Artikeln im Lager eines Unternehmens. Die Beziehungen zwischen den Objekten werden durch *Entity-Relationship-Diagramme* (ERD) oder *ER-Diagramme* grafisch dargestellt.

1.4.2 Entität – Objekt

Eine **Entität** ist ein eindeutig identifizierbares Objekt oder ein eindeutig identifizierbarer Sachverhalt (Personen, Gegenstände, nicht materielle Dinge) der realen Welt oder der Vorstellungswelt, über das Informationen gespeichert werden können. Entitäten (Objekte) können z. B. ein Artikel, ein Lieferant, ein Autor usw. sein.

1.4.3 Entitätstyp – Objekttyp

Eine Menge **von Entitäten** mit gleichen Attributen wird als **Entitätstyp** bezeichnet. Zu einem Entitätstyp kann es beliebig viele Entitäten geben. Dies bedeutet, dass alle Datensätze in einer Tabelle einer Datenbank identisch aufgebaut sind und sein müssen. Durch Entitätstypen wird der Datenbestand beschrieben. Der Datenbestand wird durch die Entitäten dargestellt.

Darstellung eines Entitätstyps:
Entitätstypen bzw. Objekttypen werden durch Rechtecke dargestellt.

Beispiel:

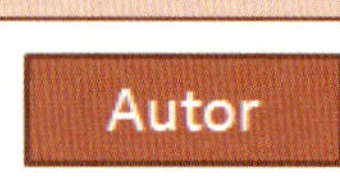

1.4.4 Attribute

Begriff:
Durch Attribute werden die Eigenschaften einer Entität spezifiziert, also genauer beschrieben. Die Eigenschaften einer Entität werden für den benötigten Zweck erfasst. Für den Autor eines Buches lassen sich z. B. eine Autor_Nr, ein Name usw. bestimmen.

Darstellung eines Entitätstyps mit Attributen:
Attribute werden als Ellipsen dargestellt. Sie werden einer Entität zugeordnet. Schlüsselfelder werden unterstrichen. Die Bedeutung wird auf den nächsten Seiten erklärt.

Beispiel:

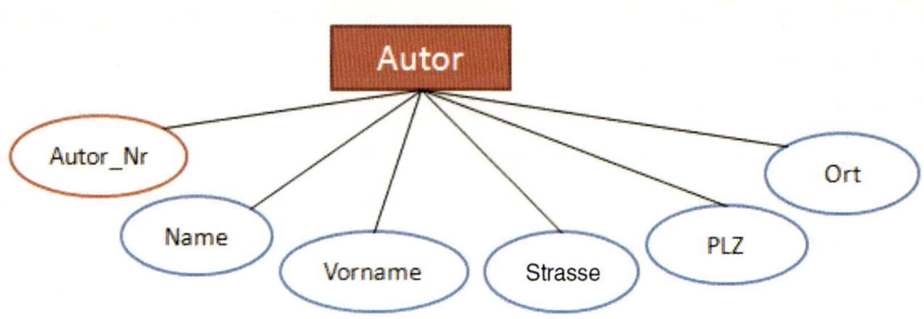

1.4.5 Entitätstyp, Entität und Attribute

Der Zusammenhang zwischen den vorher erklärten Begriffen soll anhand von zwei Beispielen noch einmal verdeutlicht werden. Die Beispiele zeigen den Entitätstyp mit Attributen und einzelne Entitäten, die als Datensatz in einer Tabelle erfasst werden.

Beispiel 1:
In einer Tabelle einer Datenbank werden die Autoren von Büchern erfasst. Für jeden Autor werden dieselben Daten, wie etwa der Name und der Vorname, erfasst.

Beispiel 1:

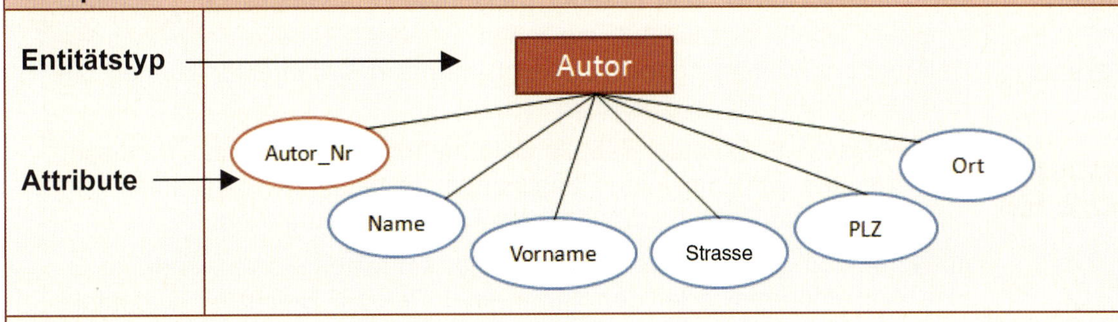

Entitäten (Erfassung in einer Tabelle einer Datenbank)

Autor_Nr	Name	Vorname	Strasse	PLZ	Ort	
201	Müller	Gerhard	Ringweg 11	10301	Berlin	← Entität
202	Hansen	Ludwig	Hauptkanal re. 61	26871	Papenburg	← Entität
203	Brandt	Heinrich	Am Wall 10	26112	Oldenburg	← Entität
204	Holtes	Udo	Beethovenstr. 1	80336	München	← Entität

Beispiel 2:
In einer Tabelle einer Datenbank werden die Artikel erfasst. Für jeden Artikel werden dieselben Daten, wie etwa die Artikelart und die Artikelbezeichnung, erfasst.

Beispiel 2:

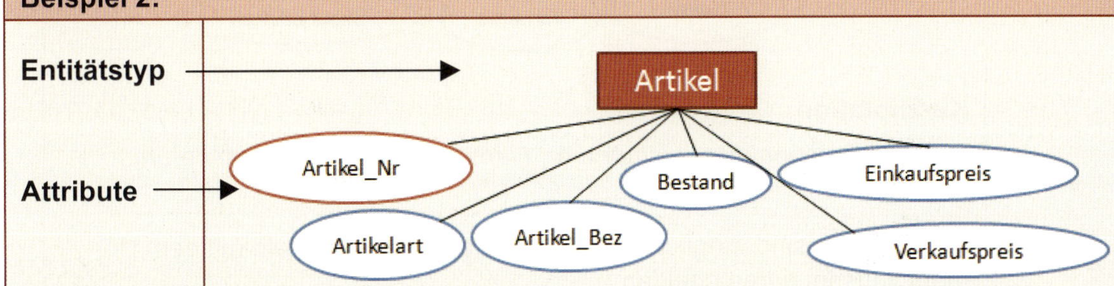

Entitäten (Erfassung in einer Tabelle einer Datenbank)

Artikel_Nr	Artikelart	Artikel_Bez	Bestand	Einkaufspreis	Verkaufspreis	
1000	Schreibtisch	Gabriele	5	800,00 €	1.365,00 €	←Entität
1001	Schreibtisch	Modern	10	456,00 €	735,00 €	←Entität
1002	Schreibtisch	Exklusiv	20	1.250,00 €	1.848,00 €	←Entität
1003	Büroschrank	Elegant	12	2.400,00 €	3.190,00 €	←Entität

1.4.6 Schlüsselfelder

Zu den Schlüsselfeldern gehören der Primär- und der Fremdschlüssel. In der folgenden Tabelle werden die beiden Begriffe erklärt.

Außerdem werden verschiedene Arten von Primärschlüsseln angegeben und beschrieben. Schlüssel können sich von Natur aus anbieten, sie können jedoch auch nach den jeweiligen Erfordernissen künstlich hinzugefügt werden. Außerdem können die Schlüssel aus mehreren Attributen bestehen.

Primärschlüssel

Definition

Als Primärschlüssel wird in einer relationalen Datenbank ein Datenfeld in einer Tabelle bezeichnet, die jeden in dieser Tabelle gespeicherten Datensatz eindeutig beschreibt. Auch mehrere Datenfelder können als Primärschlüssel definiert werden.

Ein Schlüssel darf in einer Tabelle nicht mehrmals vorkommen, da dieser dafür genutzt wird, um einen bestimmten Datensatz auszuwählen und Beziehungen zu Datenfeldern anderer Tabellen herzustellen.

Im Normalfall wird als Primärschlüssel nur ein Datenfeld verwendet, z. B. eine Artikelnummer oder der Name einer Person. Reicht ein Datenfeld zur Klassifizierung nicht aus, können weitere Felder dazugenommen werden (z. B. Vorname, Geburtsdatum usw.). Man spricht dann von einem kombinierten zusammengesetzten Primärschlüssel oder auch Verbundschlüssel.

Natürlicher Schlüssel

Als natürlichen Schlüssel bezeichnet man ein Attribut, welches durch den Entitätstyp vorgegeben ist. Ein natürliches Attribut könnte beispielsweise die Personalausweisnummer oder die ISBN-Nummer eines Buches sein.

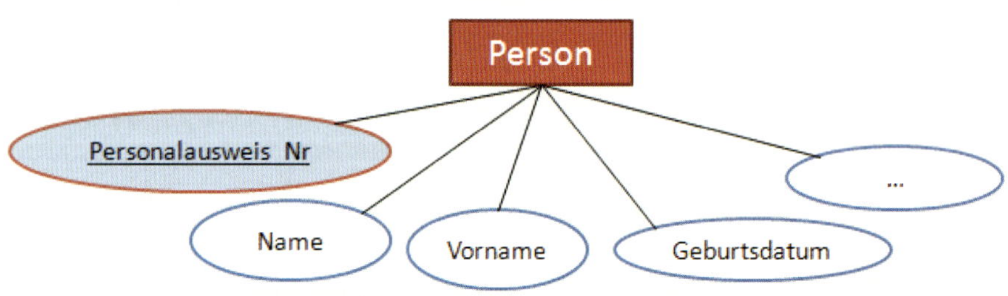

Kurznotation:

Person (Personalausweisnummer, Name, Vorname, Geburtsdatum, ...)

Diese Daten sind möglich, da sich die Daten im Datenfeld mit dem Primärschlüssel unterscheiden:

Personalausweis_Nr	Name	Vorname	Geburtsdatum
178665456	Müller	Heinrich	15.11.1981
145654789	Müller	Heinrich	23.11.1987
167876543	Volkmann	Hans	23.12.1983

Die Eingabe des zweiten Datensatzes ist nicht möglich, da versucht wird, im Datenfeld mit dem Primärschlüssel einen gleichen Wert einzugeben:

Personalausweis_Nr	Name	Vorname	Geburtsdatum
178665456	Müller	Heinrich	15.11.1981
178665456	Müller	Heinrich	23.11.1987

Künstlicher Schlüssel

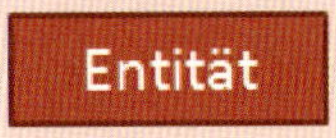

Zusätzlich zu den vorhandenen Attributen wird ein weiteres Attribut hinzugefügt. Dabei handelt es sich z. B. um eine Artikelnummer usw.

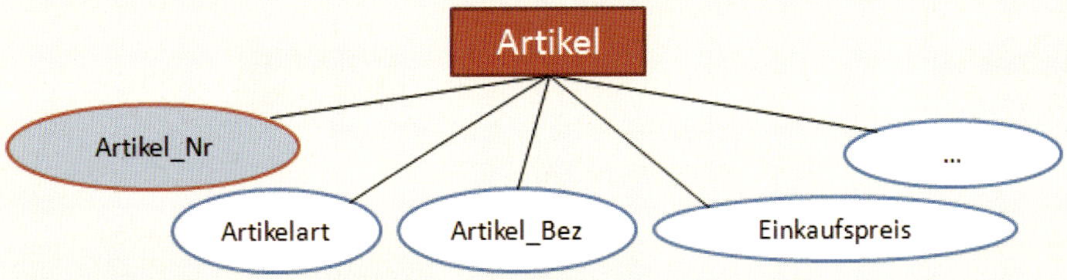

Artikel (Artikel_Nr, Artikelart, Artikel_Bez, Einkaufspreis, ...)

Verbundschlüssel (zusammengesetzter, kombinierter)

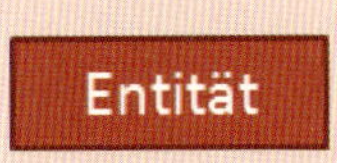

Mehrere Attribute bilden zusammen den Schlüssel. Dabei kann es sich z. B. um die folgende Kombination handeln:

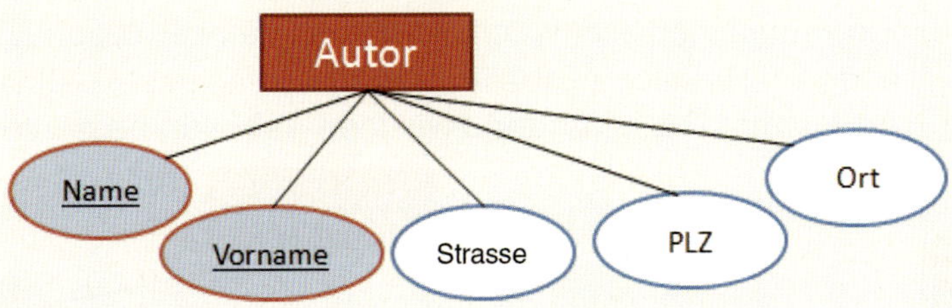

Autor (Name, Vorname, Strasse, PLZ, Ort)

Grundsätzlich erscheint ein solcher Schlüssel in der dargestellten Form jedoch nicht besonders geeignet, da es auch Personen geben kann, die den gleichen Namen und Vornamen haben.

Ein Verbundschlüssel in einer Tabelle *Abteilung_Mitarbeiter* ergibt hingegen einen Sinn. Ein Mitarbeiter kann selbstverständlich nicht zweimal in derselben Abteilung beschäftigt sein. Wird dieselbe Kombination aus Abteilungsnummer und Mitarbeiternummer ein zweites Mal eingegeben, ist dies falsch und muss verhindert werden. Hingegen muss es möglich sein, dass der Mitarbeiter mehreren Abteilungen zugeordnet wird.

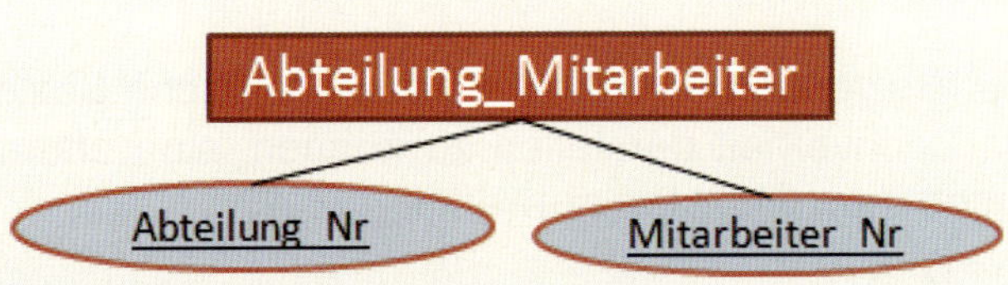

Abteilung_Mitarbeiter (Abteilung_Nr, Mitarbeiter_Nr)

Die Eingabe der folgenden Daten ist möglich:

Abteilung_Nr	**Mitarbeiter_Nr**
3	1000
3	1001

Die Eingabe der folgenden Daten ist nicht möglich:

Abteilung_Nr	**Mitarbeiter_Nr**
3	1000
3	1000

Abteilung_Nr	**Mitarbeiter_Nr**
3	1001
3	1001

Nicht-Schlüssel-Attribute

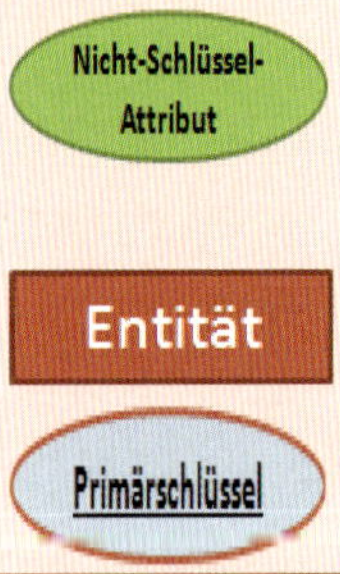

Als Nicht-Schlüssel-Attribute werden alle Attribute bezeichnet, die nicht Schlüssel-Attribute (Primärschlüssel) sind. In diesem Beispiel also *Name*, *Vorname*, *Geburtsdatum* usw.

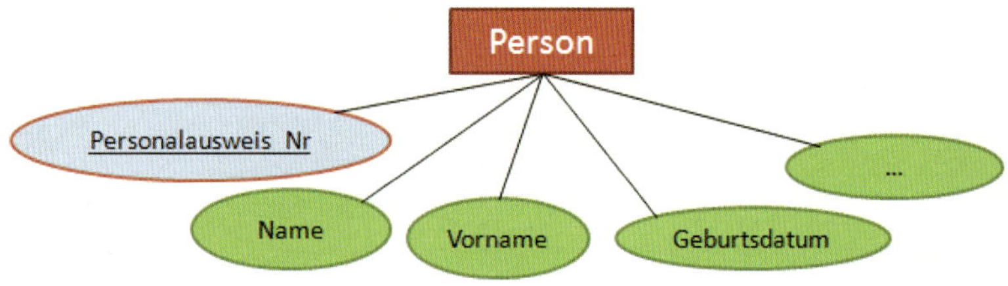

Person (Personalausweisnummer, Name, Vorname, Geburtsdatum, ...)

Fremdschlüssel

Definition

Ein Fremdschlüssel ist ein Attribut in einer Relation (Tabelle), das in einer anderen Relation (Tabelle) als Primärschlüssel definiert wurde. Auf diese Art werden Beziehungen zwischen Tabellen hergestellt.

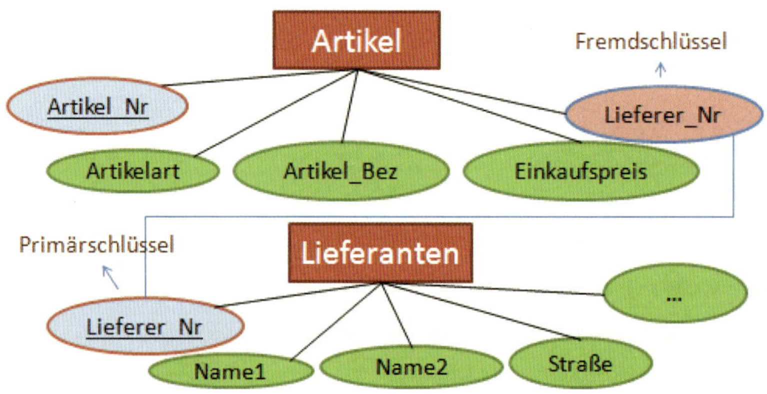

Artikel (Artikel_Nr, Artikelart, Artikel_Bez, Einkaufspreis, Lieferer_Nr)
Lieferanten (Lieferer_Nr, Name1, Name2, Strasse, ...)

1.4.7 Relationship (Beziehungen)

Begriff:

Eine Relationship (Beziehung) beschreibt die semantische Beziehung zwischen zwei Objekten. Um einen Sachverhalt darstellen zu können, sind oftmals mehrere Beziehungen zwischen den gegebenen Objekten notwendig.

Beispiel 1:

Ein Autor schreibt ein Buch.

Darstellung:

Beziehungen werden durch eine Raute dargestellt.

Darstellung 1a:

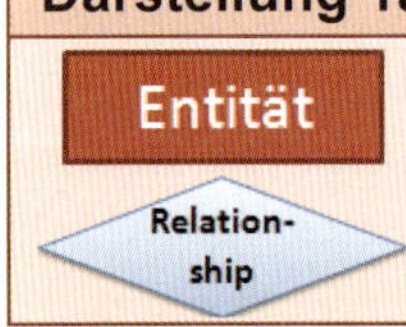

Darstellung 1b:

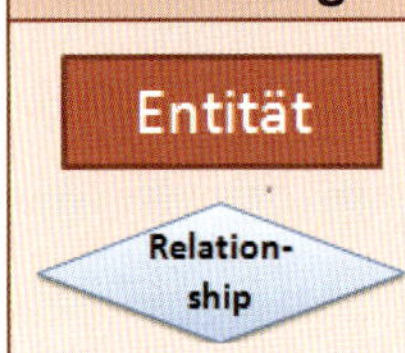

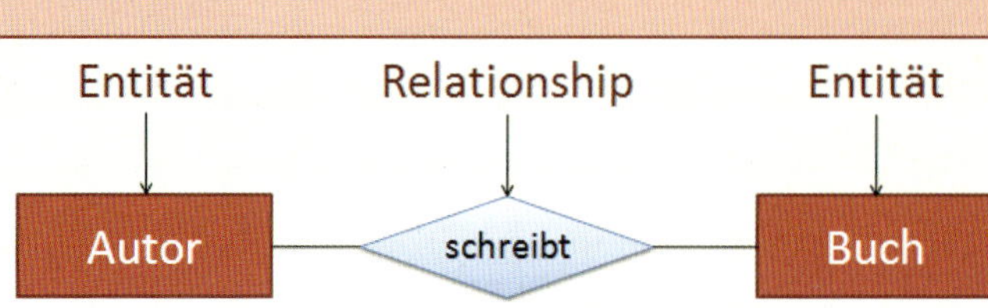

Darstellung 1c:

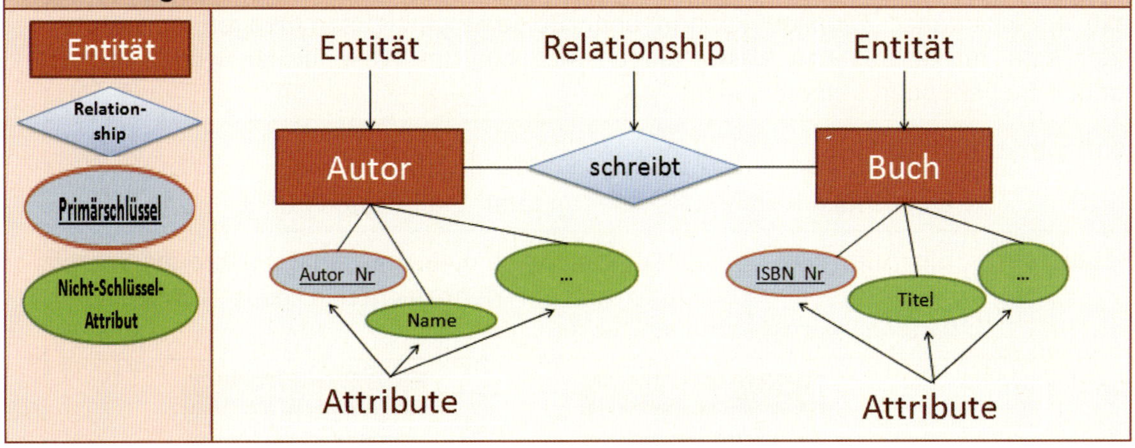

Beispiel 2:

Ein Autor schreibt ein Buch. Dieses Buch wird bei einem Verlag herausgebracht. Daher bestehen zwei Beziehungen:

- Beziehung 1: Beziehung zwischen dem Autor und dem Buch,
- Beziehung 2: Beziehung zwischen dem Buch und dem Verlag.

Darstellung:

Darstellung 2:

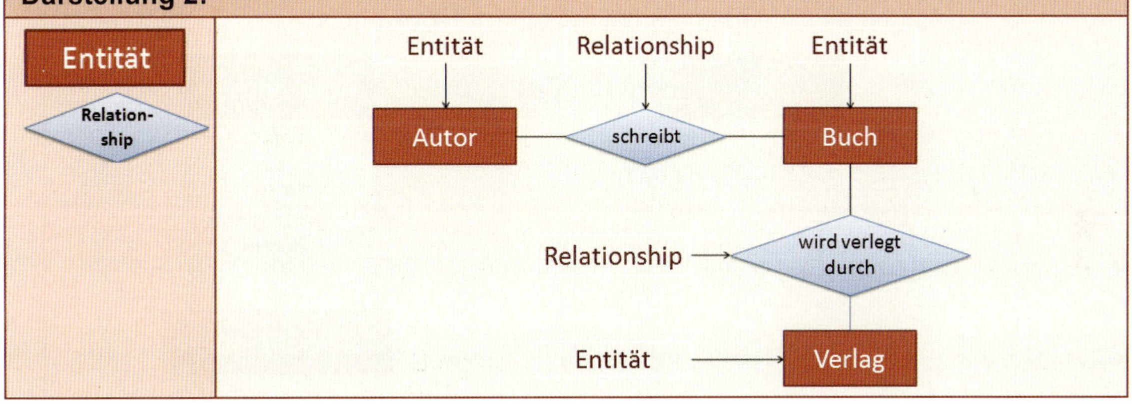

1.4.8 Kardinalität

Bei der Kardinalität geht es um die Frage, ob eine Entität der Typs A (ein Objekt) mit einer oder mehreren Entitäten des Typs B (ein oder mehrere Objekte) in Beziehung steht. Die Beziehungen werden anschließend erklärt.

Fragestellung	Antwort	Kardinalität
Kann es in einem Ort mehrere Krankenhäuser geben?	Ja	**n**
Kann ein Auto mehrere unterschiedliche Kennzeichen haben?	Nein	**1**

1.4.9 Optionalität

Bei der Optionalität geht es darum, ob eine Entität der Typs A (ein Objekt) mit mindestens einer Entität des Typs B (einem Objekt) in Beziehung stehen muss.

Fragestellung/Bedeutung	Optionalität
Muss ein Krankenhaus in mindestens einem Ort liegen?	Ja, Muss-Beziehung, nicht optional
Muss ein Ort mindestens ein Krankenhaus haben?	Nein, Kann-Beziehung, optional

1.4.10 Beziehungen

Inhalte verschiedener Tabellen können über Beziehungen zusammengeführt werden. Danach sind unterschiedliche Auswertungen möglich. Im Wesentlichen wird zwischen folgenden Beziehungen unterschieden:

<table>
<tr><th colspan="2">1:1-Beziehung (1 zu 1)</th></tr>
<tr><td>Begriff</td><td>Eine Entität wird jeweils einer anderen Entität zugeordnet.</td></tr>
<tr><td>Beispiel</td><td>Ein Auto wird von einem Hersteller u. a. mit einer Fahrzeugnummer ausgestattet. Jedes Auto hat ein Kennzeichen. Dieses Kennzeichen wird nur einmal vergeben.</td></tr>
<tr><td>Grundlagen</td><td>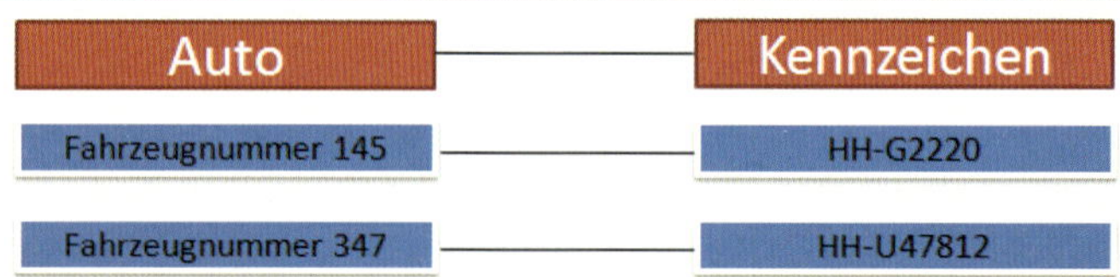
</td></tr>
<tr><td>ERM
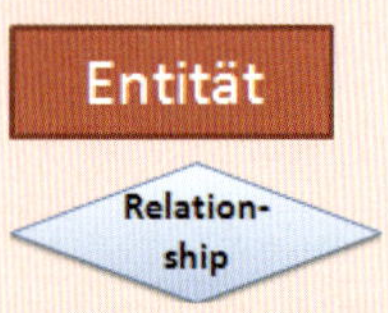
</td><td>

Das Beispiel lässt sich selbstverständlich weiter ausbauen, beispielsweise auch dadurch, dass die Zulassungsstelle, die das Kennzeichen vergeben hat, in die Modellierung des Sachverhalts einbezogen wird. Das Kennzeichen wird in nur einer Zulassungsstelle vergeben. Daher handelt es sich auch hierbei um eine 1:1-Beziehung.
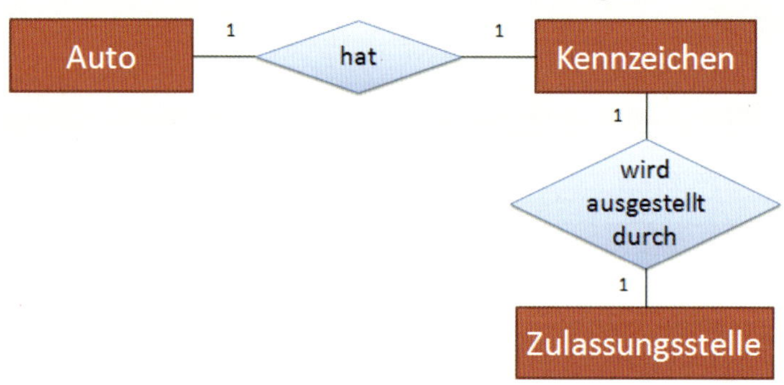

Die Beziehungen zwischen dem Kennzeichen und der Zulassungsstelle können auch einen anderen Grad der Beziehung annehmen.</td></tr>
<tr><td>ERM-Attribute
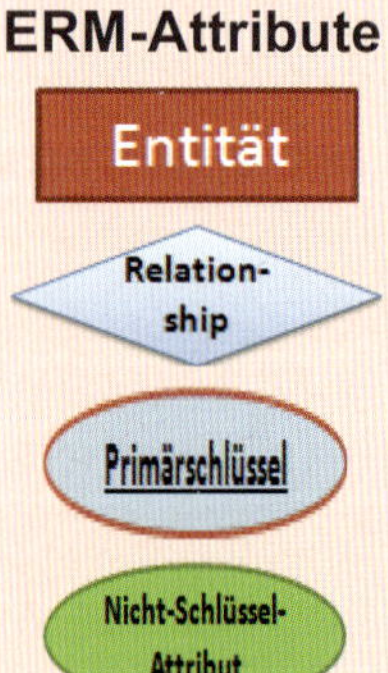
</td><td>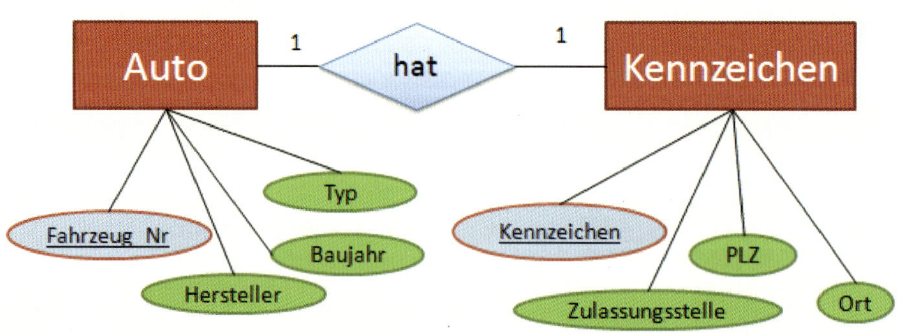
</td></tr>
<tr><td>Tabellen</td><td>Auto
P Fahrzeug_Nr
Hersteller
Typ
Baujahr

Kennzeichen
P Kennzeichen
Zulassungsstelle
PLZ
Ort</td></tr>
</table>

1:n-Beziehung (1 zu beliebig vielen)

Begriff

Jede Entität aus der ersten Entitätsmenge kann mit beliebig vielen Entitäten aus der zweiten Entitätsmenge in Beziehung stehen. Jede Entität aus der zweiten Entitätsmenge kann mit höchstens einer Entität aus der ersten Entitätsmenge in Beziehung stehen.

Beispiel

Ein Autor schreibt beliebig viele Bücher. Umgekehrt ist jedoch ein Buch aus der zweiten Entitätsmenge eindeutig einem Autor zuzuordnen.

Grundlagen

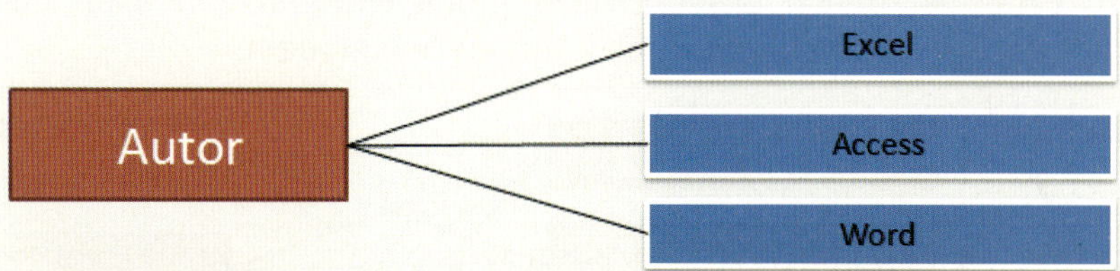

ERM

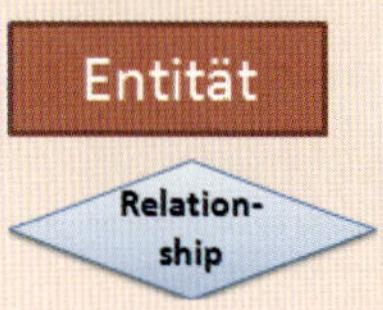

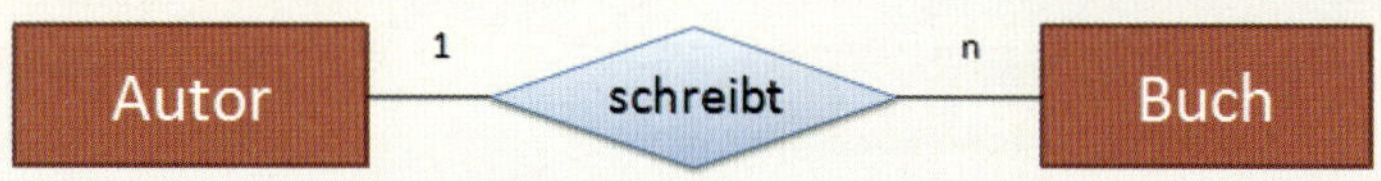

Auch dieses Beispiel kann ausgebaut werden. Jedes Buch ist normalerweise nur in einem Verlag erschienen. Daher besteht zwischen einem Buch und dem Verlag eine 1:1-Beziehung.

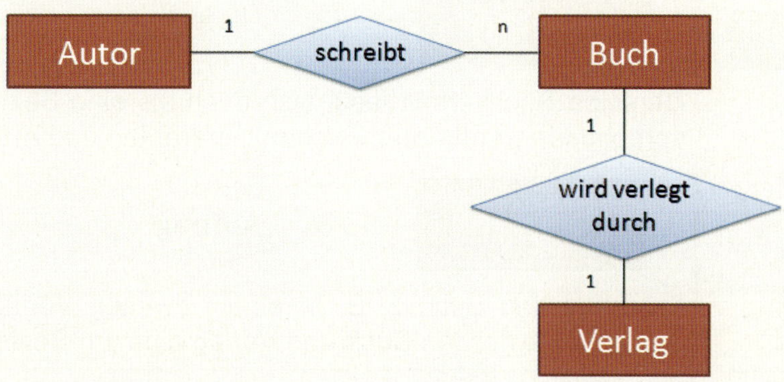

Erscheint das Buch z. B. in einem zweiten Verlag als Taschenbuch, ergibt sich zwischen Buch und Verlag eine 1:n-Beziehung.

ERM-Attribute

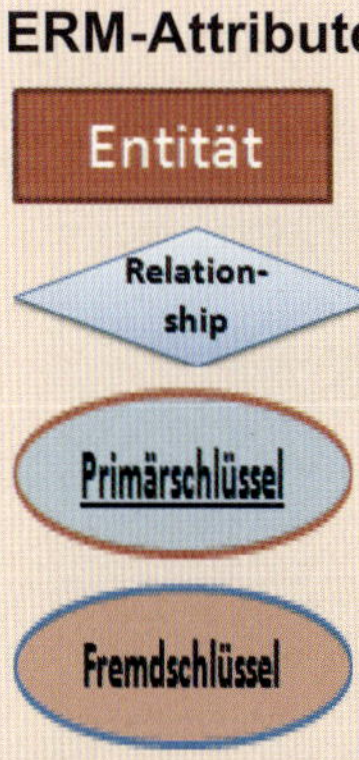

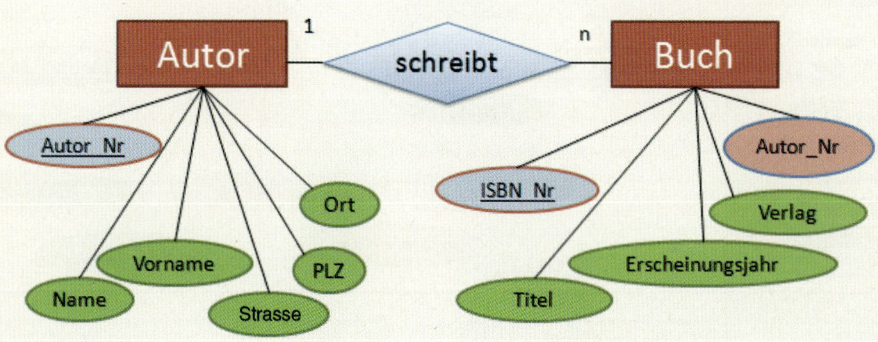

Tabellen

Autor	
P	Autor_Nr
	Name
	Vorname
	Strasse
	PLZ
	Ort

Buch	
P	ISBN-Nr
	Titel
	Erscheinungsjahr
	Verlag
	Autor_Nr

<table>
<tr><th colspan="2">m:n-Beziehung (beliebig viele zu beliebig vielen)</th></tr>
<tr><td>Begriff</td><td>Jede Entität aus der ersten Entitätsmenge kann mit beliebig vielen Entitäten aus der zweiten Entitätsmenge in Beziehung stehen. Jede Entität aus der zweiten Entitätsmenge kann mit beliebig vielen Entitäten aus der ersten Entitätsmenge in Beziehung stehen.</td></tr>
<tr><td>Beispiel</td><td>Ein Lieferant kann mehrere Produkte liefern. Außerdem kann jedes Produkt auch von mehreren Lieferanten geliefert werden. Selbstverständlich braucht nicht jedes Produkt von allen Lieferanten geliefert werden können, es kann jedoch so sein.</td></tr>
<tr><td>Grundlagen</td><td>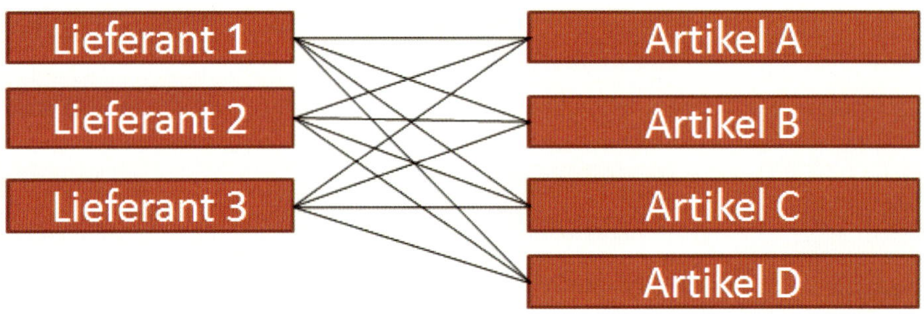
</td></tr>
<tr><td>ERM
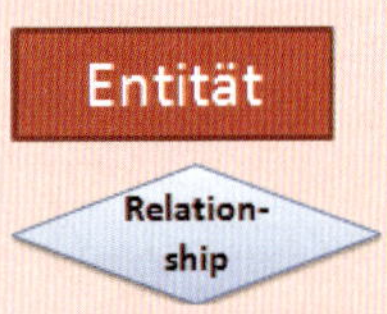
</td><td>

Derselbe Sachverhalt lässt sich auch als eine Beziehung über die entsprechenden Aufträge zwischen Lieferanten und Artikeln darstellen.

Erscheint das Buch z. B. in einem zweiten Verlag als Taschenbuch, ergibt sich zwischen Buch und Verlag eine 1:n-Beziehung.</td></tr>
<tr><td>ERM-Attribute
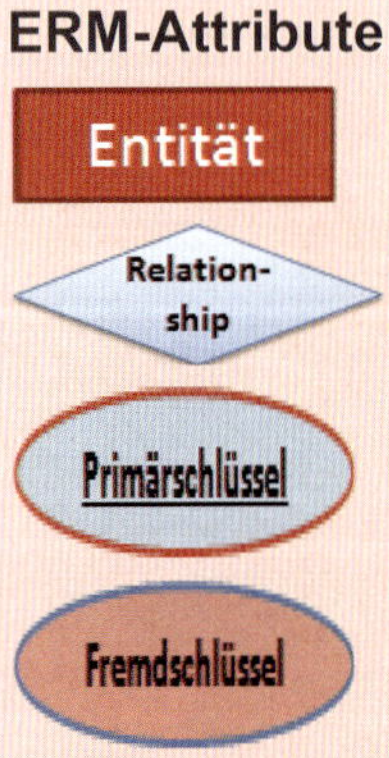
</td><td>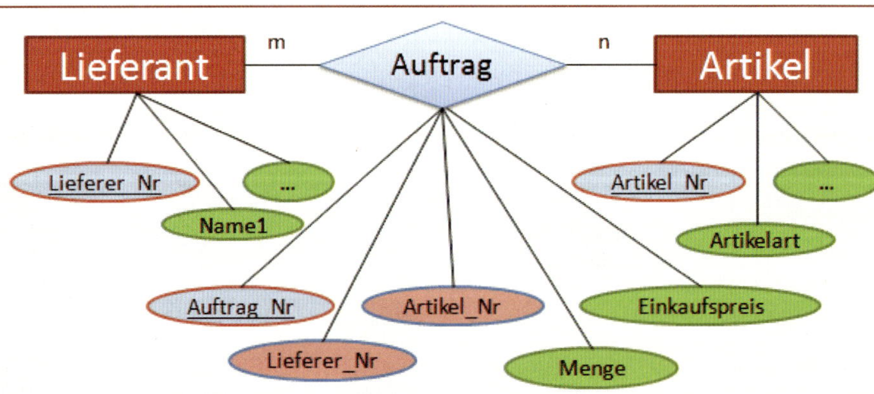
</td></tr>
<tr><td>Tabellen</td><td>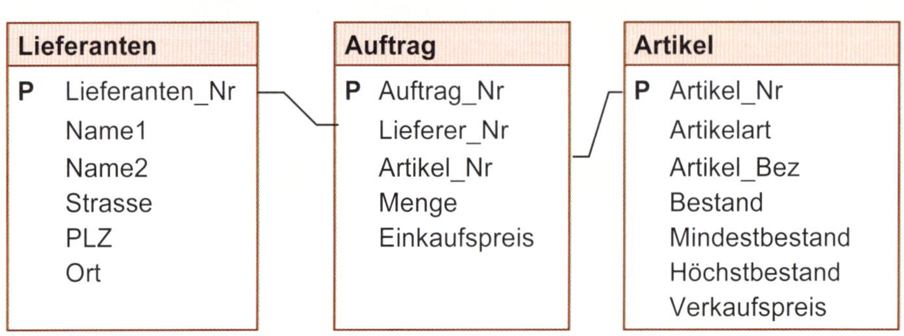
</td></tr>
</table>

m:n-Beziehung (beliebig viele zu beliebig vielen) (Alternative)

ERM-Attribute

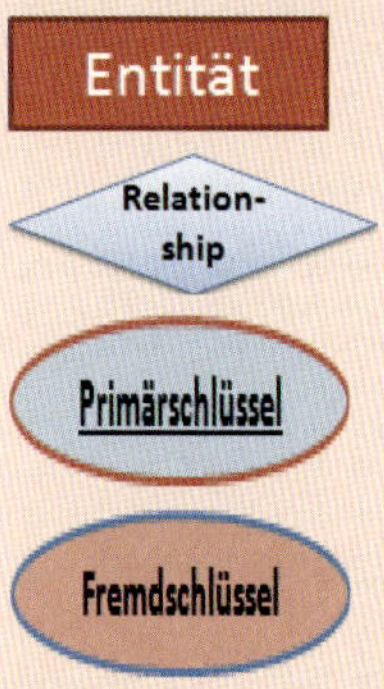

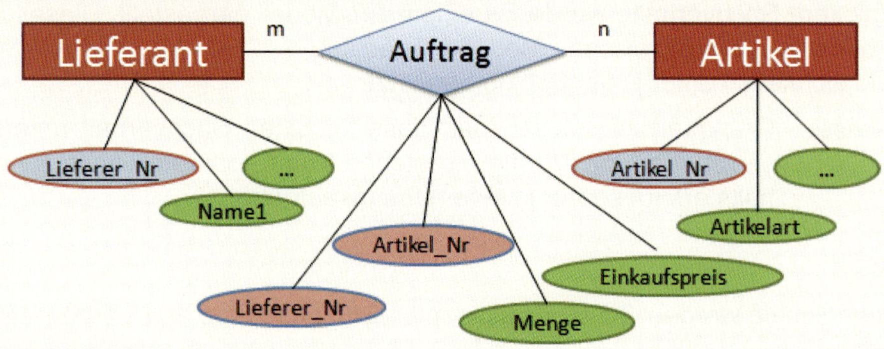

Tabellen

Lieferanten	
P	Lieferanten_Nr
	Name1
	Name2
	Strasse
	PLZ
	Ort

Auftrag
Lieferer_Nr
Artikel_Nr
Menge
Einkaufspreis

Artikel	
P	Artikel_Nr
	Artikelart
	Artikel_Bez
	Bestand
	Mindestbestand
	Höchstbestand
	Verkaufspreis

m:n-Beziehung (beliebig viele zu beliebig vielen) (weiteres Beispiel)

Beispiel

In einem Unternehmen gibt es mehrere Abteilungen mit vielen Mitarbeitern. Ein Mitarbeiter kann zwar in mehreren Abteilungen arbeiten, er kann jedoch nicht in einer Abteilung zweimal beschäftigt sein.

Grundlagen

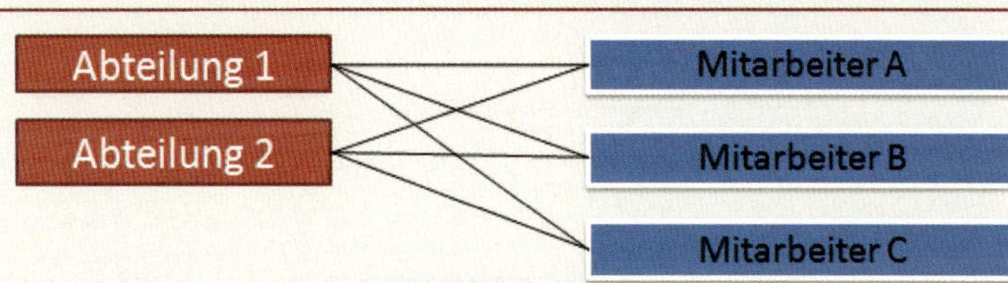

ERM-Attribute

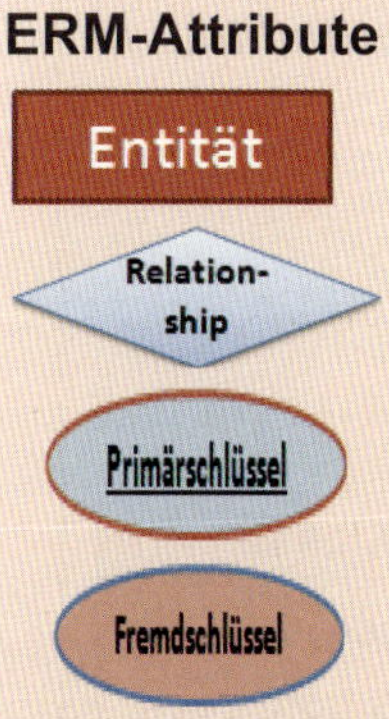

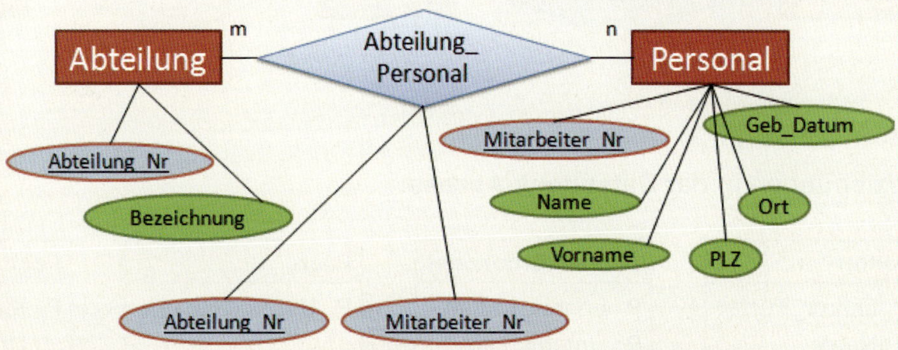

Tabellen

Abteilung	
P	Abteilung_Nr
	Bezeichnung

Abteilung_Personal	
P	Abteilung_Nr
P	Mitarbeiter_Nr

Personal	
P	Mitarbeiter_Nr
	Nachname
	Vorname
	Strasse
	PLZ
	Ort
	Geb_Datum

1.5 Beispiel für ein Entity-Relationship-Modell

Komplexere Sachverhalte werden in einem ER-Modell dargestellt. Dieses logische Modell wird danach in ein physisches Modell umgesetzt, d. h., der Sachverhalt wird konkret auf die Möglichkeiten einer Datenbank umgesetzt.

Hinweise: Grundsätzlich ist denkbar, dass für einen Sachverhalt unterschiedliche Lösungswege zur Verfügung stehen. Eine konkrete Umsetzung des Sachverhalts erfolgt später in einer Übungsaufgabe.

Beispiel:

In einer Schule werden Schüler bestimmter Bildungsgänge von Lehrern in Klassen unterrichtet.

Jeder Lehrer kann die Inhalte von einem oder mehreren Unterrichtsfächern anbieten und in einer oder mehreren Klassen unterrichten. Umgekehrt kann auch jedes Unterrichtsfach von einem oder mehreren Lehrern unterrichtet werden. Verschiedene Unterrichtsfächer werden in einer Klasse angeboten. In den einzelnen Klassen können unterschiedliche Unterrichtsfächer erteilt werden. Jede Klasse ist einem Bildungsgang zuzuordnen. In einer Klasse befinden sich keine Schüler unterschiedlicher Bildungsgänge.

Darstellung des Sachverhalts:

Darstellung (Chen-Notation):

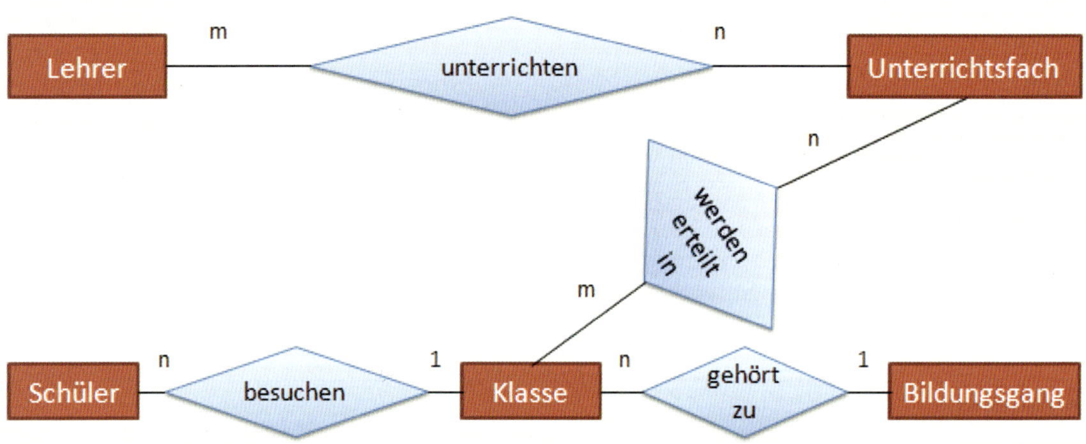

Beziehungen in der Datenbank Access:

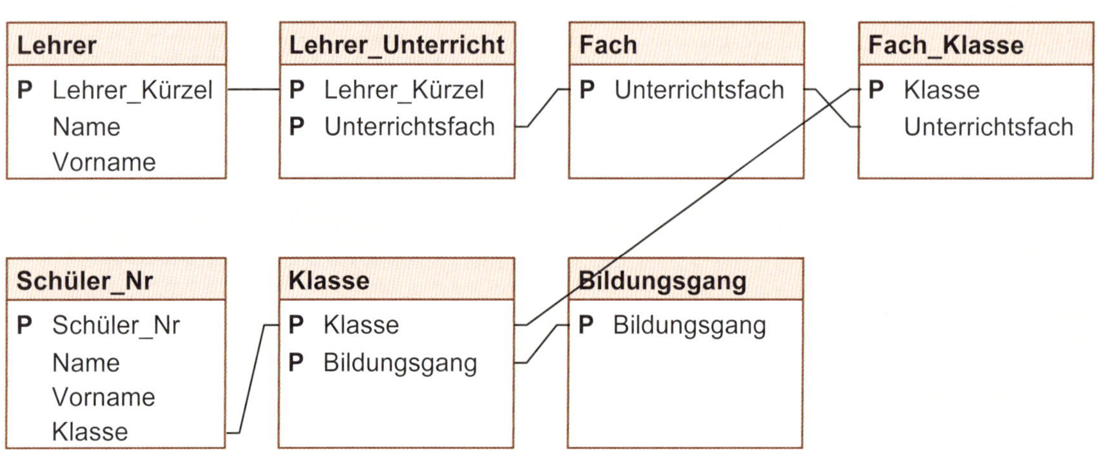

1.6 Normalisierung von Tabellen

1.6.1 Ziel der Normalisierung

Die Normalisierung ist die Überführung komplexer Datenbeziehungen (Tabellen mit vielen Datenfeldern, z. B. Daten über Artikel und Lieferanten in einer Tabelle) in einfache Beziehungen in mehreren Tabellen. Einheiten, die zusammengehören, werden in verschiedenen Tabellen gespeichert, wie z. B. die Daten über die Lieferanten und die Daten über die Artikel jeweils in unterschiedlichen Tabellen.

Jeder Datensatz einer Tabelle bildet eine Einheit, beispielsweise einen Lieferanten. Die einzelnen Datenfelder (*Lieferer_Nr, Name1, Name2* usw.) entsprechen den verschiedenen Eigenschaften (Attribute) dieser Dateneinheit.

Durch die Normalisierung sollen stabile und flexible Datenstrukturen entstehen, die bei Erweiterungen möglichst wenig geändert werden müssen. Es wird die doppelte Speicherung von Daten vermieden und für nicht weiter zerlegbare Daten gesorgt.

Zusammenfassend können vier Ziele der Normalisierung hervorgehoben werden:

- Vermeidung von Redundanzen (mehrfach gespeicherte Werte),
- einfacher und klarer Aufbau von Tabellen,
- Vereinfachung der Datenpflege,
- Vermeidung von Dateninkonsistenzen (nicht aktuelle Daten).

Die einzelnen Regeln, die Daten in einen sinnvollen Zustand zu bringen, werden als Normalformen bezeichnet. Die ersten drei Normalformen, die als die wichtigsten gelten, sollen hier besprochen werden. Unnormalisierte Daten, die also noch nicht sinnvoll bearbeitet wurden, befinden sich in der sogenannten ***Nullten Normalform***.

1.6.2 Probleme der Datenerfassung (Nullte Normalform)

Die Daten sind früher normalerweise auf Karteikarten erfasst worden. Der erste Datensatz umfasst beispielsweise die folgenden Inhalte:

Artikelbezeichnung: ***Gabriele***		
Artikelart: ***Schreibtisch***	Artikelnummer: ***1000***	
Bestand: ***8***	Mindestbestand: ***5***	Höchstbestand: ***10***
Einkaufspreis: ***800,00 €***	Verkaufspreis: ***1.345,00 €***	
Lieferant: ***Tranel GmbH***	Name2: ***Büromöbel***	
Lieferer_Nr: ***102***	Anschrift: ***Bechemstr. 67, 47058 Duisburg***	

Aufgrund der vorhandenen Daten wurde die folgende Tabelle angelegt. Die Darstellung zeigt ausschnittsweise die ersten Datensätze:

Artikel_Nr	Artikelart	Artikel_Bez	Name1	Anschrift
1000	Schreibtisch	Gabriele	Tranel GmbH	Bechemstr. 67, 47058 Duisburg
1001	Schreibtisch	Modern	Büromöbel AG	Gutachtstr. 342, 13469 Berlin
1002	Schreibtisch	Exklusiv	Tranel GmbH	Bechemstr. 67, 47058 Duisburg
1003	Büroschrank	Elegant	Wagner GmbH	Vogtweg 23, 33607 Bielefeld
1004	Büroschrank	Aktuell	Büromöbel AG	Gutachtstr. 342, 13469 Berlin

Die Erfassung der Daten erfolgt nicht nach bestimmten Kriterien. Alle verfügbaren Daten werden in einer Tabelle abgelegt. Eine solche Erfassung nennt man unnormalisiert, die Tabelle befindet sich in der ***Nullten Normalform***.

Einige entstehende Probleme der Datenerfassung lassen sich sofort erkennen:

- Einzelne Daten werden offensichtlich doppelt erfasst. So müssen die Daten verschiedener Lieferanten mehrmals eingegeben werden. Neben der Mehrarbeit bei der Dateneingabe ist zu befürchten, dass es auf Dauer unterschiedliche Daten über denselben Sachverhalt (z. B. bei Lieferantendaten) in der Datenbank gibt.
- Eine Sortierung der Daten nach dem Ort ist nicht möglich, da die gesamte Anschrift in einem Datenfeld gespeichert wird.
- Ein Problem kann dadurch entstehen, dass verschiedene Lieferanten denselben Artikel anbieten. Denselben Artikel unter einer anderen Artikelnummer mit einem anderen Lieferanten zu erfassen, dürfte wenig sinnvoll sein. Ebenso ist es problematisch, in einem Datensatz mit derselben Artikelnummer mehrere Lieferanten zu erfassen.

Um die angesprochenen Probleme zu vermeiden, sollen die Daten durch die Normalisierung sinnvoll verteilt und erfasst werden.

1.6.3 Normalformen

Durch die Normalisierung sollen die Daten sinnvoll geordnet werden. Beispiele verdeutlichen jeweils den Sinn der Definitionen und der Erklärungen. Die beiden ersten Normalformen sollten beim Aufbau von Tabellen unbedingt beachtet werden. Durch die Anwendung der Dritten Normalform werden Datensätze oftmals auseinandergezogen und auf mehrere unterschiedliche Tabellen verteilt. Bei kleineren Projekten wird daher häufig auf die Anwendung dieser Normalisierung verzichtet.

<table>
<tr><th colspan="2">1. Normalform</th></tr>
<tr><td>Definition</td><td>Eine Tabelle (Relation) ist in der Ersten Normalform, wenn jeder Attributwert atomar ist.</td></tr>
<tr><td>Erklärung</td><td>Der Attributwert ist dann atomar, wenn er sich nicht aus mehreren Werten zusammensetzt.</td></tr>
<tr><td>Beispiel (Lösung)</td><td>Wird in einer Tabelle die Anschrift mit Strasse, PLZ und Ort in einem Datenfeld gespeichert, so ist dieser Attributwert nicht atomar.
<table>
<tr><th>Anschrift</th></tr>
<tr><td>Bechemstr. 67, 47058 Duisburg</td></tr>
<tr><td>Gutachtstr. 342, 13469 Berlin</td></tr>
<tr><td>Bechemstr. 67, 47058 Duisburg</td></tr>
<tr><td>Vogtweg 23, 33607 Bielefeld</td></tr>
<tr><td>Gutachtstr. 342, 13469 Berlin</td></tr>
</table>
Wird in einer Tabelle die Anschrift mit Strasse, PLZ und Ort in einem Datenfeld gespeichert, so ist dieser Attributwert nicht atomar.
<table>
<tr><th>Strasse</th><th>PLZ</th><th>Ort</th></tr>
<tr><td>Bechemstr. 67</td><td>47058</td><td>Duisburg</td></tr>
<tr><td>Gutachtstr. 342</td><td>13469</td><td>Berlin</td></tr>
<tr><td>Bechemstr. 67</td><td>47058</td><td>Duisburg</td></tr>
<tr><td>Vogtweg 23</td><td>33607</td><td>Bielefeld</td></tr>
<tr><td>Gutachtstr. 342</td><td>13469</td><td>Berlin</td></tr>
</table>
</td></tr>
</table>

2. Normalform	
Definition	Eine Tabelle (Relation) ist in der Zweiten Normalform, wenn sie in der Ersten Normalform ist und jedes Nicht-Schlüsselattribut von jedem Schlüsselkandidaten (Datenfeld, welches als Primärschlüsselfeld definiert wurde) vollständig funktional abhängig ist.
Erklärung	Funktional abhängig sind Werte voneinander, wenn es jeweils zu jedem X-Wert genau einen Y-Wert gibt, also z. B. zu einer Lieferantennummer einen Lieferantennamen1 gibt.
Beispiel (Lösung)	Datenfelder, die von dem Schlüsseldatenfeld nicht vollständig funktional abhängig sind, werden in anderen Tabellen untergebracht. Der Name eines Lieferanten ist nicht von einer bestimmten Artikelnummer abhängig, daher sind diese beiden Werte in unterschiedlichen Tabellen zu speichern. Durch die **2. Normalisierung** werden die Inhalte in sinnvolle Tabellen verteilt, in diesem Fall in die Tabellen *Lager* und *Lieferanten*. Damit die Datenintegrität gewahrt bleibt, müssen die Tabellen später untereinander in Beziehungen gesetzt werden können. Jede Tabelle erhält ein Schlüsselfeld (Primärschlüssel). Das Schlüsselfeld ermöglicht eine eindeutige Kennung eines Datensatzes. Die Datenfelder *Name1*, *Name2*, *Strasse*, *PLZ* und *Ort* sind von dem Datenfeld *Lieferer_Nr* funktional abhängig, da zu der Lieferantennummer jeweils ein bestimmter Name usw. gehört.

Lieferanten

	Feldname	Felddatentyp	Beschreibung
P	Lieferer_Nr	Zahl	
	Name1	Kurzer Text	
	Strasse	Kurzer Text	
	PLZ	Zahl	
	Ort	Kurzer Text	

In der Tabelle *Lieferanten* werden alle Lieferantendaten gespeichert:

	Lieferer_Nr	Name1	Strasse	PLZ	Ort
	100	Wagner GmbH	Vogtweg 23	33607	Bielefeld
	101	Büromöbel AG	Gutachtstr. 342	13469	Berlin

In der Tabelle *Lager* werden alle Artikeldaten erfasst. Als Primärschlüssel wird das Datenfeld *Artikel_Nr* bestimmt. Alle anderen Datenfelder sind funktional abhängig von diesem Datenfeld.

Lager

	Feldname	Felddatentyp	Beschreibung
P	Artikel_Nr	Zahl	
	Artikelart	Kurzer Text	
	Artikel_Bez	Kurzer Text	
	Bestand	Zahl	
	Einkaufspreis	Währung	

In der Tabelle *Lieferanten* werden alle Lieferantendaten gespeichert:

	Artikel_Nr	Artikelart	Artikel_Bez	Bestand	Einkaufspreis
	1000	Schreibtisch	Gabriele	5	800,00 €
	1001	Schreibtisch	Modern	10	456,00 €

3. Normalform

Definition

Eine Tabelle (Relation) ist in der Dritten Normalform, wenn sie in der Zweiten Normalform ist und jedes Nicht-Schlüsselattribut von keinem Schlüsselkandidaten (Datenfeld, welches als Primärschlüsselfeld definiert wurde) transitiv (indirekt) abhängig ist.

Erklärung

Eine transitive (indirekte) Abhängigkeit ist gegeben, wenn X (*Liefer_Nr*), Y (*PLZ)* und Z (*Ort)* Attribute sind. Ist Y (*PLZ*) abhängig von X (*Liefer_Nr*) und Z (*Ort)* abhängig von Y (*PLZ*), so ist Z (*Ort)* von X (*Liefer_Nr*) funktional abhängig.

Der Sachzusammenhang kann folgendermaßen beschrieben werden:

Zu jedem Lieferanten gehört eine Postleitzahl und zu jeder Postleitzahl ein Ort, also gehört zu jedem Lieferanten ein Ort.

Beispiel (Lösung)

Um die transitive (indirekte) Abhängigkeit auszulösen, werden Datenfelder in eine weitere Tabelle ausgelagert. In der Tabelle *Lieferanten* wird das Datenfeld *Ort* gelöscht.

Lieferanten

	Feldname	Felddatentyp	Beschreibung
P	Lieferer_Nr	Zahl	
	Name1	Kurzer Text	
	Strasse	Kurzer Text	
	PLZ	Zahl	

Außerdem wird eine Tabelle *Ort* mit den Datenfeldern PLZ und Ort erstellt.

PLZ

	Feldname	Felddatentyp	Beschreibung
P	PLZ	Zahl	
	Ort	Kurzer Text	

Die Daten werden in die Tabelle *Ort* eingegeben.

	PLZ	Ort
	33607	Bielefeld
	13469	Berlin

Es wird eine Beziehung zwischen den beiden Tabellen aufgebaut. Eine direkte Abhängigkeit des Datenfeldes *Ort* von dem Datenfeld Lieferer_Nr ist nicht mehr gegeben. In Zukunft kann über die Beziehung ein Ort durch Eingabe der Postleitzahl in der Tabelle Lieferanten ausgewählt werden.

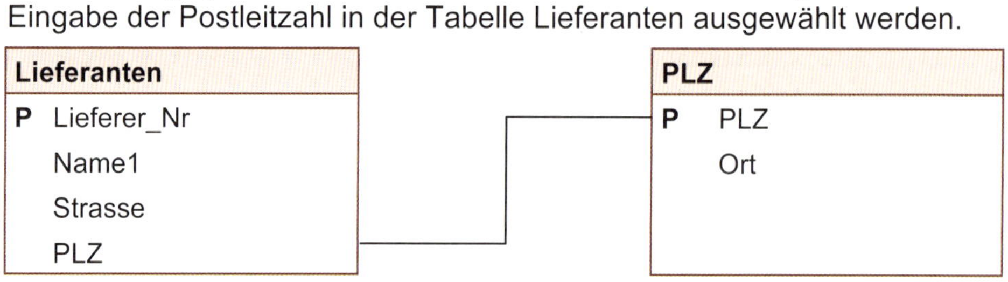

Der Aufbau von Beziehungen wird später genau erklärt. Daher sollen hier keine weiteren Erklärungen folgen.

Übungen:

1. In einem Unternehmen wird die Abteilung *Verkauf* durch einen Angestellten geleitet.
   a) Stellen Sie die einzelnen Entitäten mit möglichen Attributen dar.
   b) Vervollständigen Sie das folgende Entity-Relationship-Diagramm (ERD) bzw. ER-Diagramm.

   c) Stellen Sie das Diagramm mit Attributen dar.

2. In einem Zeitungsverlag arbeiten Redakteure. Einige Redakteure sind nicht nur für einen Bereich (z. B. Politik, Wirtschaft usw.) tätig, sondern in mehreren Bereichen.

   Stellen Sie den Sachverhalt in einem Entity-Relationship-Diagramm (ERD) dar.

3. In einem Unternehmen wird an verschiedenen Projekten (Projekt A, Projekt B, ...) gearbeitet. Dabei ist es durchaus üblich, dass Mitarbeiter (Mitarbeiter A, Mitarbeiter B, ...) nicht nur an einem, sondern an mehreren Projekten beteiligt sind.
   a) Stellen Sie den Sachverhalt in einem Entity-Relationship-Diagramm (ERD) dar.
   b) Erarbeiten Sie das entsprechende Diagramm mit Attributen.

4. Der Sportverein SV München bietet verschiedene Sportarten an. Die einzelnen Mitglieder können eine oder auch mehrere Sportarten betreiben. Für einzelne Sportarten stehen Trainer zur Verfügung, die jedoch nur in jeweils einer Sportart ihre Dienste anbieten können. Mitglieder können auch in einzelnen Mannschaften Sport treiben, dies ist jedoch nicht immer der Fall, da beispielsweise ältere Vereinsmitglieder nicht mehr aktiv sind. Die Umsetzung des Sachverhalts könnte so aussehen:

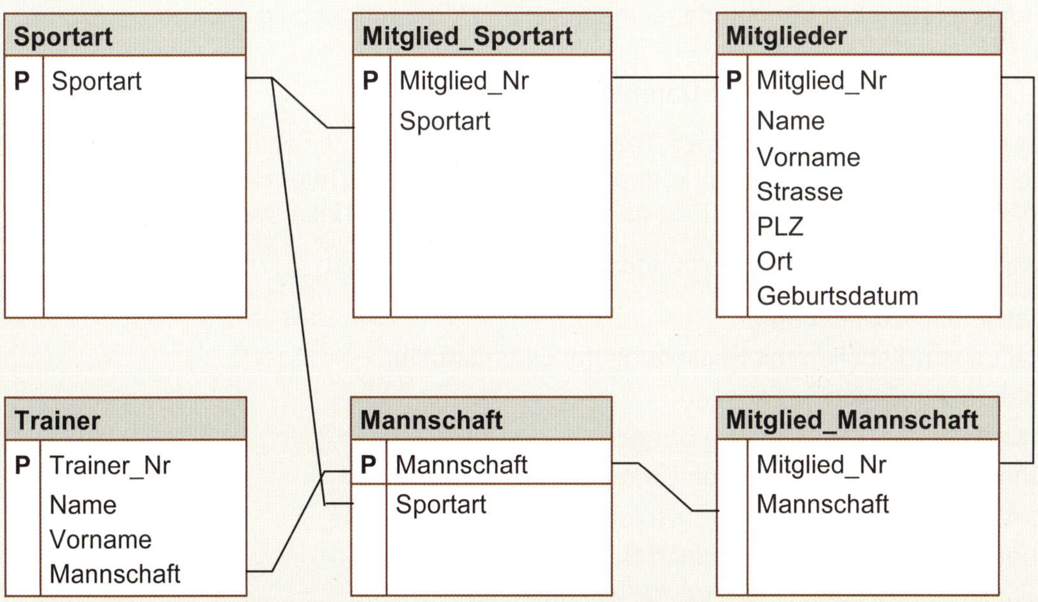

   a) Erstellen Sie aus den Angaben ein Entity-Relationship-Diagramm (ERD). Geben Sie auch den jeweiligen Beziehungstyp an.
   b) Erklären Sie, aus welchen Gründen Sie bestimmte Beziehungstypen, beispielsweise eine m:n-Beziehung, für Teilbereiche der Problemlösung nutzen.

2 Aufbau einer Datenbank mit Access 2013

2.1 Aufbau des Bildschirms

Der Access-Bildschirm wird nach dem Erstellen einer Datenbank in etwa wie unten abgebildet aussehen. Dabei wird in der Darstellung das Datenbankfenster mit einbezogen, da dieses Fenster bei der Arbeit mit dem Programm **Access** von entscheidender Bedeutung ist.

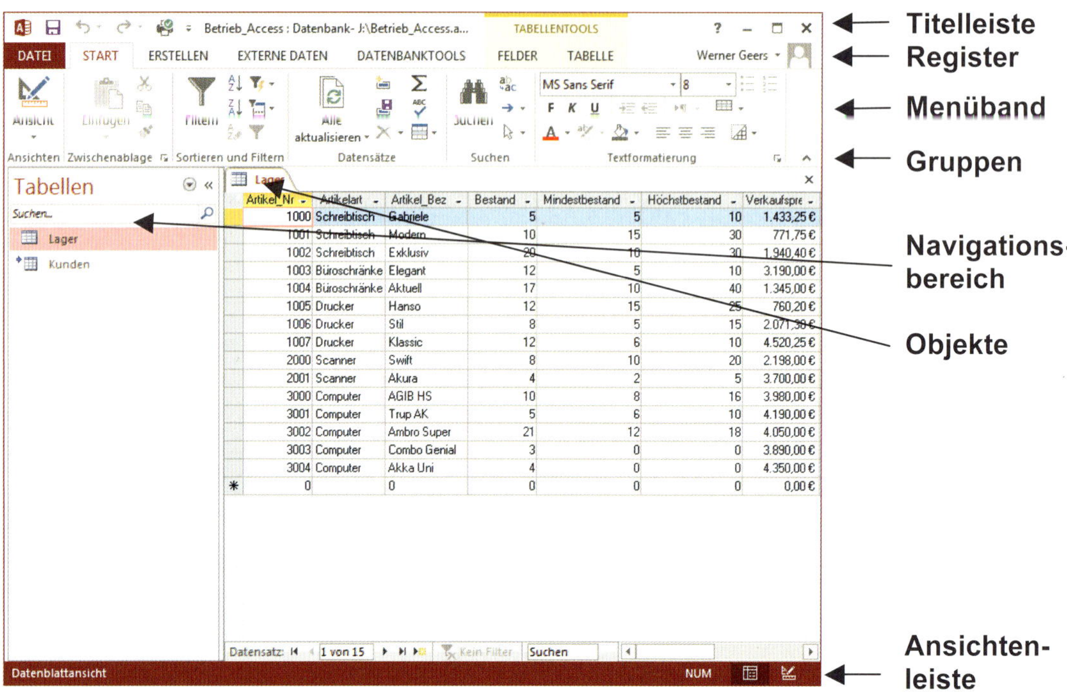

Die Dokumente im rechten Bereich des Bildschirms können unterschiedlicher Natur sein, z. B. Tabellen in der Datenblatt- oder Entwurfsansicht, Abfragen, Formulare, Berichte usw. Selbstverständlich können dabei mehrere Objekte geöffnet sein.

2.2 Arbeitsablauf mit einer Datenbank

Im Gegensatz zur Arbeit mit einer Tabellenkalkulation oder einer Textverarbeitung, wo Daten direkt eingegeben werden können, müssen bei einer Datenbank gewisse Strukturen zunächst festgelegt werden. Erst danach können Daten erfasst werden.

Im Wesentlichen lässt sich der folgende Arbeitsablauf festlegen:

- Erstellen einer Datenbank,
- Erstellen von Tabellen mit Festlegung der Datenstruktur,
- Eingeben von Daten in Tabellen,
- Auswertung der Daten durch Abfragen,
- Rechnerische Verknüpfung von Daten,
- Verknüpfung von Daten aus verschiedenen Tabellen,
- Präsentation der Daten über einen Bericht,
- Nutzung der erfassten Daten für Serienbriefe usw.

Daneben lässt sich die Datenerfassung über das Erstellen eines Formulars vereinfachen.

Selbstverständlich lassen sich die Daten formatieren, die Datenstrukturen später ändern oder jederzeit weitere Daten eingeben.

2.3 Backstage-Bereich

2.3.1 Aufbau des Backstage-Bereichs

Der Backstage-Bereich stellt neben traditionellen Elementen, wie Fenster zum Abspeichern und Öffnen von Dateien, Bereiche zur Verfügung, die Informationen und spezielle Nutzungsmöglichkeiten beinhalten.

Bearbeitungsschritte:
• Wählen Sie den Menüpunkt **DATEI**. Der Backstage-Bereich des Programms wird angezeigt. Über die Menüpunkte können Sie benötigte Optionen anwählen.

Die Menüpunkte stellen folgende Möglichkeiten zur Verfügung:

- Informationen über die Datenbank,
- Erstellung einer neuen Datenbank aufgrund einer Standardvorlage, einer zur Verfügung gestellten oder selbsterstellten Vorlage,
- Abspeichern von Datenbanken und anderen Objekten,
- Abspeichern von Datenbanken unter einem anderen Namen,
- Öffnen und Schließen von Datenbanken,
- Bearbeitungsmöglichkeiten wie das Komprimieren, Reparieren und Analysieren von Datenbanken,
- Zuletzt genutzte Datenbanken werden angezeigt und können geladen werden,
- Einstellungen für das Drucken von Tabellen usw. können vorgenommen werden,
- Einstellungen in Bezug auf die Darstellung des Programms,
- Einstellungen im Hinblick auf die Möglichkeiten zur Speicherung und Nutzung von Daten im Internet (Cloud),
- Bereitstellung von Produkt- und Benutzerinformationen in Hinblick auf den Support oder die Nutzungsmöglichkeiten,
- Festlegung der Einstellung für die Nutzung des Programms über Optionen.

2.3.2 Aufteilung des Backstage-Bereichs

Bei Aufruf der Menüpunkte, bei denen kein Fenster aufgerufen wird, wird ein dreigeteilter Ausgabenbereich dargestellt. Die einzelnen Elemente sind unterschiedlich. Am Beispiel des Druckens sollen grundsätzliche Möglichkeiten verdeutlicht werden. Einzelne Bereiche werden später intensiv beschrieben

Menüpunkt	**Einstellungen**	**Darstellung**
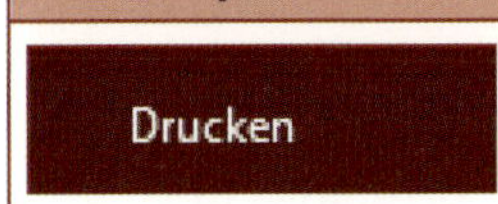		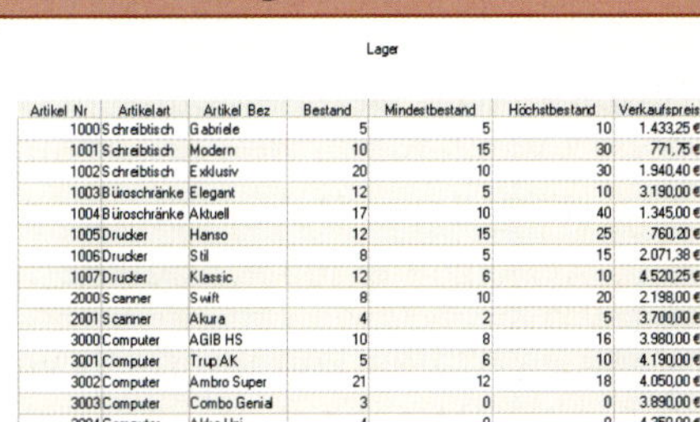

Lager

Artikel Nr	Artikelart	Artikel Bez	Bestand	Mindestbestand	Höchstbestand	Verkaufspreis
1000	Schreibtisch	Gabriele	5	5	10	1.433,25 €
1001	Schreibtisch	Modern	10	15	30	771,75 €
1002	Schreibtisch	Exklusiv	20	10	30	1.940,40 €
1003	Büroschränke	Elegant	12	5	10	3.190,00 €
1004	Büroschränke	Aktuell	17	10	40	1.345,00 €
1005	Drucker	Hanso	12	15	25	760,20 €
1006	Drucker	Stil	8	5	15	2.071,38 €
1007	Drucker	Klassic	12	6	10	4.520,25 €
2000	Scanner	Swift	8	10	20	2.198,00 €
2001	Scanner	Akura	4	2	5	3.700,00 €
3000	Computer	AGIB HS	10	8	16	3.980,00 €
3001	Computer	Trup AK	5	6	10	4.190,00 €
3002	Computer	Ambro Super	21	12	18	4.050,00 €
3003	Computer	Combo Genial	3	0	0	3.890,00 €
3004	Computer	Akka Uni	4	0	0	4.350,00 €

2.4 Navigationsbereich

Wenn eine neue Datenbank erstellt oder eine bestehende Datenbank geöffnet wird, erscheint auf der linken Bildschirmseite der Navigationsbereich. Der Navigationsbereich kann durch das Anklicken der Schaltfläche unterschiedlich gestaltet oder durch das Anklicken der **Schaltfläche zum Öffnen/Schließen der Verkleinerungsleiste** « » aus- und eingeblendet werden.

Interessant ist z. B. die Möglichkeit, alle Objekte nach ihrer Art (Tabellen, Abfragen usw.) zu gruppieren. Eine andere beliebte Möglichkeit besteht darin, alle Objekte, die mit einer bestimmten Tabelle zusammenhängen, anzeigen zu lassen. Damit wird beispielsweise die Tabelle *Lager* mit Abfragen, Berichten und Formularen zusammen angezeigt, die aufgrund der Tabelle erstellt wurden. Damit kann man erkennen, welche Auswertungen beispielsweise bereits erstellt wurden.

Durch Anklicken werden Tabellen, Abfragen, Formulare usw. ausgewählt und geöffnet.

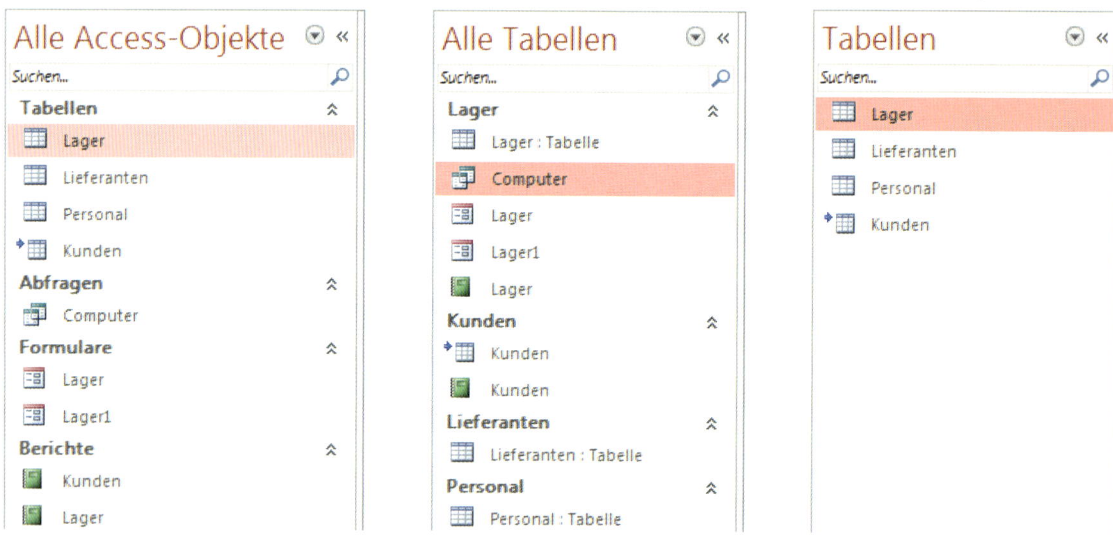

Die wichtigsten Wahlmöglichkeiten und damit die wichtigsten Bearbeitungsmöglichkeiten des Programms für den normalen Benutzer werden kurz dargestellt:

Tabellen	Die einzelnen Tabellen, wie *Lager* oder *Lieferanten*, müssen zunächst entworfen werden. Danach können Daten eingegeben werden. Die Dateneingabe erfolgt in eine Tabelle, die im Aufbau der Tabelle einer Tabellenkalkulation gleicht.
Abfragen	Daten können nach unterschiedlichen Kriterien sortiert (z. B. aufsteigend oder absteigend) oder ausgewählt (z. B. alle Artikel mit der *Artikelnummer* zwischen *1000* und *2000*) werden. Dies wird durch Abfragen realisiert. Abfragen können so gestaltet werden, dass verschiedene Bedingungen gleichzeitig erfüllt sein müssen bzw. verschiedene Bedingungen entweder/oder erfüllt sein müssen.
Formulare	Die Dateneingabe lässt sich wesentlich komfortabler durch die Erstellung eines für den jeweiligen Zweck besonders gut geeigneten Formulars erledigen. Dabei können die Formulare vom Programm automatisch oder mithilfe eines Assistenten sehr schnell erstellt werden.
Berichte	Daten können nach verschiedenen Kriterien ausgewählt und dann in der Datenbank abgespeichert und über einen Drucker ausgegeben werden. Dabei können z. B. Endsummen und andere mathematische Werte in einem Bericht ermittelt und ausgegeben werden.

3 Anlegen der Datenbank Betrieb

Der Start des Programms **Access** und das Anlegen der ersten Datenbank soll als Grundlage für die weitere Arbeit mit dem Programm zunächst erklärt werden. Die Datenbank soll betriebliche Daten enthalten.

Bearbeitungsschritte:

- Starten Sie das Programm **Access**. Neben einer Reihe von Vorlagen zur Erstellung von Datenbanken wird auch die Möglichkeit angeboten, eine **Leere Desktopdatenbank** zu erstellen. Diese Möglichkeit soll genutzt werden.

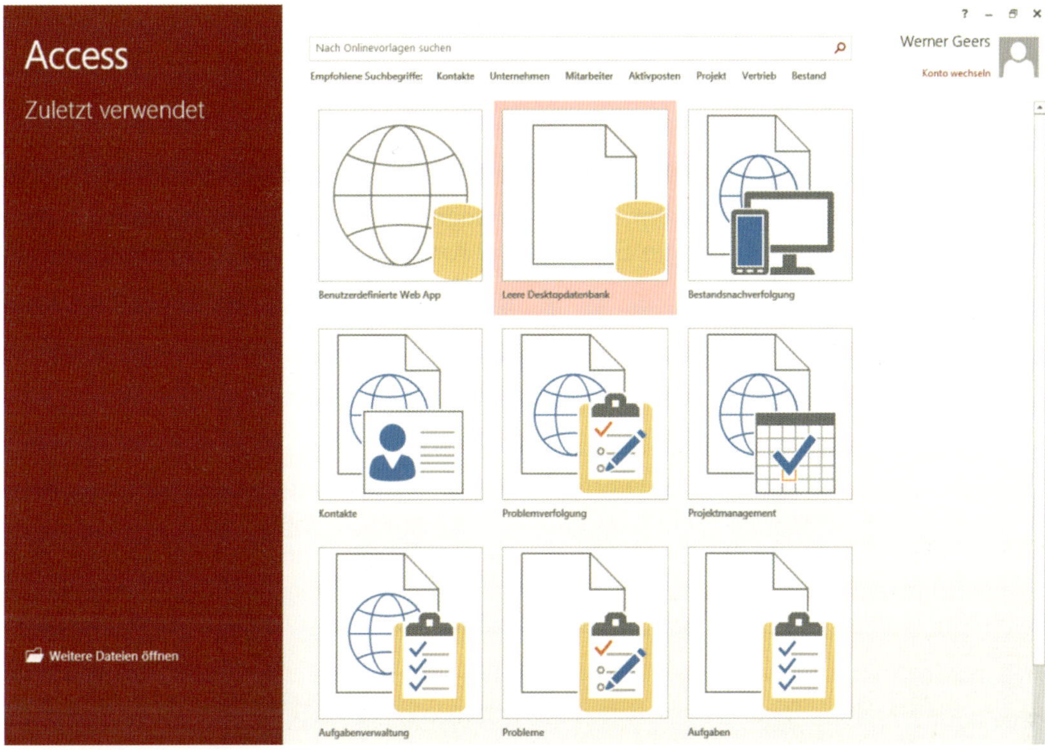

- Nach dem Anklicken der Option **Leere Desktopdatenbank** wird ein Fenster eingeblendet. Geben Sie zunächst im Bereich *Dateiname* den Dateinamen *Betrieb* ein. Da in der Datenbank betriebliche Daten wie Lager-, Kunden- und Lieferantendaten gespeichert werden sollen, sollte der Name so gewählt werden. Außerdem sollen diese Daten miteinander verknüpft werden.
- Klicken Sie danach im Bereich *Dateiname* die Schaltfläche **Nach einem Speicherort für die Datenbank suchen** an. Wählen Sie einen Ordner aus, in dem die Datenbank gespeichert werden soll.

Bearbeitungsschritte (Fortsetzung):

- Nach dem Anklicken der Schaltfläche **Erstellen** wird die erste Tabelle auf der rechten Seite eingeblendet. In der Titelleiste werden der Name der Datenbank und das Dateiformat (aktuelles Format: *2007*) angegeben. Auf der linken Seite werden im **Navigationsbereich** die Objekte der Datenbank angezeigt, in diesen Fall nur die eine vorhandene Tabelle.

- Das Anlegen der Tabelle in der zunächst angezeigten Datenblattansicht ist nicht vernünftig. Klicken Sie daher die Schaltfläche **Ansicht** in der Gruppe **Ansichten** an. Wählen Sie dann die Möglichkeit **Entwurfsansicht** aus.

- Danach könnten Sie in der Entwurfsansicht eine Datenbanktabelle anlegen. Dies wird auf den Folgeseiten erklärt. Zunächst soll die angezeigte Tabelle mithilfe des Kontextmenüs gelöscht werden. Vorher müssen Sie die Tabelle schließen. Klicken Sie mit der rechten Maustaste auf die Bezeichnung *Lager* im rechten Bildschirmbereich und wählen Sie den Menüpunkt **Schließen**.

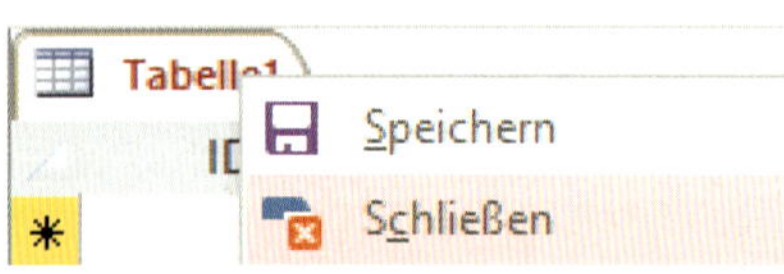

- Klicken Sie die Bezeichnung **Tabelle1** im Navigationsbereich mit der rechten Maustaste an und wählen Sie den Menüpunkt **Löschen**. Die Tabelle wird gelöscht.

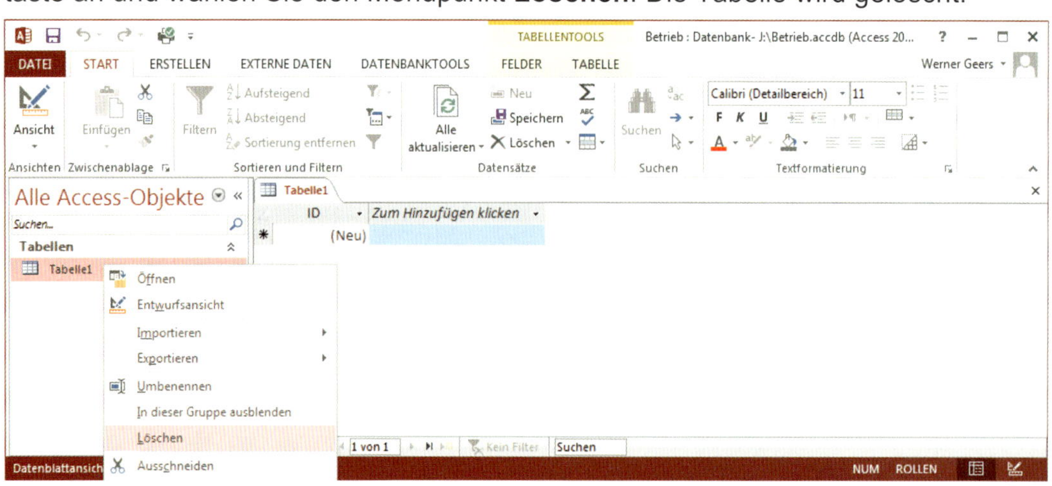

- Schließen Sie die Datenbank *Betrieb* über den Menüpunkt **DATEI/Schließen**. Damit wird die Datenbank geschlossen. Über die Schaltfläche **Schließen** ✕ in der oberen rechten Ecke des Access-Bildschirms wird das Programm **Access** geschlossen. Schließen Sie das Programm.

4 Tabellen

4.1 Vorbemerkungen

Der wesentliche Bestandteil der nachfolgend dargestellten Datenbank ist eine Tabelle mit dem Namen *Lager*. Die grundsätzliche Überlegung beim Entwerfen der Tabelle ist, festzulegen, welche Daten erfasst werden sollen und daher als Datenfeld (Attribut) in einen Datensatz (Tupel) aufgenommen werden müssen. Neben der Tabelle *Lager* werden später die Tabellen *Lieferanten* und *Kunden* aufgebaut. Die Tabellen sollen miteinander verknüpft werden.

4.2 Datenfelder und Felddatentypen

In einem Datenfeld sollen Daten aufgenommen werden, so z. B. in einem Datenfeld die Artikelart *Computer*. Für jedes Datenfeld muss ein Felddatentyp festgelegt werden. Der Typ des Feldes entscheidet z. B. darüber, ob mit dem Feldinhalt gerechnet werden kann oder ob in einem Datenfeld alle Zeichen, also Buchstaben, Zahlen und Sonderzeichen eingegeben werden können oder nicht. **Access** stellt u. a. folgende Felddatentypen zur Verfügung:

Kurzer Text	In einem Textfeld (*Kurzer Text*) können bis zu 255 Zeichen eingegeben werden. Der Datentyp wird vom Programm als Standardtyp vorgesehen.
Langer Text	Umfangreiche *Texte* mit einer Gesamtlänge von ca. 32 000 Zeichen können eingegeben werden.
Zahl	Bei geplanten Berechnungen sollte der Datentyp *Zahl* gewählt werden. Einstellungsmöglichkeiten werden nachfolgend beschrieben.
Datum/ Zeit	Unterschiedliche Möglichkeiten der Eingabeform (z. B. 2013-06-16, 16. Jun. 2013, 16.06.2013) werden verarbeitet und können eingestellt werden.
Währung	Dieser Datentyp gleicht dem Datentyp *Zahl*. Es können beispielsweise Berechnungen vorgenommen und Währungsformate festgelegt werden.
AutoWert	Eine eindeutige, fortlaufende Zahl (die jeweils um 1 hochgezählt wird) oder eine Zufallszahl, die von **Access** zugewiesen wird, wenn ein neuer Datensatz in eine Tabelle eingetragen wird. AutoWerte können nicht geändert werden.
Ja/Nein	Es können Wahrheitswerte eingegeben werden.

Der Felddatentyp *Zahl* bietet viele Einstellungsmöglichkeiten. Bei größeren Datenbanken kann durch eine richtige Einstellung viel Speicherplatz gespart werden. Außerdem kann festgelegt werden, welche Zahlen zulässig eingegeben werden können und welche nicht.

Byte	Wertebereich	Dezimalstellen	Speicherbedarf
Byte	0 bis 255	Keine	1 Byte
Integer	-32768 bis 32768	Keine	2 Byte
Long Integer	-2.147.483.648 bis 2.147.483.648	Keine	4 Byte
Single	-3,402823 E38 bis 3,402823 E38	7	4 Byte
Double	-1,79769313486231 E308 bis 1,79769313486231 E308	15	8 Byte
Dezimal	-10 E28 -1 bis 10 E28 -1	28	12 Byte

Voreingestellt ist der Datentyp *Long Integer*. Die Feldgröße kann bei der Erstellung von Tabellen eingestellt und später geändert werden. Dies wird später beschrieben.

4.3 Anlegen der Tabelle Lager

Bevor Daten in eine Datenbank eingegeben werden können, muss zunächst eine Tabelle eingerichtet werden. Der erste Schritt ist die Festlegung der Struktur der Tabelle. Es wird bestimmt, welche Datenfelder in die Tabelle aufgenommen werden sollen und welche Daten, also z. B. Texte oder Zahlen, die jeweiligen Datenfelder aufnehmen sollen. Eine Bestimmung der Feldeigenschaften wird erst später vorgenommen.

Bearbeitungsschritte:

- Laden Sie die Datenbank *Betrieb*. Dies erfolgt nach dem Starten des Programms **Access** über das direkte Auswählen der Datei oder über den Menüpunkt **Weitere Dateien öffnen** und auswählen der Datei in dem entsprechenden Laufwerk, Ordner oder im Internet (Cloud).

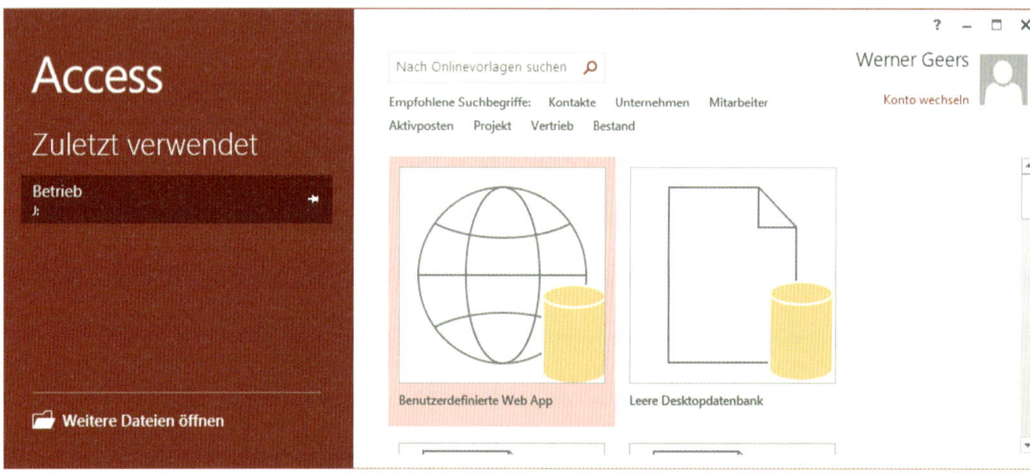

- Möglicherweise wird eine Sicherheitswarnung eingeblendet. Nach Anklicken der Schaltfläche **Inhalt aktivieren** können Sie die blockierten Inhalte aktivieren. Dies sollte geschehen, da sich keine problematischen Daten in der Datei befinden.

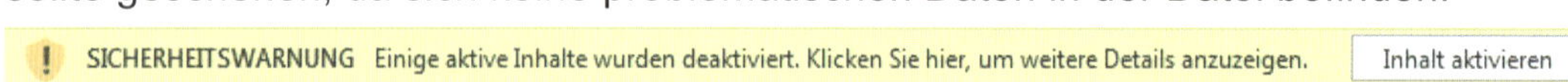

- Über den Menüpunkt **DATEI/Optionen** kann der erfahrene Nutzer Einstellungen vornehmen, damit die Sicherheitsabfrage nicht erfolgt. Oftmals hat der Nutzer jedoch auch keine Berechtigungen, diese speziellen Optionen zu nutzen, beispielsweise in Betrieben und Schulen.
- Klicken Sie das Register **ERSTELLEN** an. Klicken Sie in der Gruppe **Tabellen** die Schaltfläche **Tabellenentwurf** an.

- Danach können Sie mit dem Aufbau der Tabelle, wie er auf der nächsten Seite beschrieben wird, beginnen. Behilflich dabei sind die eingeblendeten Tabellentools.

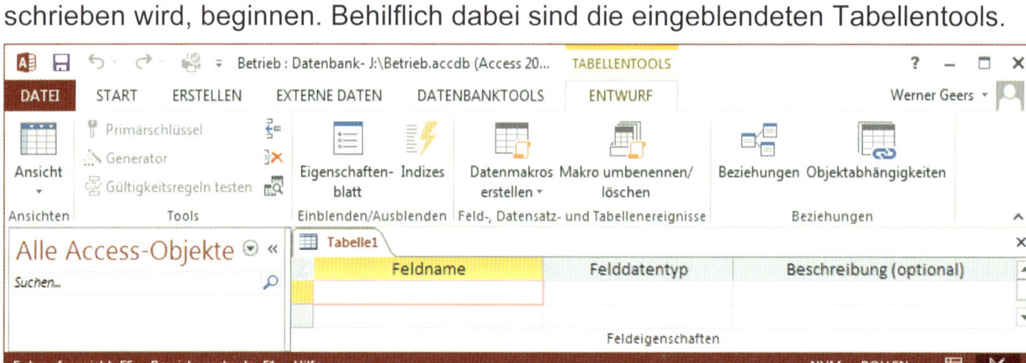

Bearbeitungsschritte (Fortsetzung):

- Die Bereiche **Feldname** und **Felddatentyp** müssen ausgefüllt werden. Geben Sie daher die Bezeichnung *Artikel_Nr* ein. Die Wahl des **Felddatentyps** wird durch das Anklicken des entsprechenden Feldes eingeleitet. Es erscheint an der rechten Seite des Feldes ein Pfeil nach unten. Wird dieser Pfeil angeklickt, werden die zur Verfügung stehenden **Felddatentypen** ausgegeben. Durch das Anklicken der Bezeichnungen wird der Datentyp ausgewählt. Wenn kein **Felddatentyp** eingegeben wird, legt das Programm standardmäßig den Datentyp *Kurzer Text* fest. Dieser Typ muss also nicht bestimmt werden. Der Bereich **Beschreibung** muss nicht ausgefüllt werden, kann aber Erläuterungen zum **Feldnamen** oder zum **Datentyp** enthalten.

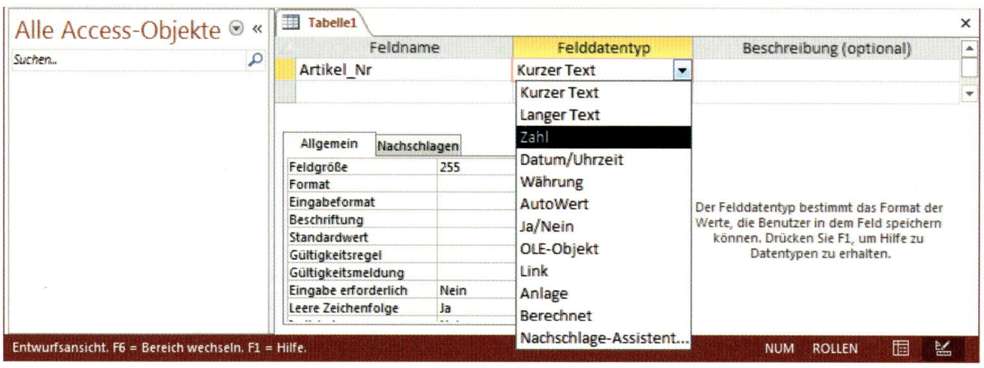

- Klicken Sie in der Gruppe **TABELLENTOOLS/ENTWURF** die Schaltfläche **Primärschlüssel** an. Dadurch kann eine Artikelnummer nur einmal vergeben werden. Auf die Bedeutung des Primärschlüssels wird an anderer Stelle genau eingegangen.

- Der Primärschlüssel wird angezeigt:

Tabelle1

	Feldname	Felddatentyp	Beschreibung
P	Artikel_Nr	Zahl	

- Geben Sie die Struktur der Tabelle wie nachfolgend dargestellt ein:

Tabelle1

	Feldname	Felddatentyp	Beschreibung
P	Artikel_Nr	Zahl	
	Artikelart	Kurzer Text	
	Artikel_Bez	Kurzer Text	
	Bestand	Zahl	
	Einkaufspreis	Währung	
	Verkaufspreis	Währung	

- Speichern Sie danach die Tabelle unter dem Namen *Lager*. Klicken Sie dazu in der Symbolleiste für den Schnellzugriff die Schaltfläche **Speichern** an.

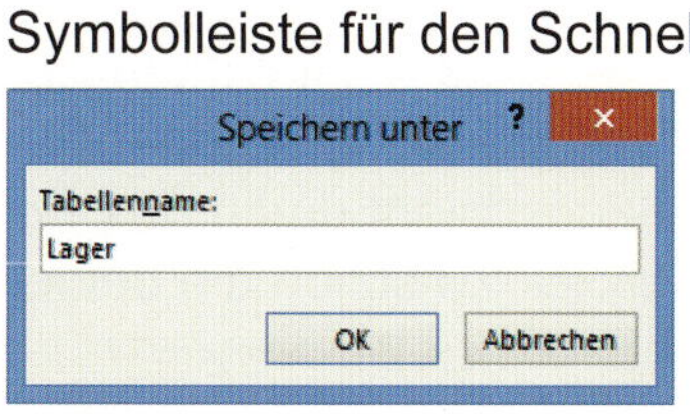

- Durch das Anklicken der Schaltfläche **Lager schließen** rechts oben im Tabellenentwurf oder über das Kontextmenü können Sie die Tabelle schließen.

4.4 Eingabe von Daten in eine Tabelle

Der nächste Schritt beim Aufbau einer Lagertabelle ist das Eingeben von Daten. Einfach und unproblematisch können dabei Daten über das sogenannte Datenblatt eingegeben werden, welches einer Tabelle einer Tabellenkalkulation gleicht.

Beim Eingeben der Werte muss beachtet werden, dass in ein Datenfeld nur die zum Felddatentyp passenden Werte eingegeben werden. So ist die Eingabe eines Buchstabens in ein Datenfeld mit dem Felddatentyp *Zahl* oder *Währung* nicht zulässig und führt zu einer Fehlermeldung des Programms.

Bearbeitungsschritte:

- Nachdem Sie die Eingabe der **Tabellenstruktur** beendet haben, wird die Tabelle im linken Bereich des Bildschirms angezeigt:

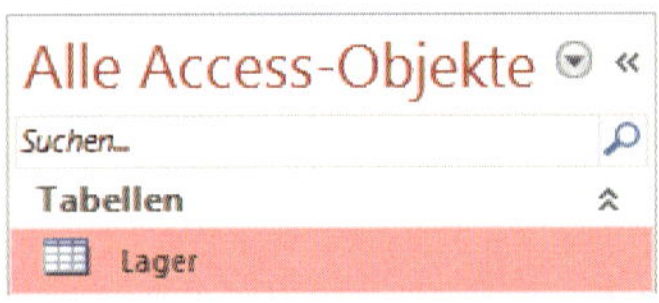

- Öffnen Sie die Tabelle *Lager* durch einen Doppelklick auf die Bezeichnung *Lager* oder über das Kontextmenü, um Daten einzugeben. Der folgende (hier unvollständig abgebildete) Bildschirm wird eingeblendet:

Lager

Artikel_Nr	Artikelart	Artikel_Bez	Bestand	Einkaufspreis	Verkaufspreis
0			0	0,00 €	0,00 €

- Geben Sie die folgenden Artikel in die Tabelle ein:

Lager

Artikel_Nr	Artikelart	Artikel_Bez	Bestand	Einkaufspreis	Verkaufspreis
1000	Schreibtisch	Gabriele	5	800,00 €	1.365,00 €
1001	Schreibtisch	Modern	10	456,00 €	735,00 €
1002	Schreibtisch	Exklusiv	20	1.250,00 €	1.848,00 €
1003	Büroschrank	Elegant	12	2.400,00 €	3.190,00 €
1004	Büroschrank	Aktuell	17	897,00 €	1.345,00 €
1005	Drucker	Hanso	12	430,00 €	724,00 €
1006	Drucker	Stil	8	1.300,00 €	1.972,75 €
1007	Drucker	Klassic	12	2.900,00 €	4.305,00 €
2000	Scanner	Swift	8	1.578,00 €	2.198,00 €
2001	Scanner	Akura	4	2.790,00 €	3.700,00 €
3000	Computer	AGIB HS	10	3.322,93 €	3.980,00 €
3001	Computer	Trup AK	5	3.576,00 €	4.190,00 €
3002	Computer	Ambro Super	21	3.454,98 €	4.050,00 €
3003	Computer	Combo Genial	3	3.456,00 €	3.890,00 €
3004	Computer	Akka Uni	4	3.670,00 €	4.350,00 €
0					

- Die Breite der Spalten lässt sich mit der Maus verändern. Gehen Sie mit der Maus auf die Zeile mit den Bezeichnungen *Artikel_Nr*, *Artikelart* usw. Der Mauszeiger verändert sich, wenn er zwischen zwei Spalten gesetzt wird, in einen senkrechten Balken mit Pfeilen nach links und rechts. Bei gedrückter linker Maustaste können Sie nun die einzelne Spalte vergrößern oder verkleinern. Dies geschieht durch das Bewegen der Maus nach links oder rechts. Mit einem Doppelklick zwischen die beiden Spalten wird die optimale Breite vom Programm eingestellt.
- Das Speichern, Drucken usw. der Daten ist identisch mit der Vorgehensweise bei anderen Programmen. Eine einzelne Tabelle wird automatisch abgespeichert.

Übungen:

1. Die Daten der folgenden Arbeitnehmerinnen und Arbeitnehmer des Unternehmens *Arbeitsvermittlung GmbH* sollen erfasst werden, damit sie später nach verschiedenen Kriterien ausgewertet werden können.

a) Erstellen Sie eine Datenbank mit dem Namen *Arbeitsvermittlung*.

b) Legen Sie in der Datenbank *Arbeitsvermittlung* eine Tabelle mit dem Namen *Arbeitnehmer* an, die die nachfolgende Dateistruktur aufweisen soll. Die Textfelder sollen jeweils mit einer Feldgröße von 25 Zeichen ausgestattet werden. Das Datumsformat soll als *Datum, kurz* gewählt werden.

Feldname	Felddatentyp
Name	Text
Vorname	Text
Strasse	Text
PLZ	Zahl
Ort	Text
Geburtsdatum	Datum/Zeit

c) Geben Sie die folgenden Daten in die Tabelle *Arbeitnehmer* ein. Speichern Sie danach die Tabelle ohne Primärschlüssel ab.

ANr	Nachname	Vorname	Strasse	PLZ	Ort	Geburts-datum
1000	Beckmann	Stefan	Laaker Str. 45	47137	Duisburg	19.06.79
1001	Raun	Petra	Zeisigstr. 98	41540	Dormagen	12.03.77
1002	Högemann	Katharina	Hagenstr. 43	59075	Hamm	21.08.75
1003	Röring	Katharina	Am Ostheck 51	44309	Dortmund	01.01.78
1004	Zinklage	Ramon	Bachstr. 33	44787	Bochum	15.12.76
1005	Bengelke	Florentina	Märchenweg 17	47279	Duisburg	16.05.78
1006	Waake	Tobias	Jahnstr. 54	45883	Gelsenkirchen	12.11.79
1007	Regemann	Maria	Kämpenstr. 34	45147	Essen	08.09.75
1008	Meyers	Jasmin	Teuschstr. 23	41549	Dormagen	23.05.77
1009	Hansen	Thekla	Lautstr. 55	45359	Essen	12.08.72
1010	Maiser	Thekla	Nadlerweg 11	44329	Dortmund	15.03.77
1011	Wonen	Wilfried	Oberdelle 62	44388	Dortmund	31.01.79
1012	Kammes	Jennifer	Koksstr. 17	45326	Essen	22.07.73
1013	Kuckli	Karsten	Händelstr. 73	45884	Gelsenkirchen	15.11.76
1014	Knie	Manuel	Christstr. 98	44789	Bochum	07.07.70
1015	Rennemann	Katja	Ackerstr. 1	46282	Dorsten	18.06.77
1016	Schmees	Jasmin	Passweg 38	44357	Dortmund	09.09.76
1017	Dürken	Stefanie	Saalestr. 112	47229	Duisburg	14.07.77

d) Passen Sie die Breite der Spalten den jeweiligen Erfordernissen an. Bedenken Sie dabei, dass dies Auswirkungen auf den späteren Ausdruck haben kann.

e) Drucken Sie die Tabelle *Arbeitnehmer* aus. Überprüfen Sie zuvor anhand der Seitenansicht den voraussichtlichen Ausdruck.

f) Schließen Sie die Datenbank *Arbeitsvermittlung*.

5 Grundlegende Arbeitsschritte

5.1 Löschen einzelner und aller Datensätze

Nicht mehr in einer **Tabelle** benötigte **Datensätze** sollten gelöscht werden, damit sie nicht mehr die Bearbeitung von Daten beeinflussen.

Bearbeitungsschritte:

- Öffnen Sie die Tabelle *Lager*. Gehen Sie mit der Maus auf den linken Rand der Tabellendaten und danach auf den ersten zu löschenden Datensatz. Der Mauspfeil verändert sich in einen Pfeil nach rechts. Bei gedrückter linker Maustaste können Sie dann nach unten oder oben weitere Datensätze markieren.

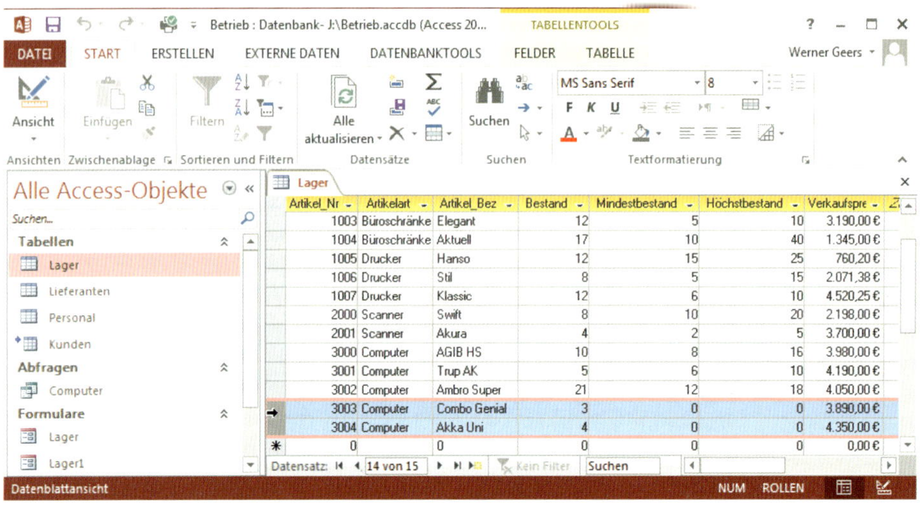

- Klicken Sie im Register **START** in der Gruppe **Zwischenablage** die Schaltfläche **Ausschneiden** an. Außerdem können Sie auch die Taste **[Entf]** betätigen. Als Alternative klicken Sie im Register **START** in der Gruppe **Datensätze** die Schaltfläche **Löschen** an. Sie können auch den Pfeil nach unten in der Schaltfläche anklicken. Danach stehen noch weitere Möglichkeiten zur Verfügung.

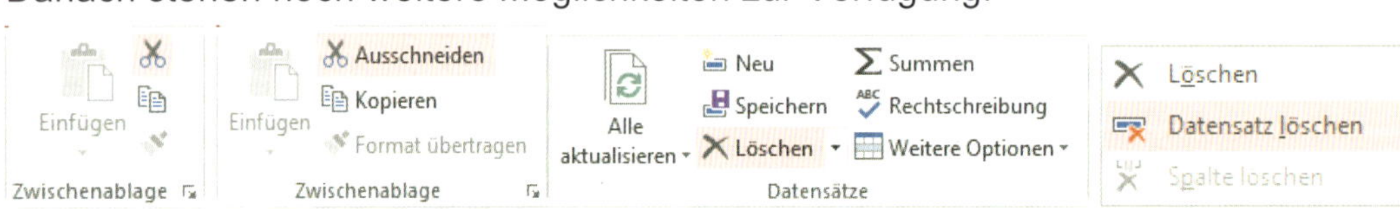

- Es wird ein Fenster eingeblendet, in dem darauf hingewiesen wird, dass Sie beabsichtigen, zwei Datensätze zu löschen. Durch das Anklicken der Schaltfläche **Ja** werden die **Datensätze** endgültig gelöscht. Soll dies nicht geschehen, muss die Schaltfläche **Nein** angeklickt werden. Löschen Sie die Datensätze endgültig.
- Sollen alle Datensätze gelöscht werden, muss die gesamte Tabelle durch Anklicken des Kästchens links oben markiert werden. Danach kann die Löschung wie beschrieben erfolgen.

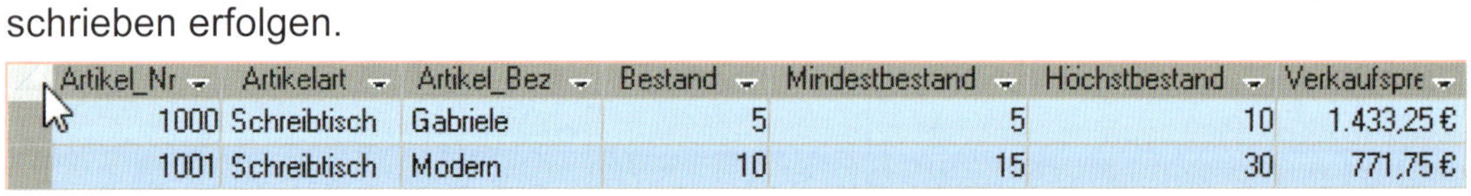

5.2 Löschen einer Tabelle

Soll die gesamte Tabelle *Lager* gelöscht werden und dabei auch die Struktur (der Entwurf) der Tabelle, so ist die Tabelle im linken Bereich zu markieren. Danach kann die Tabelle durch das Anklicken der Schaltfläche **Ausschneiden**  in der Gruppe **Start** oder über das Kontextmenü gelöscht werden. Die Löschung kann nicht mehr rückgängig gemacht werden.

5.3 Löschen aller Daten eines bestimmten Datenfelds

Sollen alle Inhalte in der Spalte *Artikelart* gelöscht werden, so kann man die einzelnen Datenfelder, wie zuvor beschrieben, einzeln löschen. Dies dürfte jedoch bei umfangreichen Tabellen zu umständlich sein. Es bietet sich daher an, in der Tabellenstruktur das gesamte Datenfeld zu löschen und u. U. danach das Datenfeld, falls es ohne Inhalte benötigt wird, wieder neu hinzuzufügen. Dies wird im Kapitel *Tabellengestaltung* genau beschrieben.

5.4 Sortieren nach Datenfeldern

Alle Datensätze können innerhalb kürzester Zeit nach verschiedenen Kriterien, z. B. *Artikelart*, *Bestand*, *Artikel_Nr* usw. aufsteigend bzw. absteigend sortiert werden.

Bearbeitungsschritte:

- Öffnen Sie die Tabelle *Lager*. Klicken Sie danach auf den Pfeil nach unten in der Spalte *Artikelart*. Sie wird gekennzeichnet. Außerdem wird eine Menüleiste eingeblendet. Wählen Sie die Alternative **Von A bis Z sortieren**.

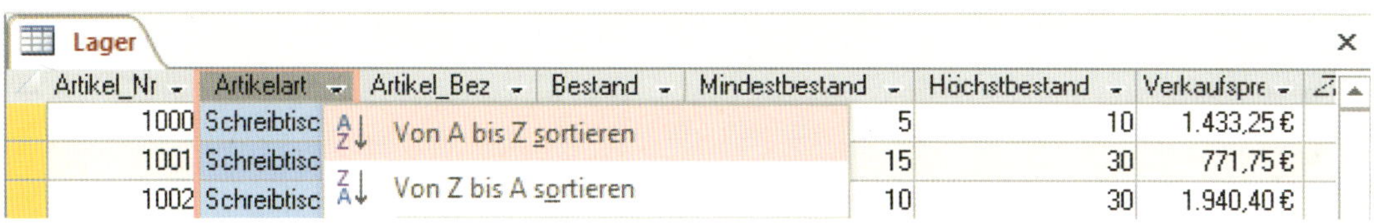

Lager

Artikel_Nr	Artikelart	Artikel_Bez	Bestand	Mindestbestand	Höchstbestand	Verkaufspre
1000	Schreibtisc			5	10	1.433,25 €
1001	Schreibtisc			15	30	771,75 €
1002	Schreibtisc			10	30	1.940,40 €

- Das Ergebnis sieht (hier verkürzt dargestellt) folgendermaßen aus:

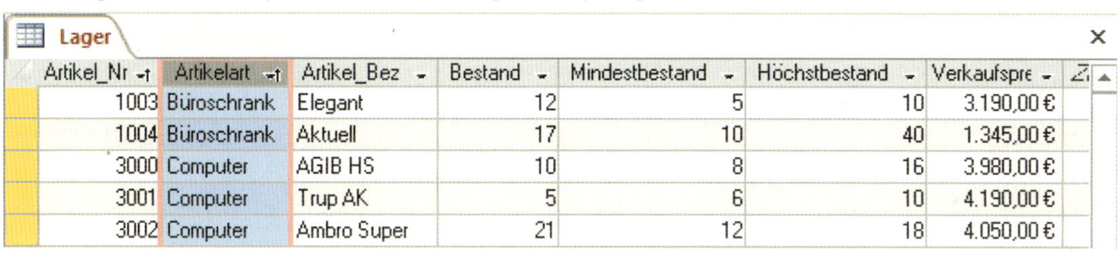

Lager

Artikel_Nr	Artikelart	Artikel_Bez	Bestand	Mindestbestand	Höchstbestand	Verkaufspre
1003	Büroschrank	Elegant	12	5	10	3.190,00 €
1004	Büroschrank	Aktuell	17	10	40	1.345,00 €
3000	Computer	AGIB HS	10	8	16	3.980,00 €
3001	Computer	Trup AK	5	6	10	4.190,00 €
3002	Computer	Ambro Super	21	12	18	4.050,00 €

- Klicken Sie im Register **START** in der Gruppe **Sortieren und Filtern** die Schaltfläche **Sortierung entfernen** an.

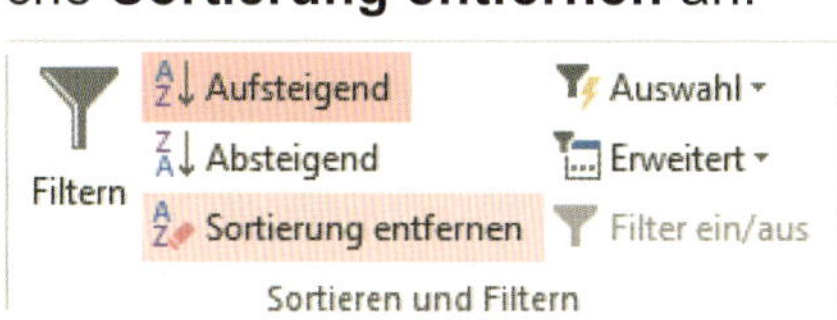

- Klicken Sie mit der Maus auf eine beliebige Zelle. Gehen Sie dann mit der Maus auf die Bezeichnung *Artikelart*. Der Mauszeiger verwandelt sich in einen Pfeil nach unten ⬇. Markieren Sie mit gedrückter linker Maustaste die angezeigten Datenfelder.

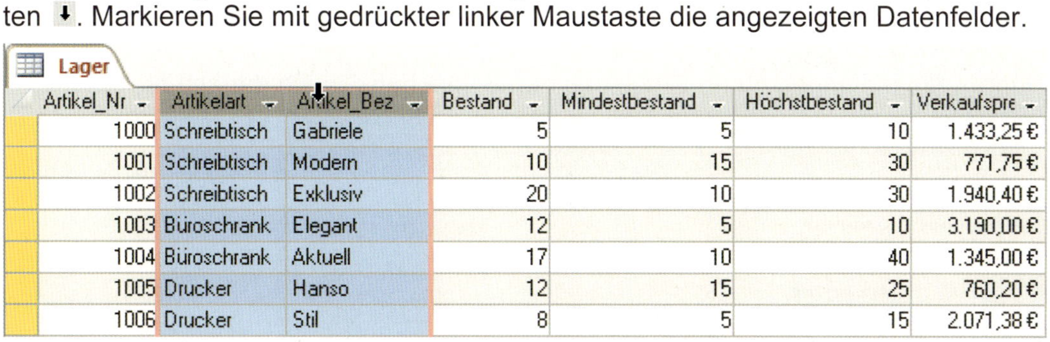

Lager

Artikel_Nr	Artikelart	Artikel_Bez	Bestand	Mindestbestand	Höchstbestand	Verkaufspre
1000	Schreibtisch	Gabriele	5	5	10	1.433,25 €
1001	Schreibtisch	Modern	10	15	30	771,75 €
1002	Schreibtisch	Exklusiv	20	10	30	1.940,40 €
1003	Büroschrank	Elegant	12	5	10	3.190,00 €
1004	Büroschrank	Aktuell	17	10	40	1.345,00 €
1005	Drucker	Hanso	12	15	25	760,20 €
1006	Drucker	Stil	8	5	15	2.071,38 €

- Als Ergebnis werden die Daten nach beiden Datenfeldern sortiert ausgegeben. Entfernen Sie danach die Sortierung wieder.
- Sortierungen können auch in Abfragen vorgenommen werden. Dies wird später beschrieben.

5.5 Suchen und Ersetzen von Daten

In umfangreichen Tabellen kann es von Zeit zu Zeit vorkommen, dass Bezeichnungen, beispielsweise bei der *Artikelart*, geändert werden müssen. Außerdem soll beispielsweise nach einer bestimmten Artikelbezeichnung usw. gesucht werden.

Bearbeitungsschritte:

- Öffnen Sie die Tabelle *Lager*. Klicken Sie danach auf den Pfeil nach unten in der Spalte *Artikelart*. Sie wird markiert. Klicken Sie dann im Register **START** in der Gruppe **Suchen** die Schaltfläche **Suchen** an.

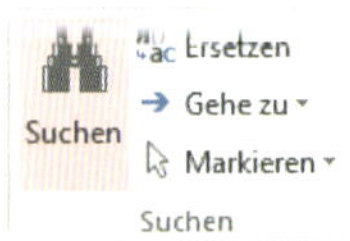

- Im Fenster **Suchen und Ersetzen** können Sie nun einen Begriff eingeben und durch Anklicken der Schaltfläche **Weitersuchen** nach diesem Begriff suchen. Außerdem können Sie diverse Einstellungen vornehmen.

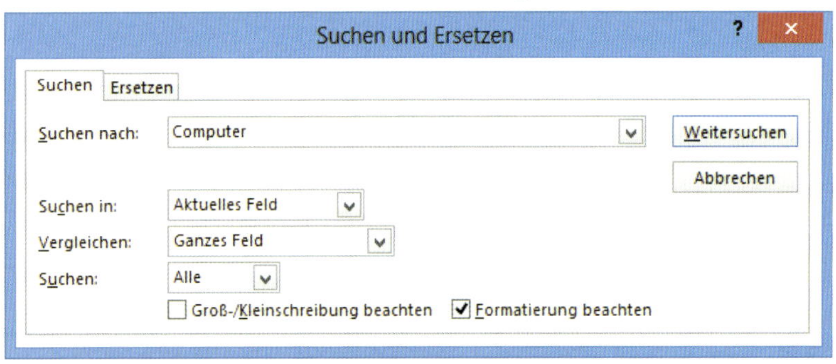

- Der erste gefundene Begriff wird angezeigt. Danach können Sie durch Anklicken der Schaltfläche **Weitersuchen** zum nächsten Begriff springen.

Lager

Artikel_Nr	Artikelart	Artikel_Bez	Bestand	Einkaufspeis	Verkaufspreis
2001	Scanner	Akura	4	2.790,00 €	3.700,00 €
3000	Computer	AGIB HS	10	3.322,93 €	3.980,00 €
3001	Computer	Trup AK	5	3.576,00 €	4.190,00 €

- Klicken Sie die Schaltfläche **Ersetzen** im Register **START** in der Gruppe **Suchen** an, um einen Begriff zu ersetzen.

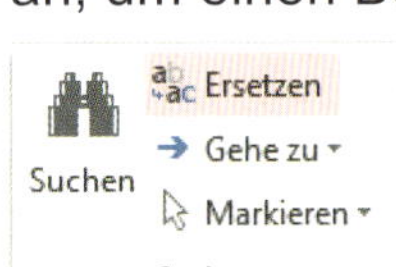

- Führen Sie die angegebene Ersetzung durch. Machen Sie sie danach rückgängig.

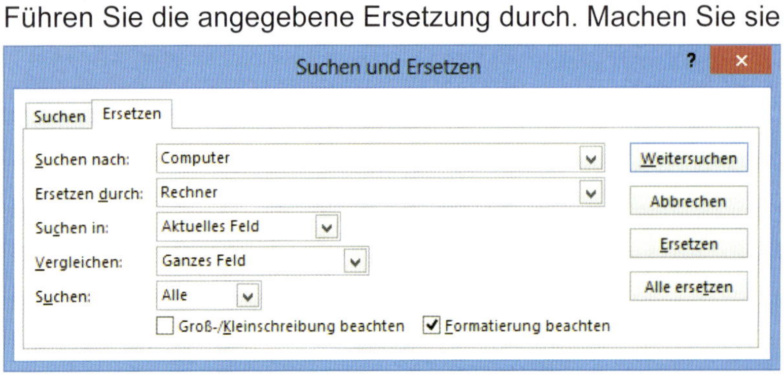

- Mithilfe der Schaltflächen dieser Gruppe können Sie auch bestimmte Datensätze anwählen und die gesamte Tabelle markieren.

6 Tabellengestaltung

6.1 Einfügen von Datenfeldern

Ein Merkmal eines Datenbankprogramms ist die Möglichkeit, nachträglich die Struktur einer Tabelle ändern zu können. Die notwendigen Datenfelder *Mindestbestand*, *Höchstbestand* und *Lieferdatum* sollen in die Tabelle *Lager* eingefügt werden.

Bearbeitungsschritte:

- Rufen Sie den Entwurf der Tabelle *Lager* auf. Markieren Sie mit der Maus das Datenfeld *Einkaufspreis*.

Lager

	Feldname	Felddatentyp	Beschreibung
P	Artikel_Nr	Zahl	
	Artikelart	Kurzer Text	
	Artikel_Bez	Kurzer Text	
	Bestand	Zahl	
	Einkaufspreis	Zahl	
	Verkaufspreis	Zahl	

- Klicken Sie im Register **TABELLENTOOLS/ENTWURF** in der Gruppe **Tools** die Schaltfläche **Zeilen einfügen** an.

- Vor der markierten Zeile wird eine Leerzeile eingefügt:

Lager

	Feldname	Felddatentyp	Beschreibung
P	Artikel_Nr	Zahl	
	Artikelart	Kurzer Text	
	Artikel_Bez	Kurzer Text	
	Bestand	Zahl	
	Einkaufspreis	Zahl	

- Tragen Sie in die leere Zeile den Feldnamen *Mindestbestand* ein und wählen Sie den Felddatentyp *Zahl* aus.

Lager

	Feldname	Felddatentyp	Beschreibung
P	Artikel_Nr	Zahl	
	Artikelart	Kurzer Text	
	Artikel_Bez	Kurzer Text	
	Bestand	Kurzer Text	
	Mindestbestand	Zahl	
	Einkaufspreis	Währung	

- Fügen Sie außerdem ein Datenfeld *Höchstbestand* und den Felddatentyp *Zahl* nach dem Datenfeld *Mindestbestand* ein, außerdem ein Datenfeld *Lieferdatum* und den Datentyp *Datum/Uhrzeit* (Format: *Datum, kurz*) und ein Datenfeld *Verkaufspreis2* und den Felddatentyp *Währung* am Ende der Tabelle.

Bearbeitungsschritte:

- Eventuell erstellte Formulare werden durch die Änderung der Tabellenstruktur nicht automatisch angepasst. Die Formulare müssen daher u. U. neu erstellt werden.
- Tragen Sie die entsprechenden Daten wie dargestellt ein. Die Darstellung wurde durch das Ausblenden der Datenfelder *Einkaufspreis* und *Verkaufspreis* realisiert.

Lager

Artikel_Nr	Artikelart	Artikel_Bez	Bestand	Mindestbestand	Höchstbestand
1000	Schreibtisch	Gabriele	5	5	10
1001	Schreibtisch	Modern	10	15	30
1002	Schreibtisch	Exklusiv	20	10	30
1003	Büroschrank	Elegant	12	5	10
1004	Büroschrank	Aktuell	17	10	40
1005	Drucker	Hanso	12	15	25
1006	Drucker	Stil	8	5	15
1007	Drucker	Klassic	12	6	10
2000	Scanner	Swift	8	10	20
2001	Scanner	Akura	4	2	5
3000	Computer	AGIB HS	10	8	16
3001	Computer	Trup AK	5	6	10
3002	Computer	Ambro Super	21	12	18

6.2 Löschen von Datenfeldern

Nicht mehr benötigte Datenfelder sollten gelöscht werden.

Bearbeitungsschritte:

- Öffnen Sie die Tabelle *Lager*. Geben Sie einige frei gewählte Preise in das Datenfeld *Verkaufspreis2* ein. Rufen Sie danach den Entwurf der Tabelle *Lager* auf und markieren Sie mit der Maus das Datenfeld *Verkaufspreis2*.

Lager

	Feldname	Felddatentyp	Beschreibung
P	Artikel_Nr	Zahl	
	Artikelart	Kurzer Text	
	Artikel_Bez	Kurzer Text	
	Bestand	Kurzer Text	
	Mindestbestand	Zahl	
	Höchstbestand	Zahl	
	Einkaufspreis	Währung	
	Verkaufspreis	Währung	
	Verkaufspreis2	Währung	

- Klicken Sie im Register **START** in der Gruppe **Zwischenablage** die Schaltfläche **Ausschneiden** an.

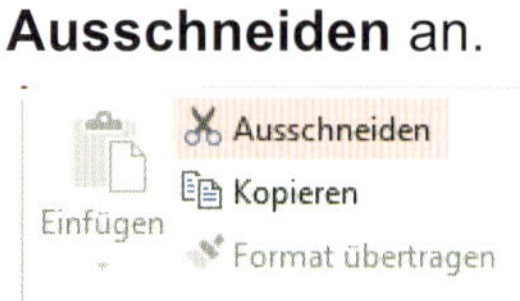

- Das Programm reagiert mit einer Sicherheitsabfrage, ob die markierten Felder sowie die in diesen Feldern befindlichen Daten tatsächlich gelöscht werden sollen.
- Mit dem Anklicken der Schaltfläche **Ja** wird das Datenfeld mit allen Daten gelöscht.

6.3 Ändern von Datenfeldname und/oder Felddatentyp

Das Ändern von Datenfeldname und Felddatentyp kann jederzeit im Entwurfsbereich der Tabelle vorgenommen werden. Vollkommen unproblematisch ist dabei die Änderung des Datenfeldnamens. Problematischer ist jedoch die Änderung des Felddatentyps.

Bearbeitungsschritte:

- Öffnen Sie den Entwurf der Tabelle *Lager*. Verändern Sie die Bezeichnung *Artikel_Nr* in *Artikelnummer*.

Lager

	Feldname	Felddatentyp	Beschreibung
P	Artikelnummer	Zahl	
	Artikelart	Text	
	Artikel_Bez	Kurzer Text	

- In der Tabelle wird die neue Bezeichnung des Datenfeldes angegeben. Auswirkungen hat dies im Prinzip keine.

Lager

Artikelnummer	Artikelart	Artikel_Bez	Bestand	Mindestbestand	Höchstbestand
1000	Schreibtisch	Gabriele	5	5	10
1001	Schreibtisch	Modern	10	15	30
1002	Schreibtisch	Exklusiv	20	10	30
1003	Büroschrank	Elegant	12	5	10
1004	Büroschrank	Aktuell	17	10	40
1005	Drucker	Hanso	12	15	25

- Verändern Sie die Bezeichnung wieder in *Artikel_Nr*.
- Verändern Sie danach zu Übungszwecken den Felddatentyp im Bereich *Artikel_Bez* in *Zahl*.

Lager

	Feldname	Felddatentyp	Beschreibung
P	Artikel_Nr	Zahl	
	Artikelart	Kurzer Text	
	Artikel_Bez	Zahl	
	Bestand	Kurzer Text	
	Mindestbestand	Zahl	

- Beim Abspeichern der neuen Tabellenstruktur wird darauf aufmerksam gemacht, dass Daten verloren gehen, wenn der Felddatentyp tatsächlich in *Zahl* geändert wird. Dies ist vollkommen logisch, da der Datentyp *Zahl* nur Zahlen aufnehmen kann.

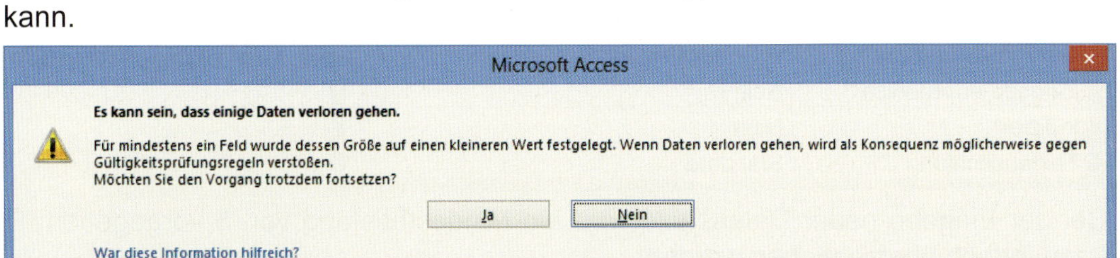

- Klicken Sie die Schaltfläche **Nein** an. Brechen Sie damit diese unsinnige Änderung ab. Ändern Sie den Felddatentyp wieder in *Text*.

6.4 Kopieren einer Tabelle

Damit die Tabelle *Lager* in ihrem ursprünglichen Zustand erhalten bleibt, soll zunächst eine zusätzliche Tabelle *Lager1* erzeugt werden. Sie können später einzelne sinnvolle Festlegungen für die Tabelle *Lager* übernehmen.

Bearbeitungsschritte:

- Markieren Sie in der Navigationsleiste die Tabelle *Lager*.
- Klicken Sie im Register **START** in der Gruppe **Zwischenablage** die Schaltfläche **Kopieren** an. Klicken Sie dann in derselben Gruppe die Schaltfläche **Einfügen** an.

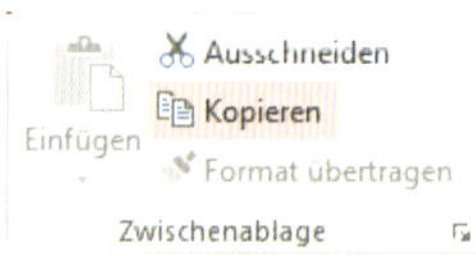

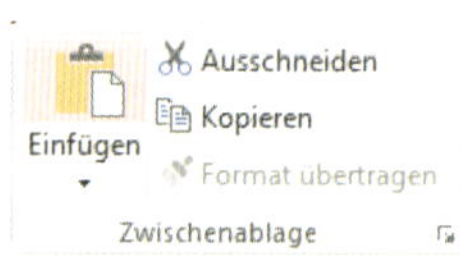

- Geben Sie im Fenster **Tabelle einfügen als** den Namen *Lager_1* der neuen Tabelle ein. Im Datenbankfenster werden danach beide Tabellen angezeigt:

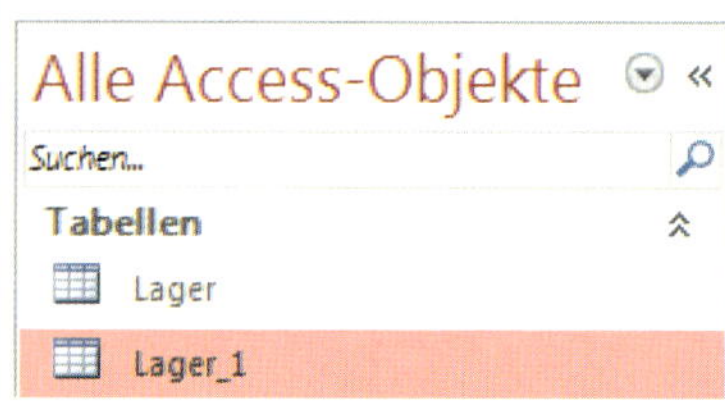

- Beide Tabellen können nun in der Datenbank genutzt werden.

6.5 Standardwerte

Als Standardwert bezeichnet man die Vorgabe eines bestimmten Wertes bei der Dateneingabe. So ist es möglich, dass der Mindestbestand bei einem Artikel in der Regel *5* Produkte beträgt. Dieser Bestand wird dann automatisch vorgegeben, kann jedoch überschrieben werden.

Bearbeitungsschritte:

- Öffnen Sie den Entwurf der Tabelle *Lager_1*. Klicken Sie das Datenfeld *Mindestbestand* an. Tragen Sie im unteren Bereich des Bildschirms als Standardwert *5* ein.

Allgemein	Nachschlagen
Feldgröße	Long Integer
Format	
Dezimalstellenanzeige	Automatisch
Eingabeformat	
Beschriftung	
Standardwert	5
Gültigkeitsregel	
Gültigkeitsmeldung	
Eingabe erforderlich	Nein
Indiziert	Nein
Textausrichtung	Standard

- Bei der Eingabe neuer Datensätze wird ein Mindestbestand von 5 vorgegeben. Er kann jedoch überschrieben werden.

Lager_1

Artikel_Nr	Artikelart	Artikel_Bez	Bestand	Mindestbestand	Höchstbestand
3002	Computer	Ambro Super	21	12	18
0			0	5	0

6.6 Feldgröße

Die Feldgröße hat Einfluss auf die Größe einer Datenbank. Grundsätzlich sollte man nur die Feldgröße wählen, die aufgrund der einzugebenden Daten erforderlich ist. Es erscheint in der Regel nicht notwendig, ein Textfeld über 30 Zeichen auszudehnen.

Besonders wichtig ist die Feldgröße bei einer Zahl. Sollen später Beziehungen zwischen Tabellen aufgebaut werden, so ist eine einheitliche Feldgröße erforderlich. Es ist daher notwendig, dass Sie sich von vornherein bei *Artikel-*, *Kunden-*, *Personalnummern* usw. für eine Feldgröße entscheiden. Die Feldgrößen für Zahlen wurden bereits beschrieben.

Bearbeitungsschritte:

- Öffnen Sie den Entwurf der Tabelle *Lager_1*.
- Bei den Textfeldern (z. B. *Artikelart*) legen Sie die Feldgröße mit *30* fest. Sie müssen mit der Maus auf den entsprechenden Feldnamen klicken, dann stehen die benötigten Einstellungsmöglichkeiten im unteren Bereich des Fensters zur Verfügung.

Allgemein	Nachschlagen
Feldgröße	30
Format	
Eingabeformat	
Beschriftung	
Standardwert	
Gültigkeitsregel	
Gültigkeitsmeldung	
Eingabe erforderlich	Ja
Leere Zeichenfolge	Nein
Indiziert	Nein
Unicode-Kompression	Ja
IME-Modus	Keine Kontrolle
IME-Satzmodus	Keine
Textausrichtung	Standard

- Bei der *Artikelnummer* reicht es aus, den Felddatentyp *Integer* zu bestimmen. Wichtig ist jedoch, dass auch bei anderen Tabellen, die später in Beziehung zur Tabelle *Lager* gesetzt werden sollen, eine solche Einstellung vorgenommen werden müsste. Daher sollten Sie vorerst die ursprüngliche Einstellung nicht ändern.

Allgemein	Nachschlagen
Feldgröße	Long Integer
Format	
Dezimalstellenanzeige	Automatisch
Eingabeformat	
Beschriftung	
Standardwert	0
Gültigkeitsregel	
Gültigkeitsmeldung	
Eingabe erforderlich	Nein
Indiziert	Ja (Ohne Duplikate)
Textausrichtung	Standard

Allgemein	Nachschlagen
Feldgröße	Integer
Format	
Dezimalstellenanzeige	Automatisch
Eingabeformat	
Beschriftung	
Standardwert	0
Gültigkeitsregel	
Gültigkeitsmeldung	
Eingabe erforderlich	Nein
Indiziert	Ja (Ohne Duplikate)
Textausrichtung	Standard

- Bei Datenfeldern mit Währungsfeldern ist in der Regel keine Änderung notwendig.

Allgemein	Nachschlagen
Format	Euro
Dezimalstellenanzeige	Automatisch

6.7 Eingabeformate

Die Eingabe der Daten kann dadurch erleichtert werden, dass ein bestimmtes Eingabeformat bestimmt wird. Beispielsweise kann der Benutzer bei der Eingabe eines Datums erkennen, in welcher Form er das Datum einzugeben hat. Neben Datumsfeldern können auch Textfelder mit Eingabeformaten versehen werden.

Bearbeitungsschritte:

- Öffnen Sie den Entwurf der Tabelle *Lager_1*.
- Ergänzen Sie die Datenstruktur um das nachfolgend dargestellte Datenfeld:

Lager_1

Feldname	Felddatentyp	Beschreibung
Einkaufspreis	Währung	
Verkaufspreis	Währung	
Lieferdatum	Datum/Uhrzeit	

- Stellen Sie den Cursor in den Bereich *Eingabeformat*.

Allgemein	Nachschlagen
Format	
Eingabeformat	|
Beschriftung	

- Klicken Sie auf die Schaltfläche am rechten Rand des Bereichs. Das folgende Fenster wird eingeblendet. Wählen Sie die erste Möglichkeit aus und klicken Sie mit der Maus in den Bereich *Testen*.

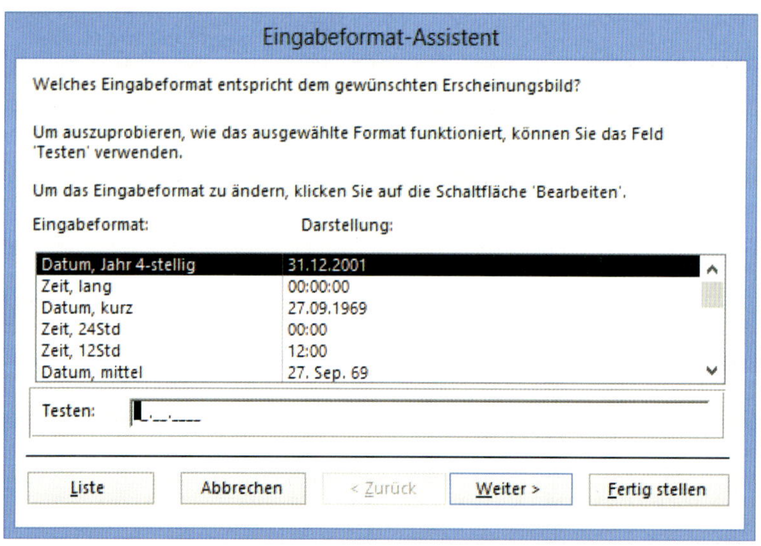

- Im nächsten Fenster könnten Sie das Eingabeformat ändern. Klicken Sie dann die Schaltfläche **Fertig stellen** an. Das Format wird in der Entwurfsansicht dargestellt.
- Wechseln Sie zur **Datenblattansicht**. Die Eingabe wird durch die Vorgabe der entsprechenden Stellen deutlich erleichtert.

Lager_1

Artikel_Nr	Artikelart	Artikel_Bez	Bestand	Lieferdatum
1000	Schreibtisch	Gabriele	5	15.06.2013
1001	Schreibtisch	Modern	10	__.__.____

6.8 Beschriftung

Die Bezeichnung eines Datenfelds soll bei der Anzeige u. U. aussagekräftiger, verständlicher usw. gemacht werden. Dies kann durch die Feldeigenschaften bestimmt werden.

Bearbeitungsschritte:

- Öffnen Sie den Entwurf der Tabelle *Lager_1*. Klicken Sie danach das Datenfeld *Artikel_Nr* an. Geben Sie die angegebene Beschriftung ein.

Allgemein	Nachschlagen
Feldgröße	Integer
Format	
Dezimalstellenanzeige	Automatisch
Eingabeformat	
Beschriftung	Artikelnummer
Standardwert	

- Die Darstellung des Datenfelds in der Datenblattansicht verändert sich entsprechend.

Lager_1

Artikelnummer	Artikelart	Artikel_Bez	Bestand	Mindestbestand	Höchstbestand
1000	Schreibtisch	Gabriele	5	5	10

6.9 Erforderlichkeit einer Eingabe

Grundsätzlich erscheint es notwendig, dass in jeder Zelle auch ein Wert eingegeben werden soll. Dies ist besonders dann notwendig, wenn es sich um Daten handelt, die die Grundlage für Dateien bilden, wie beispielsweise Artikelarten oder Artikelbezeichnungen.

Bearbeitungsschritte:

- Öffnen Sie den Entwurf der Tabelle *Lager_1*. Klicken Sie das Datenfeld *Artikelart* an. Legen Sie fest, dass eine Eingabe erforderlich ist.

Allgemein	Nachschlagen
Feldgröße	30
Format	
Eingabeformat	
Beschriftung	
Standardwert	
Gültigkeitsregel	
Gültigkeitsmeldung	
Eingabe erforderlich	Ja

- Geben Sie in der Datenblattansicht einen neuen Datensatz ohne die Artikelart ein. Wenn Sie danach die Tabelle abspeichern oder einen nächsten Datensatz eingeben wollen, erscheint die folgende Fehlermeldung:

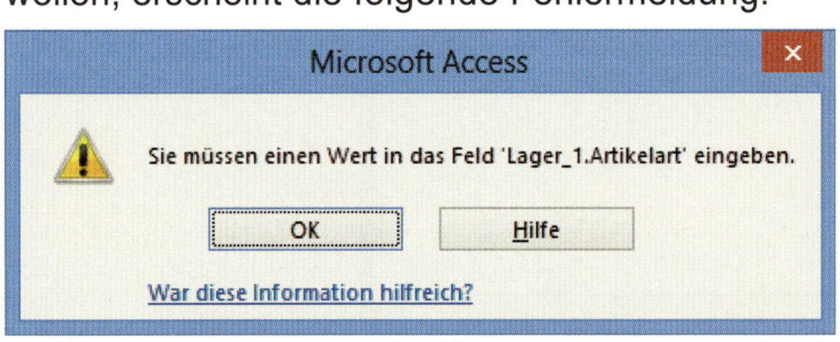

- Geben Sie daher einen Text in das Feld ein oder verändern Sie die Feldeigenschaft in der Hinsicht, dass keine Eingabe erforderlich ist.

6.10 Text-, Kombinations- und Listenfelder

In der Tabelle *Lager* sind nur 5 Artikelarten vorhanden. Es bietet sich an, die Artikel aus einer Liste auszuwählen und nicht jedes Mal einzugeben. Grundsätzlich sind beim Felddatentyp *Text* drei Einstellungsmöglichkeiten gegeben. Ein Textfeld lässt die freie Eingabe von Werten zu. Bei einem Listenfeld kann aus einer vorgegebenen Liste ein Eintrag gewählt werden. Das Kombinationsfeld lässt beide Möglichkeiten zu.

Bearbeitungsschritte:

- Öffnen Sie den Entwurf der Tabelle *Lager_1*.
- Klicken Sie den Felddatentyp des Datenfelds *Artikelart* an. Wählen Sie dann die Registerkarte **Nachschlagen** in der Entwurfsansicht aus. Es wird angezeigt, dass das Datenfeld ein Textfeld ist. Klicken Sie danach den Pfeil nach unten im dargestellten Datenfeld an und wählen Sie den Bereich **Nachschlage-Assistent** aus.

- Im ersten Fenster bestimmen Sie, dass Sie selbst Werte eingeben wollen.

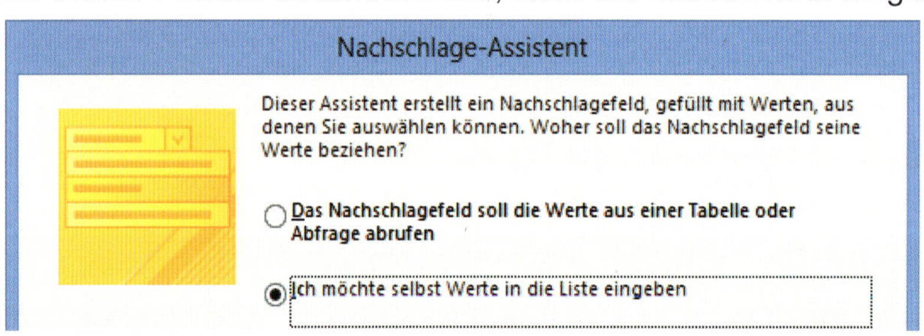

- Geben Sie im nächsten Fenster die möglichen Artikelarten ein.

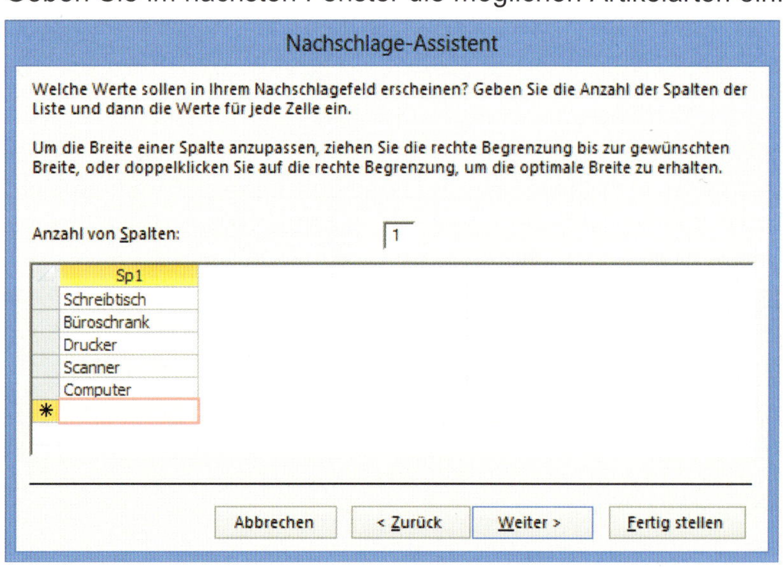

- Klicken Sie dann die Schaltfläche **Fertig stellen** an.

Bearbeitungsschritte (Fortsetzung):

- Im Bereich **Nachschlagen** wird nun angegeben, dass ein Kombinationsfeld eingerichtet wurde und aus einer Wertliste, die in der nächsten Zeile angegeben ist, Werte ausgewählt werden können.

Allgemein	Nachschlagen
Steuerelement anzeigen	Kombinationsfeld
Herkunftstyp	Wertliste
Datensatzherkunft	"Schreibtisch"; "Büroschrank"; "Drucker"; "Scanner"; "Computer"

- In der Tabelle können Sie nun einen eigenen Wert eingeben oder einen vorgegebenen Wert auswählen.

- Sollen nur Werte aus der Liste als Eingabe möglich sein, ist die folgende Veränderung vorzunehmen. In der Tabelle können zwar weiterhin eigene Werte eingegeben werden, erfolgt die Eingabe aber über ein Formular, können nur Werte aus der Liste gewählt werden.

Allgemein	Nachschlagen
Steuerelement anzeigen	Listenfeld
Herkunftstyp	Wertliste
Datensatzherkunft	"Schreibtisch"; "Büroschrank"; "Drucker"; "Scanner"; "Computer"

- Wenn Sie nun versuchen, einen anderen Wert als die vorgegebenen einzugeben, erscheint eine Fehlermeldung.
- Sie können die Liste der möglichen Artikelarten übrigens manuell ergänzen, wie nachfolgend dargestellt wird:

Allgemein	Nachschlagen
Steuerelement anzeigen	Listenfeld
Herkunftstyp	Wertliste
Datensatzherkunft	reibtisch"; "Büroschrank"; "Drucker"; "Scanner"; "Computer";"Monitor"

- Auch das Eintragen aller Artikelarten im Bereich **Datensatzherkunft** ist möglich. Die einzelnen Artikelarten müssen jedoch in der dargestellten Form eingetragen werden.

6.11 Gültigkeit und Gültigkeitsmeldungen

Eine weitere Möglichkeit, die Struktur einer Tabelle zu verändern, ist das Bearbeiten der Feldeigenschaften. So ist beispielsweise die Möglichkeit gegeben, in einem Textfeld die Feldgröße vom Standardwert *50* je nach Bedarf in einen anderen Wert zu ändern.

Weitere Einstellungsmöglichkeiten sind z. B. dadurch gegeben, dass bei Zahlen die Anzahl der Dezimalstellen bestimmt oder angegeben werden kann. Interessant ist auch die Möglichkeit, nur bestimmte Eingaben zuzulassen. So soll z. B. das Datenfeld *Höchstbestand* keinen Wert von 50 Produkten und mehr aufnehmen können.

Bearbeitungsschritte:

- Öffnen Sie den Entwurf der Tabelle *Lager_1*. Tragen Sie die folgende Gültigkeitsregelung und Gültigkeitsmeldung für das Datenfeld *Bestand* ein:

Lager_1

Feldname	Felddatentyp	Beschreibung
Bestand	Zahl	
Mindestbestand	Zahl	

Allgemein	Nachschlagen
Feldgröße	Long Integer
Format	
Dezimalstellenanzeige	Automatisch
Eingabeformat	
Beschriftung	
Standardwert	0
Gültigkeitsregel	< 50
Gültigkeitsmeldung	Eingabe abgelehnt (Bestand < 50)
Eingabe erforderlich	Nein
Indiziert	Nein
Textausrichtung	Standard

Die Fehlermeldung, die angezeigt wird, wenn Sie einen Wert eingeben, der aufgrund der Gültigkeitsregel nicht eingegeben werden darf. Drücken Sie F1, um Hilfe zur Gültigkeitsmeldung zu erhalten.

- Das Programm ist nun bei der Abspeicherung der Änderung in der Lage, zu überprüfen, ob alle Daten den veränderten Anforderungen entsprechen.

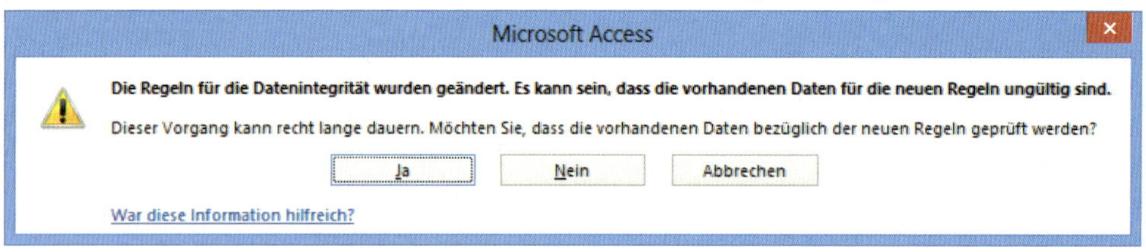

- Klicken Sie die Schaltfläche **Ja** an. Die Überprüfung wird keinen Fehler feststellen. Die Tabelle mit den Daten wird eingeblendet.
- Geben Sie nun im Datenfeld *Bestand* im ersten Datensatz die Zahl 55 ein.

Lager_1

Artikelnummer	Artikelart	Artikel_Bez	Bestand	Mindestbestand	Höchstbestand
1000	Schreibtisch	Gabriele	55	5	10

- Wollen Sie die Zeile verlassen bzw. die Tabelle schließen, wird die folgende Fehlermeldung ausgegeben:

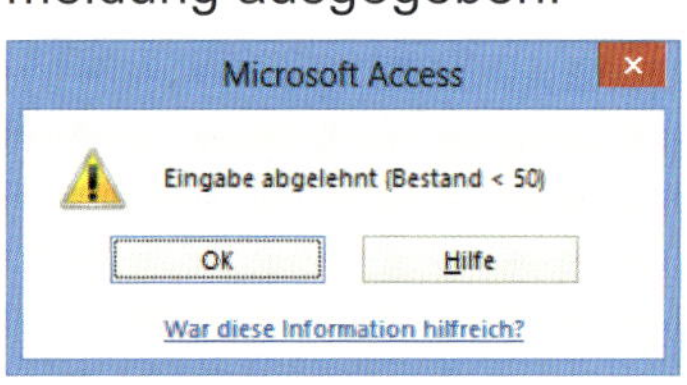

- Versucht man übrigens, in einem Datenfeld mit dem Felddatentyp *Zahl* einen Buchstaben einzugeben, werden Hinweise zur Lösung des Problems gegeben.

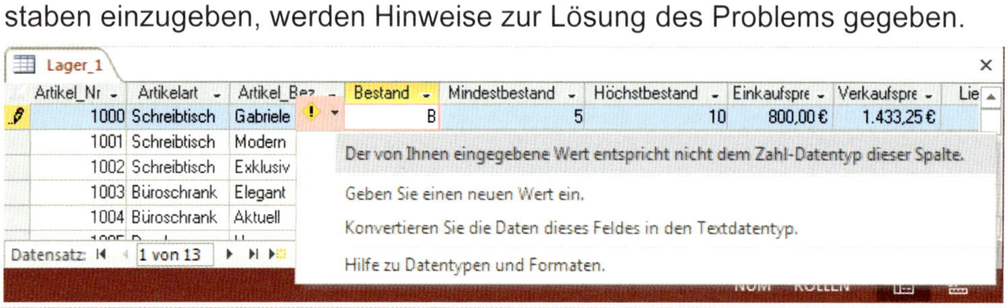

6.12 Indizes in Tabellen

Durch Indizes werden Suchvorgänge, beispielsweise bei Abfragen, beschleunigt. **Access** durchsucht bei der Verwendung von Indizes nicht mehr die Gesamttabelle, sondern eine Indextabelle, die der Benutzer allerdings nicht sieht. Bei den bisherigen sehr kleinen Tabellen ist die Verwendung von Indizes sicherlich nicht notwendig. Bei der Verwendung eines Primärschlüssels wird automatisch ein Index verwendet. Schlüssel werden später intensiv erklärt.

Bearbeitungsschritte:

- Öffnen Sie den Entwurf der Tabelle *Lager_1*.
- Stellen Sie den Cursor in das Datenfeld *Artikelart*. Stellen Sie den Index, da bei Artikelarten Duplikate möglich sein müssen, folgendermaßen ein:

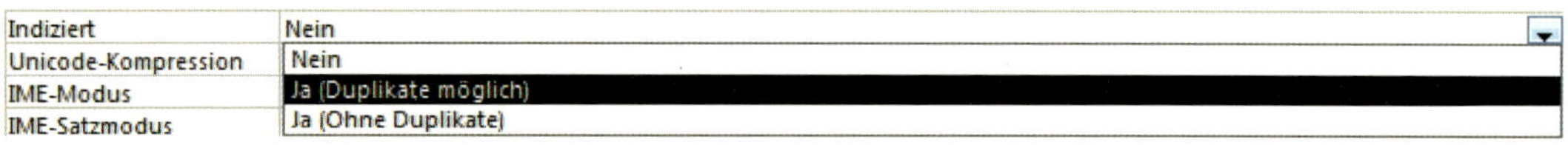

- Klicken Sie im Register **TABELLENTOOLS/Entwurf** in der Gruppe **Einblenden/ Ausblenden** die Schaltfläche **Indizes** an.

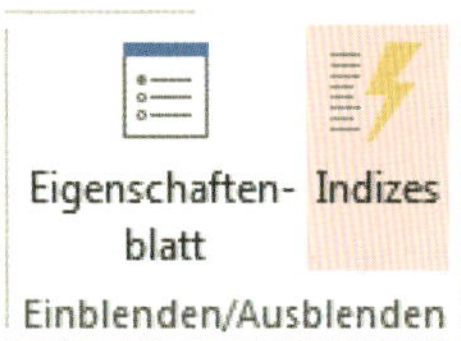

- Die einzelnen Indizes werden angezeigt. Es wird aufsteigend sortiert, bei dem Datenfeld handelt es sich nicht um ein Primärschlüsselfeld und die Werte müssen nicht eindeutig sein. Die einzelnen Einstellungen können an dieser Stelle geändert werden.

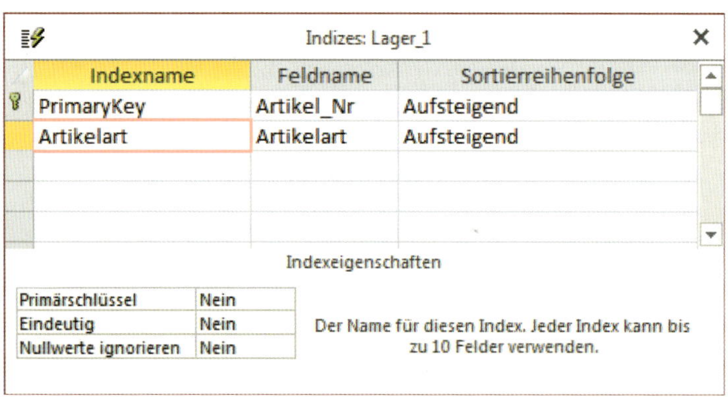

- Klicken Sie in den Bereich *PrimaryKey*. Die getroffenen Einstellungen werden angezeigt. Auch sie könnten geändert werden.

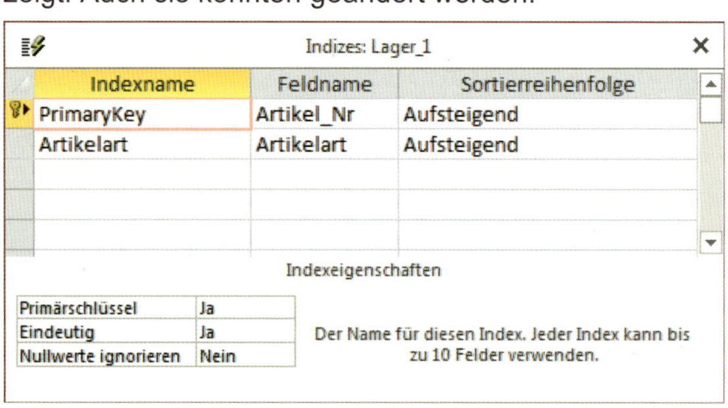

7 Aufbau weiterer Tabellen

Damit die Daten der Tabelle *Lager* auch mit Lieferanten-, Kunden- und Personaldaten verknüpft und durch Abfragen ausgewertet werden können, sollen zwei weitere Tabellen aufgebaut werden.

Außerdem werden eine Personal- und eine Abteilungstabelle zur Herstellung weiterer Beziehungen erstellt. Alle Tabellen sind unbedingt notwendig für die weitere Arbeit. Sie sollten daher an dieser Stelle erstellt werden.

Bearbeitungsschritte:

- Erstellen Sie die Tabelle *Lieferanten* mit der folgenden Dateistruktur:

Lieferanten

	Feldname	Felddatentyp	Beschreibung
P	Lieferer_Nr	Zahl	
	Name1	Kurzer Text	
	Name2	Kurzer Text	
	Strasse	Text	
	PLZ	Zahl	
	Ort	Kurzer Text	

- Geben Sie die folgenden Daten in die Tabelle ein:

Lieferanten

Lieferer_Nr	Name1	Name2	Strasse	PLZ	Ort
100	Wagner & Co.	Büromöbel	Vogtweg 23	33607	Bielefeld
101	Büromöbel AG	Büroeinrichtungen	Gutachtstr. 342	13469	Berlin
102	Tranel GmbH	Büromöbel	Bechemstr. 67	47058	Duisburg
103	Computerland GmbH	Computer	Fischstieg 65	22119	Hamburg
104	Computer 2000	EDV-Herstellung	Koloniestr. 128	28777	Bremen
105	Micro Hansen	Computerlösungen	Am Stau 47	26112	Oldenburg
106	Microcomputer Voges	EDV-Bedarf	Schlossstr.45	30159	Hannover

- Erstellen Sie ebenfalls die Tabelle *Kunden* mit der folgenden Dateistruktur:

Kunden

	Feldname	Felddatentyp	Beschreibung
P	Kunden_Nr	Zahl	
	Name1	Kurzer Text	
	Strasse	Text	
	PLZ	Zahl	
	Ort	Kurzer Text	

- Geben Sie die folgenden Daten in die Tabelle ein:

Kunden

Kunden_Nr	Name1	Strasse	PLZ	Ort
200	Otto Artig e. Kfm.	Mühlenstr. 45	26789	Leer
201	Hans Kassens	Am Forst 45	49809	Lingen
202	Bürohandlung GmbH	Markt 21	49716	Meppen
203	Bürobedarf Hinze KG	Siemensstr. 1	12459	Berlin
204	Rohr & Co. KG	Gallotweg 67	26273	Emden
205	Willi Garstig OHG	Alsenstr. 52	47139	Duisburg
206	Hans Truppe	Adlerstr. 45	48429	Rheine
207	Hans Terfehr KG	Sachsenstr. 12	49809	Lingen

Bearbeitungsschritte (Fortsetzung):

- Erstellen Sie die Tabelle *Abteilung*:

Abteilung

	Feldname	Felddatentyp	Beschreibung
P	Abteilung_Nr	Zahl	
	Bezeichnung	Kurzer Text	

- Geben Sie die folgenden Daten in die Tabelle ein:

Abteilung

Abteilung_Nr	Bezeichnung
1	Direktion
2	Rechnungswesen
3	Einkauf
4	Verkauf
5	Lager

- Erstellen Sie ebenfalls die Tabelle *Personal* mit der folgenden Dateistruktur:

Personal

	Feldname	Felddatentyp	Beschreibung
P	Mitarbeiter_Nr	Zahl	
	Nachname	Kurzer Text	
	Vorname	Kurzer Text	
	Strasse	Zahl	
	PLZ	Zahl	
	Ort	Kurzer Text	
	Geb_Datum	Datum/Uhrzeit	
	Geschlecht	Kurzer Text	
	Ort	Kurzer Text	
	Abteilung	Kurzer Text	
	Stellung	Kurzer Text	
	Eintrittsdatum	Datum/Uhrzeit	
	Gehalt	Währung	

- Geben Sie die folgenden Daten in die Tabelle ein:

Personal

Mitarbeiter_Nr	Nachname	Vorname	Strasse	PLZ	Ort	Stellung
1000	Meier	Hans	Hauptkanal re. 61	26871	Papenburg	Sachbearbeiter
1001	Regeleit	Irmgard	Spahner Str. 12	26789	Leer	Abteilungsleiter
1002	Hermes	Maria	Osterstr. 12	28826	Weener	Sachbearbeiter
1003	Müller	Irene	Belheimer Str. 17	26871	Papenburg	Abteilungsleiter
1004	Groos	Heiner	Feldweg 45	26904	Börger	Sachbearbeiter
1005	Meimel	Harald	Kapellenweg 4	26871	Papenburg	Sachbearbeiter

8 Formatieren von Daten

Das Gestalten von Tabellen mit Schriftarten, Schriftgrößen usw. wird als Formatierung bezeichnet. Die Formatierung hat Einfluss sowohl auf die Bildschirm- als auch auf die Druckausgabe. Daher ist für eine sinnvolle Ausgabe von Daten über den Drucker eine Überprüfung, ob die Daten in der gewünschten Form ausgegeben werden, unbedingt notwendig.

Bearbeitungsschritte:

- Öffnen Sie die Tabelle *Lager_1*.
- Markieren Sie die gesamte Tabelle. Klicken Sie danach gegebenenfalls das Register **START** an. In der Gruppe **Textformatierung** befinden sich verschiedene Schaltflächen zur Gestaltung der Tabelle, z. B. die Schaltfläche **Alternative Zeilenfarbe**.

- Formatieren Sie mithilfe der Schaltflächen die Tabelle folgendermaßen. Dabei können Schrifteffekte, Hintergrundfarben usw. genutzt werden.

Lager_1

Artikel_Nr	Artikelart	Artikel_Bez	Bestand	Mindestbestand	Höchstbestand
1000	Schreibtisch	Gabriele	5	5	10
1001	Schreibtisch	Modern	10	15	30
1002	Schreibtisch	Exklusiv	20	10	30
1003	Büroschrank	Elegant	12	5	10
1004	Büroschrank	Aktuell	17	10	40
1005	Drucker	Hanso	12	15	25

- Nach Anklicken der Schaltfläche **Datenblatt formatieren** im unteren rechten Bereich der Gruppe **Schriftart** können Zelleffekte wie die erhöhte Darstellung von Zellen eingestellt werden.

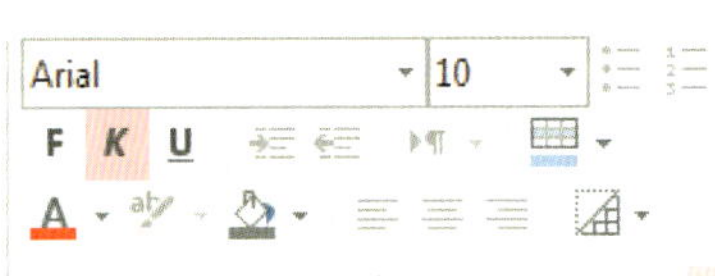

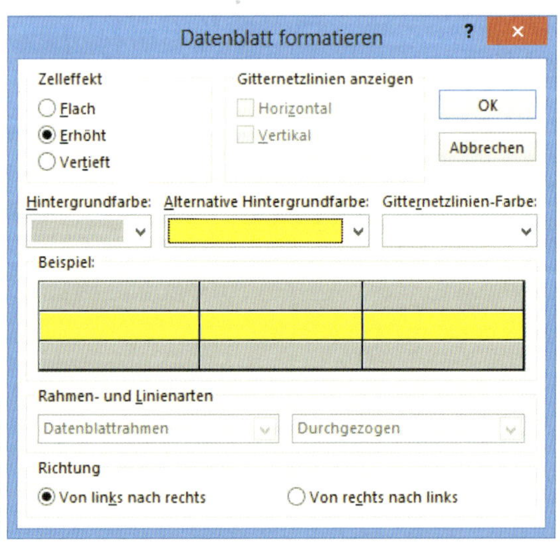

- Das Ergebnis könnte bei entsprechender Farbwahl so aussehen:

Lager_1

Artikel_Nr	Artikelart	Artikel_Bez	Bestand	Mindestbestand	Höchstbestand	Verkaufspreis
1000	Schreibtisch	Gabriele	5	5	10	1.433,25 €
1001	Schreibtisch	Modern	10	15	30	771,75 €
1002	Schreibtisch	Exklusiv	20	10	30	1.940,40 €
1003	Büroschrank	Elegant	12	5	10	3.190,00 €
1004	Büroschrank	Aktuell	17	10	40	1.345,00 €
1005	Drucker	Hanso	12	15	25	760,20 €
1006	Drucker	Stil	8	5	15	2.071,38 €

Bearbeitungsschritte (Fortsetzung):

- Öffnen Sie die Tabelle *Lager*.
- Um eine optimale Darstellung des Sachverhalts zu erreichen, bietet es sich an, Spalten aus- oder einzublenden bzw. zu fixieren. Klicken Sie im Register **START** in der Gruppe **Datensätze** die Schaltfläche **Weitere Optionen** an. Es werden einzelne Menüpunkte angezeigt.

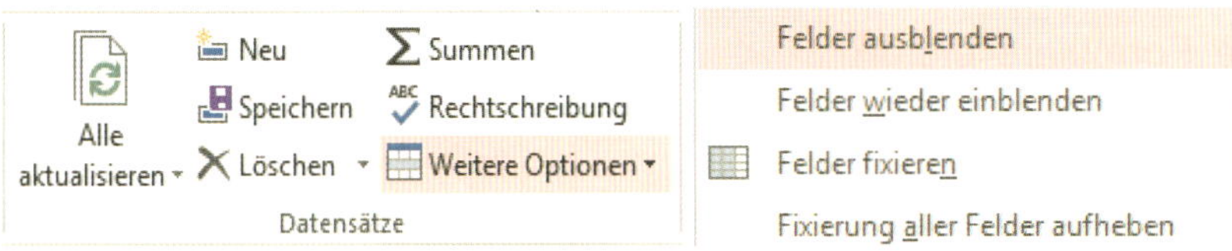

- Markieren Sie die Spalte *Bestand* durch Anklicken der Überschrift mit der Maus.

Lager

Artikel_Nr	Artikelart	Artikel_Bez	Bestand	Mindestbestand	Höchstbestand
1000	Schreibtisch	Gabriele	5	5	10
1001	Schreibtisch	Modern	10	15	30
1002	Schreibtisch	Exklusiv	20	10	30

- Wählen Sie auf die beschriebene Art den Menüpunkt **Felder ausblenden**. Die Spalte wird ausgeblendet.

Lager

Artikel_Nr	Artikelart	Artikel_Bez	Mindestbestand	Höchstbestand	Verkaufspreis
1000	Schreibtisch	Gabriele	5	10	1.433,25 €
1001	Schreibtisch	Modern	15	30	771,75 €

- Um Spalten einzublenden, muss der Menüpunkt **Felder wieder einblenden** gewählt werden. Im folgenden Fenster können Sie dann Spalten beliebig ein- und ausblenden. Blenden Sie alle Datenfelder ein.

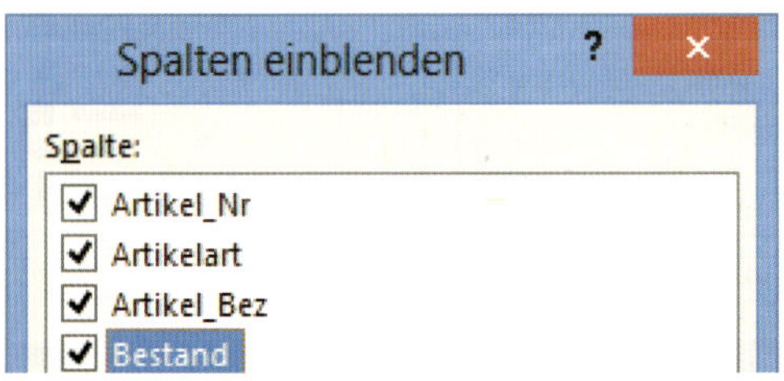

- Markieren Sie die ersten drei Spalten. Klicken Sie danach im Register **START** in der Gruppe **Datensätze** die Schaltfläche **Weitere Optionen** an. Wählen Sie den Menüpunkt **Felder fixieren**.

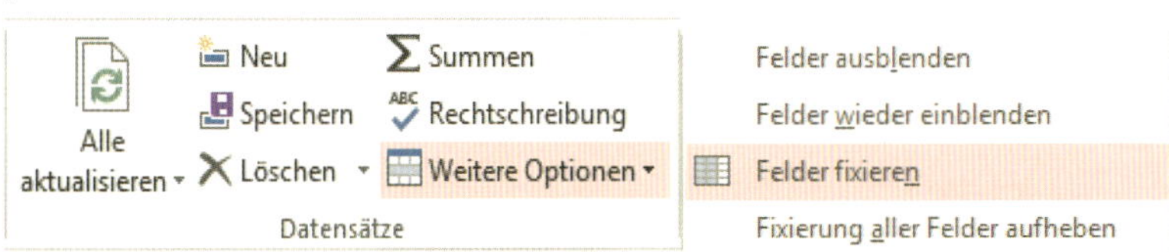

- Diese ersten drei Spalten bleiben danach immer eingeblendet. Die anderen Datenfelder können mithilfe der Pfeile am unteren Fensterrand verschoben werden. Heben Sie die Fixierung danach wieder auf.

Lager

Artikel_Nr	Artikelart	Artikel_Bez	Einkaufspreis	Verkaufspreis
1000	Schreibtisch	Gabriele	800,00 €	1.433,25 €
1001	Schreibtisch	Modern	456,00 €	771,75 €
1002	Schreibtisch	Exklusiv	1.250,00 €	1.940,40 €

Bearbeitungsschritte (Fortsetzung):

- Legen Sie danach eine alternative Formatierung fest, mit der Datensätze mit anderen verglichen werden. Dafür soll zunächst die alte Formatierung gelöscht werden.
- Klicken Sie die Schaltfläche **Bedingte Formatierung** in der Gruppe **Steuerelementformatierung** im Register **FORMULARLAYOUTTOOLS/FORMAT** an. Markieren Sie die bestehende Formatierung und klicken Sie danach im Fenster **Manager für Regeln zur bedingten Formatierung** die Schaltfläche **Regel löschen** an. Klicken Sie dann **Neue Regel** an. Legen Sie folgende Regel fest:

- Das Ergebnis sieht folgendermaßen aus:

- Markieren Sie das angezeigte Element.

- Nach dem Markieren eines Elements können Sie hinter diesem Element durch Anklicken der Schaltfläche **Vorhandene Felder hinzufügen** in der Gruppe **Tools** im Register **FORMULARLAYOUTTOOLS/ENTWURF** Datenfelder hinzufügen. Der Aufgabenbereich *Feldliste* wird eingeblendet:

- Führen Sie einen Doppelklick auf die Bezeichnung **Mindestbestand** aus. Das Element wird in das Formular aufgenommen.

- Grundsätzlich besteht noch eine weitere Möglichkeit, die Datenfelder eines Formulars auszuwählen. Diese wird später erklärt. Ein nicht mehr benötigtes Datenfeld wird markiert und durch das Drücken der Taste [**Entf**] aus dem Formular entfernt. Löschen Sie das Datenfeld **Mindestbestand** wieder.
- Klicken Sie das Register **FORMULARLAYOUTTOOLS/ANORDNEN** an. Tools zur Anordnung von Elementen des Formulars werden angeboten. Probieren Sie einige Möglichkeiten aus. Nicht gewünschte Ergebnisse sollten Sie rückgängig machen.

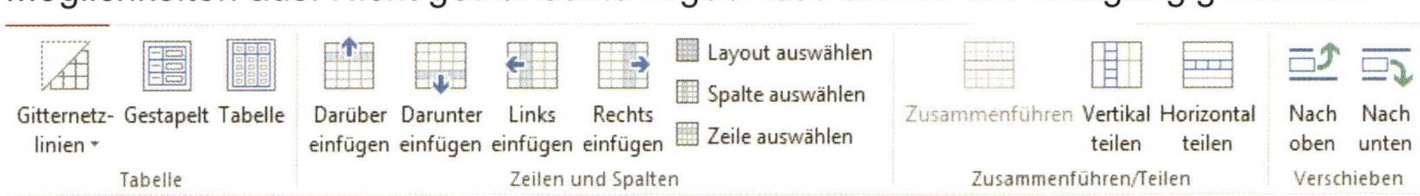

9.4 Formular mit mehreren Elementen

Das bisher erstellte Formular zeigte jeweils nur einen Datensatz an. Aus verschiedenen Gründen, z. B. bei der Dateneingabe, kann es jedoch günstiger sein, ein Formular mit mehreren Elementen, sprich Datensätzen, zu erstellen.

Bearbeitungsschritte:

- Markieren Sie die Tabelle *Lager* in der **Navigationsleiste**. Klicken Sie im Register **ERSTELLEN** in der Gruppe **Formulare** die Schaltfläche **Weitere Formulare** an. Wählen Sie den Menüpunkt **Mehrere Elemente** an.

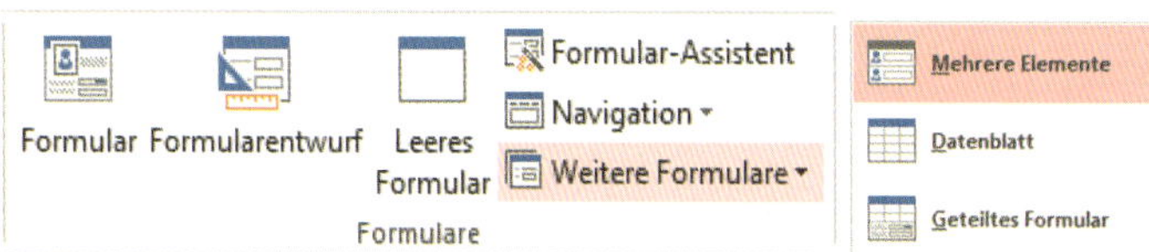

- Ändern Sie mit der Maus die Höhe und die Breite der Datenfelder. Speichern Sie das Formular unter dem Namen *Lager1*. Das Ergebnis könnte so aussehen:

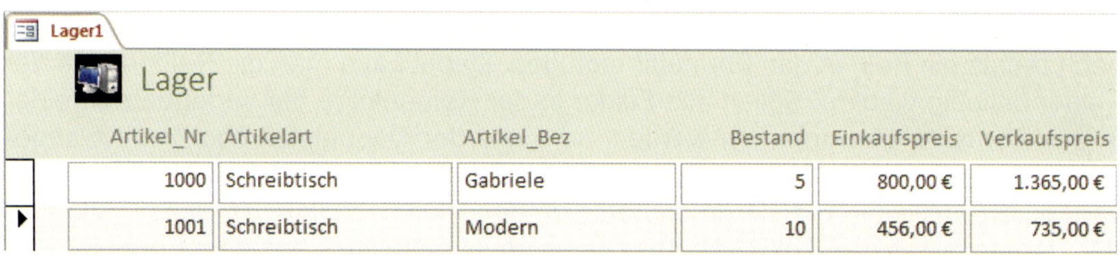

- Bearbeiten Sie das Formular wie auf den vorherigen Seiten angegeben.

9.5 Geteiltes Formular

Beim geteilten Formular sind ein Formular und die zugrunde liegende Tabelle sichtbar.

Bearbeitungsschritte:

- Markieren Sie die Tabelle *Lager* in der **Navigationsleiste**. Klicken Sie im Register **ERSTELLEN** in der Gruppe **Formulare** die Schaltfläche **Weitere Formulare** an. Wählen Sie den Menüpunkt **Geteiltes Formular** an.

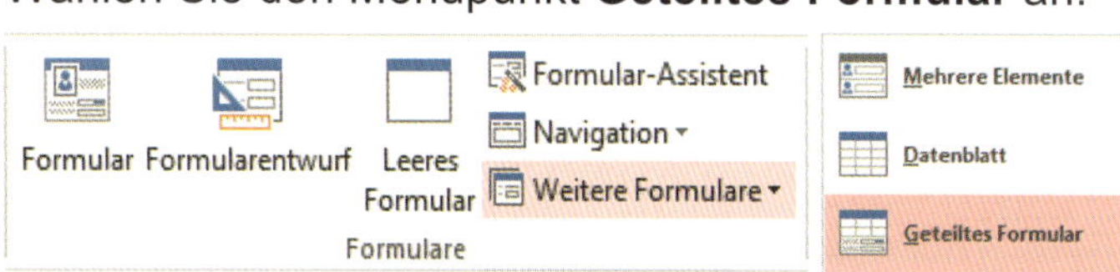

- Das Ergebnis könnte so aussehen:

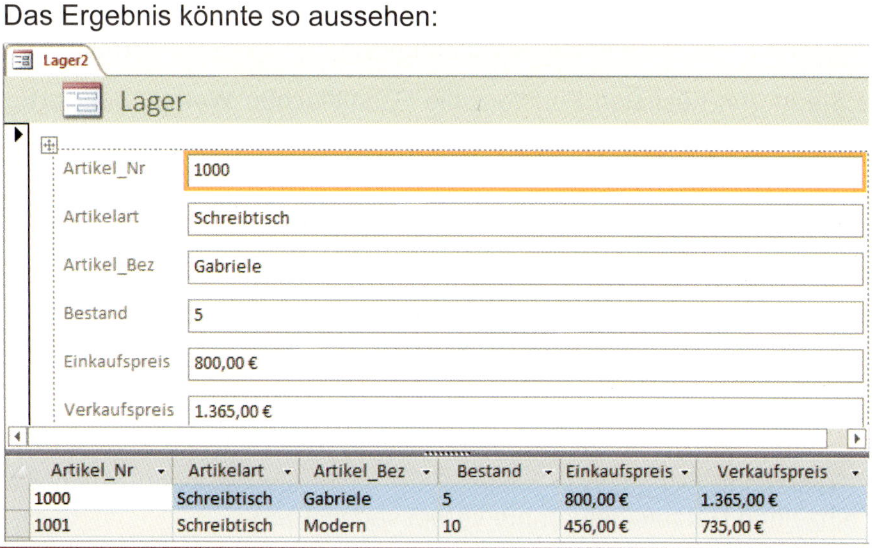

9.6 Formularerstellung mit dem Formular-Assistenten

Die Erstellung eines Formulars mit einem Assistenten erlaubt es beispielsweise, unterschiedliche Formen der Gestaltung zu nutzen. Mithilfe des Formular-Assistenten können verschiedene Formulare erstellt werden.

Bearbeitungsschritte:

- Markieren Sie die Tabelle *Lager* in der **Navigationsleiste**. Klicken Sie im Register **ERSTELLEN** in der Gruppe **Formulare** die Schaltfläche **Weitere Formulare** an. Wählen Sie danach den **Formular-Assistenten** aus.

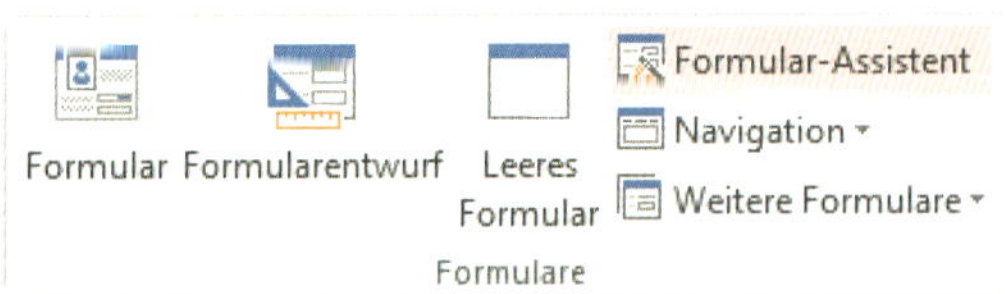

- Im nächsten Fenster muss die **Tabelle/Abfrage**, die die Grundlage für das Formular bildet, ausgewählt werden. Danach werden die verfügbaren Felder angegeben. Man kann durch Anklicken eines Feldes und dem nachfolgenden Anklicken des Pfeils nach rechts ein Feld in das Formular einfügen. Dabei kann man die Reihenfolge der Felder beliebig wählen. Sollen alle Felder in der Reihenfolge der verfügbaren Felder in das Formular übernommen werden, so muss der Doppelpfeil nach rechts angeklickt werden. Wollen Sie ein Feld aus dem Formular entfernen, müssen Sie das Feld durch Anklicken markieren und danach den Pfeil nach links anklicken. Alle Felder werden durch das Anklicken des Doppelpfeils nach links aus dem Formular entfernt. Übernehmen Sie die angegebenen Felder in das Formular:

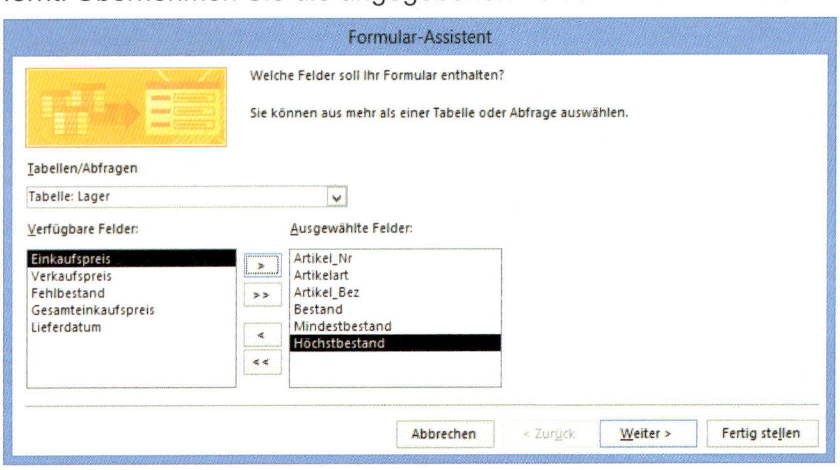

- Nach Anklicken der Schaltfläche **Weiter** können Sie im nächsten Fenster die Darstellung (das Layout) der Tabelle wählen. Bestimmen Sie die Darstellung *Blocksatz*.
- Danach klicken Sie in den nächsten Fenstern die Schaltflächen **Weiter** und **Fertig stellen** an. Das Ergebnis könnte so aussehen:

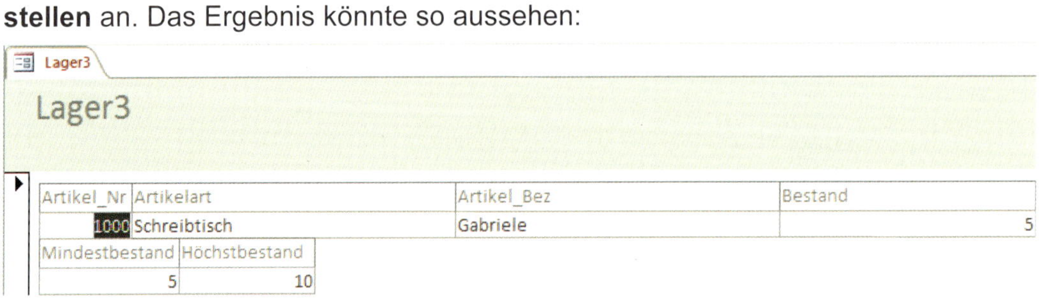

- Selbstverständlich kann und sollte das Formular entsprechend nachbearbeitet werden. So ist die Überschrift sicherlich in dieser Form nicht überzeugend. Auch die Anordnung der einzelnen Datenfelder könnte verbessert werden.

9.7 Eingabe von Daten mithilfe eines erstellten Formulars

Mithilfe der Formulare können nun Daten eingegeben werden. Dies ist unter Umständen einfacher und schneller als in einer Tabelle möglich.

Bearbeitungsschritte:

- Öffnen Sie das **Formular** *Lager*. Der erste Datensatz wird angezeigt:

- Klicken Sie die Schaltfläche **Neuer (leerer) Datensatz** (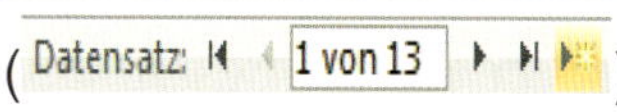
) an. Geben Sie danach den folgenden Datensatz ein:

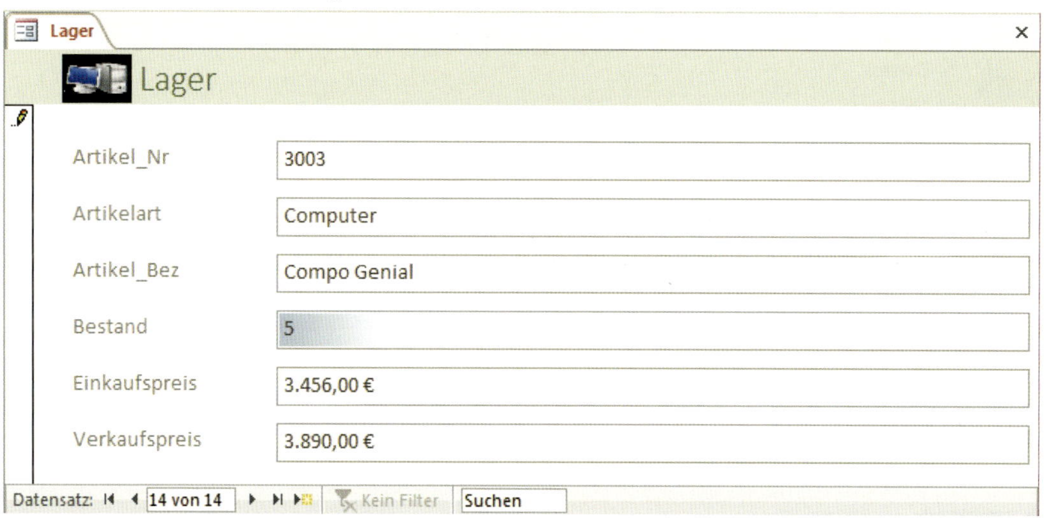

- Der Datensatz wird automatisch in die dazugehörende Tabelle *Lager* geschrieben.
- Die Navigation zwischen den Datensätzen ist besonders einfach über die Schaltflächen am unteren Rand des Formulars zu bewerkstelligen. Innerhalb eines **Datensatzes** kann man mit der Maus ein **Datenfeld** markieren und danach die Daten eingeben.

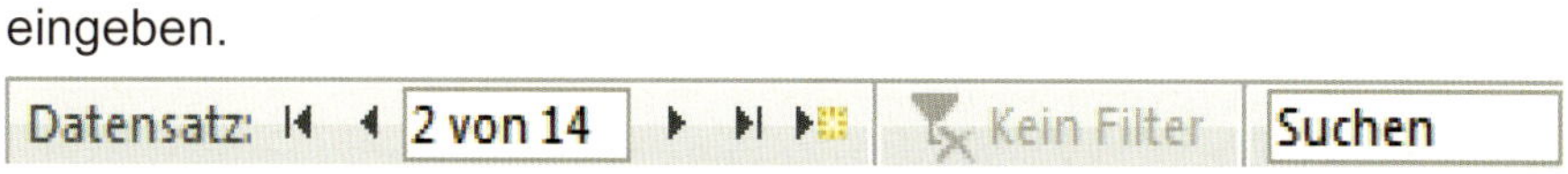

- Innerhalb der einzelnen Datensätze können Sie mit den Cursortasten und der Return-Taste (Enter-Taste) zwischen den Datenfeldern wechseln. Vom letzten Datenfeld eines Datensatzes kommen Sie auf diese Weise auch in den nächsten Datensatz und wieder zurück.

9.8 Löschen von Daten im Formular

Daten können über ein Formular aus der dazugehörigen Tabelle gelöscht werden. Dies können gesamte Datensätze oder auch die Inhalte einzelner Datenfelder sein.

Bearbeitungsschritte:

- Gehen Sie im Formular *Lager* auf den letzten Datensatz (*14*). Klicken Sie im Register **START** in der Gruppe **Datensätze** den Pfeil in der Schaltfläche **Löschen** an. Wählen Sie danach den Menüpunkt **Datensatz löschen**.

- Eine Sicherheitsabfrage wird eingeblendet. Klicken Sie die Schaltfläche **Ja** an. Der Datensatz ist gelöscht.

9.9 Suchen von Daten im Formular

Wird eine Information aus einer Tabelle benötigt, so bietet es sich an, danach vom Programm suchen zu lassen.

Bearbeitungsschritte:

- Öffnen Sie das **Formular** *Lager*. Stellen Sie den Cursor in das Datenfeld **Artikelart**.
- Klicken Sie im Register **START** in der Gruppe **Suchen** die Schaltfläche **Suchen** an.

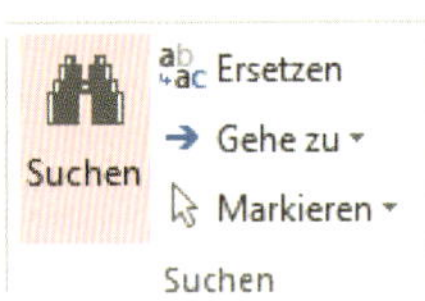

- Geben Sie das Wort *Drucker* ein. Achten Sie darauf, dass die sonstigen Einstellungen mit der Abbildung übereinstimmen.

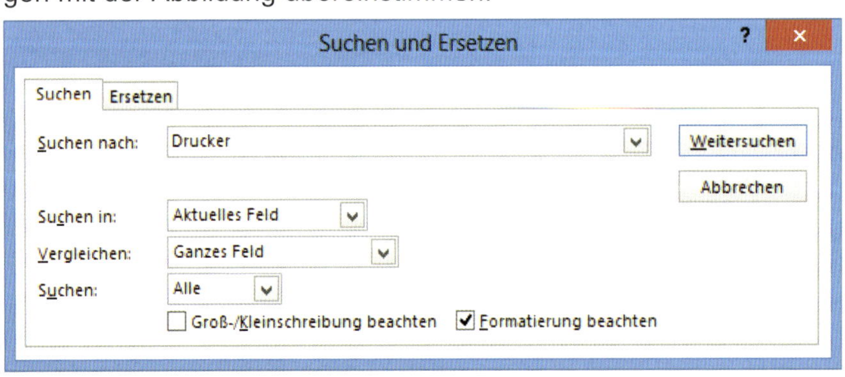

- Klicken Sie die Schaltfläche **Weitersuchen** an. Der erste Drucker wird im Formular angezeigt.

9.10 Ersetzen von Daten im Formular

Ändert sich beispielsweise die Bezeichnung für eine Artikelart, kann die Bezeichnung in allen infrage kommenden Datensätzen durch Ersetzen korrigiert werden.

Bearbeitungsschritte:

- Öffnen Sie das Formular *Lager1*. Stellen Sie den Cursor in das Datenfeld **Artikelart**.
- Klicken Sie im Register **START** in der Gruppe **Suchen** die Schaltfläche **Ersetzen** an.

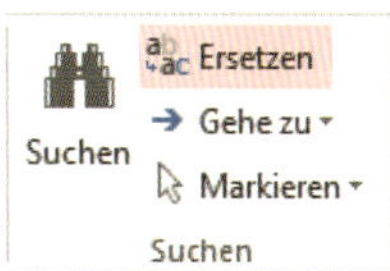

- Das Fenster **Suchen und Ersetzen** wird eingeblendet. Geben Sie die Begriffe *Büroschrank* und *Schrank* ein. Achten Sie darauf, dass die sonstigen Einstellungen mit der Abbildung übereinstimmen.

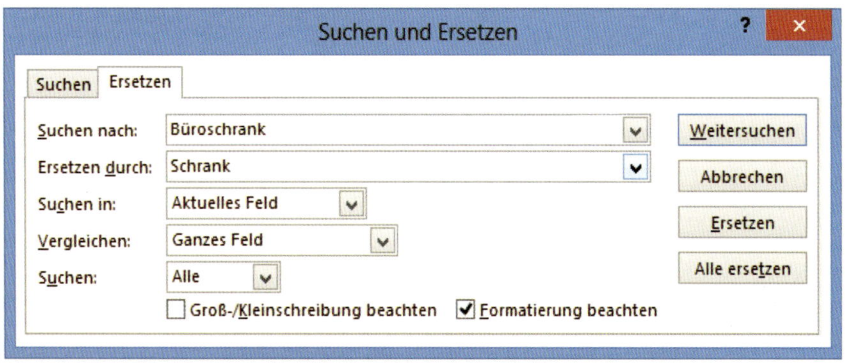

- Nach Anklicken der Schaltfläche **Weitersuchen** wird der erste Büroschrank angezeigt. Klicken Sie danach die Schaltfläche **Ersetzen** an.

Artikel_Nr	Artikelart	Artikel_Bez	Bestand	Einkaufspreis	Verkaufspreis
1000	Schreibtisch	Gabriele	5	800,00 €	1.365,00 €
1001	Schreibtisch	Modern	10	456,00 €	735,00 €
1002	Schreibtisch	Exklusiv	20	1.250,00 €	1.940,40 €
1003	Schrank	Elegant	12	2.400,00 €	3.190,00 €
1004	Büroschrank	Aktuell	17	897,00 €	1.345,00 €

- Der erste Datensatz mit der Artikelart *Büroschrank* wurde geändert.
- Über die Schaltfläche **Alle Ersetzen** können Sie alle Büroschränke in *Schrank* umbenennen. Eine Warnmeldung weist darauf hin, dass der Vorgang nicht rückgängig gemacht werden kann.

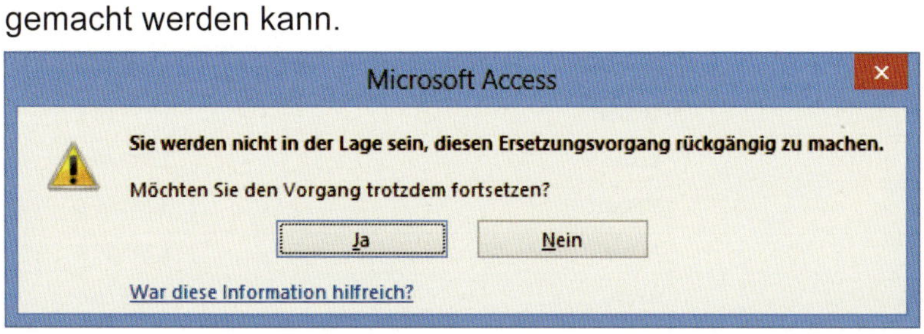

- Benennen Sie auf die gleiche Art alle Schränke wieder in *Büroschrank* um. Der alte Datenbestand in der Tabelle *Lager* ist wieder hergestellt.

10 Berichte I

10.1 Vorbemerkungen

Mit Berichten werden die Daten einer Tabelle usw. ansprechend präsentiert. Ohne viel Mühe lassen sich beispielsweise Preislisten, Kundenlisten usw. erstellen. Daher sind Berichte in der betrieblichen Arbeit eine oftmals willkommene Erleichterung, um anfallende Aufgaben zu erledigen.

10.2 Erstellung eines Berichts

Ein Bericht lässt sich relativ einfach erstellen. Der Bericht kann später den eigenen Erfordernissen entsprechend angepasst werden.

Bearbeitungsschritte:

- Gehen Sie in die **Navigationsleiste**. Öffnen Sie die Tabelle *Lager*. Blenden Sie die folgenden Spalten ein. Alle anderen Spalten sollen zunächst ausgeblendet werden. Die eingeblendeten Spalten werden in den zu erstellenden Bericht aufgenommen.

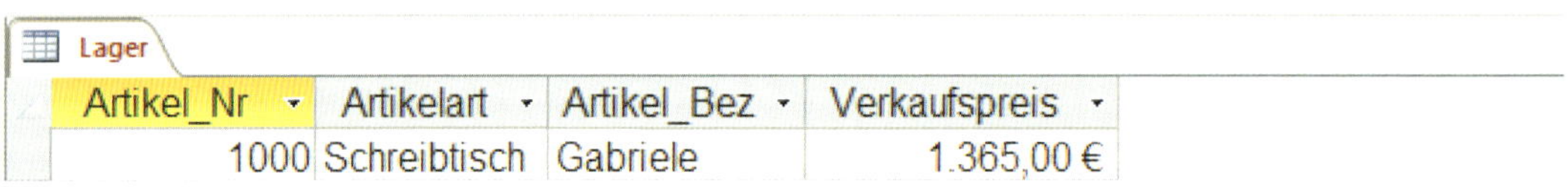

- Schließen Sie die Tabelle *Lager*. Klicken Sie danach im Register **ERSTELLEN** in der Gruppe **Berichte** die Schaltfläche **Bericht** an.

- Der automatisch erstellte Bericht wird eingeblendet:

- Einzelne Bereiche können danach durch Anklicken mit der Maus markiert und danach gelöscht, verändert usw. werden.

- Speichern Sie den Bericht unter dem Namen *Lager*.

Bearbeitungsschritte (Fortsetzung):

- Klicken Sie entweder im Register **START** in der Gruppe **Ansichten** oder im Register **BERICHTSLAYOUTTOOLS/ENTWURF** in der Gruppe **Ansichten** den unteren Bereich der Schaltfläche **Ansicht** an. Die Alternativen werden angegeben.

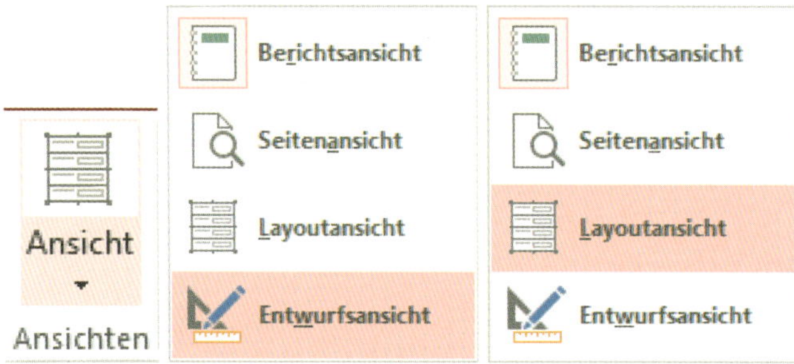

- In der **Entwurfsansicht** ist eine intensive Bearbeitung des Formulars möglich. Es können beispielsweise Schaltflächen eingefügt werden. Die **Layoutansicht** eignet sich für die einfache Gestaltung des Formulars. In der **Berichtsansicht** wird der Bericht angezeigt, er kann dabei nicht bearbeitet werden. In der Seitenansicht wird der Bericht so angezeigt, wie er gedruckt werden würde.
- Zwischen den einzelnen Ansichten können Sie auch durch Anklicken der Schaltflächen am unteren rechten Rand des Formulars wechseln.

- Wenn Sie später einen Bericht aufrufen, wird die Schaltfläche **Ansicht** in der Gruppe **Ansichten** im Register **START** angezeigt. Sie können dann die gewünschte Ansicht wählen und eventuelle Änderungen vornehmen.
- Erstellen Sie weitere Berichte nach Ihren Vorstellungen und Bedürfnissen.

10.3 Berichtserstellung mit dem Berichts-Assistenten

Die Erstellung eines Berichts mit einem Assistenten erlaubt es beispielsweise, unterschiedliche Formen der Gestaltung zu nutzen. Die Vorgehensweise entspricht im Wesentlichen der Erstellung eines Formulars. Daher sollen die einzelnen Schritte nur angedeutet, nicht jedoch noch einmal erklärt werden.

Bearbeitungsschritte:

- Klicken Sie im Register **ERSTELLEN** in der Gruppe **Berichte** die Schaltfläche **Berichts-Assistent** an.

- Erstellen Sie mithilfe der einzelnen Schritte des Assistenten den folgenden Bericht:

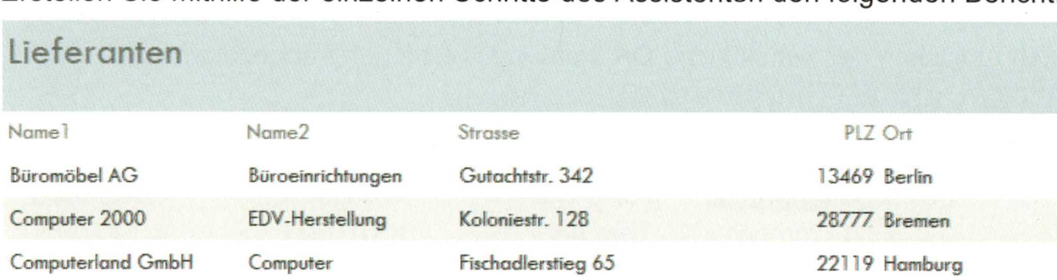

Lieferanten

Name1	Name2	Strasse	PLZ	Ort
Büromöbel AG	Büroeinrichtungen	Gutachtstr. 342	13469	Berlin
Computer 2000	EDV-Herstellung	Koloniestr. 128	28777	Bremen
Computerland GmbH	Computer	Fischadlerstieg 65	22119	Hamburg

- Speichern Sie den **Bericht** unter dem Namen *Lieferanten*.

11 Filtern von Daten

11.1 Vorbemerkungen

Das Auswählen bestimmter Datensätze, z. B. aller Datensätze mit Büroschränken, kann durch Filtern oder durch Abfragen realisiert werden. Die Filter können sofort wieder aufgehoben werden. Um einen Überblick über einen Sachverhalt zu erlangen, ist diese Vorgehensweise optimal. So kann etwa bei einer Kundenanfrage jederzeit schnell herausgefunden werden, ob und welche Computer vorhanden sind. Will man dauerhafte Ergebnisse erzielen, wird mit Abfragen gearbeitet.

11.2 Auswahlfilter in Tabellen, Formularen und Berichten

Mithilfe der Schaltfläche **Filtern** lassen sich Filterungen in der gewünschten Form sowohl in Tabellen als auch in Formularen durchführen.

Bearbeitungsschritte:

- Öffnen Sie die Tabelle *Lager*, das Formular *Lager1* und den Bericht *Lager*. Stellen Sie in der Tabelle *Lager* den Cursor in eine Zelle der Spalte *Artikelart*. Klicken Sie danach im Register **START** in der Gruppe **Sortieren und Filtern** die Schaltfläche **Filtern** an.

- Alle Artikelarten werden angezeigt. Wählen Sie *Computer* aus.

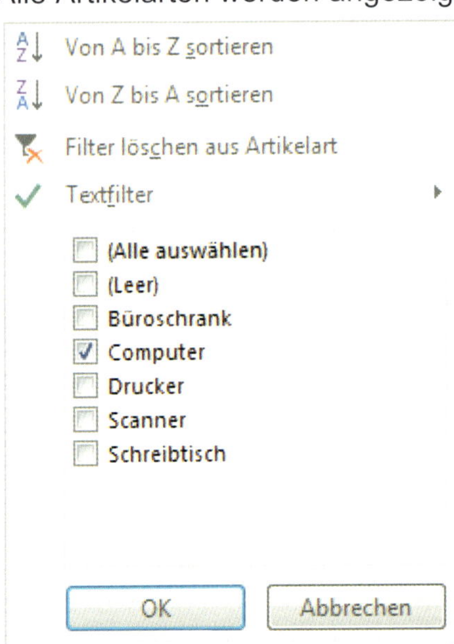

- Nach Anklicken der Schaltfläche **OK** werden die Computer angezeigt:

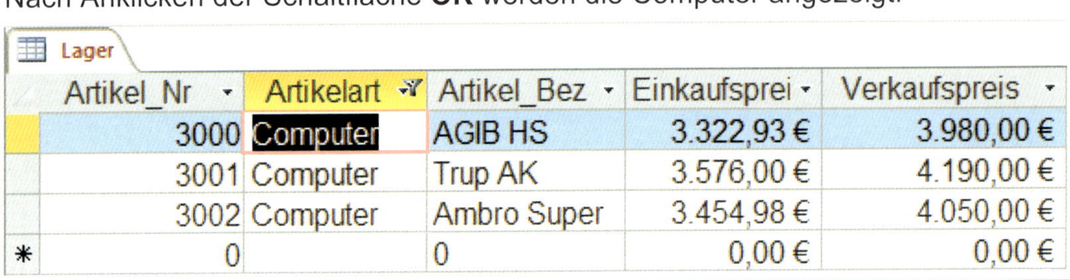

Lager

Artikel_Nr	Artikelart	Artikel_Bez	Einkaufsprei	Verkaufspreis
3000	Computer	AGIB HS	3.322,93 €	3.980,00 €
3001	Computer	Trup AK	3.576,00 €	4.190,00 €
3002	Computer	Ambro Super	3.454,98 €	4.050,00 €
0		0	0,00 €	0,00 €

Bearbeitungsschritte (Fortsetzung):

- Als Nächstes können Sie bei Bedarf noch eine weitere Filterung vornehmen.
- Klicken Sie im Register **START** in der Gruppe **Sortieren und Filtern** die Schaltfläche **Filter ein/aus** an.

- Alle Datensätze werden wieder angezeigt. Ein erneutes Anklicken auf die Schaltfläche führt zu einer erneuten Filterung nach dem ausgewählten Kriterium.
- Filter sollten in der Regel nach ihrer Benutzung wieder gelöscht werden. Klicken Sie daher im Register **START** in der Gruppe **Sortieren und Filtern** die Schaltfläche **Erweitert** an. Wählen Sie danach den Menüpunkt **Alle Filter löschen**.

- Die Auswahl kann unter gewissen Umständen noch vereinfacht werden. Stellen Sie den Cursor in die Artikelart *Drucker*. Klicken Sie danach im Register **START** in der Gruppe **Sortieren und Filtern** die Schaltfläche **Auswahl** an. Wählen Sie danach einen der angegebenen Menüpunkte aus.

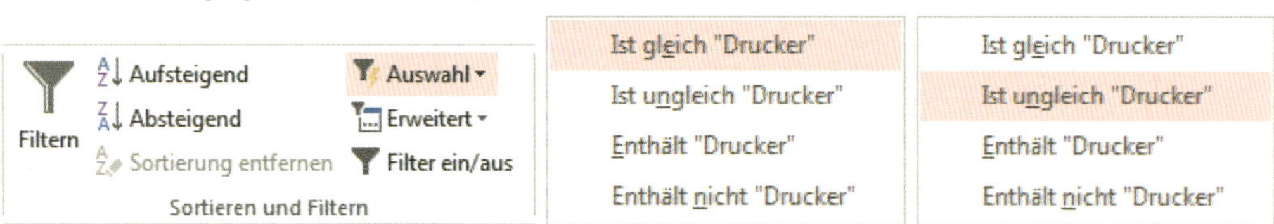

- Es werden entweder alle Drucker oder alle anderen Artikelarten ausgegeben.
- Wählen Sie die Drucker aus. Stellen Sie den Cursor in ein Datenfeld mit dem Bestand *12*. Klicken Sie im Register **START** in der Gruppe **Sortieren und Filtern** die Schaltfläche **Auswahl** an. Wählen Sie danach den angegebenen Menüpunkt aus.

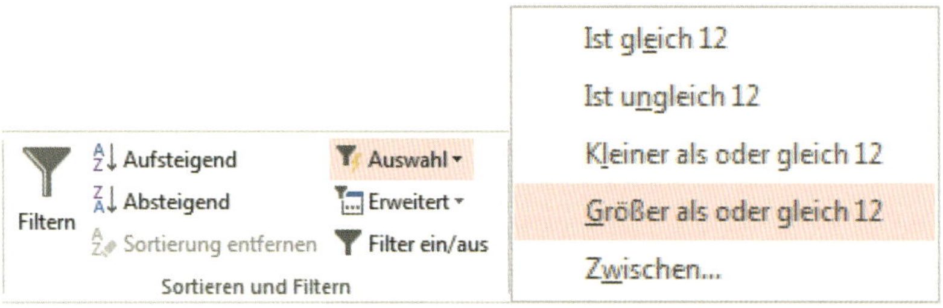

- Das Ergebnis zeigt die ausgewählten Drucker mit dem festgelegten Kriterium:

Lager

	Artikel_Nr	Artikelart	Artikel_Bez	Bestand	Einkaufsprei	Verkaufspreis
	1005	Drucker	Hanso	12	430,00 €	725,00 €
	1007	Drucker	Klassic	12	2.900,00 €	4.520,25 €
*	0		0	0	0,00 €	0,00 €

- Probieren Sie alle bisherigen Filterungen im Formular *Lager1* und dem Bericht *Lager* aus. Sie werden feststellen, dass die Ergebnisse genauso zu erzielen sind.

Übungen:

1. Die Daten der Arbeitnehmerinnen und Arbeitnehmer des Unternehmens *Arbeitsvermittlung GmbH* in Dortmund sollen nach verschiedenen Kriterien sortiert und ausgewertet werden. Dabei soll die Datenbank *Arbeitsvermittlung* (siehe Seite 35) genutzt werden.

   a) Laden Sie die Datenbank mit dem Namen *Arbeitsvermittlung*.

   b) Öffnen Sie die Tabelle *Arbeitnehmer*.

   c) Erstellen Sie ein Autoformular aufgrund der Tabelle *Arbeitnehmer*. Speichern Sie das Formular unter dem Namen *Arbeitnehmer* ab.

   d) Erstellen Sie mithilfe des Formular-Assistenten ein einspaltiges Formular. Speichern Sie das Formular unter dem Namen *Arbeitnehmer1* ab.

   e) Erstellen Sie mithilfe des Formular-Assistenten ein tabellarisches Formular. Speichern Sie das Formular unter dem Namen *Arbeitnehmer2* ab.

   f) Geben Sie mithilfe eines Formulars die folgenden Datensätze der neuen Schülerinnen und Schüler zusätzlich in die Tabelle *Arbeitnehmer* ein:

Name	Vorname	Strasse	PLZ	Ort	Geburtsdatum
Jansen	Nils	Beekstr. 17	47051	Duisburg	19.08.1984
Schlereth	Marc	Kamp 89	46284	Dorsten	13.04.1982
Blömer	Anke	Bertoldstr. 67	44379	Dortmund	09.02.1979
Meyer	Maike	Gartenstr. 20	47179	Duisburg	23.11.1981
Geers	Sebastian	Talstr. 56	52353	Düren	07.03.1984

   g) Sortieren Sie die Tabelle nach dem Nach- und dem Vornamen.

   h) Verändern Sie den Namen Meyer in Pleister und den Namen Blömer in Mauer. Realisieren Sie die Änderung durch Ersetzen des Namens.

   i) Sortieren Sie die Tabelle nach dem Ort.

   j) Suchen Sie in der Tabelle den Namen Rennemann.

   k) Löschen Sie die Datensätze der neuen Schülerinnen und Schüler unwiderruflich.

   l) Filtern Sie mithilfe eines auswahlbasierten Filters in der Tabelle alle Schülerinnen und Schüler heraus, die aus Duisburg kommen.

   m) Filtern Sie mithilfe eines auswahlbasierten Filters in den Formularen alle Schülerinnen und Schüler heraus, die aus Duisburg kommen.

   n) Filtern Sie mithilfe eines formularbasierten Filters in der Tabelle alle Schülerinnen und Schüler heraus, die aus Dortmund kommen.

   o) Filtern Sie mithilfe eines formularbasierten Filters in den Formularen alle Schülerinnen und Schüler heraus, die aus Dortmund kommen.

   p) Sortieren Sie die Datensätze nach dem Ort und außerdem nach dem Namen.

   q) Sortieren Sie die Datensätze der Schülerinnen und Schüler, die in Dortmund und Essen wohnen, nach dem Namen.

   r) Sortieren Sie die Datensätze nach dem Geburtsdatum absteigend.

12 Abfragen

12.1 Vorbemerkungen

Das Auswählen von einmal erfassten Daten nach Kriterien wird als Selektion von Daten bezeichnet. Diese Möglichkeit, Daten nach verschiedenen Gesichtspunkten auszugeben, gehört zu den großen Vorteilen der elektronischen Datenverarbeitung. Verschiedene Arten der Abfrage erhöhen die Chance, die erwünschten Ergebnisse zu erzielen.

12.2 Arten von Abfragen

In der folgenden Tabelle werden die einzelnen Arten der Abfragen kurz erklärt. Anschließend werden die Abfragen anhand von Beispielen dargestellt. In Abfragen können auch Daten mehrerer Tabellen genutzt werden. Die Tabellen müssen dann miteinander in Beziehung stehen bzw. in einer Abfrage miteinander verknüpft werden. Die Verknüpfung von Tabellen und die Auswertung der Daten über Abfragen wird später erklärt. Die *Inkonsistenzsuche* wird auch erst dann erklärt, wenn Verknüpfungen zwischen Tabellen vorgenommen wurden.

Abfragen	Erklärungen zu den Abfragen
Auswahlabfrage	Eine oder mehrere Tabellen werden ausgewertet, z. B. werden in einer Tabelle alle *Computer* ausgewählt und angezeigt. Durch Abfragen lassen sich auch Beziehungen zwischen Tabellen auswerten.
Parameterabfrage	Die Parameterabfrage ist eine Auswahlabfrage, bei der die Auswahlkriterien je nach Bedarf eingegeben werden. Durch die Abfrage können je nach Bedarf z. B. alle *Drucker* usw. ausgegeben werden.
Aktionsabfragen	Durch Aktionsabfragen werden Berechnungen, Löschungen, das Erstellen neuer Tabellen usw. durchgeführt. Bestehende Tabellen werden verändert.
• ***Anfügeabfrage***	Die Anfügeabfrage ermöglicht es, Daten einer Tabelle an Daten einer anderen Tabelle anzufügen. Dadurch können z. B. mehrere Personen Daten eingeben, die dann zusammengeführt werden.
• ***Tabellenerstellungsabfrage***	Eine neue Tabelle wird durch eine Abfrage erstellt. Dabei werden normalerweise Daten verschiedener Tabellen in einer neuen Tabelle ausgegeben. Die bisherigen Tabellen bleiben bestehen. Sie müssen in einer Beziehung zueinander stehen.
• ***Löschabfrage***	Durch die Löschabfrage werden Daten aus einer Tabelle gelöscht, z. B. werden alle *Computer* aus einer Tabelle entfernt.
• ***Kreuztabellenabfrage***	Daten werden im Zeilen-Spalten-Format dargestellt. So können beispielsweise Artikelarten in einer Spalte angezeigt werden.
• ***Aktualisierungsabfrage***	Aktualisierungsabfragen eignen sich hervorragend für Berechnungen. So kann beispielsweise eine Preiserhöhung für Produkte durch diese Abfrage vorgenommen werden.
• ***Duplikatsuche***	In einer Tabelle werden Datensätze mit vollständiger bzw. teilweiser Übereinstimmung gesucht. Damit soll vermieden werden, dass doppelte oder teilweise doppelte Daten in einer Tabelle vorhanden sind.
• ***Inkonsistenzsuche***	Die Inkonsistenzsuche ermöglicht es, in verknüpften Tabellen in einer Tabelle alle Datensätze zu finden, zu denen es keine korrespondierenden Datensätze in der anderen Tabelle gibt. Logischerweise müsste es zwischen den Daten der Tabellen Verbindungen geben.

12.3 Auswahlabfrage

12.3.1 Vorbemerkungen

Die Auswahlabfrage bietet eine Reihe von Möglichkeiten, den Datenbestand einer Datenbank nach verschiedenen Kriterien auszuwerten. Dabei können Daten aus einer Tabelle aber auch Daten aus verschiedenen miteinander verknüpften Tabellen selektiert werden.

12.3.2 Syntax der Abfrage

Einige Abfragemöglichkeiten werden zunächst im Überblick dargestellt. Zu einem bestimmten Felddatentyp ist eine bestimmte Syntax notwendig. So wird in einem Datenfeld mit dem Felddatentyp *Kurzer Text* die Angabe des Abfragekriteriums mit Anführungszeichen dargestellt. In der Regel gibt der Anwender nur das Abfragekriterium, z. B. Computer, ein und das Programm ändert die Darstellung automatisch in “Computer“. Sollte dies im Einzelfall nicht zu dem gewünschten Ergebnis führen, sollten Sie die Anführungsstriche usw. selber setzen.

In der nachfolgenden Übersicht werden die drei wichtigsten Felddatentypen mit dem Eingabekriterium, der Darstellung in der Abfrage und der Bedeutung dargestellt:

Felddatentyp	Kriterium	Darstellung	Bedeutung
Kurzer Text	Computer	“Computer“	Alle *Computer* in einer Tabelle werden ausgegeben.
Zahl	< 10	<10	Alle Artikel, deren Bestand unter 10 Stück liegt, werden ausgegeben.
Datum	15.12.2010	#15.12.2010#	Alle Datensätze, die das angegebene Datum enthalten, werden ausgegeben.

12.3.3 Ausdrücke

Durch die nachfolgend dargestellte Abfrage, deren Erstellung später genau erklärt wird, soll der Preis für alle Computer und Drucker, die über 3.000,00 Euro kosten, um 5 % erhöht werden. Wie zu sehen ist, werden Logische Operatoren (Oder), Arithmetische Operatoren (*) und Vergleichsoperatoren (>) angewandt.

Feld:	Artikelart	Verkaufspreis		
Tabelle:	Lager	Lager		
Aktualisieren:		[Verkaufspreis]*1,05		
Kriterium:	“Computer“ Oder “Drucker“			

Wichtige Operatoren, die in Abfragen genutzt werden, werden nachfolgend angegeben:

Operatoren					
Logik		**Arithmetisch**		**Vergleich**	
Und	Logisches Und	**+**	Addition	**=**	Gleich
Nicht	Logisches Nicht	**-**	Subtraktion	**<>**	Ungleich
Oder	Inklusives Oder	*****	Multiplikation	**<**	Kleiner als
ExOder	Exklusives Oder	**/**	Division	**<=**	Kleiner oder gleich
		^	Potenz	**>**	Größer als
				>=	Größer oder gleich

12.4 Erstellen einer Abfrage

Bei einer Abfrage soll zunächst nur eine Bedingung in einem Datenfeld angegeben werden. Es soll z. B. festgestellt werden, ob Artikel der Artikelart *Computer* vorhanden sind.

Bearbeitungsschritte:

- Klicken Sie das Register **ERSTELLEN** an. Klicken Sie in der Gruppe **Abfragen** die Schaltfläche **Abfrageentwurf** an.

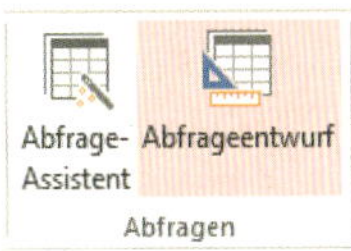

- Das Fenster **Tabelle anzeigen** wird eingeblendet:

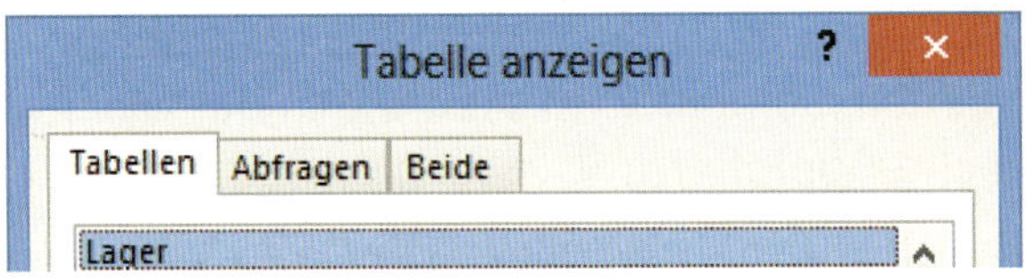

- Markieren Sie die Tabelle bzw. Abfrage, in der eine Abfrage durchgeführt werden soll. Durch Anklicken der Registerkarten können Sie festlegen, ob vorhandene Tabellen oder Abfragen oder beides in dem Fenster dargestellt werden soll. Klicken Sie anschließend die Schaltfläche **Hinzufügen** an. Wenn Sie eine **Abfrage** in mehreren Tabellen vornehmen wollen, klicken Sie die nächste Tabelle und danach die Schaltfläche **Hinzufügen** an. Als Letztes klicken Sie die Schaltfläche **Schließen** an.
- Das Fenster **Abfrage1** wird eingeblendet. Der Cursor steht in der Zelle hinter dem Wort „Feld". Wenn Sie auf den Pfeil nach unten klicken, werden die Bezeichnungen der einzelnen **Datenfelder** angezeigt. Klicken Sie die Feldbezeichnung *Artikelart* an. Die Feldbezeichnung wird danach in der Zelle nach dem Wort „Feld" angezeigt. Alternativ können Sie auch im Fenster *Lager* das Wort *Artikelart* anklicken und bei gedrückter linker Maustaste in die Zelle hinter das Wort „Feld" ziehen. Auch ein Doppelklick auf einen Feldnamen fügt das Datenfeld ein.
- Füllen Sie die anderen Felder wie beschrieben und nachfolgend dargestellt aus und geben Sie als Kriterium bei der Artikelart *Computer* ein.

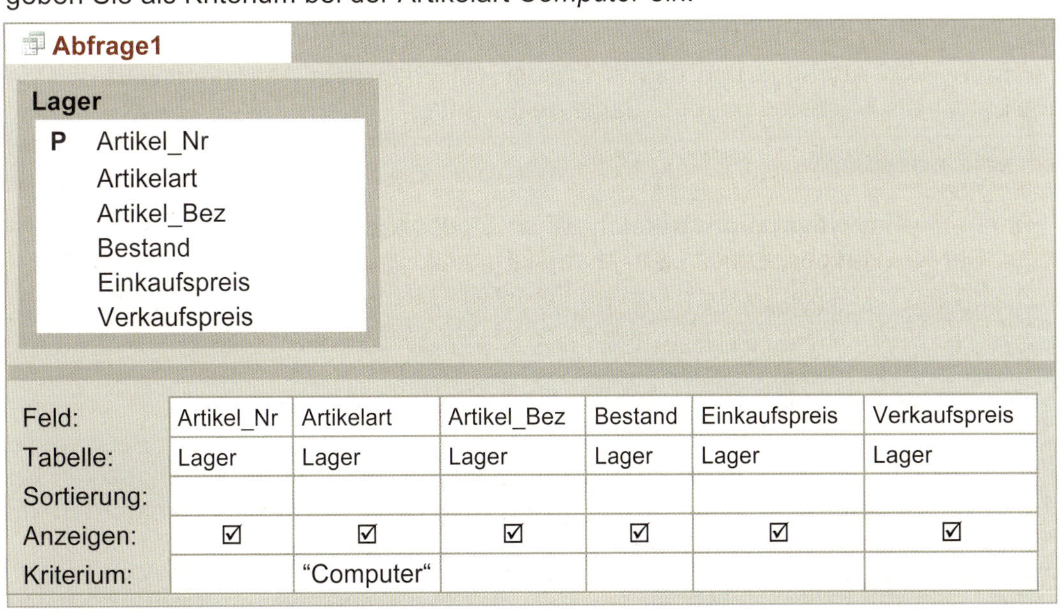

Feld:	Artikel_Nr	Artikelart	Artikel_Bez	Bestand	Einkaufspreis	Verkaufspreis
Tabelle:	Lager	Lager	Lager	Lager	Lager	Lager
Sortierung:						
Anzeigen:	☑	☑	☑	☑	☑	☑
Kriterium:		"Computer"				

- Felder, die durch die **Abfrage** angezeigt werden sollen, müssen durch das Häkchen in der Schaltfläche **Anzeigen** gekennzeichnet werden. Sollen die Felder nicht angezeigt werden, so werden sie durch das Anklicken des Häkchens deaktiviert.

Bearbeitungsschritte (Fortsetzung):

- Das Register **ABFRAGETOOLS/ENTWURF** ist eingeblendet. Klicken Sie in der Gruppe **Ergebnisse** die Schaltfläche **Ausführen** an.

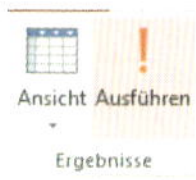

- Das Ergebnis sieht folgendermaßen aus:

Abfrage1

Artikel_Nr	Artikelart	Artikel_Bez	Bestand	Einkaufspreis	Verkaufspreis
3000	Computer	AGIB HS	10	3.322,93 €	3.980,00 €
3001	Computer	Trup AK	5	3.576,00 €	4.190,00 €
3002	Computer	Ambro Super	21	3.454,98 €	4.050,00 €

- Speichern Sie die Abfrage unter dem Namen *Computer*. Klicken Sie in der Symbolleiste für den Schnellzugriff die Schaltfläche **Speichern** an.

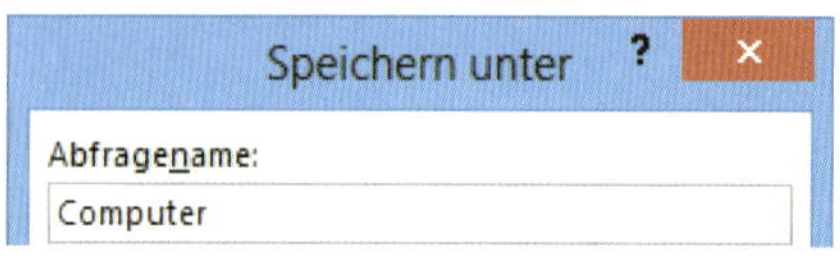

- Danach steht die Abfrage unter dem Namen *Computer* zur Verfügung.

Computer

Artikel_Nr	Artikelart	Artikel_Bez	Bestand	Einkaufspreis	Verkaufspreis
3000	Computer	AGIB HS	10	3.322,93 €	3.980,00 €

- Über das Kontextmenü kann die Abfrage geschlossen, bearbeitet usw. werden.

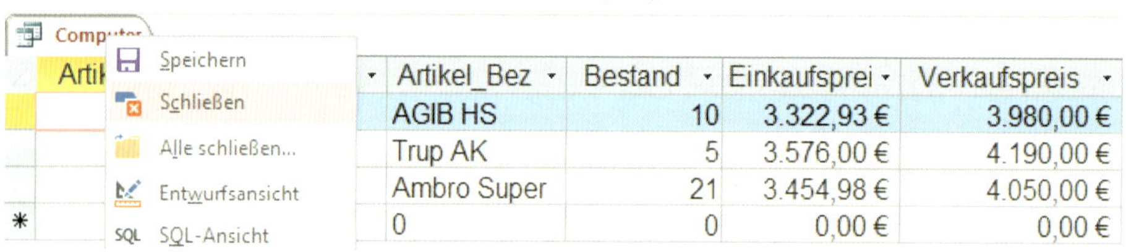

12.5 Aufrufen von Abfragen

Das Aufrufen von Abfragen und das Wechseln zwischen dem Abfrageentwurf und dem Datenblatt soll als Nächstes genauer dargestellt werden.

Bearbeitungsschritte:

- Führen Sie im **Navigationsbereich** einen Doppelklick auf die Abfrage *Computer* aus. Der Navigationsbereich kann je nach Einstellung unterschiedlich aussehen:

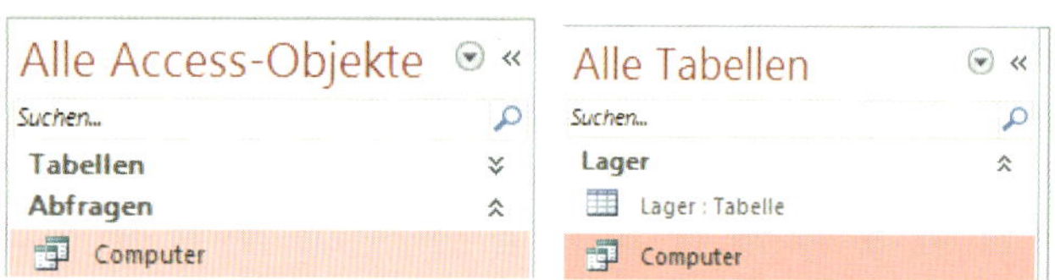

- Das Ergebnis der Abfrage wird wie oben auf dieser Seite dargestellt angezeigt. Um es zu verändern, klicken Sie im Register **START** in der Gruppe **Ansichten** die Schaltfläche **Ansicht** an. Wählen Sie die **Entwurfsansicht** aus.

12.6 Möglichkeiten der Auswahlabfrage

12.6.1 Vorbemerkungen

Das Erstellen von Abfragen und Bearbeiten von Abfragen wird grundsätzlich immer identisch vorgenommen. Im Weiteren werden daher verschiedene Abfragemöglichkeiten und das erwartete Ergebnis kurz angegeben. Es bietet sich an, die einzelnen Abfragen nachzuvollziehen und zusätzlich Abfragen mit ähnlichen Kriterien zu erstellen. Für die Abfragen sollten aussagekräftige Namen vergeben werden, die den Sachverhalt beschreiben. Ansonsten werden vielleicht Abfragen aufgerufen, die nicht gewünscht wurden.

12.6.2 Ausgabe aller Datensätze ohne oder mit Sortierung

Alle Datensätze werden ausgegeben, u. U. nur bestimmte Datenfelder und/oder sortiert.

Ausgabe aller Daten (Lager_Daten)					
Entwurf	Feld:	Lager.*			
	Tabelle:	Lager	Lager	Lager	Lager
	Sortierung:				
	Anzeigen:	☑	☐	☐	☐
	Kriterium:				
Ergebnis	Alle Daten der Tabelle *Lager* werden mit allen Datenfeldern ausgegeben.				

Ausgabe aller Daten bestimmter Datenfelder (Lager_Datenfelder)					
Entwurf	Feld:	Artikelart	Artikel_Bez	Bestand	Verkaufspreis
	Tabelle:	Lager	Lager	Lager	Lager
	Sortierung:				
	Anzeigen:	☑	☑	☑	☑
	Kriterium:				
Ergebnis	Inhalte bestimmter Datenfelder werden mit allen Daten ausgegeben.				

Sortierte Ausgabe aller Daten bestimmter Datenfelder (Lager_sortiert)					
Entwurf	Feld:	Artikelart	Artikel_Bez	Bestand	Verkaufspreis
	Tabelle:	Lager	Lager	Lager	Lager
	Sortierung:	Aufsteigend		Absteigend	
	Anzeigen:	☑	☑	☑	☑
	Kriterium:				
Ergebnis	Bestimmte Datenfelder der Tabelle werden mit allen Daten nach bestimmten Sortierkriterien (auf- bzw. absteigend) ausgegeben.				

Ausgabe von Daten mithilfe von Platzhaltern (Lager_Platzhalter)					
Entwurf	Feld:	Artikelart	Artikel_Bez	Bestand	Verkaufspreis
	Tabelle:	Lager	Lager	Lager	Lager
	Sortierung:				
	Anzeigen:	☑	☑	☑	☑
	Kriterium:	Wie „C*"	Wie "A?br*"		
Ergebnis	Daten bestimmter Datenfelder werden mithilfe von Platzhaltern (*: restlicher Inhalt beliebig; ?: beliebiges Zeichen) ausgegeben.				

12.6.3 Ausgabe von Daten mithilfe von Vergleichsoperatoren

Mithilfe von Vergleichsoperatoren können vielfältige Auswertungen von Tabellen erfolgen. So kann beispielsweise festgestellt werden, welche Produkte zu einem Verkaufspreis von 1.000,00 € oder mehr verkauft werden. Die angesprochenen Beispiele geben einige Möglichkeiten wieder, eigene Anwendungen sollten erstellt werden.

Ausgabe von Daten mithilfe des Vergleichsoperators >= (Lager_>=)

Entwurf

Feld:	Artikel_Nr	Artikelart	Artikel_Bez	Verkaufspreis
Tabelle:	Lager	Lager	Lager	Lager
Sortierung:				
Anzeigen:	☑	☑	☑	☑
Kriterium:				>= 1000
oder:				

Ergebnis Alle Daten der Tabelle *Lager* werden mit den ausgesuchten Datenfeldern ausgegeben, wenn der Verkaufspreis *1.000,00* € oder größer ist.

Ausgabe von Daten mithilfe des Vergleichsoperators <> (Lager_<>)

Entwurf

Feld:	Artikel_Nr	Artikelart	Artikel_Bez	Verkaufspreis
Tabelle:	Lager	Lager	Lager	Lager
Sortierung:				
Anzeigen:	☑	☑	☑	☑
Kriterium:		<> "Computer"		
oder:				

Ergebnis Alle Artikelarten außer der Artikelart *Computer* der Tabelle *Lager* werden mit den ausgesuchten Datenfeldern ausgegeben.

12.6.4 Ausgabe von Daten mithilfe von Logik-Operatoren

Logik-Operatoren ermöglichen es, Daten in Abhängigkeit von Bedingungen auszugeben. So können z. B. Computer ***oder*** Drucker, Daten, die ***nicht*** einem Kriterium entsprechen und Daten, die einem ***und*** einem zweiten Kriterium entsprechen, ausgegeben werden.

Auswertungen mit dem Befehl **Oder** werden vorgenommen, wenn Kriterien im Bereich eines Datenfelds bestimmt werden. Die Kriterien werden untereinander oder verbunden durch das Wort **Oder** (Drucker ***Oder*** Computer) in einem Datenfeld eingegeben. Auswertungen mit dem Befehl **Und** ergeben sich, wenn in verschiedenen Datenfeldern Kriterien (Datenfeld Artikelart: *Computer*; Datenfeld Verkaufspreis: >= *1000*) eingegeben werden.

Besondere Befehle ermöglichen es außerdem, bestimmte Daten ***zwischen*** einem ***und*** einem anderen Wert zu ermitteln. Mit einem weiteren Befehl kann festgestellt werden, welche Daten ***in*** einem bestimmten Bereich liegen.

Ausgabe von Daten mithilfe des Logik-Operators *Oder* (Lager_OR_1)

Entwurf

Feld:	Artikel_Nr	Artikelart	Artikel_Bez	Verkaufspreis
Tabelle:	Lager	Lager	Lager	Lager
Sortierung:				
Anzeigen:	☑	☑	☑	☑
Kriterium:		"Computer"		
oder:		"Drucker"		

Ergebnis Alle *Computer* und *Drucker* der Tabelle *Lager* werden mit den ausgesuchten Datenfeldern ausgegeben.

Ausgabe von Daten mithilfe des Logik-Operators *Oder* (Lager_OR_2)

Entwurf

Feld:	Artikel_Nr	Artikelart	Artikel_Bez
Tabelle:	Lager	Lager	Lager
Sortierung:			
Anzeigen:	☑	☑	☑
Kriterium:		"Computer" Oder "Drucker" Oder "Scanner"	

Ergebnis Alle *Computer*, *Drucker* und *Scanner* der Tabelle *Lager* werden mit den ausgesuchten Datenfeldern ausgegeben.

Ausgabe von Daten mithilfe des Logik-Operators *Und* (Lager_AND_1)

Entwurf

Feld:	Artikel_Nr	Artikelart	Artikel_Bez	Verkaufspreis
Tabelle:	Lager	Lager	Lager	Lager
Sortierung:				
Anzeigen:	☑	☑	☑	☑
Kriterium:		"Computer"		> 1000

Ergebnis Alle *Computer* der Tabelle *Lager* mit einem Verkaufspreis höher als *1.000,00 €* werden mit den ausgesuchten Datenfeldern ausgegeben.

Ausgabe von Daten mithilfe der Logik-Operatoren *Oder* und *Und* (Lager_OU_1)

Entwurf

Feld:	Artikel_Nr	Artikelart	Artikel_Bez	Bestand
Tabelle:	Lager	Lager	Lager	Lager
Sortierung:				
Anzeigen:	☑	☑	☑	☑
Kriterium:		"Computer" Oder "Drucker"		< 15

Ergebnis Alle *Computer* und *Drucker* der Tabelle *Lager* mit einem Bestand kleiner als *15* werden mit den ausgesuchten Datenfeldern ausgegeben.

Ausgabe von Daten mithilfe der Logik-Operatoren *Oder* und *Und* (Lager_OU_2)

Entwurf

Feld:	Artikel_Nr	Artikelart	Artikel_Bez	Verkaufspreis
Tabelle:	Lager	Lager	Lager	Lager
Sortierung:				
Anzeigen:	☑	☑	☑	☑
Kriterium:		"Computer" Oder "Drucker"		> 1000
oder:		"Scanner"		

Ergebnis Alle *Computer* und *Drucker* der Tabelle *Lager* mit einem Verkaufspreis höher als *1.000,00 €* und alle *Scanner*, unabhängig vom Verkaufspreis, werden mit den ausgesuchten Datenfeldern ausgegeben.

Ausgabe von Daten mithilfe des Logik-Operators *Nicht* (Lager_Nicht)

Entwurf

Feld:	Artikel_Nr	Artikelart	Artikel_Bez	Verkaufspreis
Tabelle:	Lager	Lager	Lager	Lager
Sortierung:				
Anzeigen:	☑	☑	☑	☑
Kriterium:		Nicht "Computer"		

Ergebnis Alle Artikelarten außer *Computer* der Tabelle *Lager* werden ausgegeben.

Ausgabe von Daten mithilfe des Operators *In* (Lager_In)

Entwurf

Feld:	Artikelart	Artikel_Bez	Bestand
Tabelle:	Lager	Lager	Lager
Sortierung:			
Anzeigen:	☑	☑	☑
Kriterium:	In (“Computer“;“Drucker“;“Scanner“)		

Ergebnis Alle *Computer*, *Drucker* und *Scanner* der Tabelle *Lager* werden mit den ausgesuchten Datenfeldern ausgegeben.

Ausgabe von Daten mithilfe des Operators *Zwischen* (Lager_Zwischen_1)

Entwurf

Feld:	Artikelart	Artikel_Bez	Bestand
Tabelle:	Lager	Lager	Lager
Sortierung:			
Anzeigen:	☑	☑	☑
Kriterium:			Zwischen 10 Und 20

Ergebnis Alle Daten der Tabelle *Lager*, die dem angegebenen Kriterium entsprechen, werden mit den ausgesuchten Datenfeldern ausgegeben.

Ausgabe von Daten mithilfe des Operators *Zwischen* (Lager_Zwischen_2)

Entwurf

Feld:	Artikelart	Artikel_Bez	Bestand
Tabelle:	Lager	Lager	Lager
Sortierung:			
Anzeigen:	☑	☑	☑
Kriterium:	“Drucker“		Zwischen 10 Und 20
oder:	“Computer“		Zwischen 10 Und 30 Und Nicht 21
oder:	“Scanner“		Zwischen 10 Und 20 Oder > 40
oder:	“Schreibtisch“		Zwischen 10 Und 20 Oder Zwischen 30 Und 40

Ergebnis Alle Daten der Tabelle *Lager*, die den angegebenen Kriterien entsprechen, werden mit den ausgesuchten Datenfeldern ausgegeben.

12.7 Parameterabfrage

Durch eine Parameterabfrage können je nach Bedarf Daten aus einer Tabelle gelesen werden. Beispielsweise kann eine beliebig ausgewählte Artikelart eingegeben und das Ergebnis dann angezeigt werden. Die Parameterabfrage ähnelt der Auswahlabfrage, es werden jedoch durch diese Abfrage vorher nicht festgelegte Kriterien ausgewählt.

Bearbeitungsschritte:

- Erstellen Sie in der Entwurfsansicht die folgende Abfrage in der Tabelle *Lager*. Das Kriterium wird in eckigen Klammern eingegeben:

Feld:	Artikel_Nr	Artikelart	Artikel_Bez	Bestand
Tabelle:	Lager	Lager	Lager	Lager
Sortierung:				
Anzeigen:	☑	☑	☑	☑
Kriterium:		[Geben Sie eine Artikelart ein:]		

Bearbeitungsschritte (Fortsetzung):

- Speichern Sie die Abfrage unter dem Namen *Parameterabfrage_1* ab.
- Klicken Sie in der Gruppe **Ergebnisse** die Schaltfläche **Ausführen** an.

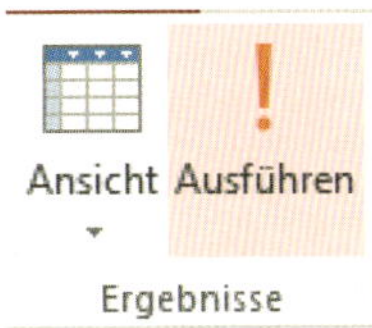

- Geben Sie den gewünschten Begriff ein:

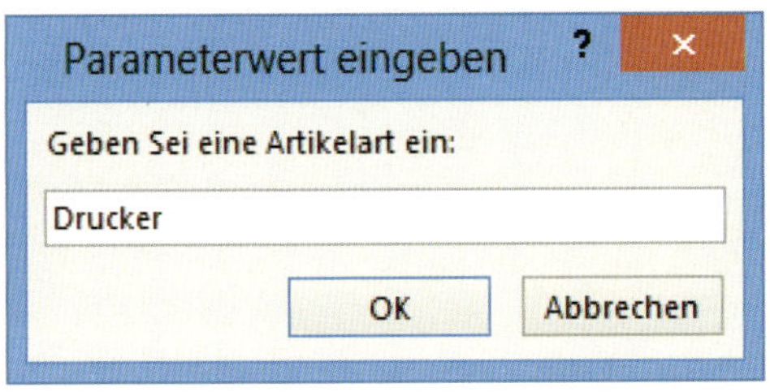

- Als Ergebnis werden die Drucker ausgegeben:

Parameterabfrage

Artikel_Nr	Artikelart	Artikel_Bez	Bestand
1005	Drucker	Hanso	12
1006	Drucker	Stil	8
1007	Drucker	Klassic	12
0			0

- Durch die Eingabe weiterer Parameter kann die Abfrage verfeinert werden.

Feld:	Artikel_Nr	Artikelart	Artikel_Bez	Bestand
Tabelle:	Lager	Lager	Lager	Lager
Sortierung:				
Anzeigen:	☑	☑	☑	☑
Kriterium:		[Artikelart:]		Zwischen [Minimum] Und [Maximum]
oder:				

- Beim Ausführen der Abfrage müssen die einzelnen Werte eingegeben werden.

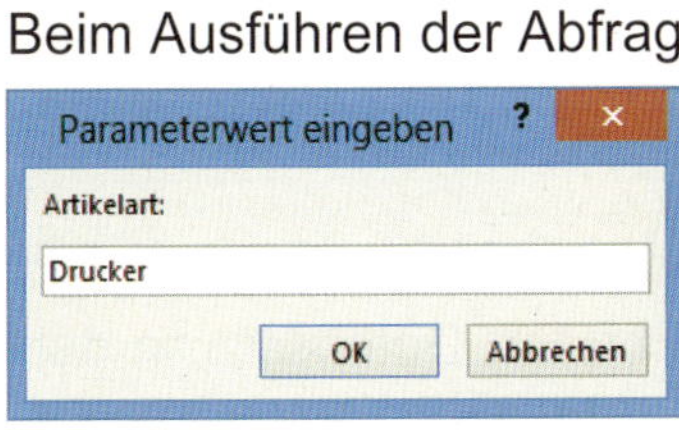

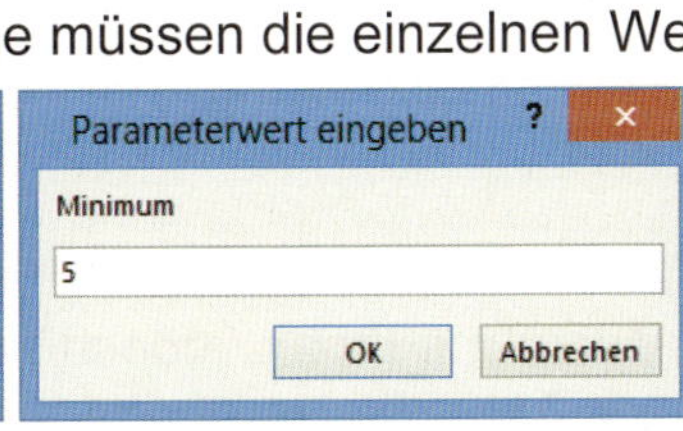

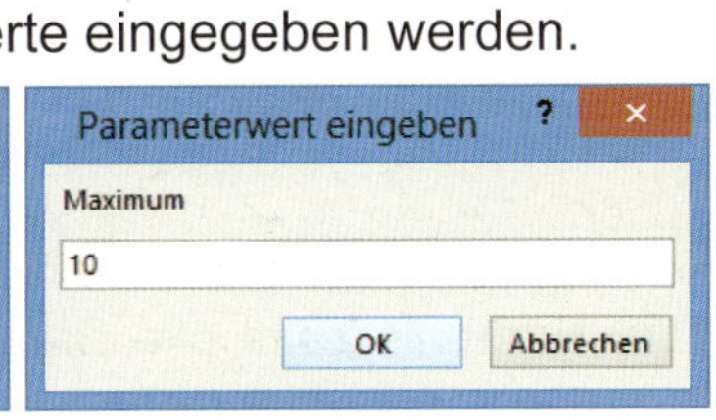

- Als Ergebnis werden die Drucker ausgegeben, deren Bestand zwischen 5 und 10 liegt:

Parameterabfrage_2

Artikel_Nr	Artikelart	Artikel_Bez	Bestand
1006	Drucker	Stil	8
0			0

- Speichern Sie die Abfrage nun unter dem angegebenen Namen ab.

12.8 Auswahlabfragen mit Nicht-Null- und Nullwerten

In umfangreichen Tabellen ist es nicht ohne Weiteres erkennbar, ob auch alle Datenfelder Daten enthalten. Durch eine Abfrage lässt sich dies leicht erkennen. Außerdem kann es sein, dass nur in Ausnahmefällen eine Eingabe in einem Datenfeld erfolgt. Auch diese Datenfelder mit Inhalten können durch eine Abfrage ermittelt werden.

Bearbeitungsschritte:

- Öffnen Sie die Tabelle *Lager*. Löschen Sie den angezeigten Bestand. Schließen Sie die Tabelle wieder.

Lager

Artikel_Nr	Artikelart	Artikel_Bez	Bestand	Mindestbestand
1000	Schreibtisch	Gabriele	5	5
1001	Schreibtisch	Modern		15
1002	Schreibtisch	Exklusiv	20	10

- Erstellen Sie eine neue Abfrage:

Feld:	Artikel_Nr	Artikelart	Artikel_Bez	Bestand
Tabelle:	Lager	Lager	Lager	Lager
Sortierung:				
Anzeigen:	☑	☑	☑	☑
Kriterium:				Ist Null
oder:				

- Das Ergebnis zeigt nur den Datensatz, in dem kein Bestand eingetragen wurde.

Bestand gleich Null

Artikel_Nr	Artikelart	Artikel_Bez	Bestand
1001	Schreibtisch	Modern	

- Erstellen Sie eine weitere Abfrage:

Feld:	Artikel_Nr	Artikelart	Artikel_Bez	Bestand
Tabelle:	Lager	Lager	Lager	Lager
Sortierung:				
Anzeigen:	☑	☑	☑	☑
Kriterium:				Ist Nicht Null
oder:				

- Das Ergebnis zeigt alle Datensätze mit Inhalt, jedoch nicht den Datensatz, in dem kein Bestand eingegeben wurde. Aus Platzgründen werden hier nicht alle angezeigt.

Bestand gleich Nicht-Null

Artikel_Nr	Artikelart	Artikel_Bez	Bestand
1000	Schreibtisch	Gabriele	5
1002	Schreibtisch	Exklusiv	20
1003	Büroschrank	Elegant	12
1004	Büroschrank	Aktuell	17

- Tragen Sie den ursprünglichen Bestand des Schreibtisches *Modern* wieder in die Tabelle *Lager* ein.

12.9 Anfügeabfrage

Durch eine Anfügeabfrage können Datensätze, bestimmte Datenfelder usw. in eine bestehende Abfrage eingefügt werden. Dies erspart u. U. sehr viel Eingabearbeit.

Bearbeitungsschritte:

- Erstellen Sie die folgende Tabelle. Speichern Sie sie unter dem Namen *Artikel_1*.

Artikel_1

Feldname	Felddatentyp	Beschreibung
Artikelart	Kurzer Text	
Artikel_Bez	Kurzer Text	

- Geben Sie die folgenden Artikel in die Tabelle *Artikel_1* ein:

Artikel_1

Artikelart	Artikel_Bez
Monitor	Creativ
Monitor	Ultra

- Führen Sie folgende Abfrage auf der Grundlage der Tabelle *Lager* durch:

Feld:	Artikelart	Artikel_Bez		
Tabelle:	Lager	Lager		
Sortierung:				
Anzeigen:	☑	☑	☑	☑
Kriterium:	"Computer"			

- Klicken Sie im Register **ABFRAGETOOLS/ENTWURF** in der Gruppe **Abfragetyp** die Schaltfläche **Anfügen** an.

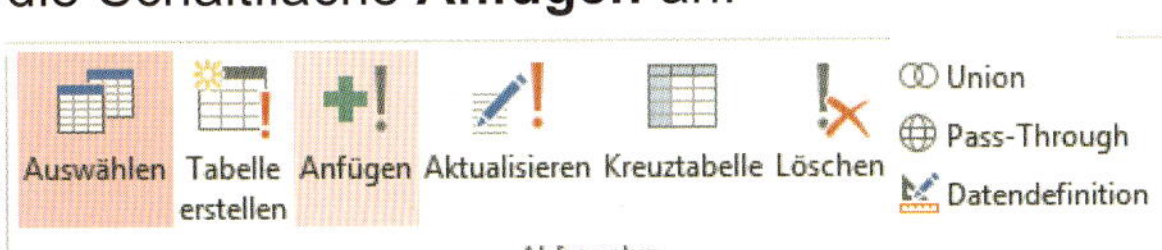

- Legen Sie danach fest, in welche Tabelle Daten angefügt werden sollen.

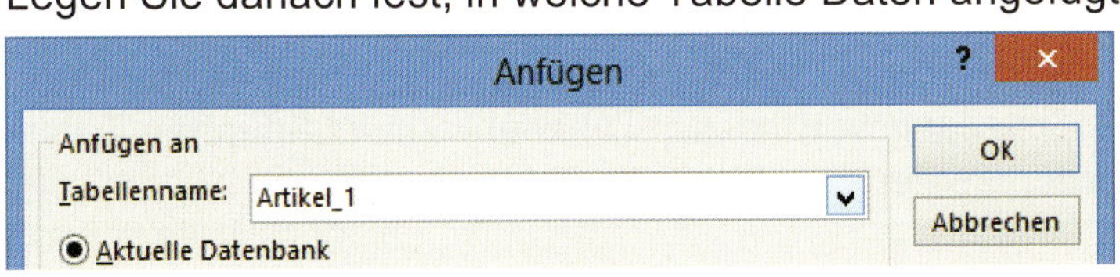

- Klicken Sie in der Gruppe **Ergebnisse** die Schaltfläche **Ausführen** an.

- Nachdem Sie bestätigt haben, dass die Datensätze angefügt werden sollen, können Sie sich in der Tabelle *Artikel_1* das Ergebnis ansehen:

Artikel_1

Artikelart	Artikel_Bez
Monitor	Creativ
Monitor	Ultra
Computer	AGIB HS
Computer	Trup AK
Computer	Ambro Super

12.10 Tabellenerstellungsabfrage

Eine Abfrage kann dazu genutzt werden, alle durch die Abfrage ermittelten Daten in eine neue Tabelle zu übertragen. Diese Tabelle kann dann wiederum z. B. für Abfragen genutzt, in eine andere Datenbank importiert werden usw.

Bearbeitungsschritte:

- Führen Sie die nachfolgend dargestellte **Abfrage** in der Tabelle *Lager* durch:

Feld:	Artikel_Nr	Artikelart	Artikel_Bez	Verkaufspreis
Tabelle:	Lager	Lager	Lager	Lager
Sortierung:				
Anzeigen:	☑	☑	☑	☑
Kriterium:				
oder:				

- Klicken Sie im Register **ABFRAGETOOLS/ENTWURF** in der Gruppe **Abfragetyp** die Schaltfläche **Tabelle erstellen** an.

- Geben Sie in dem nächsten eingeblendeten Fenster als Namen der neuen Tabelle *Preisliste* ein.
- Klicken Sie in der Gruppe **Ergebnisse** die Schaltfläche **Ausführen** an.

- Das Programm meldet, dass Sie beabsichtigen, 13 Zeilen in eine neue Tabelle einzufügen. Bestätigen Sie diese Meldung mit dem Anklicken der Schaltfläche **Ja**.
- Danach können Sie die Abfrage abspeichern und schließen. In der Navigationsleiste ist die Tabelle *Preisliste* angegeben.
- Besonderen Sinn ergibt die Erstellung von neuen Tabellen aus verknüpften Tabellen. Verknüpfte Tabellen werden später erklärt.

12.11 Löschabfrage

Eine Möglichkeit, nicht mehr benötigte Daten zu löschen, ist die Löschabfrage. Dazu soll zunächst die Tabelle *Lager* unter dem Namen *Lager_Löschabfrage* nochmals abgespeichert werden, damit die Originaltabelle *Lager* in der ursprünglichen Form erhalten bleibt.

Bearbeitungsschritte:

- Markieren Sie in der Navigationsleiste die Tabelle *Lager*.
- Wählen Sie das Register **START**. Klicken Sie in der Gruppe **Zwischenablage** die Schaltfläche **Kopieren** an.

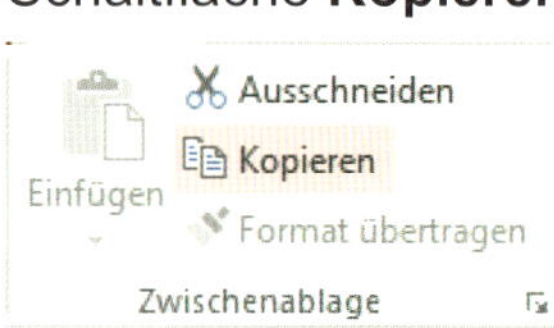

Bearbeitungsschritte (Fortsetzung):

- Klicken Sie in der Gruppe **Zwischenablage** die Schaltfläche **Einfügen** an.

- Geben Sie im Fenster **Tabelle einfügen als** den Namen *Lager_Löschabfrage* der neuen Tabelle ein. In der Navigationsleiste werden dann beide Tabellen angezeigt.
- Führen Sie in der Tabelle *Lager_Löschabfrage* die folgende Abfrage durch:

Feld:	Artikelart			
Tabelle:	Lager_Löschabfrage			
Sortierung:				
Anzeigen:	☑	☑	☑	☑
Kriterium:	"Computer"			
oder:				

- Klicken Sie im Register **ABFRAGETOOLS/ENTWURF** in der Gruppe **Abfragetyp** die Schaltfläche **Löschen** an.

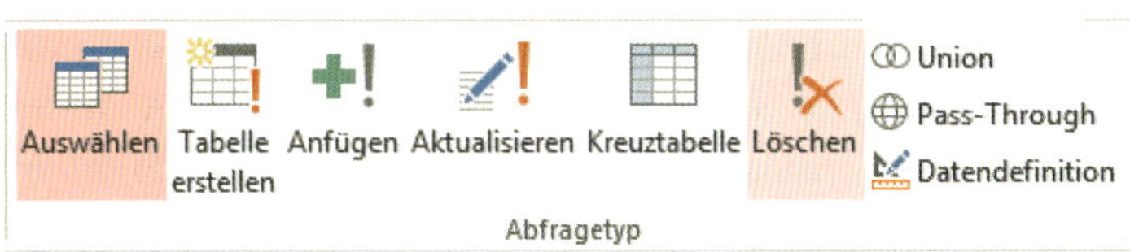

- Der Abfrageentwurf verändert sich wie folgt:

Feld:	Artikelart			
Tabelle:	Lager			
Löschen:	Lager_Löschabfrage			
Kriterium:	"Computer"			

- Klicken Sie in der Gruppe **Ergebnisse** die Schaltfläche **Ausführen** an.

- Die folgende Meldung wird auf dem Bildschirm eingeblendet:

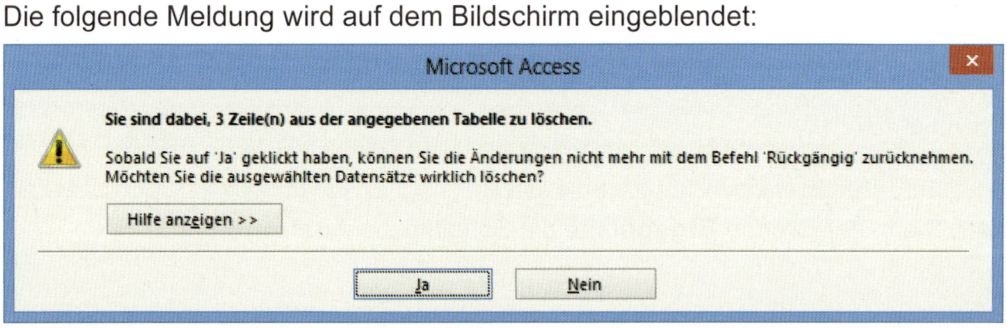

- Bestätigen Sie das Löschen der Datensätze durch das Anklicken der Schaltfläche **Ja**. Anschließend können Sie die Abfrage unter dem Namen **Löschen der Computer** abspeichern. Sobald wieder Computer im Bestand sind, können Sie sie mit dem Öffnen der Abfrage löschen.
- Öffnen Sie die Tabelle *Lager_Löschabfrage* in der Navigationsleiste. Die *Computer* wurden in der Tabelle *Lager_Löschabfrage* gelöscht.

12.12 Kreuztabellenabfrage

Wenn Daten in einem Zeilen-Spalten-Format zusammengefasst werden, spricht man von einer Kreuztabelle. Die Kreuztabelle wird durch eine Kreuztabellenabfrage realisiert.

Bearbeitungsschritte:

- Erstellen Sie zunächst die folgende Abfrage in der Tabelle *Lager*:

Feld:	Artikelart	Artikel_Bez	Bestand	
Tabelle:	Lager	Lager	Lager	
Sortierung:				
Anzeigen:	☑	☑	☑	☑
Kriterium:	"Drucker"			

- Klicken Sie im Register **ABFRAGETOOLS/ENTWURF** in der Gruppe **Abfragetyp** die Schaltfläche **Kreuztabelle** an.

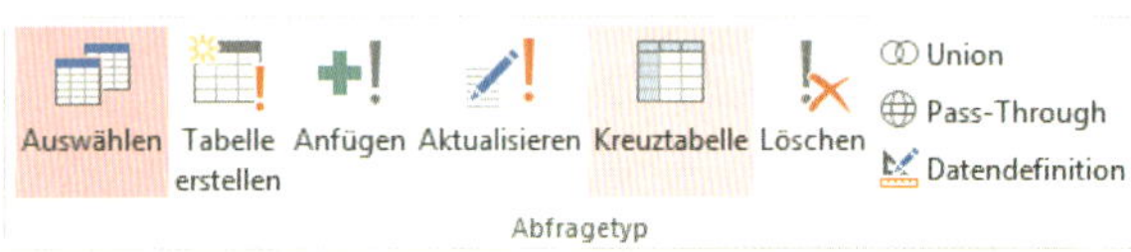

- Zusätzlich werden die Felder **Funktion** und **Kreuztabelle** eingeblendet. Sie müssen nun für die **Kreuztabelle** eine Zeilenüberschrift (z. B. *Artikelart* Drucker), eine Spaltenüberschrift (z. B. *Artikel_Bez*) und einen Wert (z. B. *Bestand*) festlegen. Dies können Sie durch Anklicken der Felder hinter der Bezeichnung **Kreuztabelle** einleiten. Die einzelnen Möglichkeiten (Zeilenüberschrift usw.) werden eingeblendet.

Feld:	Artikelart	Artikel_Bez	Bestand	
Tabelle:	Lager	Lager	Lager	
Funktion:	Gruppierung	Gruppierung	Gruppierung	
Kreuztabelle:	Zeilenüberschrift	Spaltenüberschrift	Wert	
Sortierung:				
Kriterium:	Drucker			

- In den Feldern hinter dem Namen „Funktion" können Sie anzeigen lassen, welche Möglichkeiten der Ausgabe von Werten gegeben sind, z. B. Minimum, Maximum, Summe usw. Wählen Sie für das Datenfeld *Bestand* den Begriff „*ErsterWert*" aus.

Feld:	Artikelart	Artikel_Bez	Bestand	
Tabelle:	Lager	Lager	Lager	
Funktion:	Gruppierung	Gruppierung	Erster Wert	
Kreuztabelle:	Zeilenüberschrift	Spaltenüberschrift	Wert	
Sortierung:				
Kriterium:	Drucker			

- Klicken Sie in der Gruppe **Ergebnisse** die Schaltfläche **Ausführen** an.

- Das Ergebnis zeigt eine Übersicht der Bestände der Drucker:

Artikel_1

Artikelart	Hanso	Classic	Stil
Drucker	12	12	8

12.13 Aktualisierungsabfragen

Vergleich zwischen Datenfeldern

Der Vergleich von Daten ermöglicht eine Vielzahl von nützlichen Anwendungen, durch die betriebliche Erkenntnisse gewonnen werden können. Anhand der Daten der Tabelle *Lager* kann man z. B. feststellen, ob der Mindestbestand bei bestimmten Artikeln unterschritten wurde. Die fehlende Menge kann man dann berechnen und ausgeben.

Bearbeitungsschritte:

- Gehen Sie in das **Datenbankfenster**, um eine neue Abfrage zu erstellen.
- Führen Sie die folgende Abfrage durch:

Feld:	Artikelart	Artikel_Bez	Bestand	Mindestbestand
Tabelle:	Lager	Lager	Lager	Lager
Sortierung:				
Anzeigen:	☑	☑	☑	☑
Kriterium:			<[Mindestbestand]	

Hinweis: Das Wort Mindestbestand muss in eckige Klammern gesetzt werden.
Tastenkombination: **[Alt Gr] [8]** und **[Alt Gr] [9]**

- Nach Ausführen der Abfrage werden folgende Artikel ausgegeben:

Bestand < Mindestbestand

Artikelart	Artikel_Bez	Bestand	Mindestbestand
Schreibtisch	Modern	10	15
Drucker	Hanso	12	15
Scanner	Swift	8	10
Computer	Trup AK	5	6

Berechnung von Differenzen

Ein Ergebnis, das lediglich ausgibt, welche Artikel im Lager nicht ausreichend vorhanden sind, jedoch den genauen Fehlbestand nicht berechnet, überzeugt noch nicht vollständig. Es wird daher die Berechnung des Fehlbestandes durch eine Abfrage vorgenommen.

Bearbeitungsschritte:

- Tragen Sie in der Struktur der Tabelle *Lager* ein Datenfeld mit der Bezeichnung *Fehlbestand* und dem Datenfeldtyp *Zahl* ein. Klicken Sie im Register **ABFRAGE-TOOLS/ENTWURF** in der Gruppe **Abfragetyp** die Schaltfläche **Aktualisieren** an.

- Berechnen Sie die Differenz zwischen den Datenfeldern *Mindestbestand* und *Bestand.* Das Datenfeld *Artikelart* wird nachfolgend aus Platzgründen nicht angezeigt.

Feld:	Artikel_Bez	Bestand	Mindest	Fehlbestand
Tabelle:	Lager	Lager	Lager	Lager
Aktualisieren:				[Mindestbestand]-[Bestand]
Kriterium:		<[Mindestbestand]		

Bearbeitungsschritte (Fortsetzung):

- Klicken Sie in der Gruppe **Ergebnisse** die Schaltfläche **Ausführen** an.

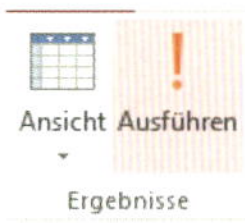

- Die folgende Meldung wird eingeblendet:

- Klicken Sie die Schaltfläche **Ja** an, damit die Fehlbestände berechnet werden. Speichern Sie danach die Abfrage als Aktualisierungsabfrage unter dem Namen *Fehlbestand* ab.
- Klicken Sie im Register **ABFRAGETOOLS/ENTWURF** in der Gruppe **Abfragetyp** die Schaltfläche **Auswählen** an.

- Die Wahl der Auswahlabfrage ist notwendig, damit das Ergebnis vernünftig ausgegeben wird. Der Bildschirm verändert sich folgendermaßen:

Feld:	Artikelart	Artikel_	Bestand	Mindestbestand	Fehlbestand
Tabelle:	Lager	Lager	Lager	Lager	Lager
Sortierung:					
Anzeigen:	☑	☑	☑	☑	☑
Kriterium:			<[Mindestbestand]		

- Klicken Sie in der Gruppe **Ergebnisse** die Schaltfläche **Ausführen** an.

- Das Ergebnis sieht folgendermaßen aus:

Fehlbestand

Artikelart	Artikel_Bez	Bestand	Mindestbestand	Fehlbestand
Schreibtisch	Modern	10	15	5
Drucker	Hanso	12	15	3
Scanner	Swift	8	10	2
Computer	Trup AK	5	6	1

- Alternativ können Sie sich die Änderung der Daten in der Tabelle ansehen:

Lager

Artikelart	Artikel_Bez	Bestand	Mindestbestand	Fehlbestand
Schreibtisch	Modern	10	15	5
Drucker	Hanso	12	15	3

Berechnungen in einem Datenfeld

Die Anpassung von Zahlenmaterial an neue Gegebenheiten kann mit dem Datenbankprogramm **Access** einfach vorgenommen werden, da in Zahlenfeldern und in Währungsfeldern gerechnet werden kann. Berechnungen in Textfeldern sind selbstverständlich nicht möglich. Am Beispiel der Anpassung der Verkaufspreise für *Schreibtische* und *Drucker* soll die Berechnung innerhalb eines Datenfeldes demonstriert werden. Dabei wird die bereits bekannte Möglichkeit genutzt, durch das Festlegen von Kriterien nur bestimmte Produkte auszuwählen.

Bearbeitungsschritte:

- Klicken Sie im Register **ABFRAGETOOLS/ENTWURF** in der Gruppe **Abfragetyp** die Schaltfläche **Aktualisieren** an.

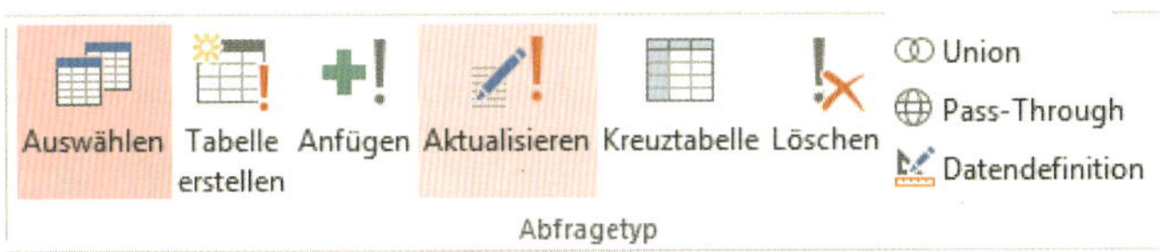

- Erstellen Sie die nachfolgende Abfrage. Speichern Sie sie unter dem Namen *Preiserhöhung*.

Feld:	Artikelart	Artikel_Bez	Verkaufspreis	
Tabelle:	Lager	Lager	Lager	
Aktualisieren:			[Verkaufspreis]*1,04	
Kriterium:	"Schreibtisch"			
oder:	"Drucker"			

- Klicken Sie in der Gruppe **Ergebnisse** die Schaltfläche **Ausführen** an.

- Bestätigen Sie im folgenden Fenster, dass 6 Datensätze aktualisiert werden sollen.
- Klicken Sie im Register **ABFRAGETOOLS/ENTWURF** in der Gruppe **Abfragetyp** die Schaltfläche **Auswählen** an.

- In der Tabellenansicht der Tabelle *Lager* können Sie sehen, dass die Preise für die Schreibtische und Drucker erhöht und die anderen Preise nicht verändert wurden.

Lager

Artikel_Nr	Artikelart	Artikel_Bez	Bestand	Einkaufspreis	Verkaufspreis
1000	Schreibtisch	Gabriele	5	800,00 €	1.409,20 €
1001	Schreibtisch	Modern	10	456,00 €	764,40 €
1002	Schreibtisch	Exklusiv	20	1.250,00 €	1.921,20 €
1003	Büroschrank	Elegant	12	2.400,00 €	3.190,00 €
1004	Büroschrank	Aktuell	17	897,00 €	1.345,00 €
1005	Drucker	Hanso	12	430,00 €	724,00 €
1006	Drucker	Stil	8	1.300,00 €	2.051,66 €

- Bedenken Sie, dass Sie jedes Mal, wenn Sie diese Abfrage ausführen, eine Preiserhöhung vornehmen. Daher sollten Sie überprüfen, ob die Werte in der Tabelle noch stimmen. Sie können die Werte durch eine Abfrage *Preissenkung* korrigieren.

Berechnungen mithilfe mehrerer Datenfelder

Mithilfe mehrerer Datenfelder können ebenfalls Berechnungen durchgeführt werden. So können, wie bereits gezeigt wurde, Differenzen zwischen einzelnen Inhalten von Datenfeldern ermittelt werden. Für die praktische Arbeit mit einer Datenbank ist es auch besonders wichtig, neue Daten zu ermitteln, beispielsweise Lagerwerte usw.

Will man z. B. ermitteln, wie hoch die Gesamteinkaufspreise für die einzelnen Produkte sind, die sich im Lager befinden, multipliziert man den Bestand mit dem Einkaufspreis.

Bearbeitungsschritte:

- Tragen Sie in der Struktur der Tabelle *Lager* ein zusätzliches Datenfeld mit der Bezeichnung *Gesamteinkaufspreis* und dem Datenfeldtyp *Währung* ein. In diesem Datenfeld sollen keine Werte eingegeben werden, sondern es soll eine Berechnung erfolgen.
- Klicken Sie im Register **ABFRAGETOOLS/ENTWURF** in der Gruppe **Abfragetyp** die Schaltfläche **Aktualisieren** an.

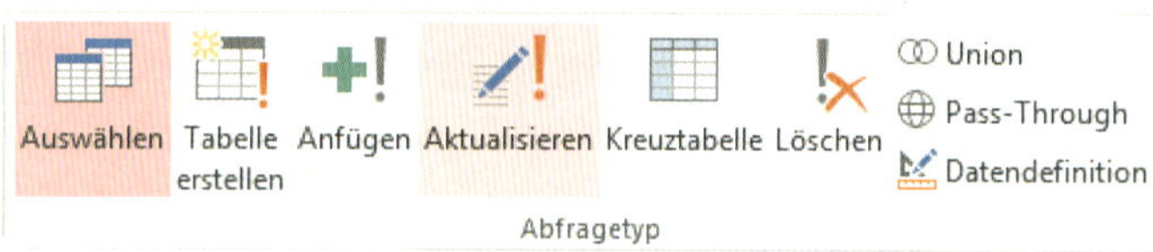

- Erstellen Sie die nachfolgende Abfrage. Speichern Sie sie unter dem Namen *Gesamteinkaufspreis*.

Feld:	Artikelart	Artikel_Bez	Einkaufspreis	Gesamteinkaufspreis
Tabelle:	Lager	Lager	Lager	Lager
Aktualisieren:				[Bestand]*[Einkaufspreis]
Kriterium:				
oder:				

- Klicken Sie in der Gruppe **Ergebnisse** die Schaltfläche **Ausführen** an.

- Im folgenden Fenster bestätigen Sie, dass 13 Datensätze aktualisiert werden sollen.
- In der Tabellenansicht der Tabelle *Lager* können Sie sich die errechneten Gesamteinkaufspreise ansehen.

Lager

Artikel_Nr	Artikelart	Artikel_Bez	Bestand	Einkaufspreis	Gesamteinkaufspreis
1000	Schreibtisch	Gabriele	5	800,00 €	4.000,00 €
1001	Schreibtisch	Modern	10	456,00 €	4.560,00 €
1002	Schreibtisch	Exklusiv	20	1.250,00 €	25.000,00 €
1003	Büroschrank	Elegant	12	2.400,00 €	28.800,00 €
1004	Büroschrank	Aktuell	17	897,00 €	15.249,00 €
1005	Drucker	Hanso	12	430,00 €	5.160,00 €
1006	Drucker	Stil	8	1.300,00 €	10.400,00 €
1007	Drucker	Klassic	12	2.900,00 €	34.800,00 €
2000	Scanner	Swift	8	1.578,00 €	12.624,00 €
2001	Scanner	Akura	4	2.790,00 €	11.160,00 €
3000	Computer	AGIB HS	10	3.322,93 €	33.229,30 €
3001	Computer	Trup AK	5	3.576,00 €	17.880,00 €
3002	Computer	Ambro Super	21	3.454,98 €	72.554,58 €

Berechnungen durch Abfragen ohne neue Datenfelder

Die Berechnung eines neuen Gesamteinkaufspreises kann auch ohne Definition eines neuen Datenfeldes erfolgen. Das Programm errechnet einen Wert durch die Abfrage, die ermittelten Werte werden jedoch nicht dauerhaft in einer Tabelle gespeichert. Dies kann bei großen Tabellen zu einer beträchtlichen Einsparung von Speicherplatz führen.

Bearbeitungsschritte:

- Erstellen Sie die nachfolgende Abfrage unter dem Namen *Gesamteinkaufspreis_2*. Im Bereich **Feld** geben Sie die Formel in der angegeben Form ein.

Feld:	Artikel_Bez	Bestand	Einkaufspreis	GP: [Bestand]*[Einkaufspreis]
Tabelle:	Lager	Lager	Lager	Lager
Sortierung:				
Anzeigen:	☑	☑	☑	☑
Kriterium:				
oder:				

- Klicken Sie in der Gruppe **Ergebnisse** die Schaltfläche **Ausführen** an.

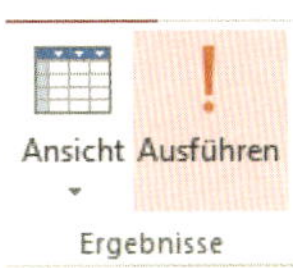

- In der Abfrageansicht können Sie sich die Gesamteinkaufspreise ansehen.

Gesamteinkaufspreis_2

Artikel_Bez	Bestand	Einkaufspreis	Gesamteinkaufspreis
Gabriele	5	800,00 €	4.000
Modern	10	456,00 €	4.560

- Da die Formatierung des Gesamtpreises noch nicht den Erwartungen entspricht, gehen Sie in die Entwurfsansicht der Abfrage zurück. Stellen Sie den Cursor in das Feld mit der Berechnung. Klicken Sie im Register **ABFRAGETOOLS/ENTWURF** in der Gruppe **Einblenden/Ausblenden** die Schaltfläche **Eigenschaftenblatt** an.

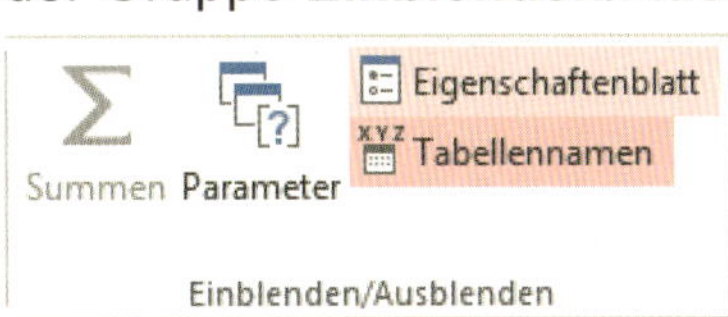

- Wählen Sie das Format *Währung* und geben Sie eine Beschriftung ein.

Eigenschaftenblatt

Auswahltyp: Feldeigenschaften

Allgemein	Nachschlagen
Beschreibung	
Format	Währung
Dezimalstellenanzeige	
Eingabeformat	
Beschriftung	Gesamteinkaufspreis

- Das Ergebnis zeigt den gewünschten Erfolg:

Gesamteinkaufspreis_2

Artikel_Bez	Bestand	Einkaufspreis	Gesamteinkaufspreis
Gabriele	5	800,00 €	4.000,00 €

12.14 Gruppierung und Summenbildung usw. – Aggregatsfunktionen

Eine weitere Berechnungsmöglichkeit ist u. a. die Summenbildung. Es können z. B. die Gesamtsummen einzelner Datenfelder festgestellt werden oder die Gesamtsummen einzelner Artikelarten, wie etwa die Summe der Einkaufspreise aller Computer. Zunächst soll die Gesamtsumme der Einkaufspreise aller gekauften Artikel ermittelt werden. Danach sollen die Gesamtsummen der Einkaufspreise einzelner Artikelarten berechnet werden.

Bearbeitungsschritte:

- Erstellen Sie eine Abfrage. Wählen Sie das Datenfeld *Gesamteinkaufspreis* aus.
- Klicken Sie im Register **ABFRAGETOOLS/ENTWURF** in der Gruppe **Einblenden/Ausblenden** die Schaltfläche **Summen** an.

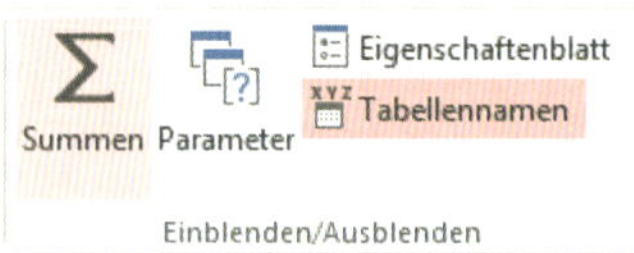

- Zusätzlich wird eine Zeile mit dem Namen „Funktion“ eingeblendet. Nach dem Markieren dieser Zeile erscheint an der rechten Seite des Feldes ein Pfeil nach unten. Durch das Anklicken dieses Pfeils werden Funktionen zur Verfügung gestellt. Wählen Sie die Funktion **Summe** aus, um den Gesamteinkaufspreis zu ermitteln.

Feld:	Gesamteinkaufspreis			
Tabelle:	Lager			
Funktion:	Summe			
Sortierung:				
Anzeigen:	☑	☐	☐	☐

- Klicken Sie in der Gruppe **Ergebnisse** die Schaltfläche **Ausführen** an.

- Das Ergebnis sieht nach einer entsprechenden Formatierung folgendermaßen aus:

Gesamteinkaufspreis_Summe_1

Gesamteinkaufspreis (Summe)			
275.416,88 €			

- Durch Einfügen des Datenfelds *Artikelart* werden die Gesamteinkaufspreise der einzelnen Artikelarten berechnet. Außerdem können andere Werte berechnet werden:

Feld:	Artikelart	Gesamteink	Gesamteink	Gesamteink	Gesamteink
Tabelle:	Lager	Lager	Lager	Lager	Lager
Funktion:	Gruppierung	Summe	Min	Max	Mittelwert
Sortierung:					
Anzeigen:	☑	☑	☑	☑	☑

- Das Ergebnis sieht folgendermaßen aus:

Gesamteinkaufspreis_Summe_2

Artikelart	Summe	Minimum	Maximum	Mittelwert
Büroschrank	44.049,00 €	15.249,00 €	28.800,00 €	22.024,50 €
Computer	123.663,88 €	17.880,00 €	72.554,58 €	41.221,29 €
Drucker	50.360,00 €	5.160,00 €	34.800,00 €	16.786,67 €
Scanner	23.784,00 €	11.160,00 €	12.624,00 €	11.892,00 €
Schreibtisch	33.560,00 €	4.000,00 €	25.000,00 €	11.186,67 €

12.15 Suche nach Duplikaten

Große Datenbestände sollten in regelmäßigen Abständen auf Duplikate durchsucht werden. Dadurch wird verhindert, dass z. B. ein Artikel unter zwei verschiedenen Artikelnummern in einer Tabelle vorhanden ist. Bei einer überschaubaren Anzahl von Datensätzen ist es kein Problem, identische Datensätze auch ohne Suche durch das Programm sofort zu finden. Dies ist jedoch anders, wenn beispielsweise viele Datensätze in einer Tabelle vorhanden sind. Zu Übungszwecken wird in die Tabelle *Lager* ein teilweise identischer Datensatz eingefügt.

Bearbeitungsschritte:

- Fügen Sie den folgenden Datensatz in die Tabelle *Lager* ein:

Lager

Artikel_Nr	Artikelart	Artikel_Bez	Bestand	Mindestbestand	Höchstbestand
1008	Büroschrank	Elegant	8	5	10

- Klicken Sie das Register **ERSTELLEN** an. Klicken Sie in der Gruppe **Abfragen** die Schaltfläche **Abfrage-Assistent** an.

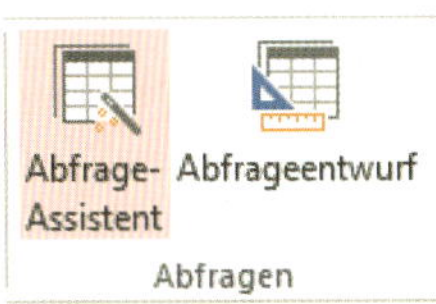

- Wählen Sie im nächsten Fenster den **Abfrage-Assistent zur Duplikatsuche**. Bestimmen Sie danach, dass die Suche in der Tabelle *Lager* durchgeführt werden soll.
- Wählen Sie die Datenfelder aus, in denen nach Duplikaten gesucht werden soll.

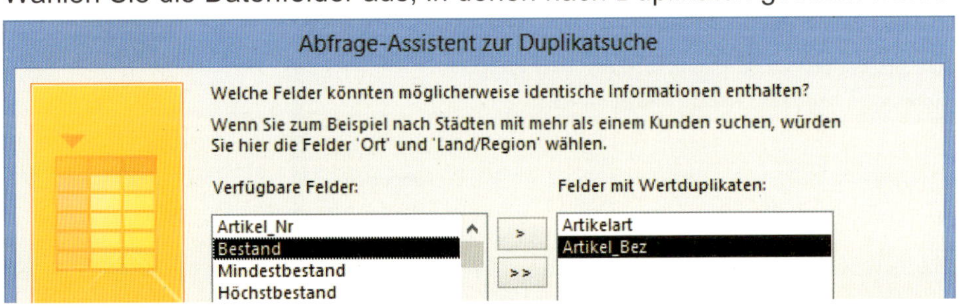

- Bestimmen Sie im nächsten Fenster, dass weitere Datenfelder angezeigt werden.
- Geben Sie danach der Abfrage den folgenden Namen. Bestimmen Sie, dass das Ergebnis angezeigt wird.

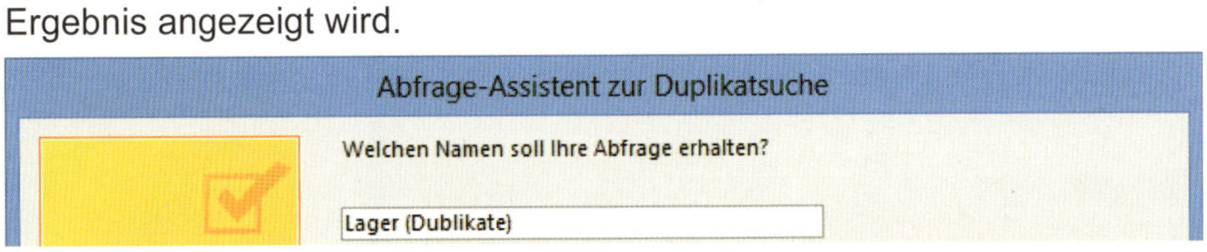

- Als Ergebnis wird angegeben, dass der Büroschrank *Elegant* zweimal im Datenbestand vorhanden ist. Daraus sind entsprechende Konsequenzen zu ziehen.

Lager

Artikelart	Artikel_Bez	Artikel_Nr	Bestand	Mindestbestand	Höchstbestand
Büroschrank	Elegant	1003	12	5	10
Büroschrank	Elegant	1008	8	5	10

- Löschen Sie den Datensatz *1008* wieder.

12.16 Berechnungen mithilfe des Ausdrucks-Generators

Der **Ausdrucks-Generator** bietet die Möglichkeit, Berechnungen ohne große Eingaben auszuführen. Da er gewöhnungsbedürftig ist, sollte man die Funktionsweise ausprobieren und dann entscheiden, ob man ihn für Berechnungen benutzen möchte. Die Berechnung der vorherigen Seite wird nun noch einmal mit dem Ausdrucksgenerator durchgeführt.

Bearbeitungsschritte:

- Erstellen Sie eine neue Abfrage. Stellen Sie den Cursor in ein neues Feld.

Feld:	Artikelart	Artikel_Bez	Bestand	Einkaufspreis	
Tabelle:	Lager	Lager	Lager	Lager	
Sortierung:					
Anzeigen:	☑	☑	☑	☑	☐
Kriterium:					
oder:					

- Klicken Sie im Register **ABFRAGETOOLS/ENTWURF** in der Gruppe **Abfrage-setup** die Schaltfläche **Generator** an.

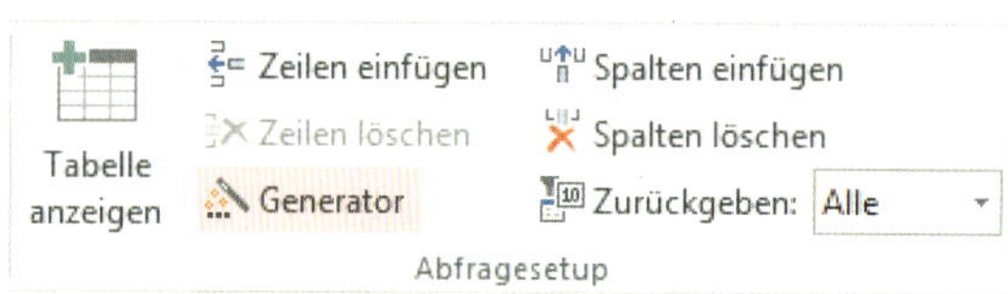

- Im Ausdrucks-Generator geben Sie den Namen des Feldes mit Doppelpunkt und Gleichheitszeichen ein.

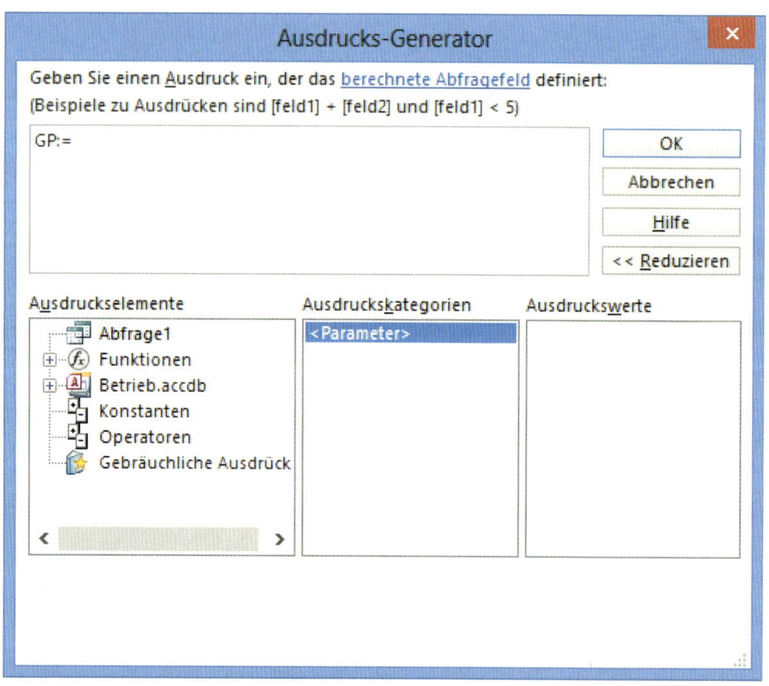

- Wählen Sie dann jeweils durch Doppelklick die Bereiche **Betrieb.accdb**, **Tabellen** und **Lager** aus und markieren Sie das Datenfeld *Bestand*. Führen Sie einen Doppelklick auf die Bezeichnung *Bestand* aus.

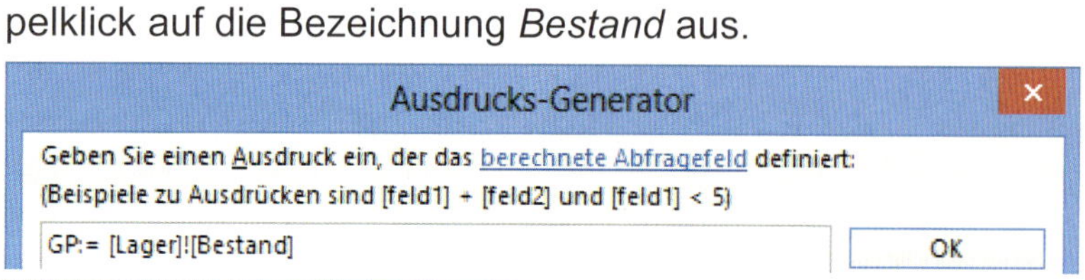

Bearbeitungsschritte (Fortsetzung):

- Anschließend klicken Sie die Schaltfläche **Multiplikation** im Bereich **Operatoren** an oder geben Sie das Multiplikationszeichen * über die Tastatur ein.

- Wählen Sie dann jeweils durch Doppelklick die Bereiche **Betrieb.accdb**, **Tabellen** und **Lager** aus und markieren Sie das Datenfeld *Einkaufspreis*. Führen Sie einen Doppelklick auf die Bezeichnung *Einkaufspreis* aus.

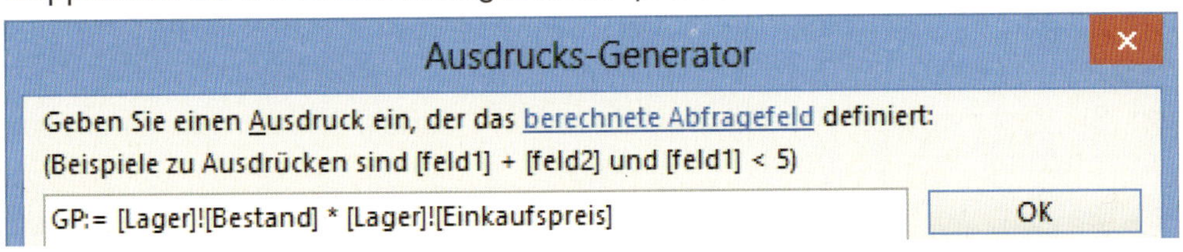

- In der Entwurfsansicht wird die Berechnung nach Anklicken der Schaltfläche **OK** angezeigt. Das Gleichheitszeichen ist übrigens verschwunden. Es muss jedoch unbedingt wie beschrieben benutzt werden.

Feld:	Bestand	Einkaufspreis	GP:=[Lager]![Bestand]*[Lager]![Einkaufspreis]
Tabelle:	Lager	Lager	
Sortierung:			
Anzeigen:	☑	☑	☐
Kriterium:			
oder:			

- Das Ergebnis sollte formatiert werden und sieht dann folgendermaßen aus:

Gesamteinkaufspreis

Artikelart	Artikel_Bez	Bestand	Einkaufspreis	Gesamteinkaufspreis
Schreibtisch	Gabriele	5	800,00 €	4.000,00 €
Schreibtisch	Modern	10	456,00 €	4.560,00 €

- Wenn Sie den Ausdrucks-Generator in einer Aktualisierungsabfrage benutzen möchten, müssen Sie die Berechnung stets mit einem Gleichheitszeichen beginnen.
- Wollen Sie für Berechnungen **Funktionen** benutzen, stellt Ihnen das Programm vorgegebene Funktionen zur Verfügung.

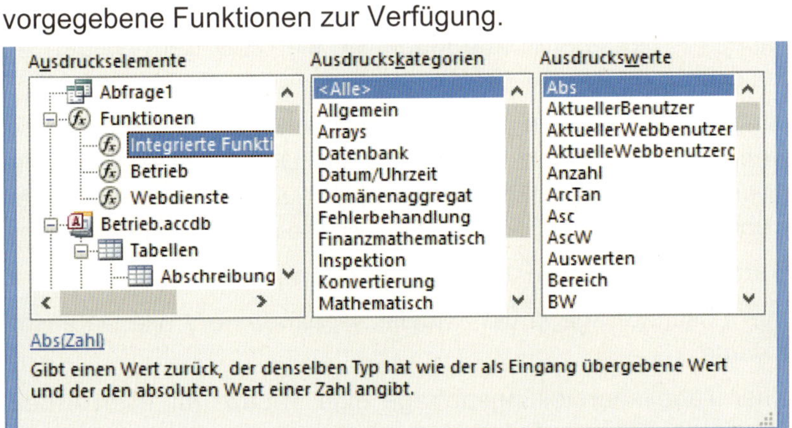

Übungen:

1. Die Daten der Arbeitnehmerinnen und Arbeitnehmer des Unternehmens *Arbeitsvermittlung GmbH* in Dortmund sollen durch Abfragen nach verschiedenen Kriterien ausgewertet werden. Speichern Sie die einzelnen Abfragen unter einem aussagekräftigen Namen.

   a) Laden Sie die Datenbank *Arbeitsvermittlung*.

   b) Geben Sie alle Arbeitnehmerinnen und Arbeitnehmer aus, die in Dortmund wohnen.

   c) Geben Sie alle Beschäftigten aus, die nicht in Dortmund wohnen.

   d) Erstellen Sie eine Parameterabfrage, die es Ihnen ermöglicht, über die Eingabe eines Ortes festzustellen, wer in dem entsprechenden Ort wohnt.

   e) Geben Sie alle Arbeitnehmerinnen und Arbeitnehmer aus, die nicht in Dortmund wohnen und sortieren Sie die Datensätze nach dem Ort aufsteigend.

   f) Stellen Sie fest, welche Arbeitnehmerinnen und Arbeitnehmer aus einem Ort kommen, der mit dem Buchstaben D anfängt.

   g) Stellen Sie fest, welche Beschäftigten aus einem Ort kommen, dessen Postleitzahl mit der Zahl 44 beginnt. Benutzen Sie dazu die *Und-Bedingung*.

   h) Stellen Sie fest, welche Beschäftigten aus einem Ort kommen, dessen Postleitzahl mit der Zahl 44 beginnt. Benutzen Sie dazu die *Zwischen-Bedingung*.

   i) Geben Sie alle Arbeitnehmerinnen und Arbeitnehmer aus, die in den Jahren 1977 und 1978 geboren sind.

   j) Geben Sie alle Arbeitnehmerinnen und Arbeitnehmer aus, die in den Jahren 1977 und 1978 geboren sind und in Dortmund wohnen.

   k) Geben Sie alle Arbeitnehmerinnen und Arbeitnehmer aus, die in den Jahren 1977 und 1978 geboren sind und in Duisburg, Dormagen oder Dorsten wohnen. Realisieren Sie diese Abfrage unter Nutzung der *Oder-Bedingung*.

   l) Geben Sie alle Arbeitnehmerinnen und Arbeitnehmer aus, die in den Jahren 1977 und 1978 geboren sind und in Duisburg, Dormagen oder Dorsten wohnen. Realisieren Sie diese Abfrage unter Nutzung der *In-Bedingung*.

   m) Geben Sie alle Arbeitnehmerinnen und Arbeitnehmer aus, die am 01.01.1996 das 18. Lebensjahr noch nicht vollendet haben.

   n) Geben Sie alle Arbeitnehmerinnen und Arbeitnehmer aus, die am 01.01.1996 das 18. Lebensjahr noch nicht vollendet haben und im Jahre 1996 18 Jahre alt werden.

   o) Geben Sie in einer Kreuztabelle alle Arbeitnehmerinnen und Arbeitnehmer mit Geburtsdatum aus, die in Dortmund wohnen.

   p) Kopieren Sie die Tabelle *Arbeitnehmer* und fügen Sie sie unter dem Namen *Arbeitnehmer1* nochmals ein.

   q) Erstellen Sie eine Tabelle *Arbeitnehmer2* mit der gleichen Datenstruktur wie bei der Tabelle *Arbeitnehmer1*. Geben Sie Datensätze ein. Davon sollte ein Datensatz mit einem Datensatz in der Tabelle *Arbeitnehmer1* übereinstimmen. Fügen Sie die Datensätze über eine Anfügeabfrage in die Tabelle *Arbeitnehmer1* ein.

   r) Suchen Sie in der Tabelle *Arbeitnehmer1* nach Duplikaten.

   s) Löschen Sie mit einer Löschabfrage in der Tabelle *Arbeitnehmer1* alle Datensätze mit dem Ort *Dortmund*.

   t) Erstellen Sie mit einer Tabellenerstellungsabfrage eine Tabelle mit allen Arbeitnehmerinnen und Arbeitnehmern aus Duisburg.

Zusammenfassende Übungen:

1. Aufgabe

Die Daten Ihres Unternehmens werden zurzeit auf Karteikarten geführt. Es hat sich herausgestellt, dass das Anlegen von Karteikarten, um die geschäftlichen Aktivitäten zu erledigen, nicht mehr zeitgemäß und vernünftig ist.

Nachfolgend werden die ersten beiden Karteikarten abgebildet:

Datenblatt 1:

Artikelbezeichnung: *Marena*		
Artikelart: *Teppichboden*	**Artikelnummer:** *10017*	
Bestand: *237,40 m^2*	**Mindestbestand:** *200,00 m^2*	**Höchstbestand:** *400,00 m^2*
Einkaufspreis (pro m^2): *33,24 €*	**Verkaufspreis (pro m^2):** *64,16 €*	
Kunde: *Farben Müller KG*	**Name2:** *Teppichmarkt*	
Kunden_Nr: *17802*	**Anschrift:** *Naumannstr. 12, 10234 Berlin*	

Datenblatt 2:

Artikelbezeichnung: *Modena*		
Artikelart: *Parkett*	**Artikelnummer:** *10112*	
Bestand: *654,44 m^2*	**Mindestbestand:** *240,00 m^2*	**Höchstbestand:** *800,00 m^2*
Einkaufspreis (pro m^2): *54,17 €*	**Verkaufspreis (pro m^2):** *67,65 €*	
Kunde: *Teppich Klar GmbH*	**Name2:** *Farbenhaus*	
Kunden_Nr: *17856*	**Anschrift:** *Bamberger Str. 38, 10331 Berlin*	

1. Richten Sie eine Datenbank unter dem Namen *Malerfachbetrieb* ein.
2. Erstellen Sie aus den Angaben der Karteikarten normalisierte Tabellen. Normalisieren Sie den Datenbestand (*1. und 2. Normalform*).
3. Zwischen den Tabellen soll eine m:n-Beziehung aufgebaut werden. Notwendige Primärschlüssel sind zu setzen und Beziehungen einzurichten.
4. Führen Sie die folgenden Abfragen durch:
   a) Geben Sie alle Artikel mit einem Verkaufspreis von unter *50,00 €* aus.
   b) Geben Sie die Kunden der Artikel aus.
   c) Erstellen Sie eine Abfrage, die alle Artikel mit einem Mindestbestand von unter *50* und über *230* ausgibt.
   d) Erstellen Sie eine Parameterabfrage, die es erlaubt, nach einer Artikelart zu fragen.
   e) Stellen Sie durch eine Abfrage fest, ob Bestände größer sind als die vorgesehenen Höchstbestände.
   f) Richten Sie ein neues Datenfeld Meldebestand ein. Der Meldebestand soll *20 %* höher als der Mindestbestand sein. Berechnen Sie den Meldebestand durch eine Abfrage.
   g) Ermitteln Sie die Differenz zwischen dem Verkaufs- und dem Einkaufspreis.
   h) Geben Sie alle Verkaufspreise aus, die zwischen *40,00 €* und *80,00 €* liegen und deren Einkaufspreis unter *30,00 €* liegt.
   i) Geben Sie alle Postleitzahlen mit einer Postleitzahl, die mit 444 beginnt, aus.
   j) Geben Sie alle Kunden aus, die mit dem Buchstaben B beginnen und die aus einem Ort stammen, dessen Postleitzahl kleiner als *30000* ist.

Zusammenfassende Übungen:

2. Aufgabe
Die Daten eines Autors sollen nach verschiedenen Kriterien ausgewertet werden. In den einzelnen Tabellen sollen noch keine Daten eingegeben werden, Abfragen sollen jedoch schon zukünftige Auswertungen erlauben.

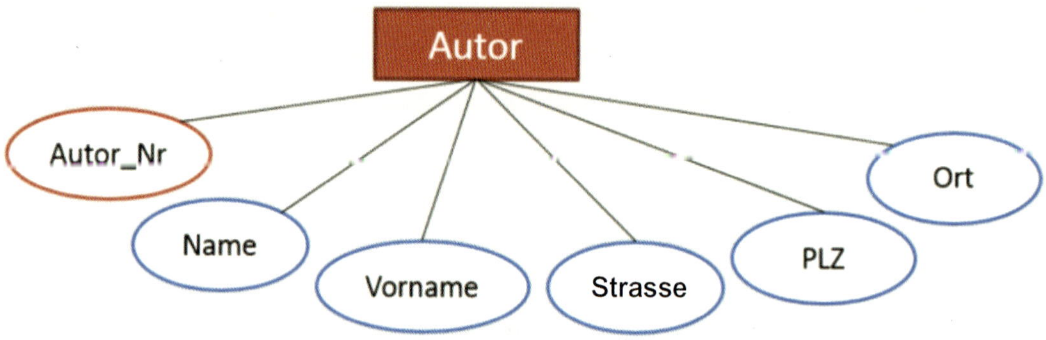

1. Erstellen Sie eine Datenbank mit dem Namen *Buch*.
2. Erstellen Sie eine Tabelle mit dem Namen *Autor*. Entnehmen Sie die Datenfeldbezeichnungen aus der vorherigen Darstellung. Wählen Sie die Datenfeldtypen nach den Erfordernissen aus.
3. Stellen Sie sicher, dass nur eine *Autor_Nr* zwischen 1000 und 2000 eingegeben werden kann.
4. Ändern Sie die Datenfeldbezeichnung *Name* in *Nachname*.
5. Fügen Sie ein Datenfeld *Bundesland* hinzu.
6. Werten Sie die Tabelle *Autor* durch Abfragen aus.
   a) Geben Sie alle Autoren aus, deren Nachname mit den Buchstaben *Ab* beginnt, der nächste Buchstabe egal ist und danach der Buchstabe *e* gegeben sein soll.
   b) Ermitteln Sie alle Autoren, die in einer Region wohnen, in der die Postleitzahl mit einer *4* oder *5* beginnt.
   c) Geben Sie alle Autoren aus, deren Nachname mit einem *D* beginnt und die in *Hannover*, *Hamburg* oder *Bremen* wohnen.
   d) Geben Sie alle Autoren aus den Bundesländern *Sachsen*, *Niedersachsen* und *Nordrhein-Westfalen* aus, die eine Autorennummer über *1600* haben.
7. Erstellen Sie eine weitere Tabelle mit dem Namen *Daten* mit den Datenfeldern *Autor_Nr*, *Honorar*, *Eintrittsdatum* und *Bereich*. Fügen Sie bei Bedarf weitere Datenfelder ein. Wählen Sie die Datenfeldtypen nach den Erfordernissen aus.
8. Werten Sie die Tabelle *Daten* durch Abfragen aus.
   a) Geben Sie alle Honorare über *15.000,00 €* aus.
   b) Ermitteln Sie alle Autoren, die mit ihrer Tätigkeit in den Jahren *2001* bis *2007* begonnen haben.
   c) Erhöhen Sie die Honorare aufgrund einer Vereinbarung um 7 %. Geben Sie das neue Honorar in einem neuen Datenfeld aus.
   d) Ermitteln Sie die Differenz zwischen dem neuen und dem alten Honorar.
   e) Geben Sie alle Autoren aus, die *Sachbücher* schreiben.
   f) Geben Sie alle Autoren aus, die vor dem *1. März 2013* in den Verlag eingetreten sind und die *EDV-Bücher* schreiben.
   g) Ermitteln Sie die Differenz zwischen dem *Eintrittsdatum* und dem *31.12.2013*.

Zusammenfassende Übungen:

3. Aufgabe

Die Daten Ihrer Buchhandlung werden zurzeit auf Karteikarten geführt. Es hat sich herausgestellt, dass das Anlegen von Karteikarten, um die geschäftlichen Aktivitäten zu erledigen, nicht mehr zeitgemäß und vernünftig ist.

Nachfolgend werden die ersten beiden Karteikarten abgebildet:

Datenblatt 1:

Buchtitel: *Access 2010*	**Buch-Nummer:** *98767*	**Autor:** *Hermann Müller*
Artikelart: *Sachbuch*	**ISBN-Nummer:** *3-376-98767-8*	
Bestand: *54*	**Mindestbestand:** *12*	**Höchstbestand:** *100*
Einkaufspreis: *16,24 €*	**Verkaufspreis:** *24,90 €*	
Verlag_Nr : *87*	**Name1:** *Kiepenwitsch*	**Name2:** *Fachbuchverlag*
Auslieferungsbereich: *Hannover*	**Verlagsanschrift:** *Schillerstr. 16, 10345 Berlin*	
Kunde_Name1: *Handrup*	**Kunden_Name2:** *Elisabeth*	
Kunden_Nr: *17802*	**Anschrift:** *Völgerstr. 15, 30519 Hannover*	

Datenblatt 2:

Buchtitel: *Endlose Zeit*	**Buch-Nummer:** *91235*	**Autor:** *Gisela Hermes*
Artikelart: *Roman*	**ISBN-Nummer:** *3-366-91235-6*	
Bestand: *10*	**Mindestbestand:** *18*	**Höchstbestand:** *34*
Einkaufspreis: : *18,64 €*	**Verkaufspreis:** *34,50 €*	
Verlag_Nr : : *237*	**Name1:** *Löwike*	**Name2:** *Literaturverlag*
Auslieferungsbereich: *Hannover*	**Verlagsanschrift:** *Schillerstr. 16, 10345 Berlin*	
Kunde_Name1: *Hake*	**Kunden_Name2:** *Ernst*	
Kunden_Nr: *17856*	**Anschrift:** *Walderseestr. 33, 30177 Hannover*	

1. Stellen Sie den Sachverhalt in einem Entität-Relationship-Modell dar.
2. Erklären Sie die folgenden Begriffe:
   a) Entität,
   b) Entitätstyp,
   c) Attribut,
   d) Primärschlüssel,
   e) Fremdschlüssel.
3. Erstellen Sie aus den Angaben der Karteikarten normalisierte Tabellen. Normalisieren Sie den Datenbestand (*1. und 2. Normalform*).
4. Werten Sie Daten durch Abfragen aus.
   a) Berechnen Sie die Differenz zwischen dem Einkaufs- und dem Verkaufspreis.
   b) Ermitteln Sie alle Kunden, die Bücher mit einem Verkaufspreis zwischen *30,00 €* und *40,00 €* gekauft haben und aus einem Bereich kommen, wo die Postleitzahl mit der Zahl *3*, *5* oder *6* beginnt.
   c) Ermitteln Sie den gesamten Einkaufspreis für einen Artikel und den gesamten Einkauf der im Lager vorhandenen Bücher.

13 Funktionen

13.1 Arten von Funktionen

Wie bei einer Tabellenkalkulation lassen sich auch mit dem Datenbankprogramm **Access** Funktionen nutzen. Diese Funktionen können dann für Berechnungen, Text- und Datumsoperationen usw. eingesetzt werden.

Grundsätzlich lassen sich Funktionen mithilfe des Ausdrucks-Generators aufbauen. Die Formeln können jedoch auch vollständig eingegeben werden, sodass der Ausdrucks-Generator auch nur als Informationsquelle für die Darstellung des Aufbaus einer Funktion dienen kann. Die folgende Übersicht stellt wichtige Funktionstypen kurz dar:

<table>
<tr><td>Alle</td><td>Über die Schaltfläche Generator in der Gruppe Abfragesetup im Register ABFRAGETOOLS/ENTWURF werden Funktionen in Abfragen eingefügt.

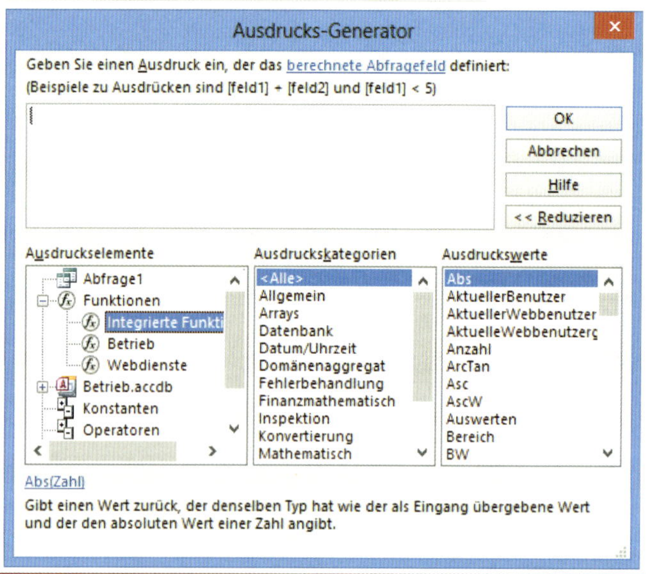
</td></tr>
<tr><td>Mathematisch</td><td>Komplizierte, aber auch relativ einfache mathematische Berechnungen wie Wurzelberechnungen oder das Runden von Zahlen werden mithilfe dieser Funktionen durchgeführt. Gerade durch diese Funktionen werden komplizierte Formeln überflüssig.</td></tr>
<tr><td>Finanz-mathematisch</td><td>Finanzwirtschaftliche Funktionen erlauben z. B. Zins-, Renten- und Abschreibungsberechnungen. Sie sind daher vor allem im kaufmännischen Bereich hervorragend einsetzbar.</td></tr>
<tr><td>Datum/Uhrzeit</td><td>Mithilfe dieser Funktionen kann der Zeitabstand zwischen verschiedenen Tagen, die Ermittlung des augenblicklichen Datums usw. vorgenommen werden. Die ermittelten Daten können dann z. B. für Zinsberechnungen weiterverwendet werden.</td></tr>
<tr><td>Logik</td><td>Logikfunktionen ermöglichen Alternativberechnungen, stellen fest, ob Sachverhalte richtig sind usw. Ohne diese Funktionen würde sich eine Datenbank nur für das reine Berechnen von Werten eignen. Logikfunktionen findet man im Bereich Alle.</td></tr>
<tr><td>Text</td><td>Textfunktionen ermöglichen unter anderem, die Länge eines Textes zu bestimmen. Texte aus verschiedenen Datenfeldern können auch zusammengeführt werden.</td></tr>
</table>

13.2 Aufbau einer mathematischen Funktion (Ausdrucks-Generator)

Die Arbeit mit Funktionen und dem Ausdrucks-Generator soll anhand der mathematischen Funktion *Fix*, mit deren Hilfe Nachkommastellen abgeschnitten werden, erklärt werden.

Bearbeitungsschritte:

- Erstellen Sie eine neue Abfrage in der Entwurfsansicht mithilfe der Tabelle *Lager*. Stellen Sie den Cursor in das nächste freie Feld. Bezeichnen Sie dieses Feld wie dargestellt (*Verkaufspreis_Fix*):

Feld:	Artikel_Nr	Artikel_Bez	Verkaufspreis	Verkaufspreis_Fix
Tabelle:				
Sortierung:				
Anzeigen:	☑	☑	☑	☑
Kriterium:				

- Klicken Sie im Register **ABFRAGETOOLS/ENTWURF** in der Gruppe **Abfrage-setup** die Schaltfläche **Generator** an.

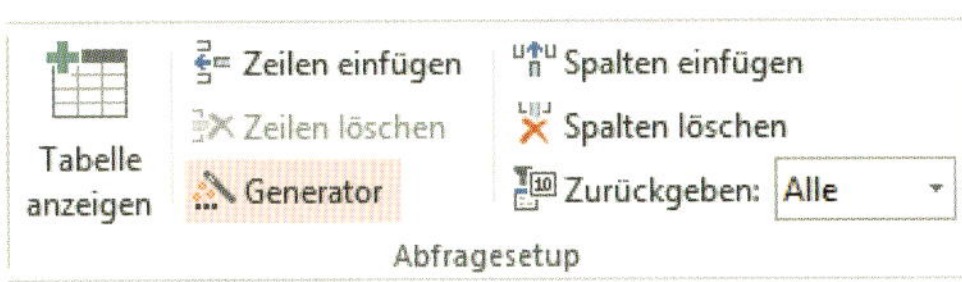

- Klicken Sie im Fenster **Ausdrucks-Generator** rechts neben den markierten Text *Verkaufspreis_Fix:*, damit der Text nicht bei der nächsten Operation überschrieben wird. Wählen Sie die Funktion *Fix* per Doppelklick aus. Unten im Fenster wird der Aufbau der Funktion beschrieben.

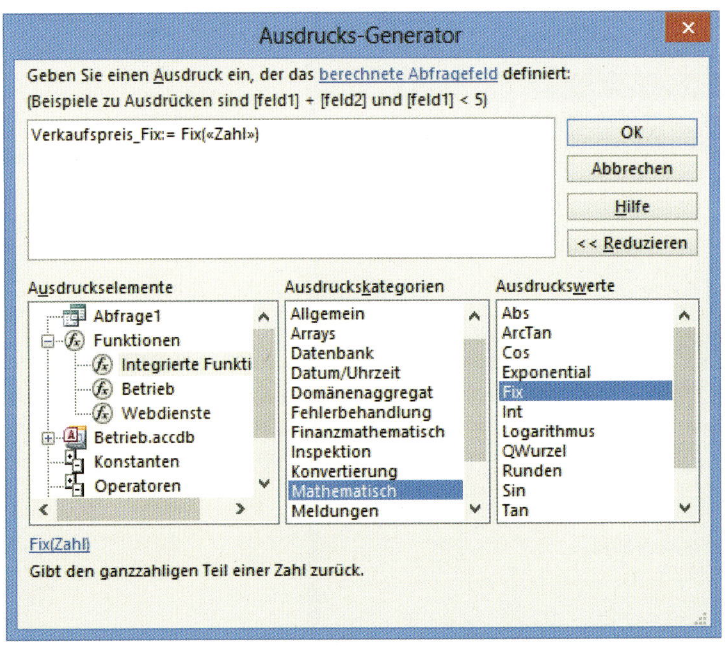

- Stellen Sie danach den Cursor in die Klammer, sodass das Wort <<*Zahl*>> markiert ist.

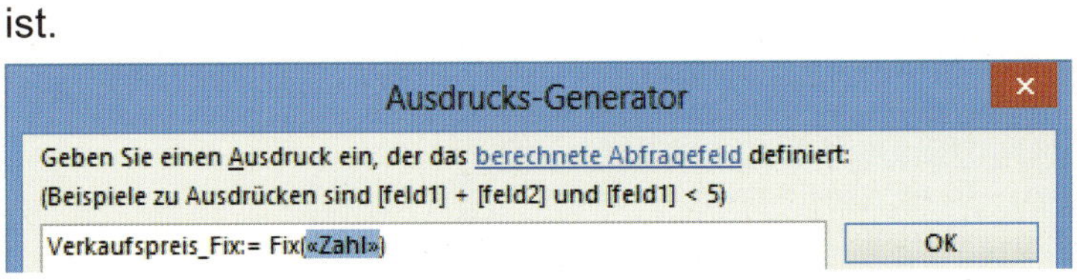

- Wählen Sie nun die einfache Variante und geben Sie das Wort *Verkaufspreis* für das entsprechende Datenfeld in die Funktion ein.

Bearbeitungsschritte (Fortsetzung):

- Die Formel sieht danach folgendermaßen aus:

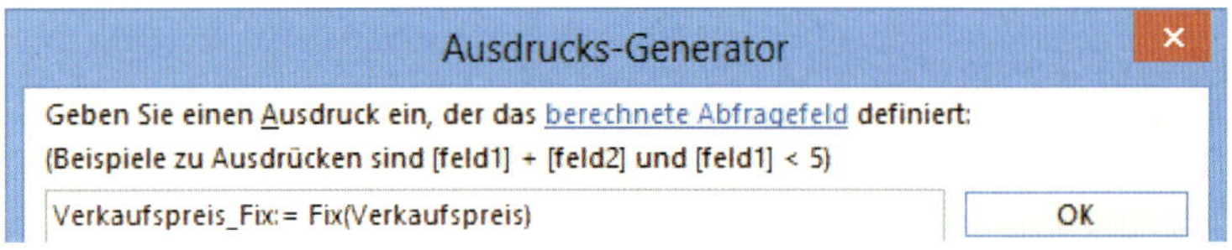

- Nach Anklicken der Schaltfläche **OK** sieht die Abfrage wie folgt aus:

Feld:	Artikel_Nr	Artikel_Bez	Verkaufspreis	Verkaufspreis_Fix: Fix([Verkaufspreis])
Tabelle:				
Sortierung:				
Anzeigen:	☑	☑	☑	☑
Kriterium:				

- Das erwartete Ergebnis (nach einer Formatierung) sieht so aus:

Verkaufspreis_Fix

Artikel_Nr	Artikel_Bez	Verkaufspreis	Verkaufspreis_Fix
1000	Gabriele	1.409,20 €	1.409,00 €
1001	Modern	764,40 €	764,00 €

- Bauen Sie anschließend eine identische Abfrage unter dem Namen *Verkaufspreis_Fix_2* auf. Geben Sie wiederum in ein leeres Datenfeld den Namen *Verkaufspreis_Fix:* ein und rufen Sie den Ausdrucks-Generator auf. Wählen Sie die Funktion **Fix** aus und markieren Sie das Wort <<*Zahl*>>. Klicken Sie danach im Bereich *Tabellen* die Tabelle *Lager* an und machen Sie einen Doppelklick auf das Datenfeld *Verkaufspreis*.

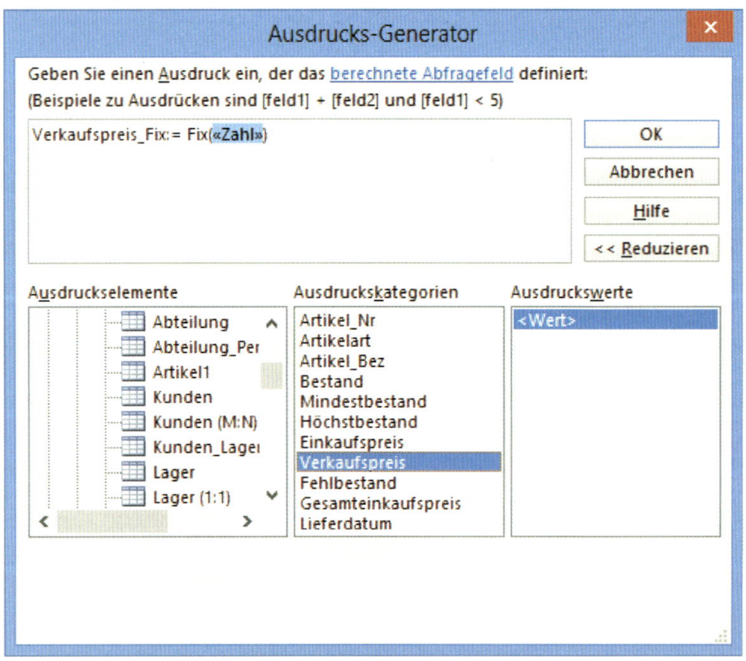

- Die Formel wird entsprechend verändert.

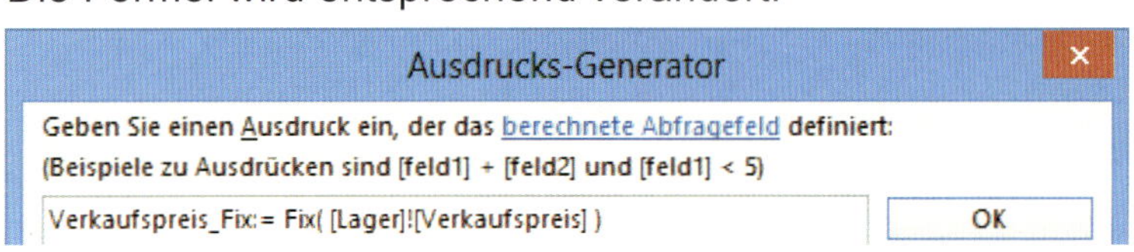

- Das Ergebnis ist mit dem vorherigen identisch.

13.3 Texte und Textfunktionen

Auswerten von Texten mit Textfunktionen

Texte können über Textfunktionen ausgewertet werden. Die folgenden Beispiele zeigen drei Möglichkeiten der Textbearbeitung und -auswertung.

Texte können unter anderem zusammengeführt werden, um so beispielsweise in einem Serienbrief besser genutzt werden zu können. Ebenfalls kann z. B. eine Kurzbezeichnung für einen Artikel generiert werden oder die Länge eines Textes bestimmt werden.

Die Inhalte verschiedener Datenfelder sollen zu einem Text zusammengeführt werden. Außerdem werden weitere Elemente in den Text eingefügt.

Bearbeitungsschritte:

- Erstellen Sie eine neue Abfrage mithilfe der Tabelle *Lager*. Fügen Sie die Datenfelder *Artikel_Nr*, *Artikelart*, *Artikel_Bez* und *Verkaufspreis* ein.
- Geben Sie im nächsten leeren Feld die folgenden Elemente ein. Der Aufbau wird anschließend erklärt.

Feld:	Artikel_Text: [Artikelart] & " " & [Artikel_Bez] & ", Artikel_Nr. " & [Artikel_Nr] & " , zum Preis von " & [Verkaufspreis] & " €"
Tabelle:	Lager
Sortierung:	
Anzeigen:	☑
Kriterium:	

- Die Bezeichnung des Felds erfolgt durch den Eintrag *Artikel_Text:*. Benutzte Datenfelder werden in eckige Klammern geschrieben. Die einzelnen Elemente werden durch das Zeichen & miteinander verbunden.
- Texte, die zwischen Datenfeldern eingefügt werden, werden in Anführungszeichen geschrieben. Ein Leerzeichen wird also z. B. durch zwei hochgestellte Anführungszeichen mit einem Leerzeichen in der Mitte in den Text eingefügt.
- Das Ergebnis sieht ausschnittsweise folgendermaßen aus:

Artikel_Text_1

Artikel_Nr	Artikel_Bez	Artikel_Text
1000	Gabriele	Schreibtisch Gabriele, Artikel_Nr. 1000 , zum Preis von 1365 €
1001	Modern	Schreibtisch Modern, Artikel_Nr. 1001 , zum Preis von 735 €
1002	Exklusiv	Schreibtisch Exklusiv, Artikel_Nr. 1002 , zum Preis von 1848 €
1003	Elegant	Büroschrank Elegant, Artikel_Nr. 1003 , zum Preis von 3190 €
1004	Aktuell	Büroschrank Aktuell, Artikel_Nr. 1004 , zum Preis von 1345 €
1005	Hanso	Drucker Hanso, Artikel_Nr. 1005 , zum Preis von 724 €
1006	Stil	Drucker Stil, Artikel_Nr. 1006 , zum Preis von 1972,74 €
1007	Klassic	Drucker Klassic, Artikel_Nr. 1007 , zum Preis von 4305 €
2000	Swift	Scanner Swift, Artikel_Nr. 2000 , zum Preis von 2198 €
2001	Akura	Scanner Akura, Artikel_Nr. 2001 , zum Preis von 3700 €
3000	AGIB HS	Computer AGIB HS, Artikel_Nr. 3000 , zum Preis von 3980 €
3001	Trup AK	Computer Trup AK, Artikel_Nr. 3001 , zum Preis von 4190 €
3002	Ambro Super	Computer Ambro Super, Artikel_Nr. 3002 , zum Preis von 4050 €

- Das Ergebnis lässt sich beispielsweise in Berichte, die später erklärt werden, einbauen. Außerdem kann der betriebliche Schriftverkehr durch das Ergebnis der Abfrage vereinfacht werden.

Auswerten von Texten mit weiteren Textfunktionen

Die Länge eines Textes oder beispielsweise die ersten Buchstaben eines Textes können ausgewertet und damit für die weitere Bearbeitung genutzt werden. Beispielsweise können Artikel aus Vereinfachungsgründen mit einer Kurzbezeichnung versehen werden. Diese Kurzbezeichnung wird in der internen Kommunikation im Betrieb benutzt.

Bearbeitungsschritte:

- Erstellen Sie die folgende Abfrage mit oder ohne Hilfe des Ausdrucks-Generators:

Feld:	A_L: Länge([Artikel_Bez])	A_K:Links([Artikel_Bez];3)	A_G:Großbst([Artikel_Bez])
Tabelle:			
Sortierung:			
Anzeigen:	☑	☑	☑
Kriterium:			

- Das Ergebnis gibt die Länge einer Artikelbezeichnung, die ersten drei Buchstaben einer Artikelbezeichnung und die Artikelbezeichnung in Großbuchstaben aus:

Artikel_Text_2

Artikel_Nr	Artikelart	Artikel_Bez	A_L	A_K	A_G
1000	Schreibtisch	Gabriele	8	Gab	GABRIELE
1001	Schreibtisch	Modern	6	Mod	MODERN
1002	Schreibtisch	Exklusiv	8	Exk	EXKLUSIV
1003	Büroschrank	Elegant	7	Ele	ELEGANT
1004	Büroschrank	Aktuell	7	Akt	AKTUELL
1005	Drucker	Hanso	5	Han	HANSO
1006	Drucker	Stil	4	Sti	STIL
1007	Drucker	Klassic	7	Kla	KLASSIC
2000	Scanner	Swift	5	Swi	SWIFT
2001	Scanner	Akura	5	Aku	AKURA
3000	Computer	AGIB HS	7	AGI	AGIB HS
3001	Computer	Trup AK	7	Tru	TRUP AK
3002	Computer	Ambro Super	11	Amb	AMBRO SUPER

- Durch eine entsprechende Veränderung der Abfrage *Lager_Text* könnte die Ausgabe der Artikelbezeichnung im Text auch in Großbuchstaben erfolgen.

Artikel_Text_3

Artikel_Nr	Artikel_Bez	Artikel_Text
1000	Gabriele	Schreibtisch GABRIELE, Artikel_Nr. 1000 , zum Preis von 1365 €
1001	Modern	Schreibtisch MODERN, Artikel_Nr. 1001 , zum Preis von 735 €
1002	Exklusiv	Schreibtisch EXKLUSIV, Artikel_Nr. 1002 , zum Preis von 1848 €
1003	Elegant	Büroschrank ELEGANT, Artikel_Nr. 1003 , zum Preis von 3190 €
1004	Aktuell	Büroschrank AKTUELL, Artikel_Nr. 1004 , zum Preis von 1345 €
1005	Hanso	Drucker HANSO, Artikel_Nr. 1005 , zum Preis von 724 €
1006	Stil	Drucker STIL, Artikel_Nr. 1006 , zum Preis von 1972,74 €
1007	Klassic	Drucker KLASSIC, Artikel_Nr. 1007 , zum Preis von 4305 €
2000	Swift	Scanner SWIFT, Artikel_Nr. 2000 , zum Preis von 2198 €
2001	Akura	Scanner AKURA, Artikel_Nr. 2001 , zum Preis von 3700 €
3000	AGIB HS	Computer AGIB HS, Artikel_Nr. 3000 , zum Preis von 3980 €
3001	Trup AK	Computer TRUP AK, Artikel_Nr. 3001 , zum Preis von 4190 €
3002	Ambro Super	Computer AMBRO SUPER, Artikel_Nr. 3002 , zum Preis von 4050 €

- Probieren Sie weitere Textfunktionen aus, um die Möglichkeiten der Textbearbeitung kennenzulernen.

13.4 Datumsfunktionen und Zeitberechnungen

Zur Überwachung von Terminen, zur Berechnung von Tagen usw. bietet es sich an, Datumsfunktionen einzusetzen. Die Bearbeitung dieser Aufgabe soll nicht in einer der bisherigen Tabellen erfolgen, obwohl dies sicherlich auch möglich wäre. Vielmehr soll eine kleine Tabelle erstellt werden, die dann auch für die Anwendung von finanzmathematischen Funktionen genutzt werden soll.

Bearbeitungsschritte:

- Erstellen Sie aus der Tabelle *Lager* die Tabelle *Lager_Datum* mit einem zusätzlichen Datenfeld. Legen Sie ein Eingabeformat fest. Experimentieren Sie dabei.

Lager_Datum

Feldname	Felddatentyp	Beschreibung
Lieferdatum	Datum/Uhrzeit	

Allgemein	Nachschlagen
Format	
Eingabeformat	00.00.0000;0;_

- Geben Sie die folgenden Lieferdaten in das Datenfeld *Lieferdatum* ein:

Lager_Datum

Artikel_Nr	Artikelart	Artikel_Bez	Verkaufspreis	Lieferdatum
1000	Schreibtisch	Gabriele	1.365,00 €	15.12.2009
1001	Schreibtisch	Modern	735,00 €	28.12.2009
1002	Schreibtisch	Exklusiv	1.848,00 €	16.01.2010
1003	Büroschrank	Elegant	3.190,00 €	28.01.2010
1004	Büroschrank	Aktuell	1.345,00 €	17.02.2010

- Angenommen, die Waren müssen 20 Tage nach dem Lieferungsdatum bezahlt werden, so kann dies über eine Abfrage berechnet werden. Außerdem kann über die Funktion *Datum()* das jeweils aktuelle Datum (Datum der Ausführung der Abfrage) ausgegeben werden. Damit ist es wiederum möglich, einen eventuellen Zahlungsverzug festzustellen und die Anzahl der Tage des Zahlungsverzugs auszugeben (FD = Fälligkeitsdatum, D = Datum, ZV = Zahlungsverzug).

Feld:	Lieferdatum	FD: [Lieferdatum] + 20	D: Datum()	ZV: [D] - [FD]
Tabelle:	Lager_Datum			
Sortierung:				
Anzeigen:	☑	☑	☑	☑
Kriterium:				

- Folgende Ergebnisse werden nach Änderung der Überschriften über die Eigenschaftsblätter bei einem aktuellen Datum *06.08.2013* ausgegeben:

Datum_und_Zeit

Lieferdatum	Fälligkeitsdatum	Datum	Zahlungverzug
15.12.2012	04.01.2013	13.03.2013	68
28.12.2012	17.01.2013	13.03.2013	55
16.01.2013	05.02.2013	13.03.2013	36
28.01.2013	17.02.2013	13.03.2013	24
17.02.2013	09.03.2013	13.03.2013	4

- Selbstverständlich sind diese Ergebnisse abhängig vom aktuellen Datum, sodass auf Ihrem Computer ein anderes Ergebnis ausgegeben wird.

13.5 Finanzmathematische Funktionen

Am Beispiel der linearen, also gleichmäßigen, Abschreibung von Produkten soll der Einsatz einer finanzmathematischen Funktion in der Datenbank **Access** demonstriert werden.

Bearbeitungsschritte:

- Erstellen Sie die Tabelle *Abschreibungen*:

Abschreibungen

Feldname	Felddatentyp	Beschreibung
Anschaffungswert	Währung	
Restwert	Währung	
Nutzungsdauer	Zahl	

- Geben Sie die nachfolgenden Werte ein:

Abschreibungen

Anschaffungswert	Restwert	Nutzungsdauer
30.000,00 €	0,00 €	5
2.390.000,00 €	19.000,00 €	10
67.000,00 €	13.000,00 €	5

- Erstellen Sie mit oder ohne Hilfe des Ausdrucks-Generators eine Abfrage mit den Tabellenfeldern und dem Feld *Abschreibungsbetrag*:

Feld:	Abschreibungsbetrag: LIA([Anschaffungswert];[Restwert];[Nutzungsdauer])
Tabelle:	

- Als Ergebnis werden die jeweiligen Abschreibungsbeträge ausgegeben:

Abschreibungen_Abschreibungsbetrag

Anschaffungswert	Restwert	Nutzungsdauer	Abschreibungsbetrag
30.000,00 €	0,00 €	5	6000
2.390.000,00 €	19.000,00 €	10	237100
67.000,00 €	13.000,00 €	5	10800

- Wahrscheinlich ist der Abschreibungsbetrag nicht richtig formatiert. Klicken Sie daher im Register **ABFRAGETOOLS/ENTWURF** in der Gruppe **Einblenden/Ausblenden** die Schaltfläche **Eigenschaftenblatt** an.

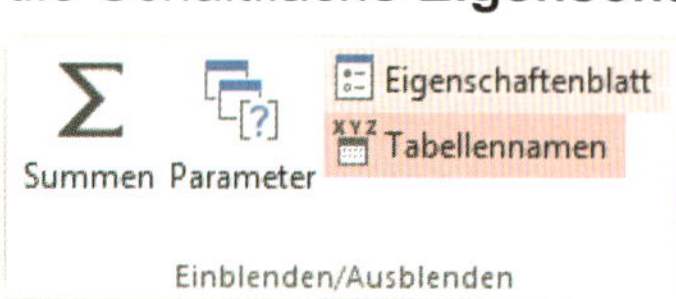

- Formatieren Sie die Zelle folgendermaßen:

Eigenschaftenblatt

Auswahltyp: Feldeigenschaften

Allgemein	Nachschlagen
Beschreibung	
Format	Währung

- Das Ergebnis wird korrekt formatiert dargestellt:

Abschreibungen

Anschaffungswert	Restwert	Nutzungsdauer	Abschreibungsbetrag
30.000,00 €	0,00 €	5	6.000,00 €
2.390.000,00 €	19.000,00 €	10	237.100,00 €
67.000,00 €	13.000,00 €	5	10.800,00 €

13.6 Logik-Funktionen am Beispiel der WENN-Funktion

Aus der Tabellenkalkulation **Excel** sind u. U. die Logikfunktionen bekannt. Sie können auch in der Datenbank **Access** genutzt werden. So kann durch die *WENN-Funktion* eine Preiserhöhung in Abhängigkeit vom bisherigen Verkaufspreis vorgenommen werden. Im gezeigten Beispiel wird diese Preiserhöhung nicht im Datenfeld *Verkaufspreis* berechnet, sondern lediglich als Ergebnis einer Abfrage angezeigt.

Bearbeitungsschritte:

- Erstellen Sie eine neue Abfrage. Schauen Sie sich zur Information in einem Datenfeld mithilfe des Ausdrucks-Generators den Aufbau der Funktion an:

  Wenn(Ausdruck; True-Teil; False-Teil)

- Die Berechnung des neuen Verkaufspreises erfolgt nicht in einem Datenfeld der Tabelle. Auch wird der ursprüngliche Verkaufspreis nicht geändert.

Feld:	Neuer VP: Wenn ([Verkaufspreis] < 1000;[Verkaufspreis]*1,2;[Verkaufspreis]*1,1)
Tabelle:	
Sortierung:	
Anzeigen:	☑
Kriterium:	

- Das Ergebnis sieht folgendermaßen aus:

Verkaufspreis (Wenn-Bedingung)

Artikel_Nr	Artikelart	Artikel_Bez	Verkaufspreis	Neuer VP
1000	Schreibtisch	Gabriele	1.365,00 €	1.501,50 €
1001	Schreibtisch	Modern	735,00 €	882,00 €
1002	Schreibtisch	Exklusiv	1.848,00 €	2.032,80 €
1003	Büroschrank	Elegant	3.190,00 €	3,509,00 €
1004	Büroschrank	Aktuell	1.345,00 €	1.479,50 €
1005	Drucker	Hanso	724,00 €	868,80 €
1006	Drucker	Stil	1.972,75 €	2.170,03 €
1007	Drucker	Klassic	4.305,00 €	4.735,50 €
2000	Scanner	Swift	2.198,00 €	2.417,80 €
2001	Scanner	Akura	3.700,00 €	4.070,00 €
3000	Computer	AGIB HS	3.980,00 €	4.378,00 €
3001	Computer	Trup AK	4.190,00 €	4.609,00 €
3002	Computer	Ambro Super	4.050,00 €	4.455,00 €

- Wahrscheinlich ist der neue Verkaufspreis nicht richtig formatiert. Markieren Sie daher in der Entwurfsansicht das Feld *Neuer Verkaufspreis*. Klicken Sie danach im Register **ABFRAGETOOLS/ENTWURF** in der Gruppe **Einblenden/Ausblenden** die Schaltfläche **Eigenschaftenblatt** an.

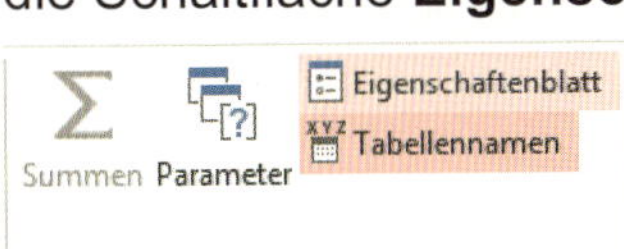

- Formatieren Sie die Zelle folgendermaßen:

Eigenschaftenblatt

Auswahltyp: Feldeigenschaften

Allgemein	Nachschlagen
Beschreibung	
Format	Währung

14 Beziehungen zwischen Tabellen

14.1 Grundsätzliche Erklärungen

Daten werden, wie bereits beschrieben, in einer Datenbank sinnvoller- und notwendigerweise in verschiedene Tabellen gespeichert. In der Datenbank müssen zur Auswertung der Daten Beziehungen (Verknüpfungen) zwischen den Inhalten der einzelnen Tabellen hergestellt werden. Die Beziehungen werden über Schlüsselfelder (Primärschlüssel und Fremdschlüssel) realisiert.

In der folgenden Übersicht werden die wichtigsten Begriffe im Zusammenhang mit den nachfolgenden Übungen erklärt. Die einzelnen Beziehungen werden in der Datenbank *Lager* aufgebaut.

<table>
<tr><th>Begriff</th><th>Erklärungen und Bildschirmdarstellungen (Access)</th></tr>
<tr><td>Relationen</td><td>Die Verknüpfung zwischen Tabellen über gemeinsame Datenfelder (Primär- und Fremdschlüssel) ist eine Relation. Die Schlüssel werden in dieser Tabelle später erklärt.</td></tr>
<tr><td>1:1-Beziehung</td><td>Bei einer 1:1-Beziehung könnten die Daten auch in einer einzigen Tabelle gespeichert werden. Die Daten werden z. B. geteilt, damit gewisse Informationen nicht allgemein bekannt werden. Ein Mitarbeiter in der Lagerabteilung muss nicht darüber informiert sein, welche Ein- und Verkaufspreise für bestimmte Artikel gelten. Über eine Abfrage können die Daten jederzeit wieder zusammengeführt werden.
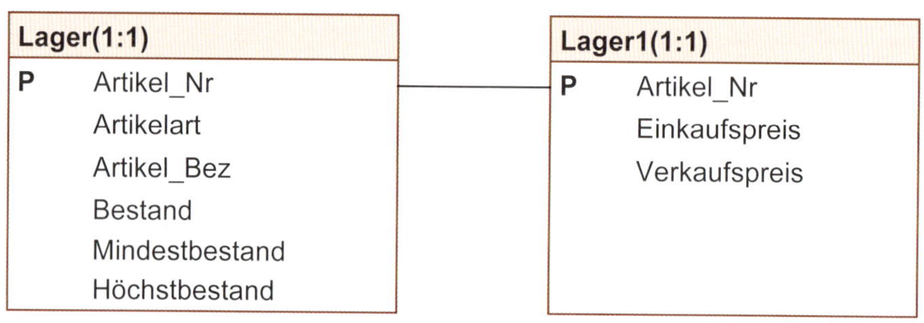
</td></tr>
<tr><td>1:n-Beziehung</td><td>Diese Beziehung kommt in der Praxis häufig vor. Ein Lieferant kann z. B. mehrere Produkte anbieten. Daher werden in einer Tabelle alle Artikeldaten und die Lieferantennummer des Anbieters des Artikels erfasst. In einer weiteren Tabelle werden alle Daten des Lieferanten gespeichert. Über eine Abfrage kann man danach feststellen, welche Artikel der Lieferant anbietet. Wird ein Artikel allerdings von mehreren Lieferanten angeboten, führt diese Beziehung nicht mehr zum Ergebnis.
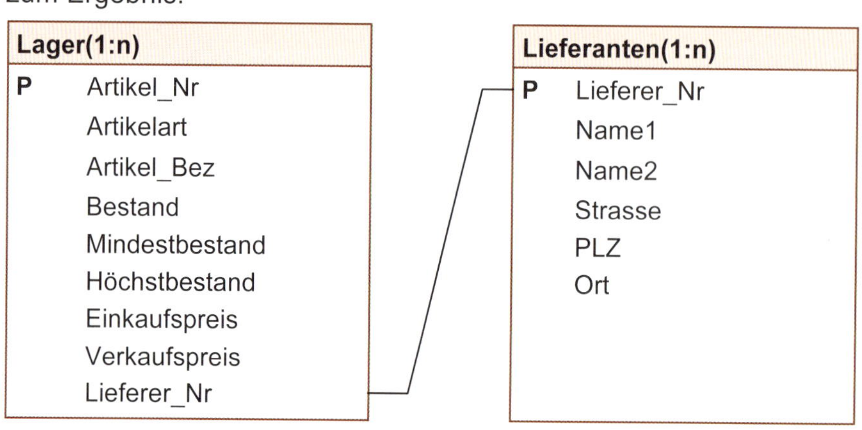
</td></tr>
</table>

m:n-Beziehung

Will man z. B. nicht nur feststellen, welcher Artikel von welchen Lieferanten geliefert wird, sondern außerdem noch wissen, welche Artikel ein Lieferant insgesamt liefern kann, so kann dies nur durch eine m:n-Beziehung realisiert werden. Eine solche Beziehung kann mit dem Programm **Access** nur durch den Aufbau einer dritten Tabelle aufgebaut werden. Sie besteht aus zwei 1:n-Beziehungen.

	Lager(m:n)
P	Artikel_Nr
	Artikelart
	Artikel_Bez
	Bestand
	Mindestbestand
	Höchstbestand

Lieferanten_Lager(m:n)
Lieferer_Nr
Artikel_Nr
Einkaufspreis

	Lieferanten(m:n)
P	Lieferer_Nr
	Name1
	Name2
	Strasse
	PLZ
	Ort

Primärschlüssel (Begriff)

Die eindeutige Identifizierung eines Datensatzes wird durch einen Primärschlüssel gewährleistet. Der Primärschlüssel hat in jedem Datensatz einen anderen Eintrag. Anhand des Primärschlüssels kann daher jeder Datensatz in einer Tabelle von einem anderen Datensatz unterschieden werden. Aufgrund dieser Tatsache eignet sich ein Datenfeld mit einem Primärschlüssel ausgezeichnet zur Herstellung von Beziehungen (Verknüpfungen) mit einem Datenfeld einer anderen Tabelle.

Access kennt zwei grundsätzliche Möglichkeiten, einen Primärschlüssel zu vergeben. Im Regelfall wird man den Primärschlüssel selbst bestimmen. Wie später gezeigt wird, ist es vernünftig, beispielsweise Datenfelder wie *Artikel_Nr* und *Lieferer_Nr* mit einem Primärschlüssel zu versehen.

Primärschlüssel (Datenfeld)

Der Primärschlüssel wird in einem selbst definierten Datenfeld gesetzt. Dieses Datenfeld kann wegen der eindeutigen Unterscheidung des Inhalts besonders gut für Beziehungen zwischen Tabellen genutzt werden.

Lager

	Feldname	**Felddatentyp**	**Beschreibung**
P	Artikel_Nr	Zahl	
	Artikelart	Kurzer Text	
	Artikel_Bez	Kurzer Text	

In dem Datenfeld mit dem Primärschlüssel können Daten eingegeben werden. Wird jedoch ein Wert (z. B. die Artikelnummer 1001) nochmals eingegeben, führt dies zu einer Fehlermeldung. Die Eindeutigkeit des Inhalts des Datenfelds wird verletzt.

	Artikel_Nr	**Artikelart**	**Artikel_Bez**
	1000	Schreibtisch	Gabriele
	1001	Schreibtisch	Modern
	1002	Schreibtisch	Elegant
	1003	Büroschrank	Aktuell

In der Praxis wird man in der Regel mit einem Primärschlüssel in einem selbst definierten Datenfeld arbeiten.

Primärschlüssel (AutoWert)

Der Primärschlüssel wird in einem selbst definierten Datenfeld gesetzt. Dieses Datenfeld kann wegen der eindeutigen Unterscheidung des Inhalts besonders gut für Beziehungen zwischen Tabellen genutzt werden.

	Lager_Lieferanten_Auftrag		
	Feldname	**Felddatentyp**	**Beschreibung**
P	Auftrag_Nr	AutoWert	
	Artikel_Nr	Zahl	
	Lieferer_Nr	Zahl	

Im Datenfeld **Auftrag_Nr** können keine Werte eingegeben werden. Das Programm vergibt automatisch fortlaufende Nummern, die nicht geändert werden können.

	Auftrag_Nr	Artikel_Nr	Lieferer_Nr	Menge	Preis
	1	1000	102	5	800,00 €
	2	1001	101	7	456,00 €
	3	1002	102	23	1.250,00 €

Primärschlüssel (zusammengesetzter)

Ein zusammengesetzter Primärschlüssel wird für den Aufbau einer m:n-Beziehung benötigt. Zwei Datenfelder in einer Tabelle werden mit einem Primärschlüssel ausgestattet. Danach kann eine bestimmte Lieferanten_Nr/Artikel_Nr-Kombination nur einmal eingegeben werden. Logischer ist da schon, dass ein Mitarbeiter nur einmal als Mitarbeiter in einer Abteilung geführt wird, er jedoch durchaus in mehreren Abteilungen arbeiten kann.

	Abteilung_Personal		
	Feldname	**Felddatentyp**	**Beschreibung**
P	Abteilung_Nr	Zahl	
P	Mitarbeiter_Nr	Zahl	

Aufgrund der Eingaben kann dann auf Lieferanten- und Artikeldaten zugegriffen werden.

	Abteilung_Nr	Mitarbeiter_Nr
	1	1000
	2	1002
	3	1000

Fremdschlüssel

Ein Datenfeld in einer Tabelle ist ein Fremdschlüssel, wenn es mit dem Primärschlüssel in einer anderen Tabelle verbunden ist. Im Beispiel ist das Datenfeld *Lieferer_Nr* in der Tabelle *Lager (1:n)* ein Fremdschlüssel. Über diesen Fremdschlüssel lassen sich genauere Informationen über den Lieferanten aus der Tabelle *Lieferanten (1:n)* aufrufen.

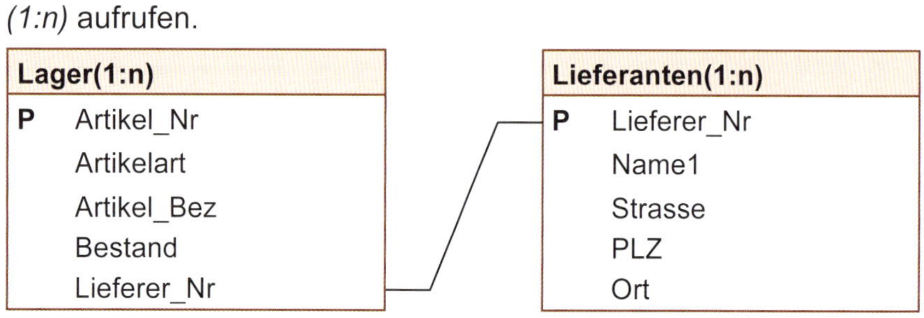

14.2 1:1-Beziehung zwischen zwei Tabellen

14.2.1 Erstellen einer Beziehung zwischen den Tabellen

Die einfachste Form einer Beziehung wird an einem kleinen Beispiel verdeutlicht. Die Daten könnten eigentlich auch in einer Tabelle gespeichert werden.

Bearbeitungsschritte:

- Erstellen Sie zunächst die Tabelle *Lager (1:1)*. Nutzen Sie unter Umständen bereits vorhandene Tabellen und Daten, z. B. durch Tabellenerstellungsabfragen.

Lager(1:1)

	Feldname	Felddatentyp	Beschreibung
P	Artikel_Nr	Zahl	
	Artikelart	Kurzer Text	
	Artikel_Bez	Kurzer Text	
	Bestand	Zahl	
	Mindestbestand	Zahl	
	Höchstbestand	Zahl	

- Den Primärschlüssel definieren Sie durch das Markieren des Datenfeldes *Artikel_Nr* und dem anschließenden Anklicken der Schaltfläche **Primärschlüssel** in der Gruppe **Tools** des Registers **TABELLENTOOLS/ENTWURF**. Der Schlüssel wird vor dem Feldnamen angezeigt.

Die Tabelle *Lager1 (1:1)* muss ebenfalls erstellt werden.

Lager1(1:1)

	Feldname	Felddatentyp	Beschreibung
P	Artikel_Nr	Zahl	
	Einkaufspreis	Währung	
	Verkaufspreis	Währung	

- Geben Sie, falls notwendig, die entsprechenden Daten ein.
- Klicken Sie im Register **DATENBANKTOOLS** in der Gruppe **Beziehungen** die Schaltfläche **Beziehungen** an. Klicken Sie gegebenenfalls im dann eingeblendeten Register **BEZIEHUNGSTOOLS/ENTWURF** in der Gruppe **Beziehungen** die Schaltfläche **Tabelle anzeigen** an.

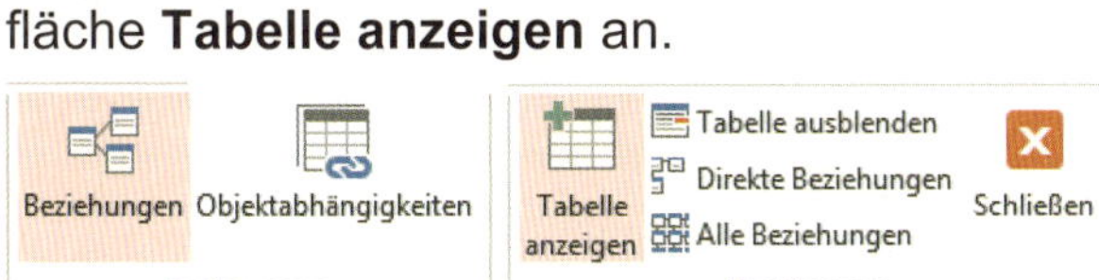

- Das nachfolgende Fenster wird eingeblendet:

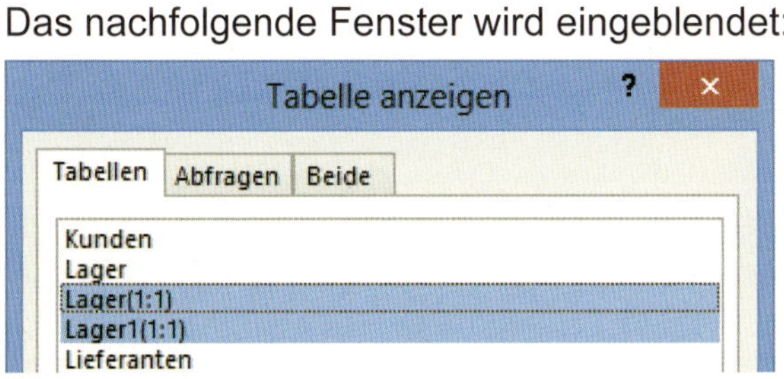

Bearbeitungsschritte (Fortsetzung):

- Markieren Sie die Tabellen *Lager (1:1)* und *Lager1 (1:1)*. Klicken Sie danach die Schaltfläche **Hinzufügen** an.

  Klicken Sie die Schaltfläche **Schließen** an. Die Tabellen werden eingeblendet:

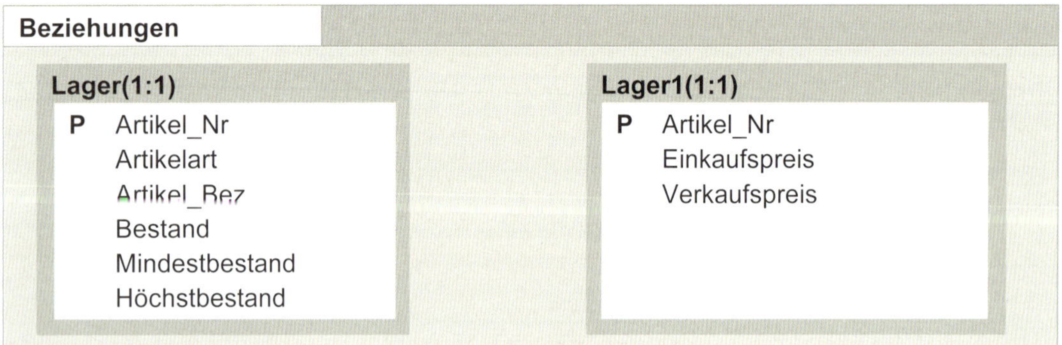

- Ziehen Sie mit der Maus das Datenfeld *Artikelnummer* aus der Tabelle *Lager (1:1)* auf das Datenfeld *Artikelnummer* aus der Tabelle *Lager1 (1:1)*. Das folgende Fenster wird eingeblendet:

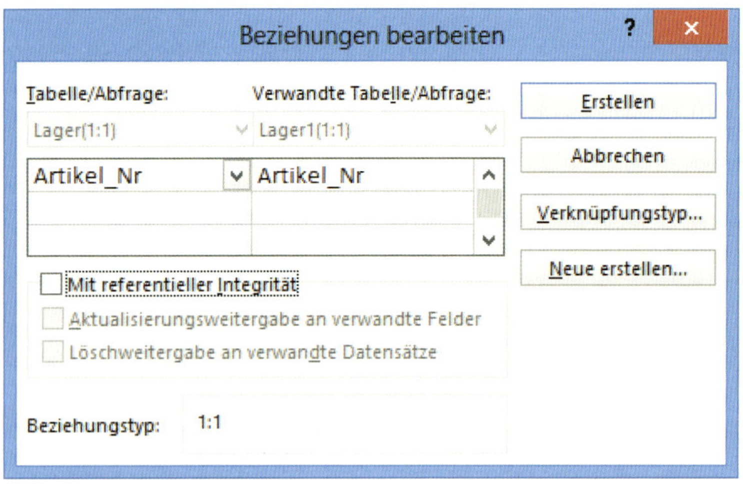

- Der Beziehungstyp *1:1* wird angegeben. Auf die Bedeutung der Aktivierung oder Nichtaktivierung des Kontrollkästchens **Mit referentieller Integrität** wird später eingegangen. Es soll vorerst nicht aktiviert werden. Auch der **Verknüpfungstyp** soll vorerst nicht bearbeitet werden.
- Durch Anklicken der Schaltfläche **Erstellen** wird die Beziehung geschaffen. Folgende Anzeige erscheint im Fenster **Beziehungen**:

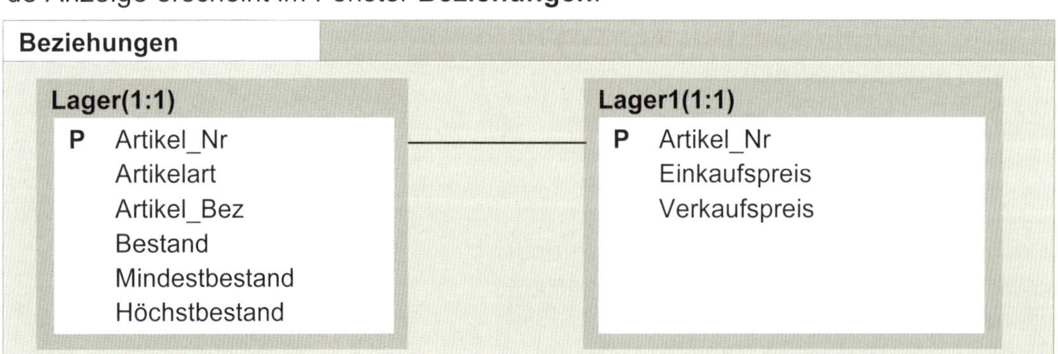

- Zwischen den beiden Tabellen wurde eine Beziehung über die Datenfelder *Artikel_Nr* in der Tabelle *Lager (1:1)* und *Artikel_Nr* in der Tabelle *Lager1 (1:1)* hergestellt.

14.2.2 Auswertung der Beziehung zwischen den Tabellen durch Abfragen

Die Daten können aufgrund der festgelegten Beziehungen durch Abfragen ausgewertet werden. So lassen sich die Daten beispielsweise wieder zusammenführen. Aber auch die Ausgabe bestimmter Artikel wäre problemlos möglich.

Bearbeitungsschritte:

- Schließen Sie das Fenster **Beziehungen**. Erstellen Sie die folgende neue Abfrage und speichern Sie sie unter dem Namen *Lager_Abfrage (1:1)* ab.

Lager_Abfrage(1:1)

Lager(1:1)
P Artikel_Nr
Artikelart
Artikel_Bez
Bestand
Mindestbestand
Höchstbestand

Lager1(1:1)
P Artikel_Nr
Einkaufspreis
Verkaufspreis

Feld:	Artikel_Nr	Artikelart	Artikel_Bez	Bestand	Einkaufspreis	Verkaufspreis
Tabelle:	Lager(1:1)	Lager(1:1)	Lager(1:1)	Lager(1:1)	Lager1(1:1)	Lager1(1:1)
Sortierung:						
Anzeigen:	☑	☑	☑	☑	☑	☑
Kriterium:						

- Das Ergebnis zeigt die zusammengeführten Daten beider Tabellen:

Lager_Abfrage(1:1)

Artikel_Nr	Artikelart	Artikel_Bez	Bestand	Einkaufspreis	Verkaufspreis
1000	Schreibtisch	Gabriele	5	800,00 €	1.365,00

14.2.3 Bearbeiten der Beziehung zwischen den Tabellen

Falls die hergestellte Beziehung nicht den Erwartungen entspricht, kann sie jederzeit gelöscht oder bearbeitet werden.

Bearbeitungsschritte:

- Klicken Sie im Register **DATENBANKTOOLS** in der Gruppe **Einblenden/Ausblenden** die Schaltfläche **Beziehungen** an.

- Die Beziehungen werden angezeigt. Gehen Sie mit der Maus auf die Linie zwischen den Tabellen und drücken Sie die rechte Maustaste. Sie können die Beziehung im Fenster **Beziehung bearbeiten** bearbeiten oder die Beziehung löschen.

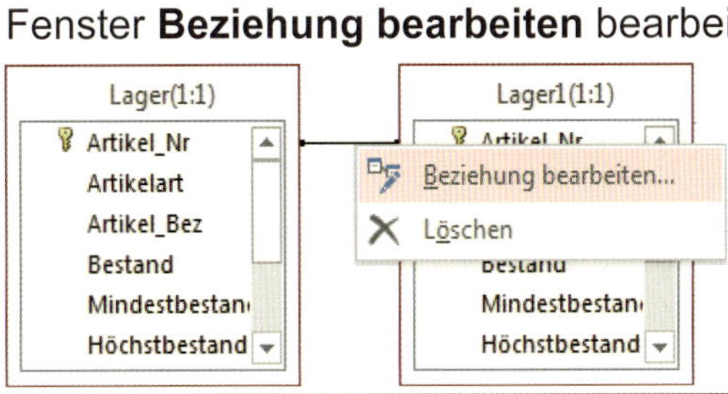

14.3 1:n-Beziehung zwischen zwei Tabellen

14.3.1 Erstellen einer Beziehung zwischen den Tabellen

Durch den Aufbau der folgenden Beziehung soll festgestellt werden, welcher Artikel von welchem Lieferanten geliefert wird:

Bearbeitungsschritte:

- Erstellen Sie die Tabellen *Lager (1:n)* und *Lieferanten (1:n)*. Die Daten der Lieferanten entsprechen denen der Tabelle *Lieferanten*. Das Datenfeld *Lieferer_Nr* in der Tabelle *Lieferanten* muss mit einem Primärschlüssel versehen werden. Die Tabelle *Lager (1:n)* entspricht im Wesentlichen der Tabelle *Lager*. Lediglich das Datenfeld *Lieferer_Nr (Zahl)* mit den folgenden Daten muss eingefügt werden:

Lager(1:n)

Artikel_Nr	Artikelart	Artikel_Bez	Lieferer_Nr
1000	Schreibtisch	Gabriele	102
1001	Schreibtisch	Modern	101
1002	Schreibtisch	Exklusiv	102
1003	Büroschrank	Elegant	100
1004	Büroschrank	Aktuell	101
1005	Drucker	Hanso	105
1006	Drucker	Stil	106
1007	Drucker	Klassic	104
2000	Scanner	Swift	104
2001	Scanner	Akura	105
3000	Computer	AGIB HS	103
3001	Computer	Trup AK	106
3002	Computer	Ambro Super	104

- Erstellen Sie wie beschrieben die folgende Beziehung zwischen den Tabellen. Als Beziehungstyp wird vom Programm *1:n* angegeben.

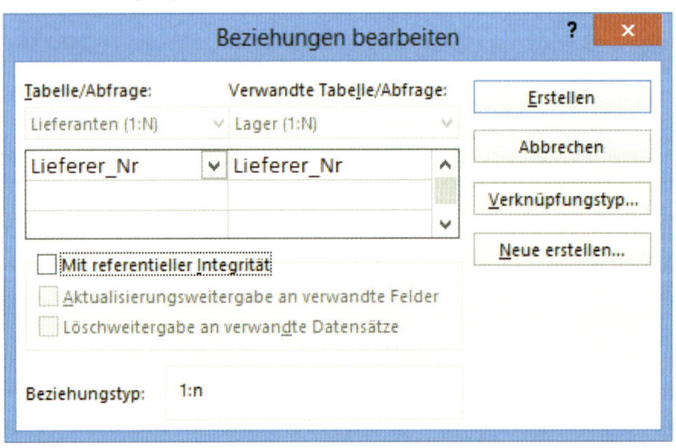

- Dies bedeutet, dass in der Tabelle *Lieferanten (1:n)* Datensätze vorhanden sind, die sich aufgrund des Primärschlüssels im Datenfeld *Lieferer_Nr* unterscheiden. Das Datenfeld *Lieferer_Nr* in der Tabelle *Lager (1:n)* ist kein Primärschlüsselfeld, kann daher gleiche Daten (*Lieferantennummern*) in unterschiedlichen Datensätzen enthalten. Dies ist auch richtig, da ein Lieferant verschiedene Artikel liefern kann.

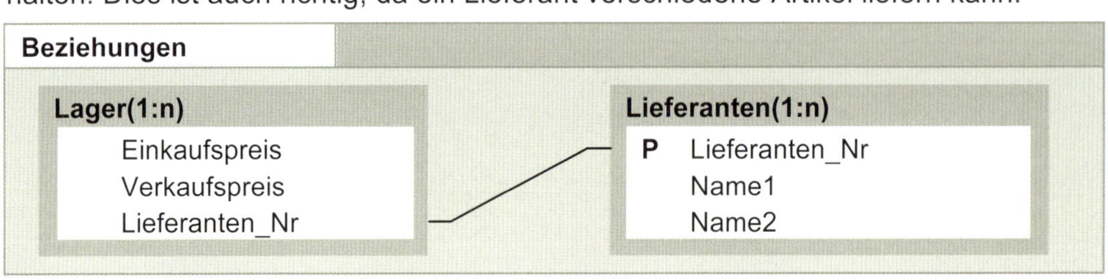

14.3.2 Auswertung der Beziehungen zwischen den Tabellen durch Abfragen

Die Auswertung der Daten erfolgt wiederum durch eine Abfrage. Die Lieferanten der einzelnen Produkte werden ausgegeben.

Bearbeitungsschritte:

- Verlassen Sie das Fenster **Beziehungen**. Erstellen Sie die folgende neue Abfrage und speichern Sie sie unter dem Namen *LagerAbfrage (1:n)* ab:

Lager_Abfrage(1:n)

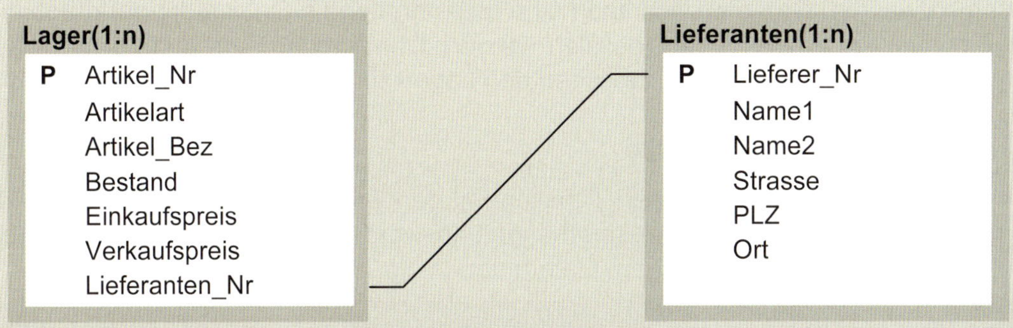

Feld:	Artikel_Nr	Artikelart	Artikel_Bez	Lieferer_Nr	Name1
Tabelle:	Lager(1:n)	Lager(1:n)	Lager(1:n)	Lieferanten(1:n)	Lieferanten(1:n)
Sortierung:					
Anzeigen:	☑	☑	☑	☑	☑
Kriterium:					

- Das Ergebnis zeigt die zusammengeführten Daten beider Tabellen:

Lager_Abfrage(1:n)

Artikel_Nr	Artikelart	Artikel_Bez	Lieferer_Nr	Name1
1000	Schreibtisch	Gabriele	102	Tranel GmbH
1001	Schreibtisch	Modern	101	Büromöbel AG

- Sollen die Daten nach dem Lieferanten sortiert werden, muss im Datenfeld *Lieferer_Nr* die aufsteigende Sortierung gewählt werden.

Feld:	Artikel_Nr	Artikelart	Artikel_Bez	Lieferer_Nr	Name1
Tabelle:	Lager(1:n)	Lager(1:n)	Lager(1:n)	Lieferanten(1:n)	Lieferanten(1:n)
Sortierung:				Aufsteigend	
Anzeigen:	☑	☑	☑	☑	☑
Kriterium:					

- Das Ergebnis sieht folgendermaßen aus:

Lager_Abfrage(1:n)

Artikel_Nr	Artikelart	Artikel_Bez	Lieferer_Nr	Name1
1003	Büroschrank	Elegant	100	Wagner & Co.
1004	Büroschrank	Aktuell	101	Büromöbel AG
1001	Schreibtisch	Modern	101	Büromöbel AG

- Selbstverständlich können noch andere Datenfelder, Sortierungen usw. zur Auswertung der beiden Tabellen vorgenommen werden. Eine Sortierung beispielsweise nach den Artikelnummern bietet sich an.

14.4 m:n-Beziehung zwischen Tabellen

14.4.1 Vorbemerkungen

Durch den Aufbau der folgenden Beziehung soll festgestellt werden, welcher Artikel von welchen Lieferanten geliefert wird. Außerdem soll ermittelt werden, welcher Lieferant welche Artikel im Angebot hat. Alles das wird zusätzlich damit verbunden, dass die Daten für Aufträge bei einem Lieferanten erfasst werden.

Die bisher unterstellte unrealistische Annahme, dass ein Lieferant genau ein Produkt liefern kann, wird damit aufgehoben. Um das Problem zu lösen, ist der Aufbau einer m:n-Beziehung notwendig. Grundsätzlich kann eine sogenannte m:n-Beziehung nur durch den Aufbau von zwei 1:n-Beziehungen realisiert werden. Daher muss eine dritte Tabelle aufgebaut werden, die die Verbindung zwischen den Lager- und Lieferantendaten herstellt.

14.4.2 Aufbau einer dritten Tabelle

In einer dritten Tabelle, die die beiden Tabellen mit den Grunddaten verbindet, sollen die *Lieferanten_Nr* und die *Artikel_Nr* zusammengeführt werden. Außerdem werden weitere Datenfelder für einen Auftrag bei einem Lieferanten in die Tabelle aufgenommen.

Bearbeitungsschritte:

- Erstellen Sie die folgende Tabelle unter dem Namen *Lieferanten_Lager_Auftrag*:

Lager_Lieferanten_Auftrag

	Feldname	Felddatentyp	Beschreibung
P	Auftrag_Nr	AutoWert	
	Artikel_Nr	Zahl	
	Lieferer_Nr	Zahl	
	Menge	Zahl	
	Preis	Währung	
	Lieferdatum	Datum/Uhrzeit	

- Bestimmen Sie, dass die Auftragsnummer ein *AutoWert* ist. Damit wird automatisch eine Auftragsnummer vergeben.
- Geben Sie danach die folgenden Werte in die Tabelle ein. Die Datensätze sollten der Reihe nach eingegeben werden; dies entspricht der Logik des Datenanfalls:

Lager_Lieferanten_Auftrag

Auftrag_Nr	Artikel_Nr	Lieferer_Nr	Menge	Preis	Lieferdatum
1	1000	102	5	800,00 €	12.11.2013
2	1001	101	7	456,00 €	14.11.2013
3	1002	102	23	1.250,00 €	16.11.2013
4	1003	104	12	2.400,00 €	16.11.2013
5	1003	100	11	2.360,00 €	22.11.2013
6	1004	101	6	897,00 €	23.11.2013
7	1004	100	9	912,00 €	25.11.2013
8	1005	105	11	430,00 €	27.11.2013

- Die Eingabe des Datums wird durch das Anklicken einer Schaltfläche vereinfacht:

14.4.3 Aufbau der Tabellen Lieferanten(m:n) und Lager(m:n)

Die Daten über die Artikel und die Lieferanten müssen in Tabellen erfasst werden.

Bearbeitungsschritte:

- Erstellen Sie die folgende Tabelle unter dem Namen *Lieferanten(m:n)*:

Lieferanten(m:n)

	Feldname	Felddatentyp	Beschreibung
P	Lieferer_Nr	Zahl	
	Name1	Kurzer Text	
	Name2	Kurzer Text	
	Strasse	Kurzer Text	
	PLZ	Zahl	
	Ort	Kurzer Text	

- Geben Sie die folgenden Daten in die Tabelle ein:

Lieferanten(m:n)

Lieferer_Nr	Name1	Name2	Strasse	PLZ	Ort
100	Wagner & Co.	Büromöbel	Vogtweg 23	33607	Bielefeld
101	Büromöbel AG	Büroeinrichtungen	Gutachtstr. 342	13469	Berlin
102	Tranel GmbH	Büromöbel	Bechemstr. 67	47058	Duisburg
103	Computerland GmbH	Computer	Fischstieg 65	22119	Hamburg
104	Computer 2000	EDV-Herstellung	Koloniestr. 128	28777	Bremen
105	Micro Hansen	Computerlösungen	Am Stau 47	26112	Oldenburg
106	Microcomputer Voges	EDV-Bedarf	Schlossstr. 45	30159	Hannover

- Erstellen Sie die Tabelle *Lager(m:n)*.

Lager(m:n)

	Feldname	Felddatentyp	Beschreibung
P	Artikel_Nr	Zahl	
	Artikelart	Kurzer Text	
	Artikel_Bez	Kurzer Text	
	Bestand	Zahl	
	Mindestbestand	Zahl	
	Höchstbestand	Zahl	

- Geben Sie die bekannten Daten der Tabelle *Lager(m:n)* ein.

Lager(m:n)

Artikel_Nr	Artikelart	Artikel_Bez	Bestand	Mindestbestand	Höchstbestand
1000	Schreibtisch	Gabriele	5	5	10
1001	Schreibtisch	Modern	10	15	30
1002	Schreibtisch	Exklusiv	20	10	30
1003	Büroschrank	Elegant	12	5	10
1004	Büroschrank	Aktuell	17	10	40
1005	Drucker	Hanso	12	15	25
1006	Drucker	Stil	8	5	15
1007	Drucker	Klassic	12	6	10
2000	Scanner	Swift	8	10	20
2001	Scanner	Akura	4	2	5
3000	Computer	AGIB HS	10	8	16
3001	Computer	Trup AK	5	6	10
3002	Computer	Ambro Super	21	12	18

14.4.4 Erstellen einer Beziehung zwischen den Tabellen

Durch die Beziehungen werden die Daten der drei Tabellen *Lager (m:n)*, *Lieferanten (m:n)* und *Lieferanten_Lager_Auftrag* miteinander verbunden.

Bearbeitungsschritte:

- Erstellen Sie **Beziehungen** zwischen den Tabellen.

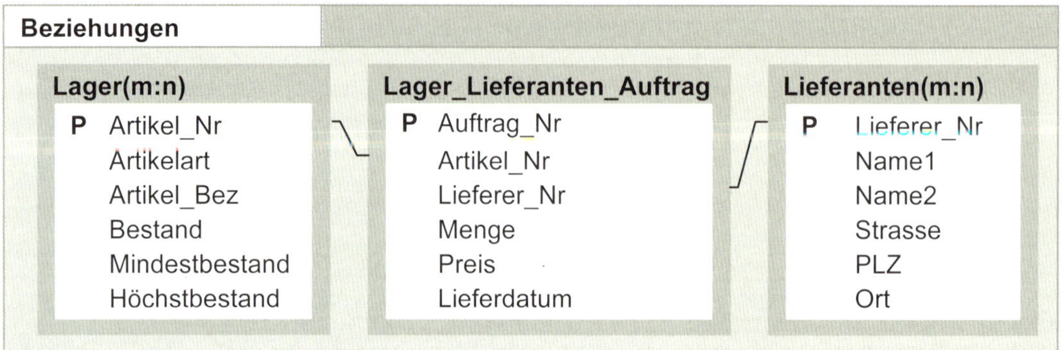

- In der Tabelle *Lieferanten(m:n)* sind Datensätze vorhanden, die sich aufgrund des Primärschlüssels im Datenfeld *Lieferanten_Nr* unterscheiden. Das Datenfeld *Lieferanten_Nr* in der Tabelle *Lieferanten_Lager_Auftrag* bestimmt, welcher Lieferant in der Tabelle *Lieferanten (m:n)* mit den jeweiligen Eingaben aufgerufen wird.
- In der Tabelle *Lager (m:n)* sind Datensätze vorhanden, die sich aufgrund des Primärschlüssels im Datenfeld *Artikel_Nr* unterscheiden. Das Datenfeld *Artikel_Nr* in der Tabelle *Lager_Lieferanten_Auftrag* bestimmt, welcher Artikel in der Tabelle *Lager (m:n)* jeweils aufgerufen wird.

14.4.5 Auswertung der Beziehungen zwischen den Tabellen durch Abfragen

Aufgrund der hergestellten Beziehungen können nun Auswertungen vorgenommen werden. Damit kann die betriebliche Wirklichkeit in Ansätzen dargestellt werden.

Bearbeitungsschritte:

- Verlassen Sie das Fenster **Beziehungen**. Erstellen Sie die folgende neue Abfrage und speichern Sie sie unter dem Namen *Lager_Abfrage(m:n)* ab. Fügen Sie in der Entwurfsansicht der Abfrage zunächst die drei Tabellen ein und wählen Sie folgende Datenfelder aus:

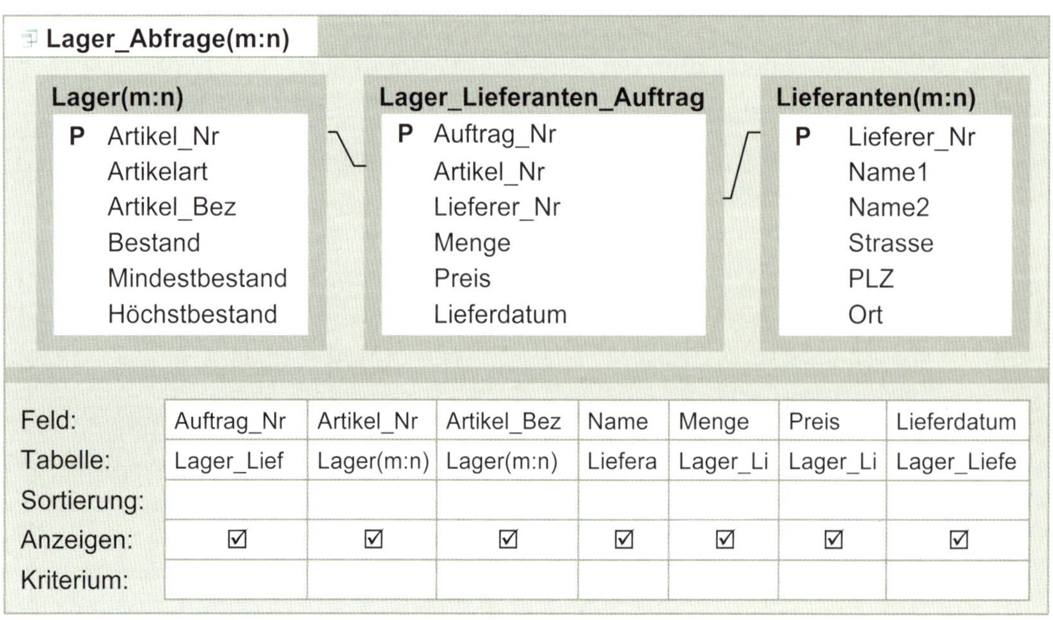

Feld:	Auftrag_Nr	Artikel_Nr	Artikel_Bez	Name	Menge	Preis	Lieferdatum
Tabelle:	Lager_Lief	Lager(m:n)	Lager(m:n)	Liefera	Lager_Li	Lager_Li	Lager_Liefe
Sortierung:							
Anzeigen:	☑	☑	☑	☑	☑	☑	☑
Kriterium:							

Bearbeitungsschritte (Fortsetzung):

- Das Ergebnis zeigt die Artikel und die jeweiligen Lieferanten. Selbstverständlich können je nach Bedarf auch andere zusätzliche Datenfelder angezeigt oder Datenfelder ausgeblendet werden.

Lager_Abfrage(m:n)

Auftrag_Nr	Artikel_Nr	Artikel_Bez	Name1	Menge	Preis	Lieferdatum
1	1000	Gabriele	Tranel GmbH	5	800,00 €	12.11.2013
2	1001	Modern	Büromöbel AG	7	456,00 €	14.11.2013
3	1002	Exklusiv	Tranel GmbH	23	1.250,00 €	16.11.2013
4	1003	Elegant	Computer 2000	12	2.400,00 €	16.11.2013
5	1003	Elegant	Wagner & Co.	11	2.360,00 €	22.11.2013
6	1004	Aktuell	Büromöbel AG	6	897,00 €	23.11.2013
7	1004	Aktuell	Wagner & Co.	9	912,00 €	25.11.2013
8	1005	Hanso	Micro Hansen	11	430,00 €	27.11.2013

- Sollen beispielsweise die Artikel ausgegeben werden, die ein bestimmter Lieferant geliefert hat, ist ein entsprechendes Kriterium einzugeben:

Feld:	Auftrag_Nr	Lieferer_Nr	Name1	Artikel_Nr	Artikel_Bez	Menge	Preis
Tabelle:	Lager_Lief	Lieferanten(	Liefere	Lager(m:n	Lager(m:n)	Lager_	Lager_
Sortierung:							
Anzeigen:	☑	☑	☑	☑	☑	☑	☑
Kriterium:		100					

- Der Lieferant und die beiden Aufträge, die er ausgeführt hat, werden angezeigt:

Lager_Abfrage_2(m:n)

Auftrag_Nr	Lieferer_Nr	Name1	Artikel_Nr	Artikel_Bez	Menge	Preis
5	100	Wagner & Co.	1003	Elegant	11	2.360,00 €
7	100	Wagner & Co.	1004	Aktuell	9	912,00 €

- Sollen ein einzelner oder mehrere Artikel und die entsprechenden Lieferanten angezeigt werden, muss die Abfrage entsprechend verändert werden.

Feld:	Auftrag_Nr	Lieferer_Nr	Name1	Artikel_Nr	Artikel_Bez	Menge	Preis
Tabelle:	Lager_Lief	Lieferanten(	Liefere	Lager(m:n	Lager(m:n)	Lager_	Lager_
Sortierung:							
Anzeigen:	☑	☑	☑	☑	☑	☑	☑
Kriterium:				1003			
oder:				1005			

- Das Ergebnis zeigt in diesem Fall die Lieferanten, die Artikel mit bestimmten Artikelnummern geliefert haben.

Lager_Abfrage_3(m:n)

Auftrag_Nr	Lieferer_Nr	Name1	Artikel_Nr	Artikel_Bez	Menge	Preis
4	104	Computer 2000	1003	Elegant	12	2.400,00 €
5	100	Wagner & Co.	1003	Elegant	11	2.360,00 €
8	105	Micro Hansen	1005	Hanso	11	430,00 €

- Selbstverständlich können auch Abfragen mit Größer-, Kleiner-Bedingungen usw. erstellt werden. Auch Parameterabfragen bieten sich an, um bestimmte Ergebnisse flexibel abrufen zu können. Grundsätzlich sind alle Abfragen möglich, die auch bei der Auswertung einer Tabelle erstellt werden können.
- Werten Sie die Tabellen nach eigenen Vorstellungen aus.

Bearbeitungsschritte (Fortsetzung):

- Sollen Aufträge, die bis zu einem bestimmten Datum ausgeführt worden sind, angezeigt werden, ist ein entsprechendes Kriterium zu definieren:

Feld:	Auftrag_Nr	Artikel_Nr	Artikel_Bez	Name1	Menge	Preis	Lieferdatum
Tabelle:	Lager_Lief	Lager(m:n)	Lager(m:n)	Liefera	Lager_	Lager	Lager_Lieferant
Sortierung:							
Anzeigen:	☑	☑	☑	☑	☑	☑	☑
Kriterium:							<#17.11.2013#

- Das Ergebnis sieht folgendermaßen aus:

Lager_Abfrage_4(m:n)

Auftrag_Nr	Artikel_Nr	Artikel_Bez	Name1	Menge	Preis	Lieferdatum
1	1000	Gabriele	Tranel GmbH	5	800,00 €	12.11.2013
2	1001	Modern	Büromöbel AG	7	456,00 €	14.11.2013
3	1002	Exklusiv	Tranel GmbH	23	1.250,00 €	16.11.2013
4	1003	Elegant	Computer 2000	12	2.400,00 €	16.11.2013

- Sollen die Lieferanten und die jeweils gelieferten Produkte ausgegeben werden, sieht die Abfrage folgendermaßen aus:

Feld:	Lieferer_Nr	Artikel_Nr	Artikelart	Artikel_Bez	Menge
Tabelle:	Lieferanten(	Lager(m:n)	Lager(m:n)	Lager(m:n)	Lager_Lieferanten_A
Funktion:	Gruppierung	Gruppierung	Gruppierung	Gruppierung	Summe
Sortierung:		Aufsteigend			
Anzeigen:	☑	☑	☑	☑	☑
Kriterium:					

- Als Ergebnis wird die Einkaufsmenge der entsprechenden Produkte im Zusammenhang mit den jeweiligen Lieferanten angezeigt. Die Einkaufsmenge wurde summiert. Es zeigt sich, dass kein Produkt zweimal bei einem Lieferanten gekauft wurde.

Lager_Abfrage_5(m:n)

Lieferer_Nr	Artikel_Nr	Artikelart	Artikel_Bez	Einkaufsmenge
102	1000	Schreibtisch	Gabriele	5
101	1001	Schreibtisch	Modern	7
102	1002	Schreibtisch	Exklusiv	23
100	1003	Büroschrank	Elegant	11
104	1003	Büroschrank	Elegant	12
100	1004	Büroschrank	Aktuell	9
101	1004	Büroschrank	Aktuell	6
105	1005	Drucker	Hanso	11

- Ohne die Lieferanten werden die summierten Einkaufsmengen ausgegeben:

Lager_Abfrage_5(m:n)

Artikel_Nr	Artikelart	Artikel_Bez	Einkaufsmenge
1000	Schreibtisch	Gabriele	5
1001	Schreibtisch	Modern	7
1002	Schreibtisch	Exklusiv	23
1003	Büroschrank	Elegant	23
1004	Büroschrank	Aktuell	15
1005	Drucker	Hanso	11

14.5 m:n-Beziehung zwischen Tabellen mithilfe des Nachschlage-Assistenten

14.5.1 Vorbemerkungen

Die zuvor erstellte m:n-Beziehung lässt sich auch mithilfe des Nachschlage-Assistenten erstellen. Zusätzlich kann durch die Nutzung des Assistenten gewährleistet werden, dass nur Daten eingegeben werden können, die in einem Datenfeld auch logisch und sinnvoll sind. Bei der Erfassung eines Auftrags sollen also z. B. nur Artikel zur Verfügung stehen, die auch in der Artikeltabelle vorhanden sind. Die Daten der zuvor erstellten Tabellen sollen genutzt werden. Daher werden die Tabellen zuvor unter einem veränderten Namen nochmals in der Datenbank *Betrieb* abgespeichert.

Bearbeitungsschritte:

- Kopieren Sie in der Datenbank *Betrieb* die Tabellen *Lager (M:N)*, *Lieferanten (M:N)* und *Lager_Lieferanten_Auftrag*. Fügen Sie sie unter den Namen *Lager (M:N)_1*, *Lieferanten (M:N)_1* und *Lager_Lieferanten_Auftrag_1* in die Datenbank ein.

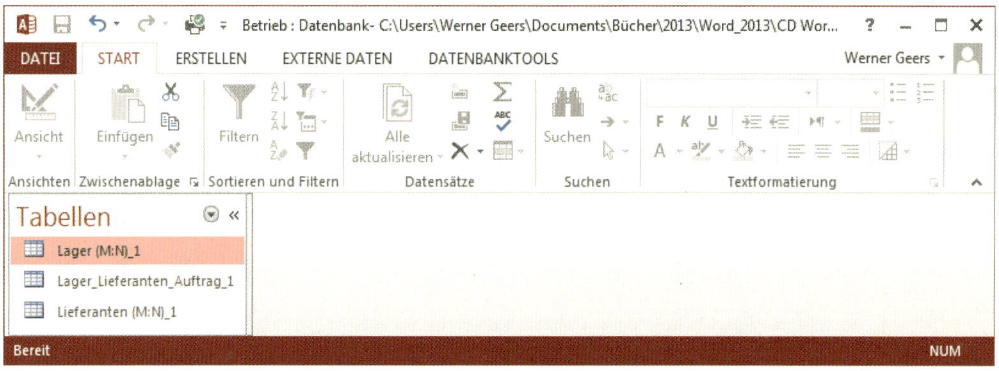

- Löschen Sie die Daten aus der Tabelle *Lager_Lieferanten_Auftrag_1*. Die Struktur der Tabelle soll erhalten werden, die Datenfelder *Artikel_Nr* und *Lieferer_Nr* sollen bearbeitet werden.
- Grundsätzlich könnte die Tabelle *Lager_Lieferanten_Auftrag_1* auch vollständig neu aufgebaut werden.

14.5.2 Auswahl von Daten mithilfe des Nachschlage-Assistenten

Die *Artikel_Nr* in der Tabelle *Lager* und die *Lieferer_Nr* in der Tabelle *Lieferanten* sollen nicht mehr eingegeben, sondern ausgewählt werden können.

Bearbeitungsschritte:

- Rufen Sie die Entwurfsansicht der Tabelle *Lager_Lieferanten_Auftrag_1* auf. Gehen Sie in das Datenfeld *Artikel_Nr* und rufen Sie den Nachfrage-Assistenten auf.

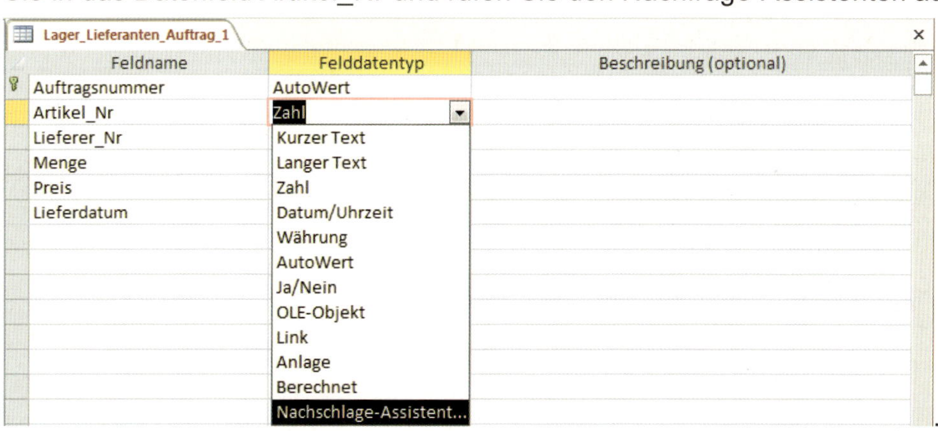

Bearbeitungsschritte (Fortsetzung):

- Bestimmen Sie im nächsten Fenster, dass die Werte aus einer Tabelle oder Abfrage abgerufen werden sollen.

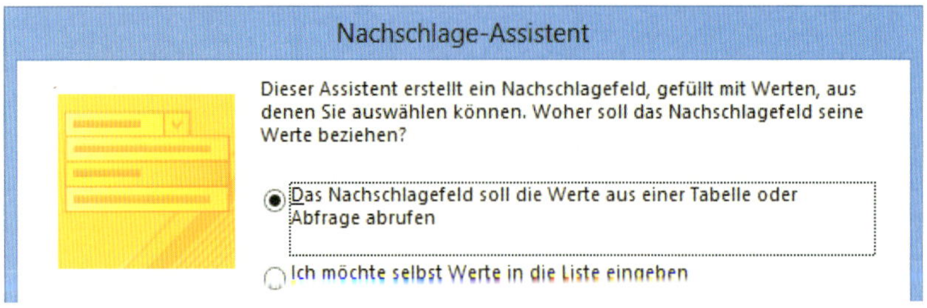

- Bestimmen Sie im nächsten Fenster die Tabelle (*Lager (M:N)_1*, aus der das Nachfragefeld seine Daten beziehen soll.

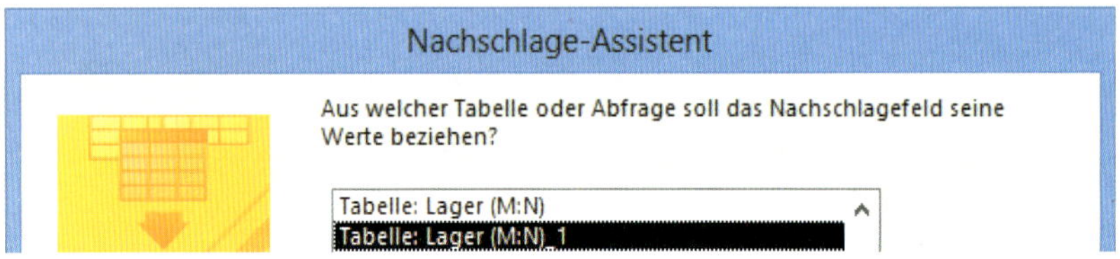

- Im nächsten Fenster bestimmen Sie die Felder der Tabelle, die im Nachfragefeld angezeigt werden können. Das Datenfeld *Artikel_Nr* muss unbedingt dabei sein, da das Datenfeld mit einem Inhalt gefüllt werden soll.

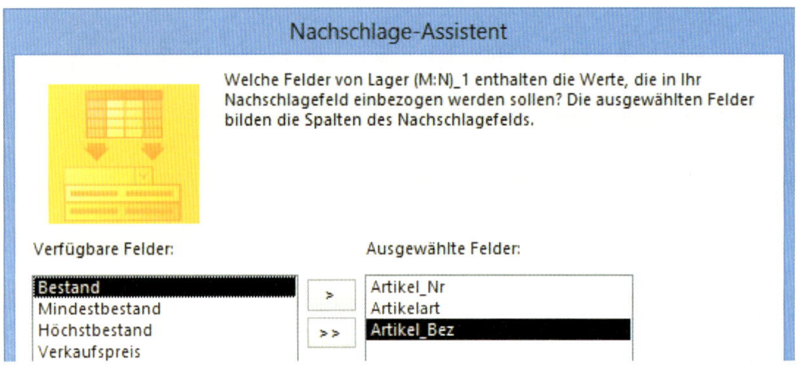

- Im nächsten Fenster sollten Sie eine Sortierung nach dem Datenfeld *Artikel_Nr* vornehmen. Auch andere Sortierungen sind grundsätzlich denkbar.
- Im nächsten Fenster können Sie die Breite der Spalten der Anzeige der Datenfelder nach den Erfordernissen mithilfe der Maus festlegen. Blenden Sie zusätzlich die Schlüsselspalte (*Artikel_Nr*) ein.

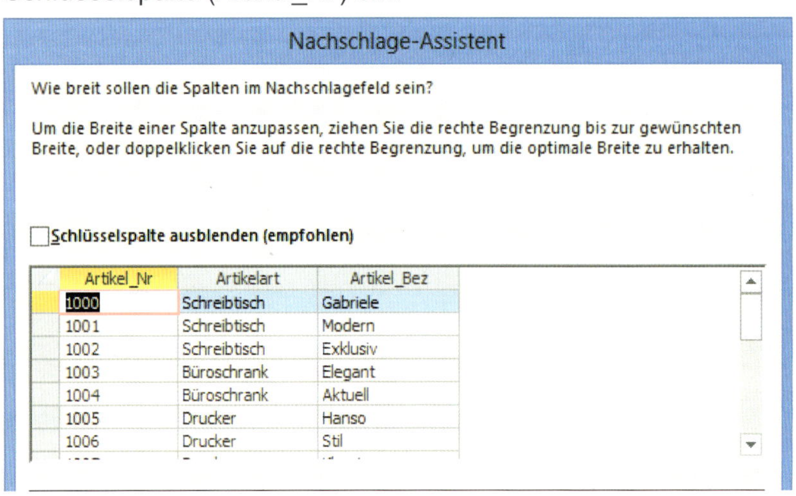

Bearbeitungsschritte (Fortsetzung):

- Im nächsten Fenster bestimmen Sie, dass der Wert des Datenfelds *Artikel_Nr* in das Datenfeld eingetragen wird.

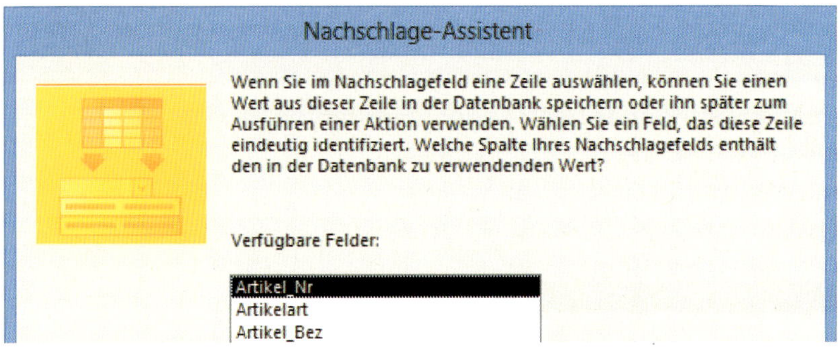

- Der Name des Datenfelds kann im nächsten Fenster bestimmt bzw. geändert werden. Außerdem kann die Datenintegrität aktiviert werden. Auf diesen Tatbestand wird im Kapitel *Beziehungen mit referentieller Integrität* näher eingegangen.

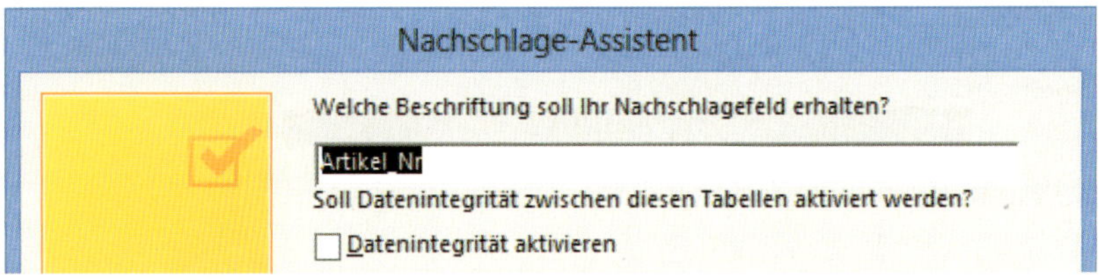

- Klicken Sie zum Abschluss auf die Schaltfläche **Fertig stellen**.
- Klicken Sie im anschließenden Fenster auf die Schaltfläche **Ja**, damit die Tabellen automatisch miteinander in Beziehung gesetzt werden.

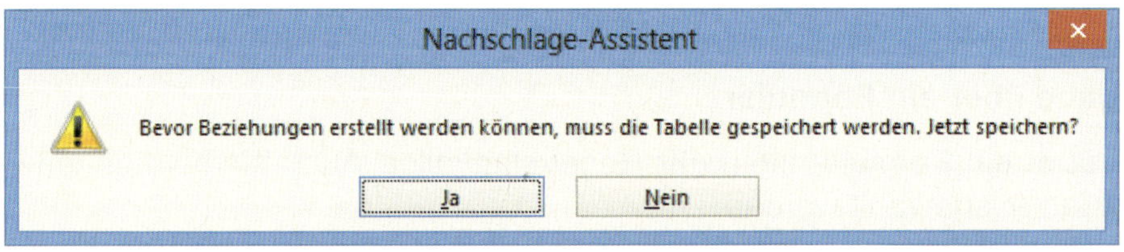

- Nutzen Sie auf die gleiche Weise den Nachfrage-Assistenten im Hinblick auf das Datenfeld *Lieferer_Nr* in der Tabelle *Lager_Lieferanten_Auftrag_1*. Beziehen Sie die Werte aus der Tabelle *Lieferanten (M:N)_1*.
- Klicken Sie im Register **DATENBANKTOOLS** in der Gruppe **Beziehungen** die Schaltfläche **Beziehungen** an. Klicken Sie anschließend, falls die neuen Beziehungen nicht angezeigt werden, im Register **BEZIEHUNGSTOOLS/ENTWURF** die Schaltfläche **Alle Beziehungen** in der Gruppe **Beziehungen** an.

- Die erstellten Beziehungen werden angezeigt.

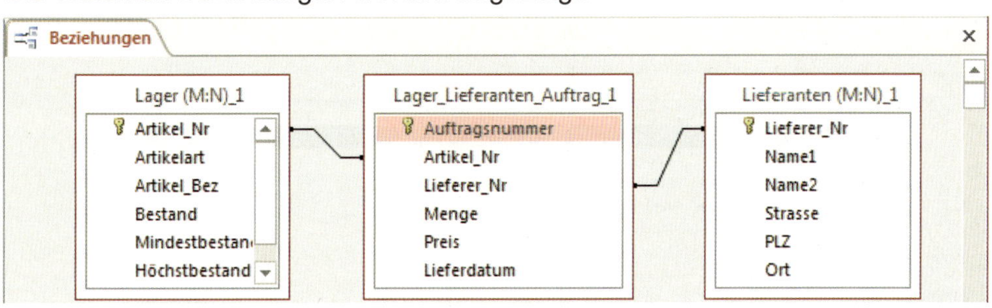

14.5.3 Dateneingabe über eine Tabelle

Die Dateneingabe in die Tabelle *Lager_Lieferanten_Auftrag_1* wird durch die erstellten Beziehungen sowohl in der Tabelle als auch in einem Formular wesentlich komfortabler und sicherer, da der Arbeitsaufwand geringer ist und Fehleingaben vermieden werden.

Bearbeitungsschritte:

- Rufen Sie die Datenblattansicht der Tabelle *Lager_Lieferanten_Auftrag_1* auf. Wählen Sie jeweils die Artikel_Nr und die *Lieferer_Nr* aus.

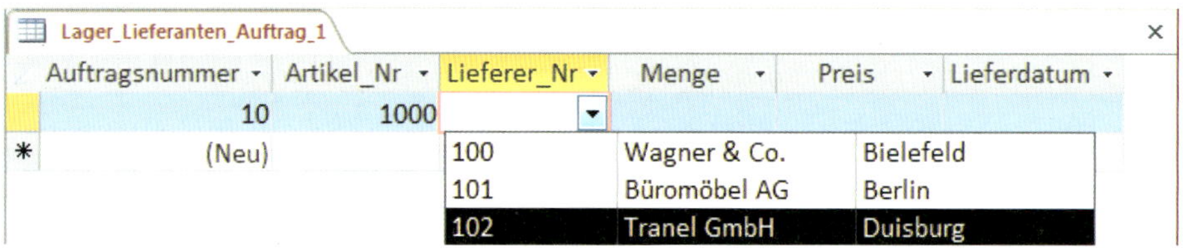

- Geben Sie danach die restlichen Daten des ersten Datensatzes ein.

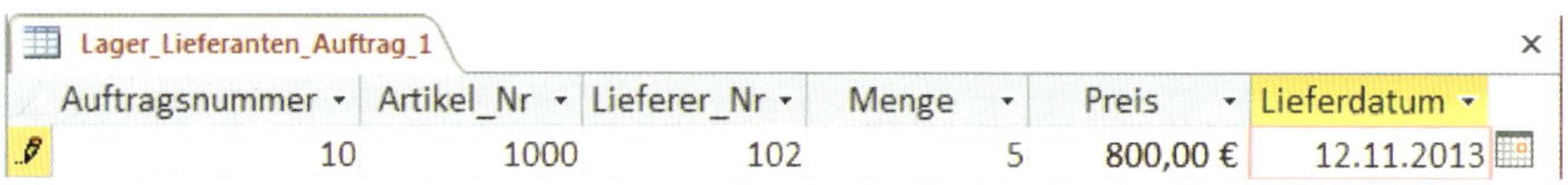

- Wenn zuvor in der Tabelle bereits Daten vorhanden gewesen sind, ist die Auftragsnummer nicht 1, sondern z. B. 10.

14.5.4 Dateneingabe über ein Formular

Die Dateneingabe über ein Formular ist in der Regel sinnvoller. Auch hierbei können die Artikel und Lieferanten ausgewählt werden.

Bearbeitungsschritte:

- Markieren Sie im Navigationsbereich die Tabelle *Lager_Lieferanten_Auftrag_1*. Klicken Sie im Register **ERSTELLEN** in der Gruppe **Formulare** die Schaltfläche **Formular** an. Über die Schaltfläche wird ein automatisch erstelltes Formular erstellt.

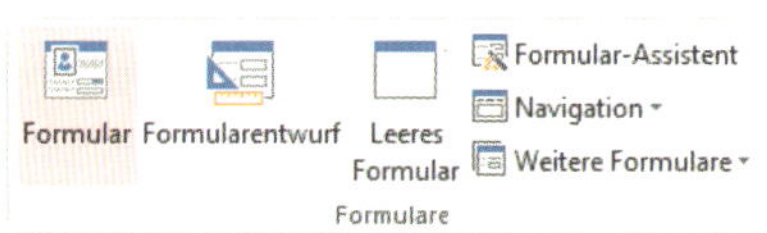

- Rufen Sie das Formular in der Formularansicht auf. Gehen Sie zu einem neuen leeren Datensatz (

) und geben Sie die Werte ein.

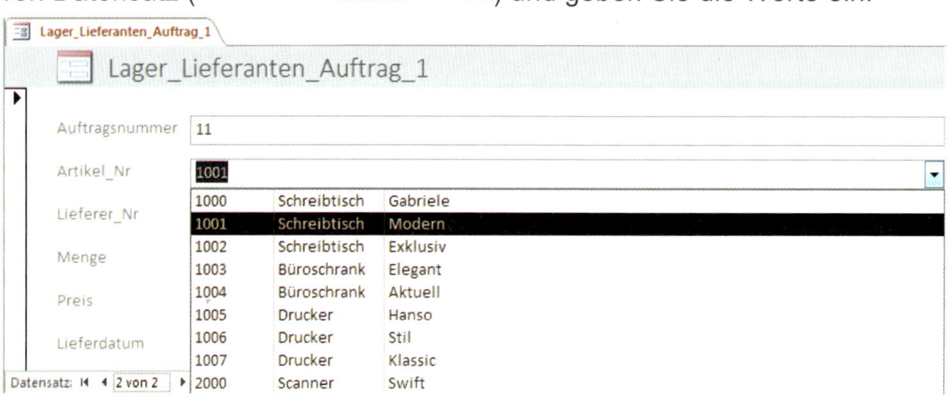

14.6 m:n-Beziehung mit zusammengesetztem Primärschlüssel

14.6.1 Vorbemerkungen

Während beispielsweise verschiedene Aufträge an einen Lieferanten vergeben werden können, gibt es andere Daten, die nur einmal erfasst werden dürfen. So kann ein Mitarbeiter nicht zweimal in der gleichen Abteilung beschäftigt sein.

Allerdings ist es durchaus möglich, dass er zwei verschiedenen Abteilungen zugeordnet wird, also beispielsweise sowohl in der Einkaufs- als auch in der Verkaufsabteilung beschäftigt ist. Um zu verhindern, dass doppelte und nicht vernünftige Datensätze erfasst werden, kann mit einem zusammengesetzten Primärschlüssel gearbeitet werden.

14.6.2 Erstellung einer Tabelle zur Verknüpfung und Auswertung von Daten

Zunächst muss eine Tabelle erstellt werden, die die Verbindung zwischen den Tabellen *Abteilung* und *Personal* herstellt.

Diese Tabelle enthält nur die beiden Datenfelder *Abteilung_Nr* und *Mitarbeiter_Nr*. Beide Datenfelder werden mit einem Primärschlüssel versehen. Damit wird sichergestellt, dass in Datensätzen, die eingegeben werden, niemals ein zweites Mal dieselbe Kombination abgespeichert werden kann. Eine entsprechende Fehlermeldung weist darauf hin, dass dies nicht möglich ist und der Datensatz wieder gelöscht werden muss.

Bearbeitungsschritte:

- Erstellen Sie die Tabelle *Abteilung_Personal* mit den Datenfeldern *Abteilung_Nr* und *Mitarbeiter_Nr*. Markieren Sie danach beide Datenfelder. Gehen Sie zu diesem Zweck auf den linken Rand vor dem ersten Datenfeld. Der Mauszeiger verwandelt sich in einen Pfeil nach rechts. Bei gedrückter linker Maustaste können Sie danach die beiden Datenfelder markieren.

Abteilung_Personal

	Feldname	Felddatentyp	Beschreibung
	Abteilung_Nr	Zahl	
	Mitarbeiter_Nr	Zahl	

- Speichern Sie die Tabelle unter dem Namen *Abteilung_Personal* ab. Bestimmen Sie, dass die Tabelle ohne einen Primärschlüssel abgespeichert werden soll. Erst in einem nachfolgend erklärten zweiten Schritt wird die Tabelle mit einem zusammengesetzten Primärschlüssel versehen.
- Klicken Sie im Register **TABELLENTOOLS/ENTWURF** in der Gruppe **Tools** die Schaltfläche **Primärschlüssel** an.

- Die Datenstruktur der Tabelle sollte danach wie nachfolgend dargestellt aussehen. Beide Datenfelder sind mit einem Primärschlüssel ausgestattet:

Abteilung_Personal

	Feldname	Felddatentyp	Beschreibung
P	Abteilung_Nr	Zahl	
P	Mitarbeiter_Nr	Zahl	

Bearbeitungsschritte (Fortsetzung):

- Geben Sie die folgenden Datensätze ein:

Abteilung_Personal

Abteilung_Nr	Mitarbeiter_Nr
1	1000
2	1002
3	1000
3	1001
3	1005
4	1004
5	1003

- Klicken Sie im Register **DATENBANKTOOLS** in der Gruppe **Einblenden/Ausblenden** die Schaltfläche **Beziehungen** an.

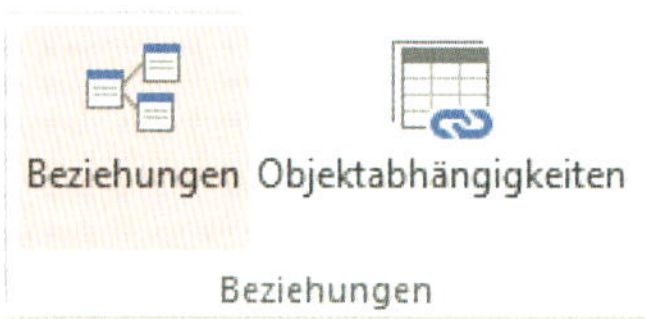

- Erstellen Sie die folgende Beziehung:

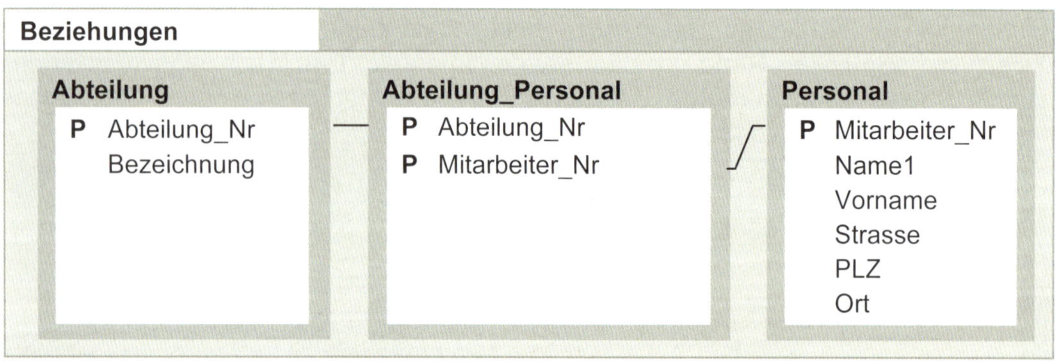

- Erstellen Sie die folgende Abfrage:

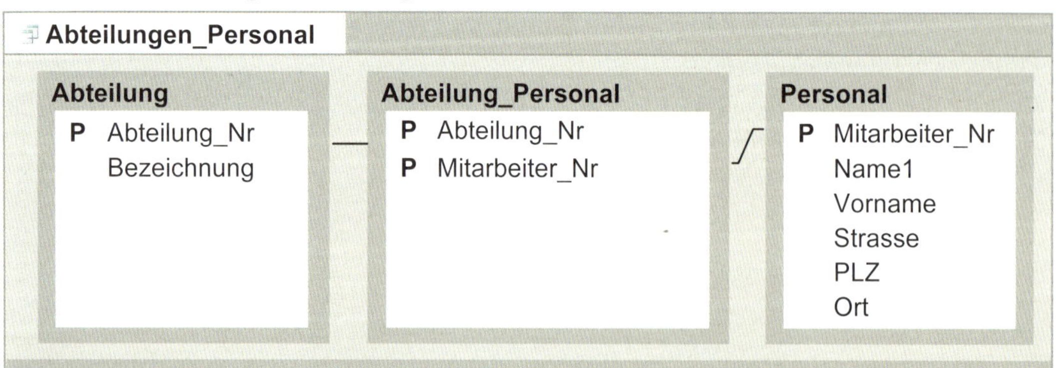

Feld:	Abteilung_Nr	Bezeichnung	Mitarbeiter_Nr	Name	Ort	Stellung
Tabelle:	Abteilung	Abteilung	Personal	Personal	Personal	Personal
Sortierung:						
Anzeigen:	☑	☑	☑	☑	☑	☑
Kriterium:						

Bearbeitungsschritte (Fortsetzung):

- Das Ergebnis sieht folgendermaßen aus:

Abteilungen_Personal

Abteilung_Nr	Bezeichnung	Mitarbeiter_Nr	Name	Ort	Stellung
1	Direktion	1000	Meier	Papenburg	Sachbearbeiter
2	Rechnungswesen	1002	Hermes	Weener	Sachbearbeiter
3	Einkauf	1000	Meier	Papenburg	Sachbearbeiter
3	Einkauf	1001	Regeleit	Leer	Abteilungsleiter
3	Einkauf	1005	Meimel	Papenburg	Sachbearbeiter
4	Verkauf	1004	Groos	Börger	Sachbearbeiter
5	Lager	1003	Müller	Papenburg	Abteilungsleiter

14.6.3 Eingabe und Löschung eines Datensatzes

Als Nächstes soll überprüft werden, ob die Eingabe eines doppelten Datensatzes gelingt. Ist dies nicht der Fall, muss der Datensatz gelöscht werden.

Bearbeitungsschritte:

- Geben Sie einen Datensatz ein. Die Inhalte sind mit dem ersten Datensatz identisch.

Abteilung_Personal

Abteilung_Nr	Mitarbeiter_Nr
5	1003
1	1000

- Wollen Sie den Datensatz verlassen und einen neuen Datensatz eingeben oder die Tabelle speichern, wird die folgende Fehlermeldung ausgegeben:

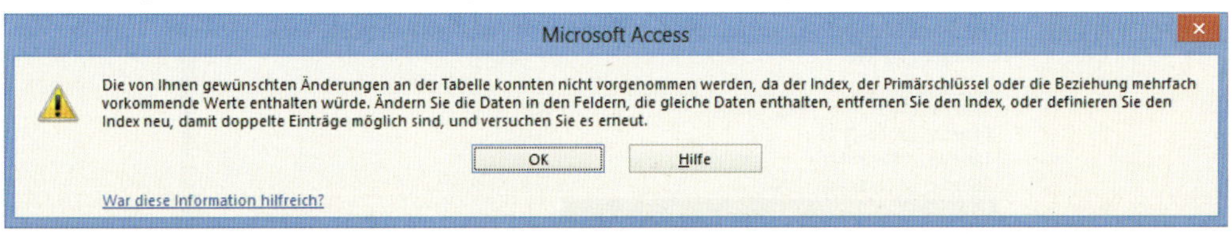

- Klicken Sie die Schaltfläche **OK** an. Schließen Sie danach die Tabelle. Es wird wieder die vorherige Meldung ausgegeben und dann das folgende Fenster angezeigt:

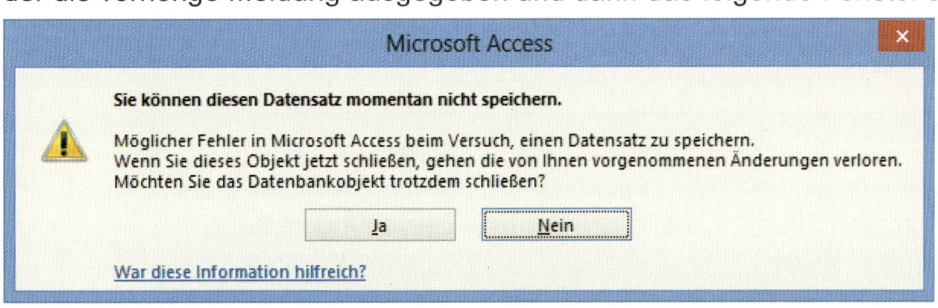

- Klicken Sie die Schaltfläche **Ja** an. Die Eingabe wird nicht gespeichert, die bisherigen Datensätze bleiben erhalten.
- Sollten Sie sich jedoch lediglich bei einer Eingabe versehen haben, kann diese sofort korrigiert werden.

14.7 Suche nach Inkonsistenzen

Die Suche nach Inkonsistenzen ermöglicht es, in zwei miteinander verbundenen Tabellen in einer Tabelle *Lieferanten (m:n)* alle Datensätze zu finden, zu denen es keine korrespondierenden Datensätze in der anderen ausgewählten Tabelle *Lieferanten_Lager (m:n)* gibt. Konkret bedeutet dies, dass überprüft werden kann, ob bei einem Lieferanten bisher noch nicht bestellt worden ist. Aus den Ergebnissen lassen sich verschiedene Schlüsse ziehen. So kann es beispielsweise ratsam sein, bei dem entsprechenden Lieferanten Preislisten usw. anzufordern, um den Geschäftsverkehr wieder zu beleben. Auf der anderen Seite ist, wenn nicht mehr beabsichtigt wird, bei dem Lieferanten zu kaufen, auch eine Löschung des Datensatzes in Erwägung zu ziehen.

Bearbeitungsschritte:

- Klicken Sie im Register **ERSTELLEN** in der Gruppe **Abfragen** die Schaltfläche **Abfrage-Assistent** an.

- Bestimmen Sie im Fenster **Neue Abfrage**, dass die Abfrage mithilfe des **Abfrage-Assistenten zur Inkonsistenzsuche** durchgeführt werden soll.

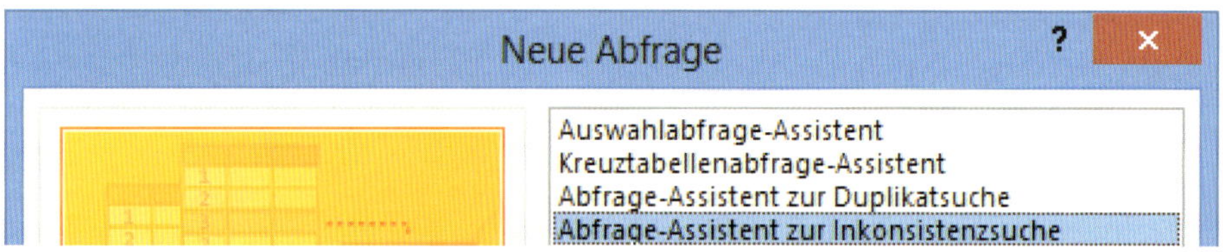

- Wählen Sie im nächsten Fenster die Tabelle *Lieferanten (m:n)* aus.

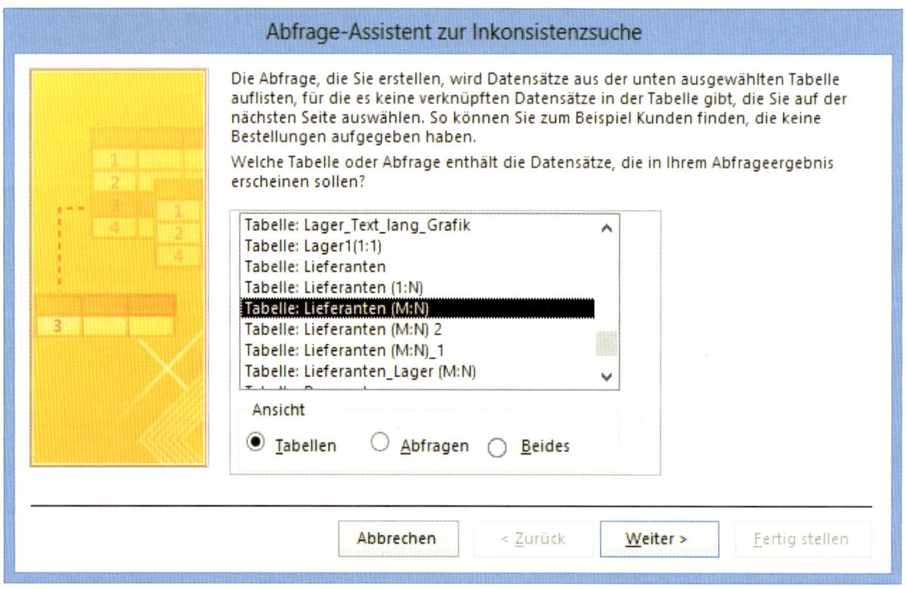

- Danach bestimmen Sie die Tabelle, zu der eine Beziehung besteht.

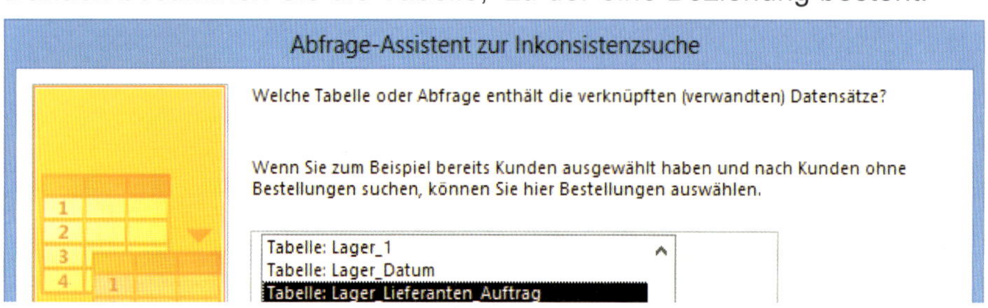

Bearbeitungsschritte (Fortsetzung):

- Im nächsten Fenster werden übereinstimmende Datenfelder der Tabellen bestimmt.

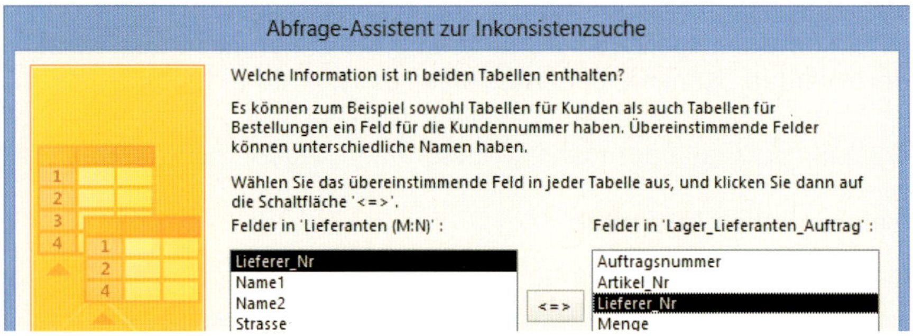

- Legen Sie fest, dass alle Felder als Abfrageergebnis angezeigt werden sollen.

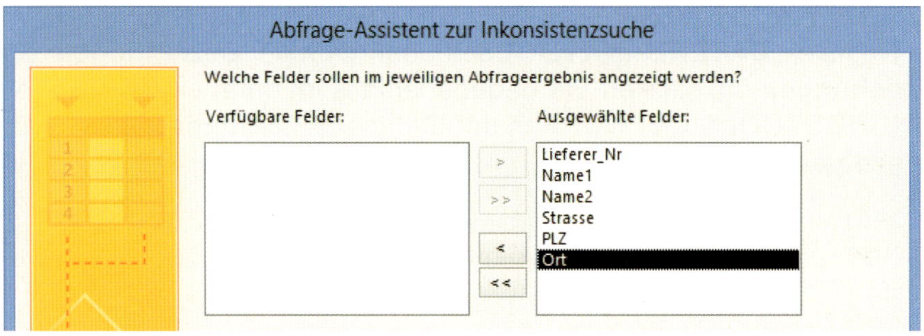

- Legen Sie den Namen für die Abfrage fest. Bestimmen Sie außerdem, dass das Ergebnis angezeigt werden soll.

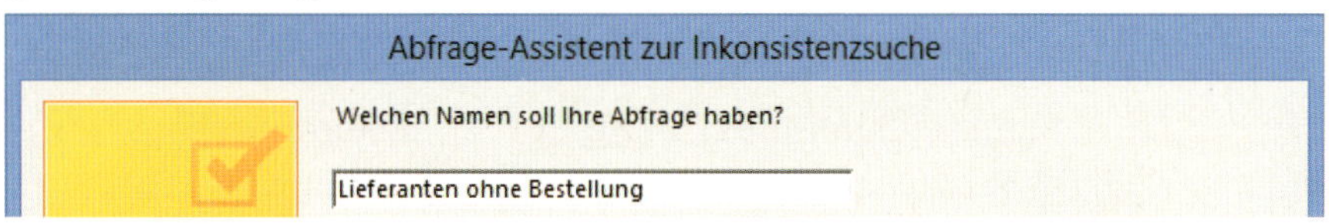

- Als Ergebnis werden die Lieferanten mit den Lieferernummern *103* und *106* ausgegeben. Dies bedeutet, dass bisher keine Bestellung bei diesen Lieferanten erfolgte.

Lieferanten ohne Bestellung

Lieferer_Nr	Name1	Name2	Strasse	PLZ	Ort
103	Computerland GmbH	Computer	Fischstieg 65	22119	Hamburg
106	Microcomputer Voges	EDV-Bedarf	Schlossstr. 45	30159	Hannover

- Führen Sie anschließend eine weitere Inkonsistenzsuche mit den Tabellen *Lager (m:n)* und *Lager_Lieferanten_Auftrag* durch. Als Ergebnis werden die folgenden Artikel ausgegeben:

Lager(m:n) ohne übereinstimmende Daten in Lager_Lieferanten_Auftrag

Artikel_Nr	Artikelart	Artikel_Bez	Bestand	Mindestbestand	Höchstbestand
1006	Drucker	Stil	8	5	15
1007	Drucker	Klassic	12	6	10
2000	Scanner	Swift	8	10	20
2001	Scanner	Akura	4	2	5
3000	Computer	AGIB HS	10	8	16
3001	Computer	Trup AK	5	6	10
3002	Computer	Ambro Super	21	12	18

- Aus der Tatsache, dass keine Bestellungen für diesen Artikel in der letzten Zeit notwendig waren, kann u. U. geschlossen werden, dass es sich um ein Auslaufprodukt handelt. Es ist daher vielleicht notwendig, die restlichen Produkte zu besonders günstigen Konditionen zu verkaufen und den Datensatz danach zu löschen.

14.8 Beziehungen mit referentieller Integrität

14.8.1 Begriff

Referentielle Integrität besagt, dass das Programm sicherstellt, dass hergestellte Beziehungen zwischen den Datensätzen gültig sind und verknüpfte Daten nicht aus Versehen gelöscht oder geändert werden. Konkret bedeutet dies, dass z. B. ein Artikeldatensatz nicht gelöscht werden kann, wenn zu anderen Tabellen Beziehungen bestehen, also beispielsweise dem Artikeldatensatz ein oder mehrere Lieferanten zugeordnet worden sind.

14.8.2 Aufbau der referentiellen Integrität

Zum Aufbau der referentiellen Integrität werden vorhandene Tabellen und Beziehungen genutzt.

Bearbeitungsschritte:

- Klicken Sie im Register **DATENBANKTOOLS** in der Gruppe **Beziehungen** die Schaltfläche **Beziehungen** an. Klicken Sie gegebenenfalls im dann eingeblendeten Register **BEZIEHUNGSTOOLS/ENTWURF** in der Gruppe **Beziehungen** die Schaltfläche **Tabelle anzeigen** an.

- Bestehende Beziehungen werden angezeigt:

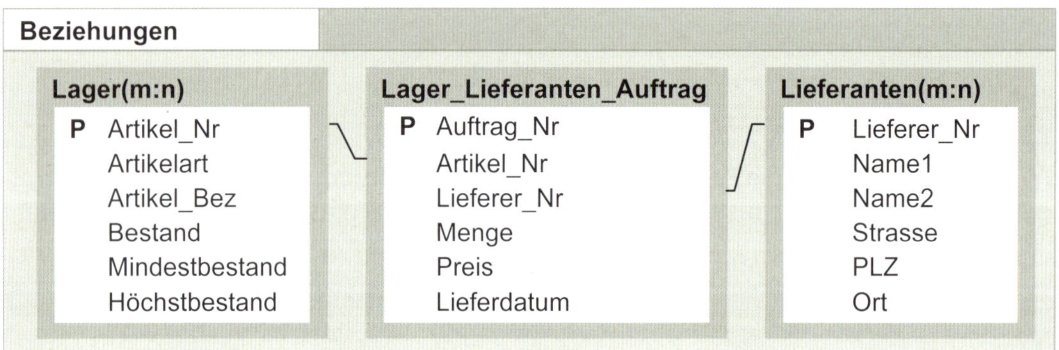

- Klicken Sie die Verbindungslinie zwischen den beiden ersten Tabellen an. Klicken Sie danach im Register **BEZIEHUNGSTOOLS/ENTWURF** in der Gruppe **Tools** die Schaltfläche **Beziehungen bearbeiten** an. Auch über das Kontextmenü lässt sich die Beziehung bearbeiten.

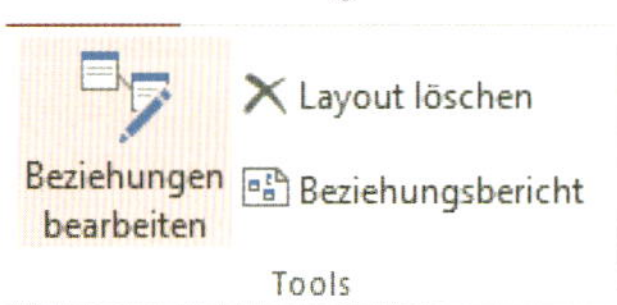

- Aktivieren Sie danach das Kontrollkästchen **Mit referentieller Integrität**.

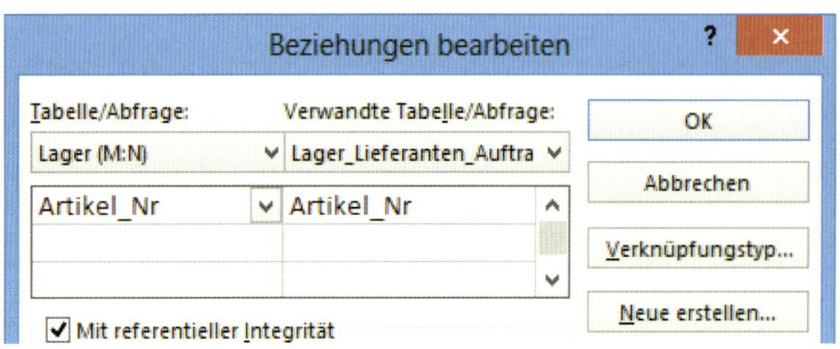

Bearbeitungsschritte (Fortsetzung):

- Mit Anklicken der Schaltfläche **OK** wird die Änderung vorgenommen. Stellen Sie danach die gleiche Verbindung zwischen den Tabellen *Lieferanten(m:n)* und *Lager_Lieferanten_Auftrag* her. Die Darstellung sieht jetzt folgendermaßen aus:

14.8.3 Auswirkungen der referentiellen Integrität – Eingabe von Daten

Die Auswirkungen zeigen sich, wenn man in der Tabelle *Lager_Lieferanten_Auftrag* Datensätze eingeben möchte. Da eine referentielle Integrität aufgebaut wurde, wird bei der Eingabe überprüft, ob die Lager- bzw. Lieferantendaten überhaupt vorhanden sind.

Bearbeitungsschritte:

- Geben Sie in der Tabelle *Lager_Lieferanten_Auftrag* den folgenden Datensatz ein:

Lager_Lieferanten_Auftrag

Auftrag_Nr	Artikel_Nr	Liefe-rer_Nr	Menge	Preis	Lieferdatum
9	3001	109	12	876,00 €	28.11.2013

- Das Programm reagiert, da es keinen Lieferanten *109* gibt, mit einer Meldung:

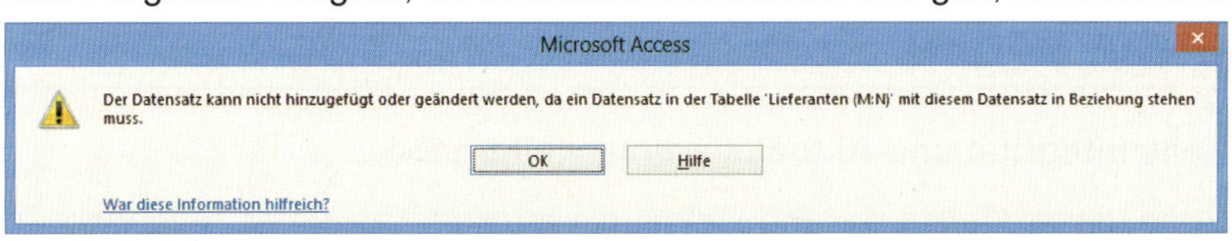

- Klicken Sie die Schaltfläche **OK** an. Schließen Sie danach die Tabelle. Es wird wieder die vorherige Meldung ausgegeben und dann das folgende Fenster angezeigt:

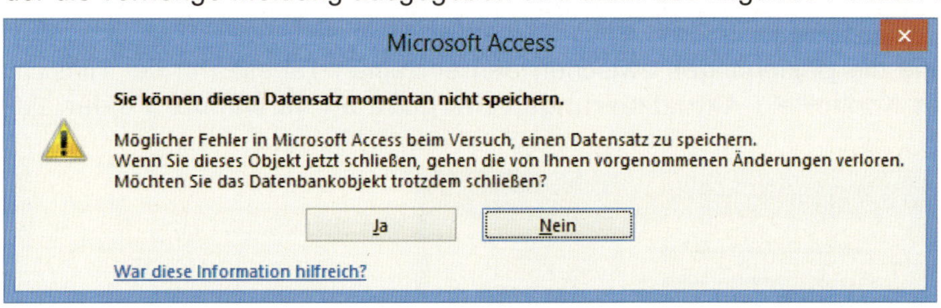

- Klicken Sie die Schaltfläche **Ja** an. Die Eingabe wird nicht gespeichert, die bisherigen Datensätze bleiben erhalten. Sollten Sie sich jedoch lediglich bei einer Eingabe versehen haben, kann diese sofort korrigiert werden.
- Soll der angegebene Datensatz tatsächlich in die Tabelle *Lager_Lieferanten_Auftrag* eingegeben werden, muss zunächst in der Tabelle *Lieferanten (m:n)* ein Datensatz mit der Lieferantennummer *109* eingetragen werden. Erst danach kann logischerweise der gewünschte Datensatz in die Tabelle *Lager_Lieferanten_Auftrag* eingegeben werden.

14.8.4 Auswirkungen der referentiellen Integrität – Löschung von Daten

Die Löschung von Daten in den Tabellen *Lager (m:n)* und *Lieferanten (m:n)* kann nicht mehr ohne Probleme erfolgen. Sollen die Daten gelöscht werden, muss die referentielle Integrität zunächst aufgelöst werden.

Bearbeitungsschritte:

- Rufen Sie die Tabelle *Lager (m:n)* auf und markieren Sie den dritten Datensatz.

Lager(m:n)

	Artikel_Nr	Artikelart	Artikel_Bez	Bestand	Mindestbestand	Höchstbestand
+	1000	Schreibtisch	Gabriele	5	5	10
+	1001	Schreibtisch	Modern	10	15	30
+	1002	Schreibtisch	Exklusiv	20	10	30
+	1003	Büroschrank	Elegant	12	5	10

- Klicken Sie im Register **START** in der Gruppe **Zwischenablage** die Schaltfläche **Ausschneiden** an.

- Das Programm reagiert mit einer Fehlermeldung:

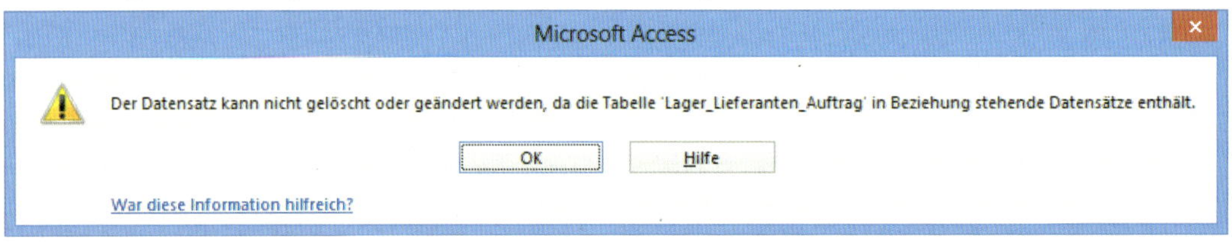

- Eine Löschung des Datenfeldes ist nicht möglich. Analog ist eine Löschung in der Tabelle *Lieferanten (m:n)* nicht möglich, es sei denn, die referentielle Integrität wird aufgelöst.

14.8.5 Referentielle Integrität und Aktualisierungsweitergabe

Durch die Aktivierung dieser Option werden Daten, die in einer Tabelle geändert werden, automatisch auch in einer anderen Tabelle geändert.

Bearbeitungsschritte:

- Verändern Sie die Beziehungen zwischen den einzelnen Tabellen in der Hinsicht, dass Sie das Kontrollfeld **Aktualisierungsweitergabe an verwandte Felder** aktivieren.

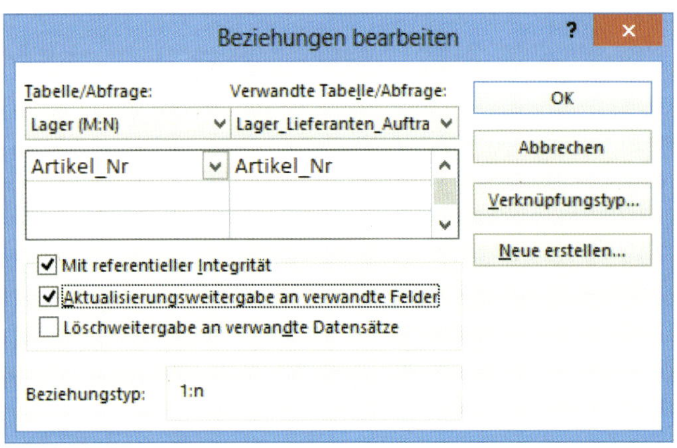

Bearbeitungsschritte (Fortsetzung):

- Verändern Sie in der Tabelle *Lieferanten (m:n)* die Lieferantennummer *102* in *110*. Schließen Sie danach die Tabelle.

Lieferanten(m:n)

Lieferer_Nr	Name1	Name2	Strasse	PLZ	Ort
100	Wagner & Co.	Büromöbel	Vogtweg 23	33607	Bielefeld
101	Büromöbel AG	Büroeinrichtungen	Gutachtstr. 342	13469	Berlin
110	Tranel GmbH	Büromöbel	Bechemstr. 67	47058	Duisburg

- In der Tabelle *Lager_Lieferanten_Auftrag)* wird automatisch die Lieferantennummer *102* durch *110* ersetzt.

**La-
ger_Lieferanten_Auftrag**

Auftrag_Nr	Artikel_Nr	Lieferer_Nr	Menge	Preis	Lieferdatum
1	1000	110	5	800,00 €	12.11.2013
2	1001	101	7	456,00 €	14.11.2013
3	1002	110	23	1.250,00 €	16.11.2013

- Machen Sie die Änderung in der Tabelle *Lieferanten (m:n)* wieder rückgängig.

14.8.6 Referentielle Integrität und Löschweitergabe

Die Aktivierung dieser Option sollte außerordentlich gut überlegt werden, da die Löschung von Daten automatisch zur Löschung weiterer Daten in einer anderen Tabelle führt. Unter Umständen gehen damit später benötigte Daten unwiderruflich verloren.

Damit keine Daten in den Originaltabellen gelöscht werden, sollen daher die einzelnen Tabellen kopiert werden und dann die Daten der neuen Tabellen miteinander verknüpft werden.

Bearbeitungsschritte:

- Kopieren Sie die Tabellen *Lager (m:n)*, *Lieferanten (m:n)* und *Lager_Lieferanten_Auftrag* und fügen Sie die Tabellen unter den Namen Tabellen *Lager (m:n) 2*, *Lieferanten (m:n) 2* und *Lager_Lieferanten_Auftrag 2* in die Datenbank *Betrieb* ein.
- Damit bleiben die Originaltabellen erhalten, in den neuen Tabellen können Löschungen vorgenommen werden.
- Bauen Sie zwischen den angezeigten Tabellen jeweils eine Beziehung mit referentieller Integrität und **Löschweitergabe an verwandte Datensätze** auf. Die zweite aufzubauende Beziehung muss zwischen den Tabellen *Lieferanten (m:n) 2* und *Lager_Lieferanten_Auftrag 2* aufgebaut werden.

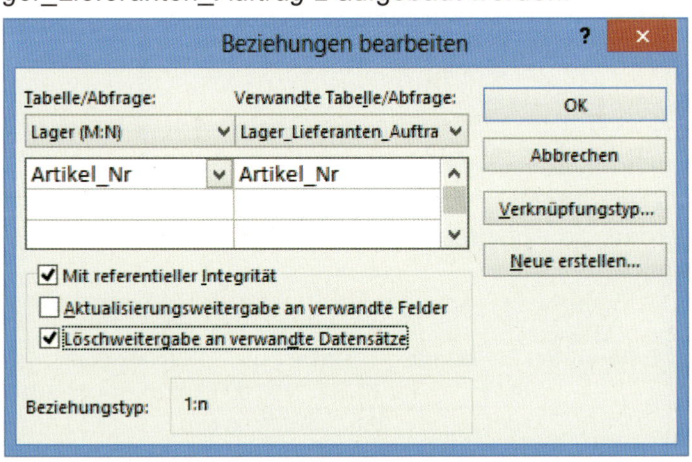

Bearbeitungsschritte (Fortsetzung):

- Bauen Sie dieselbe Beziehung zwischen den Tabellen *Lieferanten (m:n) 2* und *Lager_Lieferanten_Auftrag 2* auf. Folgende Beziehungen werden angezeigt:

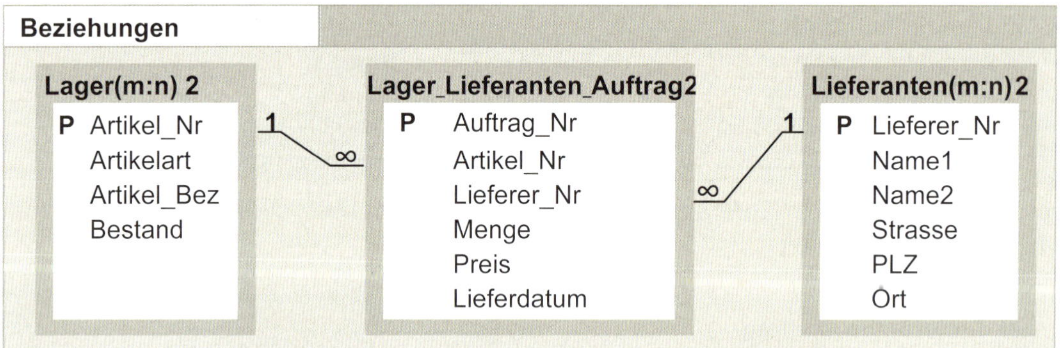

- Öffnen Sie die Tabelle *Lager_Lieferanten_Auftrag 2*. Es werden u. a. zwei Artikel angezeigt, die der Lieferant mit der Lieferantennummer *102* liefern kann.

Lager_Lieferanten_Auftrag 2

Auftrag_Nr	Artikel_Nr	Lieferer_Nr	Menge	Preis	Lieferdatum
1	1000	102	5	800,00 €	12.11.2013
2	1001	101	7	456,00 €	14.11.2013
3	1002	102	23	1.250,00 €	16.11.2013

- Schließen Sie die Tabelle wieder. Rufen Sie die Tabelle *Lieferanten (m:n) 2* auf. Markieren Sie folgenden Datensatz:

Lieferanten(m:n) 2

Lieferer_Nr	Name1	Name2	Strasse	PLZ	Ort
100	Wagner & Co.	Büromöbel	Vogtweg 23	33607	Bielefeld
101	Büromöbel AG	Büroeinrichtungen	Gutachtstr. 342	13469	Berlin
102	Tranel GmbH	Büromöbel	Bechemstr. 67	47058	Duisburg
103	Computerland GmbH	Computer	Fischstieg 65	22119	Hamburg
104	Computer 2000	EDV-Herstellung	Koloniestr. 128	28777	Bremen

- Klicken Sie im Register **START** in der Gruppe **Zwischenablage** die Schaltfläche **Ausschneiden** an.

- Folgende Meldung wird auf dem Bildschirm ausgegeben:

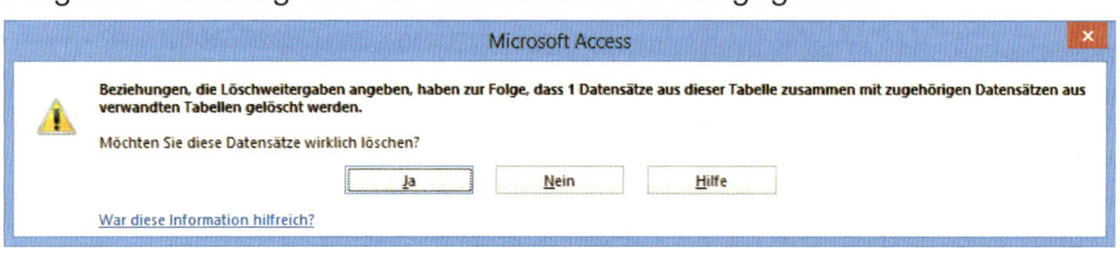

- Klicken Sie die Schaltfläche **Ja** an. Der Datensatz wird aus der Tabelle *Lieferanten (m:n) 2* entfernt. Ebenfalls werden die entsprechenden Daten aus der Tabelle *Lager_Lieferanten_Auftrag 2* gelöscht.

Lager_Lieferanten_Auftrag

Auftrag_Nr	Artikel_Nr	Lieferer_Nr	Menge	Preis	Lieferdatum
2	1001	101	7	456,00 €	14.11.2013
4	1003	104	12	2.400,00 €	16.11.2013

14.9 Gleichheits- und Inklusionsverknüpfung

14.9.1 Gleichheitsverknüpfung (Inner-Join)

Über die Datenfelder *Ort* in der Tabelle *Kunden* und *Ort* in der Tabelle *Lieferanten* sollen über die genannten Verknüpfungsarten Auswertungen vorgenommen werden. Ein ähnliches Ergebnis können Sie, wie bereits dargestellt, auch mit der *Union-Abfrage* erreichen.

Mithilfe der Gleichheitsverknüpfung sollen durch eine Abfrage alle Orte ausgegeben werden, in denen sowohl Kunden als auch Lieferanten ansässig sind.

Bearbeitungsschritte:

- Bauen Sie die folgende Beziehung auf. Sie wird als *undefiniert* bezeichnet. Die Verknüpfung erfolgt nicht über einen Primärschlüssel.

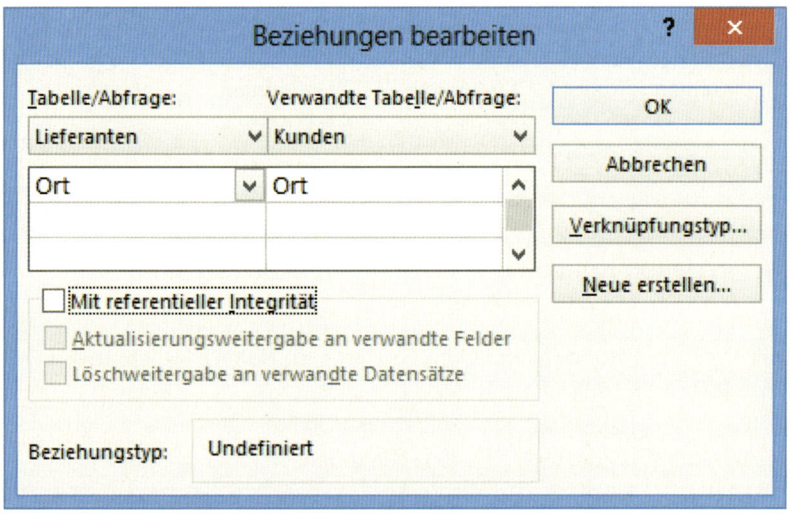

- Klicken Sie die Schaltfläche **Verknüpfungstyp** an. Es werden die einzelnen Möglichkeiten der Verknüpfung dargestellt. Wählen Sie die erste Option:

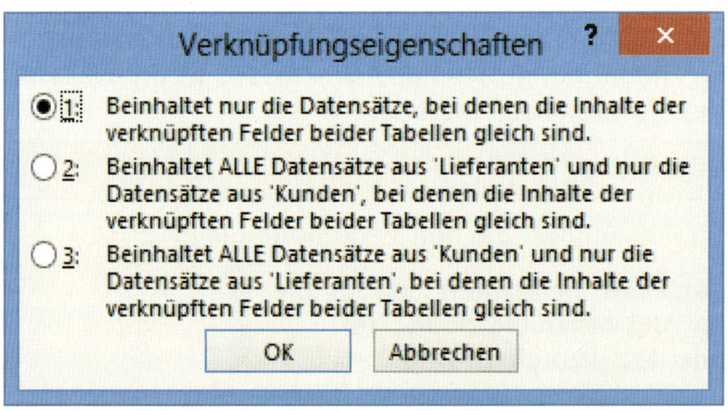

- Die Verknüpfung wird im Fenster **Beziehungen** folgendermaßen dargestellt:

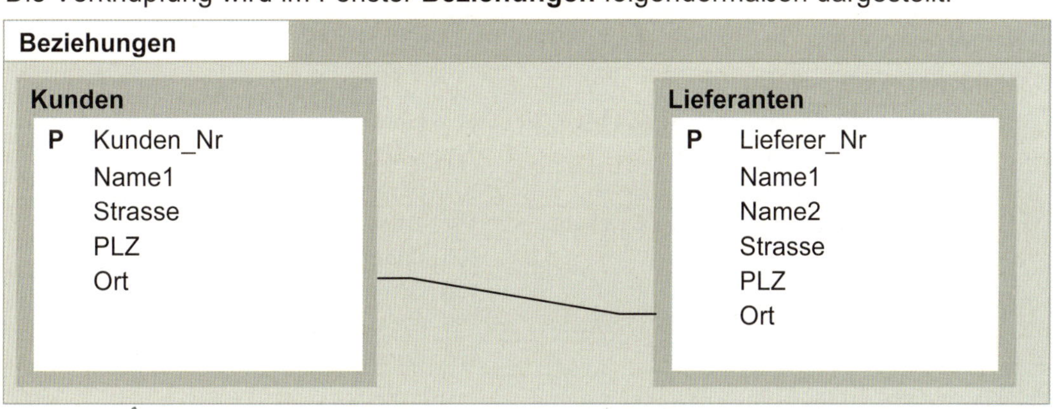

Bearbeitungsschritte (Fortsetzung):

- Erstellen Sie die folgende Abfrage unter dem Namen *Gleichheitsverknüpfung*:

Gleichheitsverknüpfung

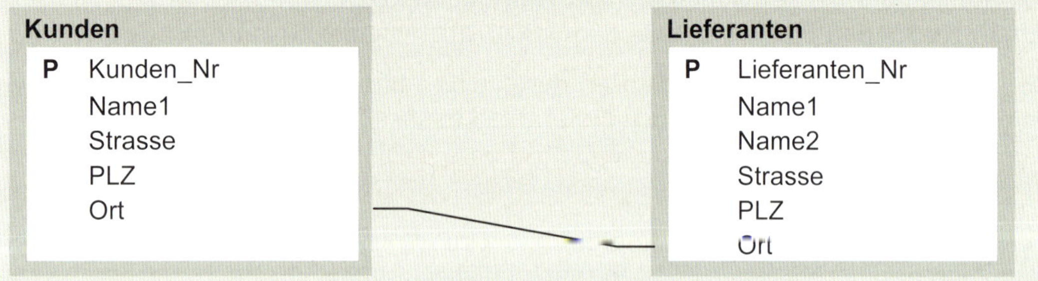

Feld:	Kunden_Nr	Name1	Ort	Lieferer_Nr	Name1	Ort
Tabelle:	Kunden	Kunden	Kunden	Lieferanten	Lieferanten	Lieferanten
Sortierung:						
Anzeigen:	☑	☑	☑	☑	☑	☑
Kriterium:						

- Das Ergebnis zeigt Orte, in denen Kunden und Lieferanten ansässig sind:

Gleichheitsverknüpfung

Kun	Kunden.Name1	Kunden.Ort	Lief	Lieferanten.Name1	Lieferanten.Ort
203	Bürobedarf Hinze KG	Berlin	101	Büromöbel AG	Berlin
205	Willi Garstig OHG	Duisburg	102	Tranel GmbH	Duisburg
210	Büroartikel Wessel GmbH	Oldenburg	105	Micro Hansen OHG	Oldenburg

14.9.2 Links- und Rechts-Inklusionsverknüpfung (Outer-Join)

Über diese Inklusionsverknüpfungen werden jeweils Teile von Tabellen ausgegeben. Dabei können unterschiedliche Ergebnisse aufgrund des gewählten Verknüpfungstyps erzielt werden. In dem Fenster, in dem die Verknüpfungen festgelegt werden, wird jeweils eine kurze Erklärung zu den zu erwartenden Ergebnissen gegeben.

Bearbeitungsschritte:

- Bauen Sie dieselbe Verknüpfung auf. Ändern Sie den Verknüpfungstyp:

◉ 2: Beinhaltet ALLE Datensätze aus 'Lieferanten' und nur die Datensätze aus 'Kunden', bei denen die Inhalte der verknüpften Felder beider Tabellen gleich sind.

- Als Ergebnis werden die Datensätze so ausgegeben, wie das Programm es angekündigt hat, nämlich alle Datensätze aus Lieferanten und nur die Datensätze aus Kunden, bei denen die Inhalte der verknüpften Felder beider Tabellen gleich sind.

Links-Inklusionsverknüpfung

Kun	Kunden.Name1	Kunden.Ort	Lief	Lieferanten.Name1	Lieferanten.Or
			100	Wagner AG	Bielefeld
203	Bürobedarf Hinze KG	Berlin	101	Büromöbel AG	Berlin
205	Willi Garstig OHG	Duisburg	102	Tranel GmbH	Duisburg
			103	Computerland GmbH	
			104	Computer 2000 GmbH	
210	Büroartikel Wessel GmbH	Oldenburg	105	Micro Hansen OHG	Oldenburg
			106	Computer Voges AG	Hannover

- Probieren Sie danach eine Rechts-Inklusionsverknüpfung aus.

14.10 Verknüpfungen aufgrund einer Abfrage

Eine Alternative zu den festen Beziehungen, die bisher realisiert wurden, ist das Herstellen einer Beziehung in einer Abfrage. Die Beziehung wird nur in dieser Abfrage wirksam. Die drei Verknüpfungsmöglichkeiten, wie sie beschrieben wurden, können angewandt werden.

Bearbeitungsschritte:

- Löschen Sie zunächst die Beziehungen zwischen dem Datenfeld *Ort* in der Tabelle *Kunden* und dem Datenfeld *Ort* in der Tabelle *Lieferanten*.
- Erstellen Sie die folgende Abfrage:

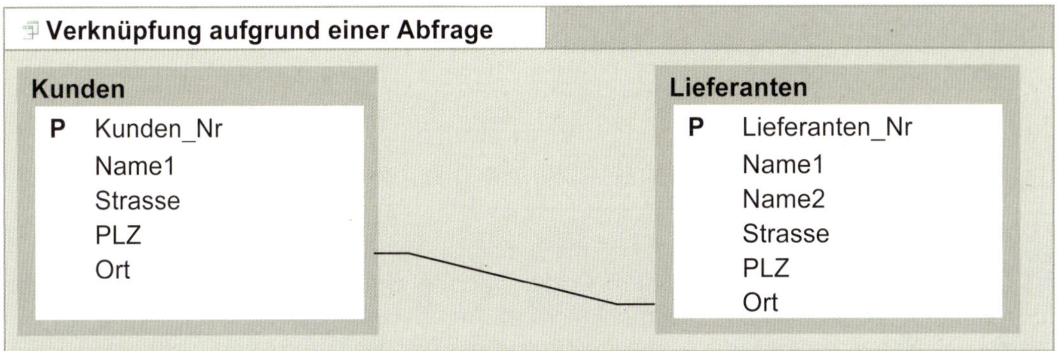

Feld:	Kunden_Nr	Name1	Ort	Lieferer_Nr	Name1	Ort
Tabelle:	Kunden	Kunden	Kunden	Lieferanten	Lieferanten	Lieferanten
Sortierung:						
Anzeigen:	☑	☑	☑	☑	☑	☑
Kriterium:						

- Wenn Sie nun die Abfrage ausführen, würden fehlerhaft alle Verbindungen zwischen allen Datensätzen angezeigt. Verknüpfen Sie daher in der Abfrage die angezeigten Datenfelder (*Ort*). Klicken Sie dann mit der rechten Maustaste auf die Verbindungslinie und wählen Sie den Menüpunkt **Verknüpfungseigenschaften**.

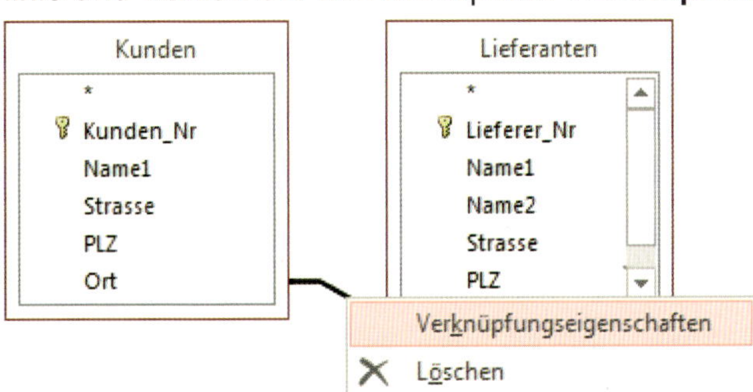

- Sie können nun die Verknüpfungseigenschaften bestimmen und das gewünschte Ergebnis ausgeben lassen.

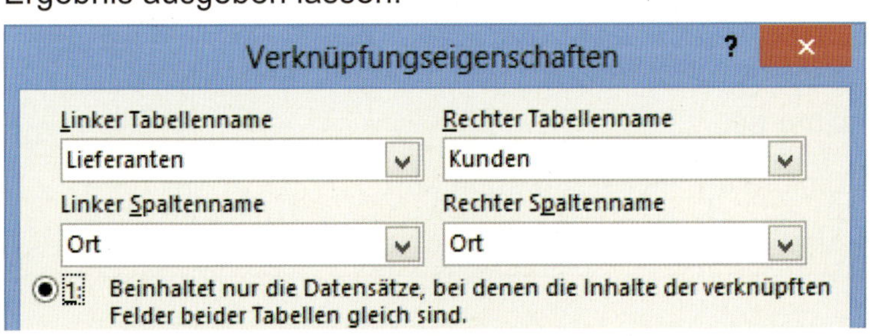

- Probieren Sie die einzelnen Möglichkeiten nacheinander aus.

Übungen:

1. Neben den Daten der Arbeitnehmerinnen und Arbeitnehmer sollen auch die Daten der Betriebe erfasst werden, in denen die Beschäftigten arbeiten. Da es sich bei der *Arbeitsvermittlung GmbH* um ein Unternehmen handelt, das anderen Unternehmen bei Bedarf Arbeitnehmerinnen und Arbeitnehmer zur Verfügung stellt, ist die Möglichkeit gegeben, dass die Beschäftigten bei verschiedenen Unternehmen arbeiten.

   a) Legen Sie in der Datenbank *Arbeitsvermittlung* eine Tabelle mit dem Namen *Betriebe* an, die die nachfolgende Dateistruktur aufweisen soll. Versehen Sie das Datenfeld *BNr* mit einem Primärschlüssel.

Feldname	Felddatentyp
BNr	Zahl
Name_1	Text
Name_2	Text
Strasse	Text
PLZ	Zahl
Ort	Text

   b) Geben Sie die folgenden Daten in die Tabelle *Betriebe* ein. Speichern Sie danach die Tabelle ohne Primärschlüssel ab.

BNr	Name_1	Name_2	Strasse	PLZ	Ort
1	Büro Schmitz	Bürobedarf	Salzstr. 765	44894	Bochum
2	Hoffmann AG	Stahlhandel	Güterstr. 23	44145	Dortmund
3	Santel GmbH	Schuhhandel	Sydowstr. 56	44369	Dortmund
4	Donike OHG	Textilwaren	Stembergstr. 67	44807	Bochum
5	Geiger KG	Malerbetrieb	Gögestr. 78	44225	Dortmund

   c) Versehen Sie das Datenfeld *ANr* in der Tabelle *Arbeitnehmer* mit einem Primärschlüssel.

   d) Für die Beschäftigten zahlen die einzelnen Betriebe unterschiedliche Entgelte pro Stunde. Erstellen Sie eine dritte Tabelle *Arbeitnehmer_Betriebe* mit den Datenfeldern *ANr*, *BNr* und *Entgelt*. Versehen Sie die beiden ersten Datenfelder mit einem zusammengesetzten Primärschlüssel.

   e) Geben Sie die folgenden Daten in die Tabelle *Arbeitnehmer_Betriebe* ein:

ANr	BNr	Entgelt	ANr	BNr	Entgelt	ANr	BNr	Entgelt	ANr	BNr	Entgelt
1003	1	25,00	1000	5	26,70	1002	4	24,30	1007	3	25,90
1014	3	25,00	1012	4	28,70	1009	1	32,80	1007	4	25,90
1012	3	26,00	1014	4	28,70	1010	3	31.80	1009	3	26,00

   f) Stellen Sie eine m:n-Beziehung zwischen den Tabellen her.

   g) Werten Sie die Tabellen durch entsprechende Abfragen aus.

   h) Führen Sie die beiden möglichen Inkonsistenzsuchen durch.

   i) Fügen Sie Unterdatenblätter ein.

   j) Bauen Sie Beziehungen mit referentieller Integrität auf.

   k) Führen Sie Gleichheits- und Inklusionsverknüpfungen durch.

15 Datenaustausch

15.1 Vorbemerkungen

Die Möglichkeiten, in **Access** erfasste Daten in ein anderes Programm zu übertragen, sind vielfältig. Die wesentlichen Varianten werden hier angegeben. Sie können zum Teil alternativ genutzt werden. Es wird dabei davon ausgegangen, dass als Ursprungsdateien die Tabellen *Lager* und *Hersteller* aus der Datenbank *Betrieb* zur Verfügung stehen.

Ein wichtiges Kriterium für ein gutes Programm ist die Fähigkeit, Daten zu importieren bzw. zu exportieren. Dem Import von Daten kommt vor allem die Aufgabe zu, bereits früher mit anderen Programmen erfasste Daten zu übernehmen und damit die Weiterverwendung und -verarbeitung zu gewährleisten. Der Export von Daten erlaubt es, mit dem Programm **Access** erfasste Daten in anderen Programmen für andere Zwecke zu nutzen. Ein Beispiel hierfür ist die Erstellung einer Kundendatei, die dann mithilfe einer Textverarbeitung für die Erstellung von Serienbriefen genutzt wird.

Will man mit **Access** erfasste Daten grafisch ausgeben, so kann dies durch das Programm **Access** über einen Diagramm-Assistenten geschehen. Wesentlich komfortabler und mit zusätzlichen Möglichkeiten der Gestaltung ist dies jedoch durch die Tabellenkalkulation **Excel** möglich. Daher ist es vernünftig, die Daten zunächst in die Tabellenkalkulation zu exportieren und dann das entsprechende Diagramm zu erstellen.

15.2 Datenexport

Datenexport von Access in Excel

Der Datenaustausch innerhalb der Office-Programme (**Excel**, **Word**, **Access**) ist besonders einfach und komfortabel geregelt. Dies gilt selbstverständlich nur, wenn die entsprechenden Programme auf dem Computer installiert sind.

Bearbeitungsschritte:

- Öffnen Sie die Datenbank *Betrieb*. Bestimmen Sie zunächst durch Ein- und Ausblenden in der Tabelle *Lager*, welche Daten übertragen werden sollen. Nur eingeblendete Datenfelder werden übertragen. Markieren Sie danach in der Navigationsleiste des Programms **Access** die Tabelle *Lager*.
- Klicken Sie im Register **EXTERNE DATEN** in der Gruppe **Exportieren** die Schaltfläche **Excel** an.

- Bestimmen Sie danach das Zielverzeichnis der Datei. Legen Sie außerdem das Dateiformat fest. Darüber hinaus sollten Sie bestimmen, dass die Daten mit Formatierung und Layout übertragen werden und das Programm **Excel** mit den Daten geöffnet wird.

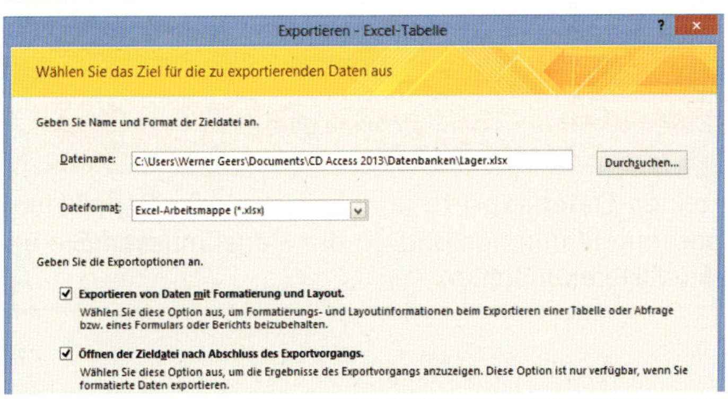

Bearbeitungsschritte:

- Die Daten werden im Programm **Excel** angezeigt:

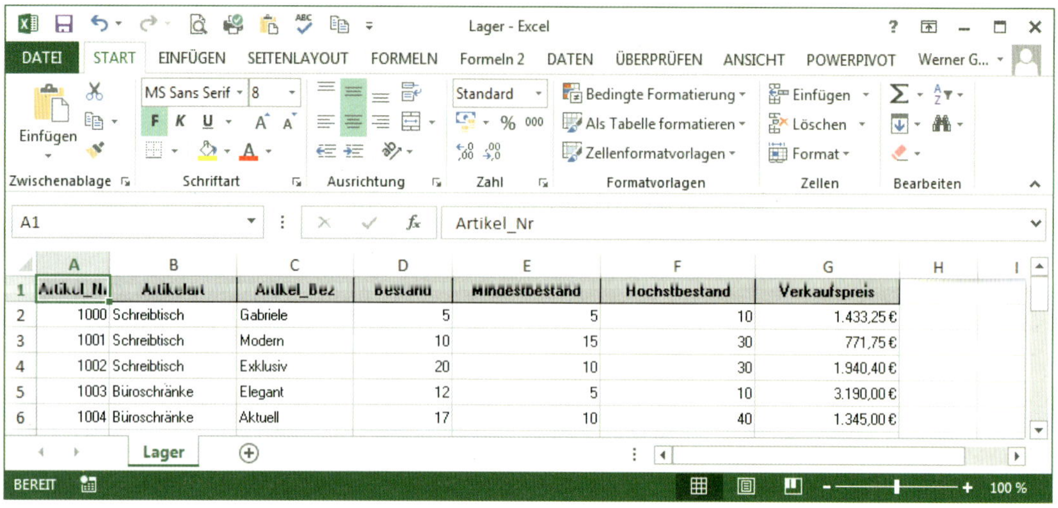

- Schließen Sie das Programm **Excel**.
- Im nächsten Fenster des Programms **Access** können Sie bestimmen, dass die Exportschritte gespeichert werden. Damit müssen Sie nicht jedes Mal von neuem beim Übertragen der Tabelle *Lager* in **Excel** alle Schritte durchführen.

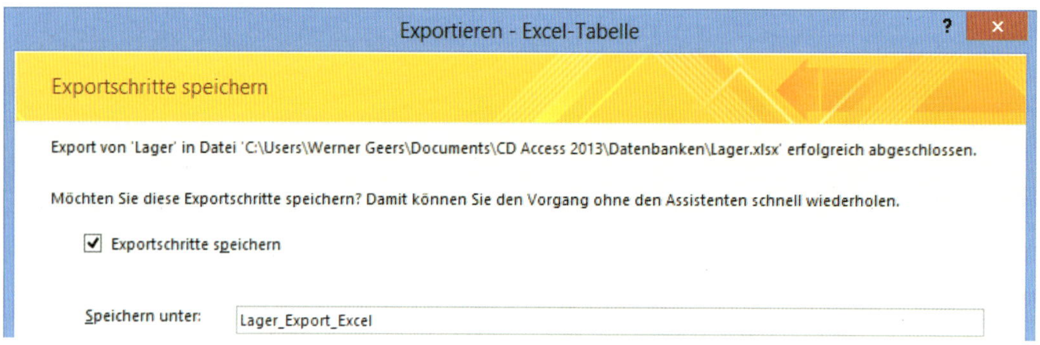

- Nach Anklicken der Schaltfläche **Exportschritte speichern** sind die Schritte des Exports gespeichert und können jederzeit wieder aufgerufen werden.
- Klicken Sie im Register **EXTERNE DATEN** in der Gruppe **Exportieren** die Schaltfläche **Gespeicherte Exporte** an.

- Im Fenster **Datentasks verwalten** werden die einzelnen Datenexporte aufgeführt.

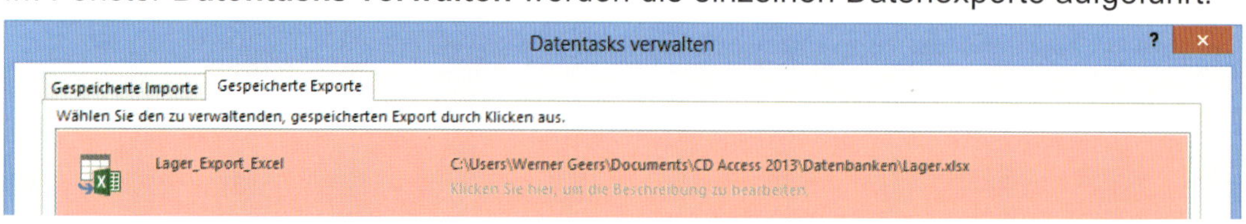

- Nach dem Markieren des einzelnen **Datenexports** und Anklicken der Schaltfläche **Ausführen** wird der Datenexport erneut durchgeführt. In der Regel müssen Sie bestätigen, dass Sie die Daten aktualisieren möchten.

Datenexport von Access in andere Programme

Am Beispiel des Exports von Daten aus Access in die Tabellenkalkulation **Excel** wurde der Export von Daten und die Speicherung der Exporte erklärt. Weitere Exportmöglichkeiten stehen zur Verfügung. Die Vorgehensweise ist in der Regel identisch oder ähnlich.

Bearbeitungsschritte:

- Öffnen Sie die Datenbank *Betrieb*. Bestimmen Sie zunächst durch Ein- und Ausblenden in der Tabelle *Lager*, welche Daten übertragen werden sollen. Nur eingeblendete Datenfelder werden übertragen. Markieren Sie danach in der Navigationsleiste des Programms **Access** die Tabelle *Lager*.
- Klicken Sie im Register **EXTERNE DATEN** in der Gruppe **Exportieren** die Schaltfläche **Weitere Optionen/Word** oder **Textdatei** an.

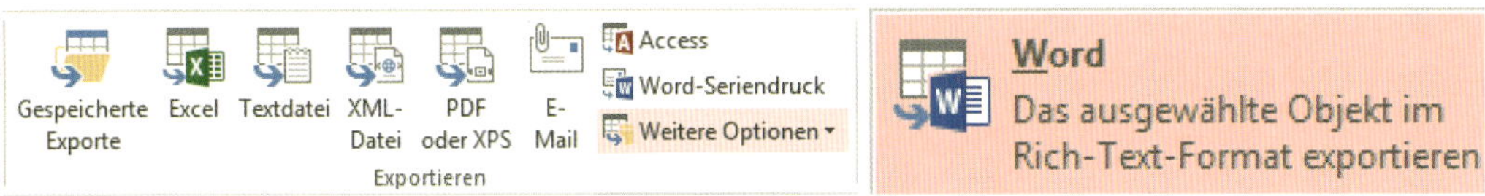

- Im ersten Fall können die Daten von der Textverarbeitung **Word** gelesen werden. Das Dokument können Sie dann in **Word** in einem von Ihnen gewünschten Format abspeichern. Im zweiten Fall wird in der Regel ein vorhandener Texteditor geöffnet. Sie müssen Einstellungen über das Format vornehmen. Später kann die Textdatei von einer Textverarbeitung eingelesen werden.
- Klicken Sie im Register **EXTERNE DATEN** in der Gruppe **Exportieren** die Schaltfläche **PDF oder XPS** an. Erstellen Sie eine PDF-Datei.

- Die erstellte Datei können Sie sich im **Adobe Reader** ansehen.

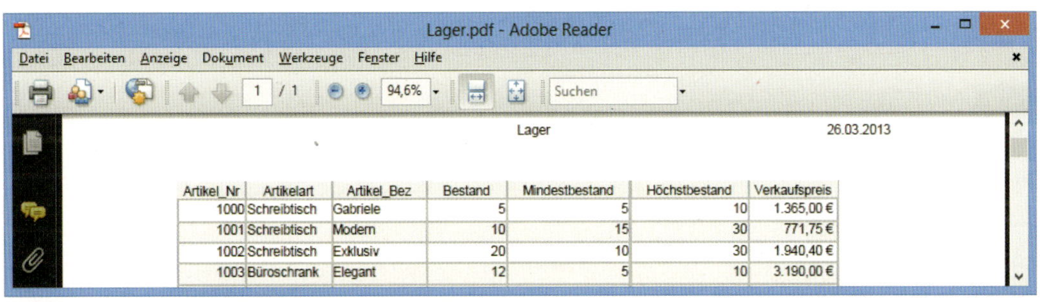

Lager 26.03.2013

Artikel_Nr	Artikelart	Artikel_Bez	Bestand	Mindestbestand	Höchstbestand	Verkaufspreis
1000	Schreibtisch	Gabriele	5	5	10	1.365,00 €
1001	Schreibtisch	Modern	10	15	30	771,75 €
1002	Schreibtisch	Exklusiv	20	10	30	1.940,40 €
1003	Büroschrank	Elegant	12	5	10	3.190,00 €

- Klicken Sie im Register **EXTERNE DATEN** in der Gruppe **Exportieren** die Schaltfläche **Weitere Optionen** an. Sie können nun die Datei in verschiedenen Formaten speichern, beispielsweise im **HTML-Format** (Webseite) oder als Datenbank, die von verschiedenen SQL-Servern genutzt werden kann. Der Begriff SQL wird später erklärt.

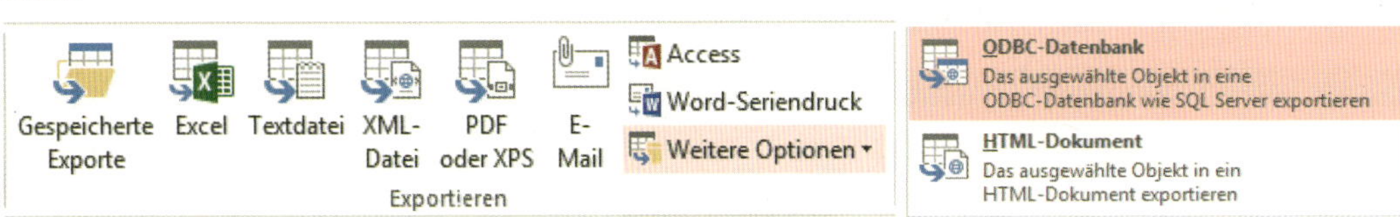

15.3 Datenaustausch durch Kopieren und Einfügen

Daten von einem Office-Programm können in ein anderes Office-Programm genauso wie innerhalb der Programme durch Kopieren und Einfügen übertragen werden.

Bearbeitungsschritte:

- Öffnen Sie eine Tabelle in einer **Access-Datenbank**. Markieren Sie die Datenfelder.

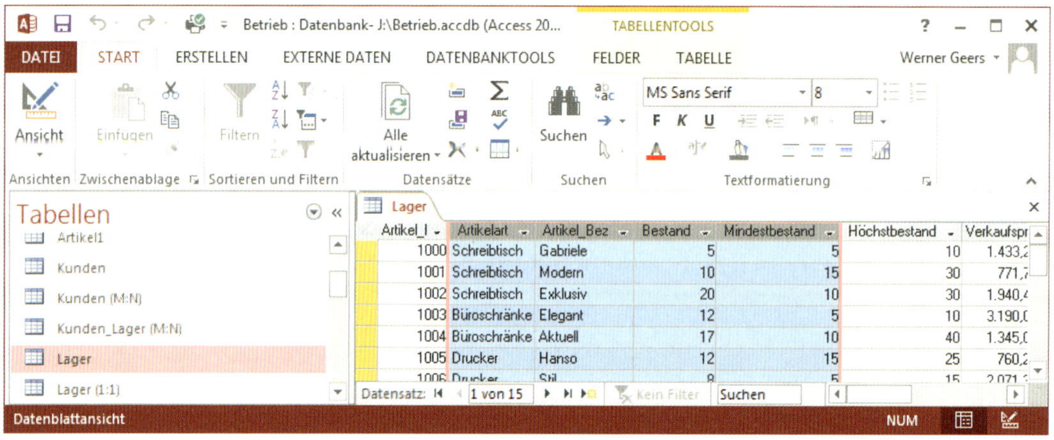

- Klicken Sie im Register **START** in der Gruppe **Zwischenablage** die Schaltfläche **Kopieren** an.

- Öffnen Sie die Tabellenkalkulation **Excel**. Erstellen Sie eine leere Arbeitsmappe. Markieren Sie in **Excel** die Zelle **A1**. Klicken Sie im Register **START** in der Gruppe **Zwischenablage** die Schaltfläche **Einfügen** an. Die Daten sind danach übertragen.

- Die Daten werden eingefügt:

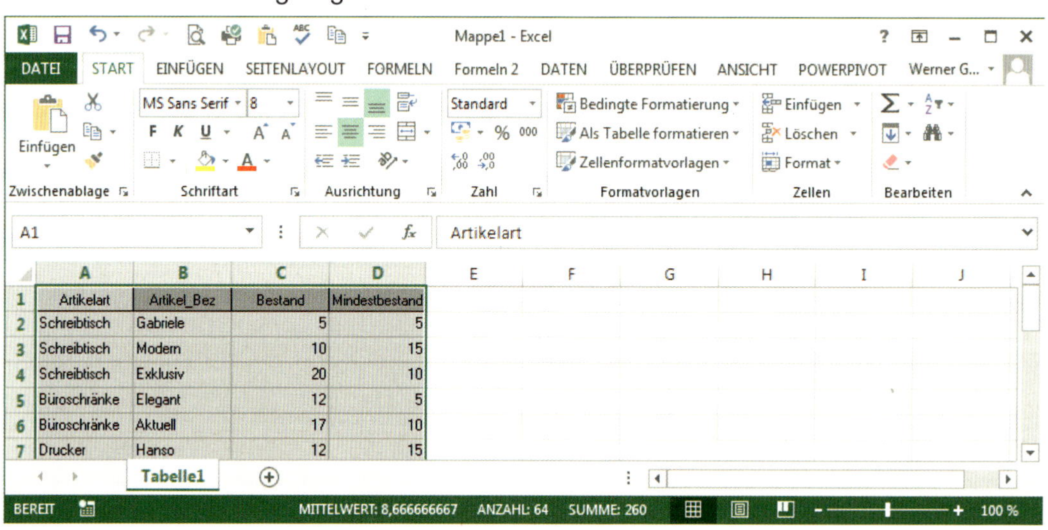

- Wenn Sie in **Access** in der **Navigationsleiste** die Tabelle *Lager* markieren und dann kopieren, werden alle eingeblendeten Datenfelder kopiert.
- Auf dieselbe Weise können Sie auch eine Tabelle aus **Word** übertragen.

15.4 Serienbriefe

Vorbemerkungen

Der Idealfall für die Erstellung von Serienbriefen ist die Erfassung der Daten in **Access** und die Ausgabe der Briefe mit **Word**. Auch die Erstellung eines Serienbriefes mit einer Excel-Tabelle (Excel-Datenbank) ist relativ einfach. Beide Möglichkeiten werden daher ausführlich beschrieben.

Serienbriefe mit Access und Word

Die Ausgabe von Daten in einen Serienbrief ist sehr einfach zu realisieren, da die Programme **Access** und **Word** die Arbeit im Prinzip vollständig übernehmen. Das Programm **Access** ruft das Programm **Word** auf.

Bearbeitungsschritte:

- Markieren Sie in der Navigationsleiste des Programms **Access** die Tabelle *Lieferanten*, die die Grundlage für die einzelnen Datenfelder in dem Serienbrief darstellt.
- Klicken Sie im Register **EXTERNE DATEN** in der Gruppe **Exportieren** die Schaltfläche **Word-Seriendruck** an.

- Der Seriendruckassistent von **Word** wird eingeblendet:

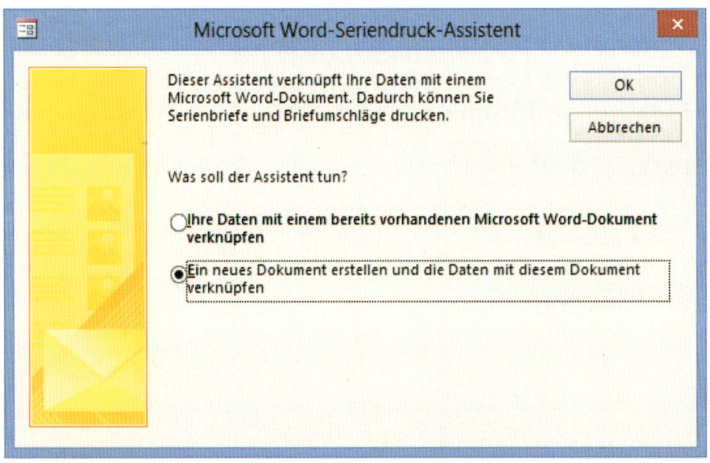

- Markieren Sie durch Anklicken, dass Sie ein neues Dokument erstellen wollen. Klicken Sie die Schaltfläche **OK** an. Das Programm **Word** wird automatisch geladen.

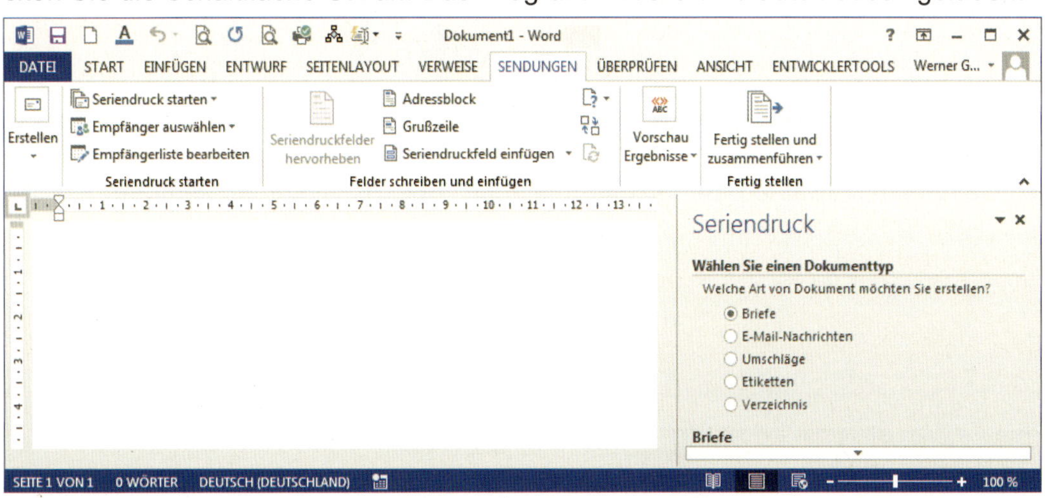

Bearbeitungsschritte (Fortsetzung):

- Das Register **SENDUNGEN** und der Aufgabenbereich **Seriendruck** werden eingeblendet. Legen Sie fest, dass Briefe erstellt werden sollen. Andere Alternativen sind selbstverständlich gegeben.

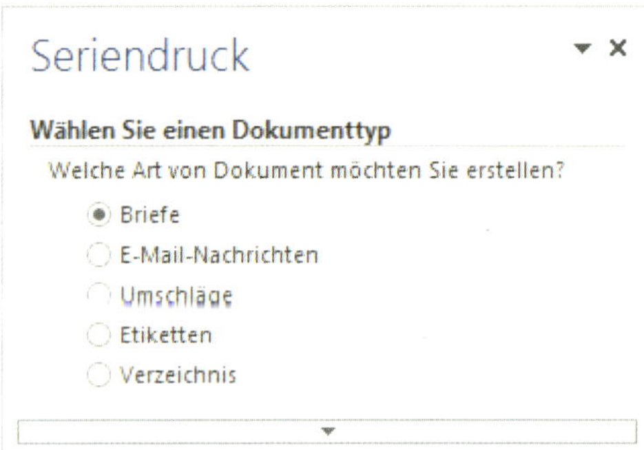

- Es bestehen verschiedene Möglichkeiten, nun einen Serienbrief zu erstellen. Es soll hier eine schnelle Möglichkeit mit individuellen Gestaltungsmöglichkeiten beschrieben werden.
- Klicken Sie im Register **SENDUNGEN** in der Gruppe **Felder schreiben und einfügen** die Schaltfläche **Seriendruckfeld einfügen** an.

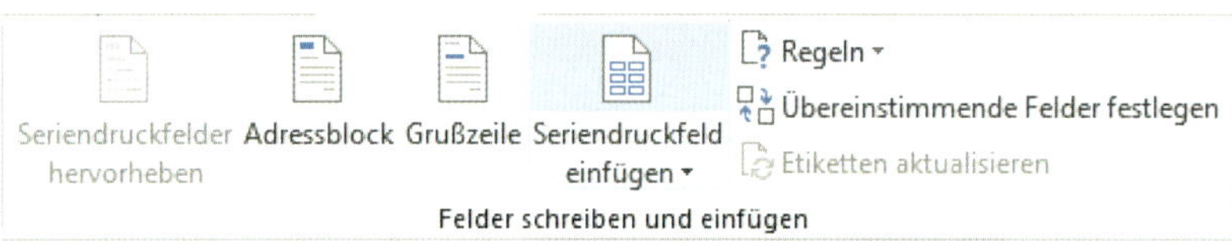

- Bestimmen Sie im Fenster **Seriendruckfeld einfügen**, dass Datenbankfelder eingefügt werden sollen. Die in der Tabelle *Lieferanten* vorhandenen Datenfelder werden in dem Fenster **Seriendruckfeld einfügen** angezeigt.

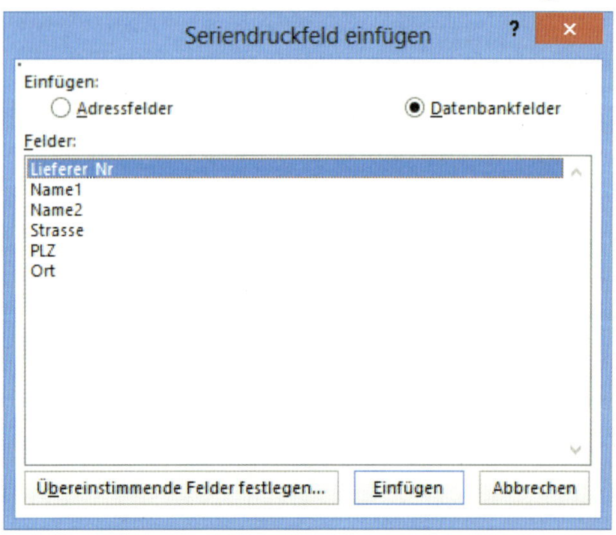

- Alternativ können Sie auch den Pfeil nach unten in der Schaltfläche anklicken und ein Datenfeld auswählen. Benutzen Sie jedoch zunächst die erste Methode.

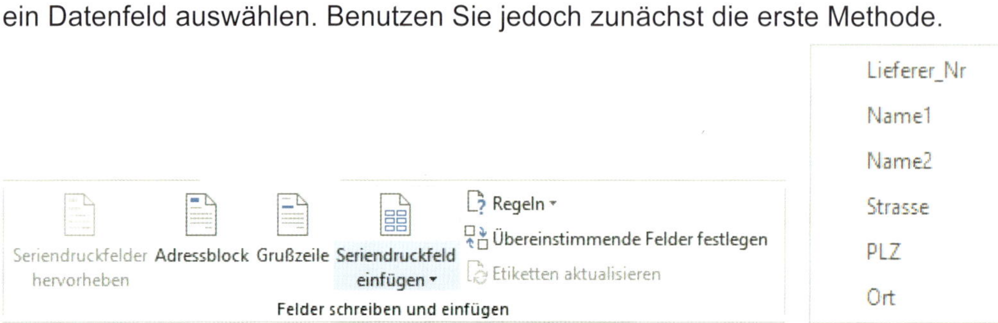

Bearbeitungsschritte (Fortsetzung):

- Markieren Sie **jeweils** die nachstehend angegebenen Datenfelder und klicken Sie danach jeweils die Schaltfläche **Einfügen** an. Sie können die Datenfelder auch durch einen Doppelklick einfügen.

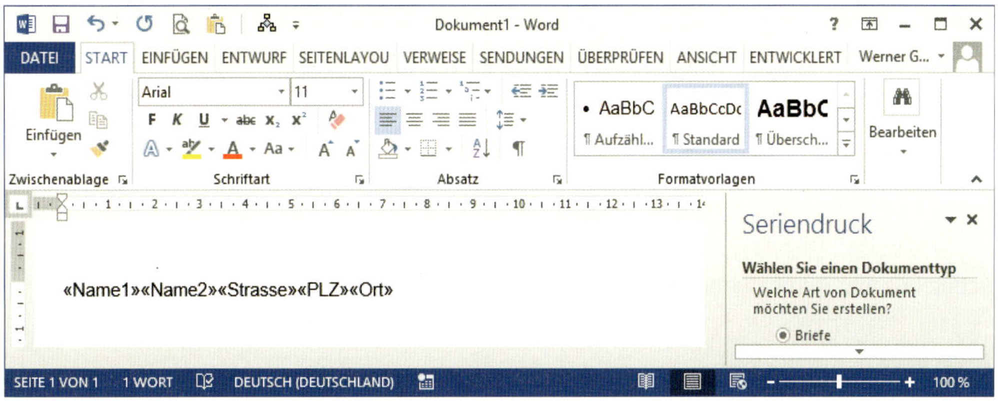

- Nachdem die gewünschten Datenfelder ausgewählt wurden, klicken Sie die Schaltfläche **Abbrechen** an.
- Verändern Sie danach die Anordnung der Datenfelder wie nachstehend dargestellt, indem Sie mit dem Cursor zwischen die Datenfelder gehen und dann die Taste [**Return**] drücken. Fügen Sie außerdem weitere Angaben ein:

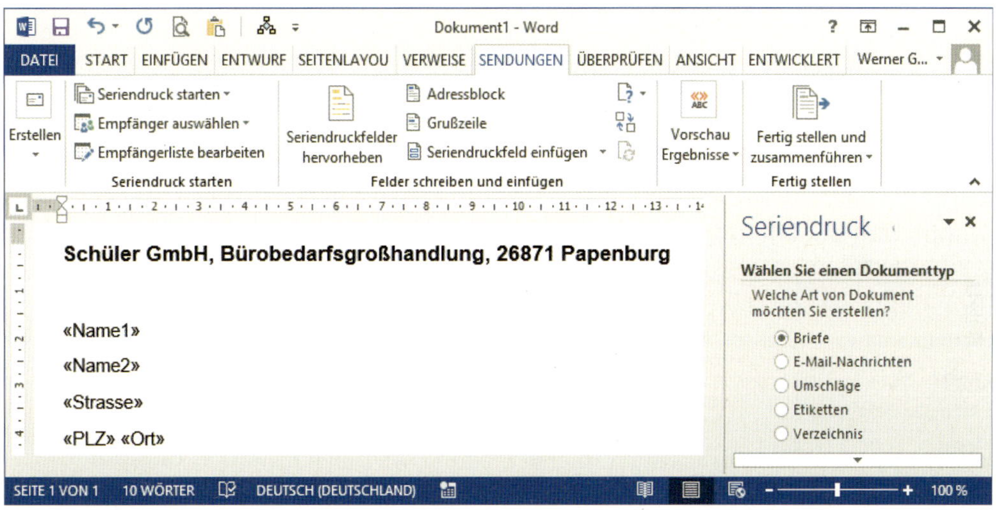

- Sollten Sie ein Seriendruckfeld nicht benötigen, klicken Sie im Register **START** in der Gruppe **Zwischenablage** die Schaltfläche **Ausschneiden** an.
- Durch Anklicken der Schaltfläche **Seriendruckfelder hervorheben** in der Gruppe **Felder schreiben und einfügen** im Register **SENDUNGEN** können Sie die Seriendruckfelder im Dokument dunkel unterlegen.

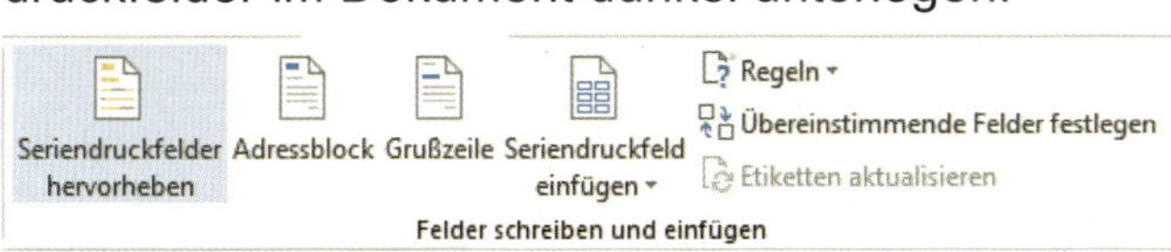

- Speichern Sie das Dokument unter dem Namen *Serienbrief*.
- Klicken Sie im Register **SENDUNGEN** in der Gruppe **Vorschau Ergebnisse** die Schaltfläche **Vorschau Ergebnisse** an.

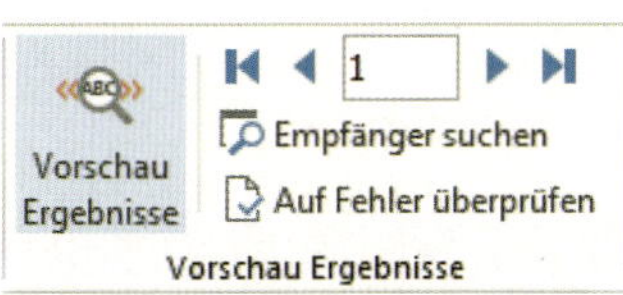

Bearbeitungsschritte (Fortsetzung):

- Der erste Datensatz wird angezeigt. Damit können Sie überprüfen, ob die gewünschte Darstellung gegeben ist. Außerdem können Sie über die Schaltflächen andere Datensätze auswählen.

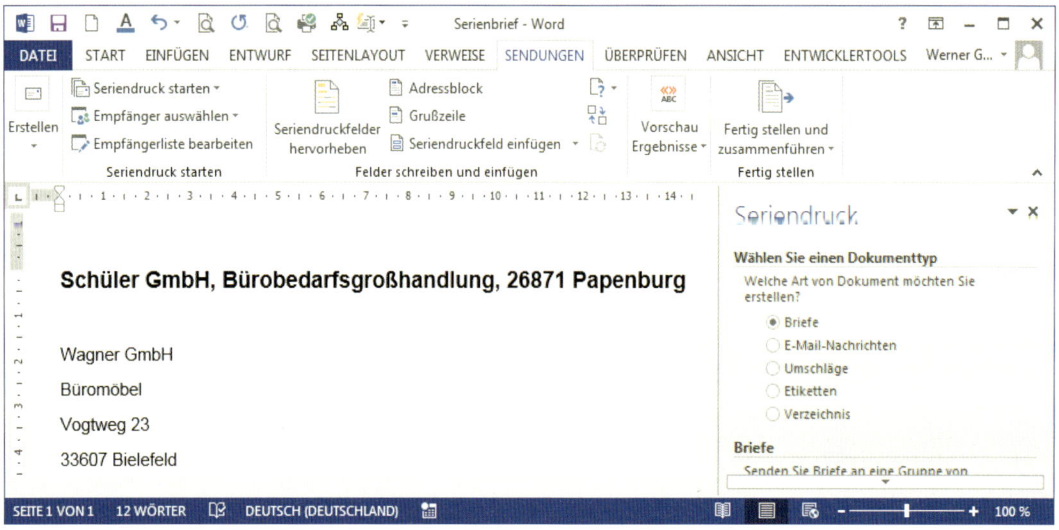

- Klicken Sie im Register **SENDUNGEN** in der Gruppe **Fertig stellen** die Schaltfläche **Fertig stellen und zusammenführen** an. Wählen Sie den angegebenen Menüpunkt.

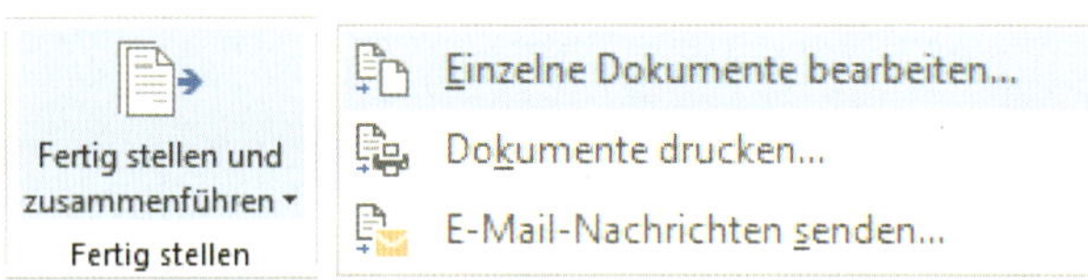

- Sie können nun bestimmen, was ausgegeben werden soll.

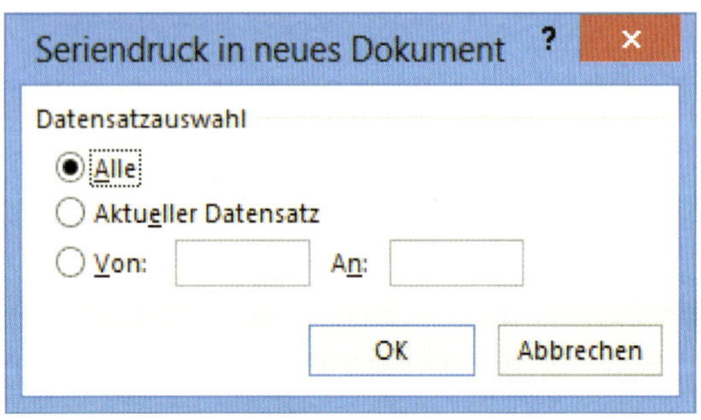

- In der Normalansicht sieht das Ergebnis folgendermaßen aus:

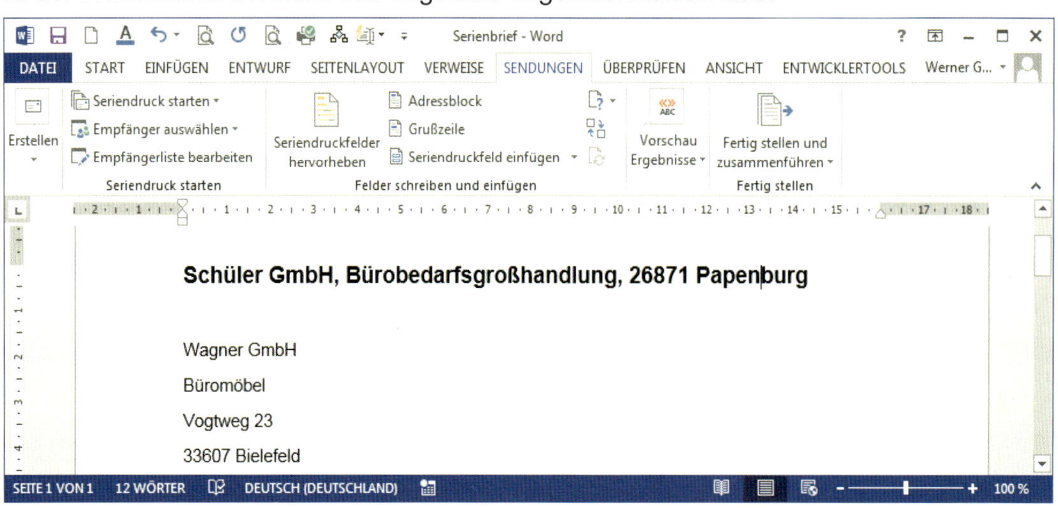

Bearbeitungsschritte (Fortsetzung):

- Wechseln Sie wieder in das Dokument *Serienbrief*, in dem die einzelnen Seriendruckfelder eingefügt werden.
- Wenn Sie im Register **SENDUNGEN** in der Gruppe **Fertig stellen** die Schaltfläche **Fertig stellen und zusammenführen** anklicken und danach den Menüpunkt **Dokumente drucken** wählen, werden die einzelnen Seiten über den Drucker ausgegeben.

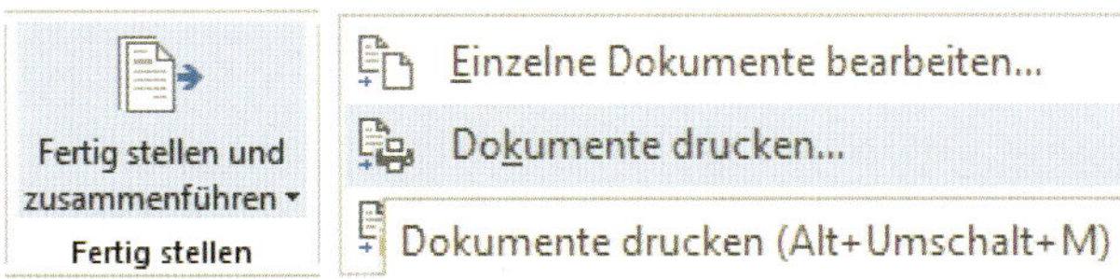

Bedingungsfelder – Überspringen von Datensätzen

Unter Umständen sollen nur bestimmte Datensätze in Serienbriefen verwandt werden. So kann es sein, dass nur Lieferanten in einem bestimmten Postleitzahlbereich oder mit einem bestimmten Anfangsbuchstaben angeschrieben werden sollen. Selbstverständlich bietet es sich auch an, diese Steuerung in **Access** über Abfragen, die dann für die Serienbriefe verwandt werden, durchzuführen.

Bearbeitungsschritte:

- Speichern Sie die Datei *Serienbrief* unter dem Namen *Serienbrief_Überspringen*. Stellen Sie den Cursor unter das letzte Datenfeld.
- Klicken Sie im Register **SENDUNGEN** in der Gruppe **Felder schreiben und einfügen** die Schaltfläche **Regeln** an. Wählen Sie den angegebenen Menüpunkt.

- Bestimmen Sie danach, dass alle Datensätze mit einer Postleitzahl unter 30000 nicht ausgegeben werden.

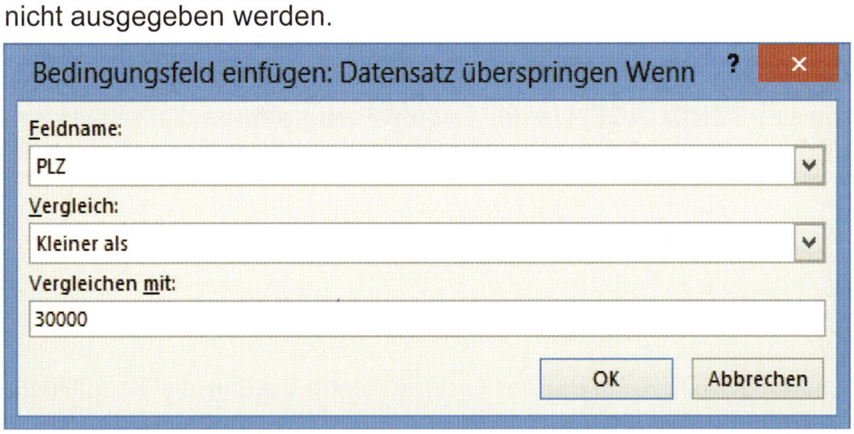

- Als Ergebnis werden nur die Datensätze mit einer Postleitzahl von 30000 oder höher in den Serienbriefen verarbeitet.

Bedingungsfelder – alternativer Text

Bei einer Anfrage, einer Bestellung oder eines sonstigen Textes besteht die Möglichkeit, in Abhängigkeit von einer Bedingung einen alternativen Text in einen Serienbrief einzubauen. So kann z. B. eine unterschiedliche Transportbedingung in einen Brief eingebaut werden.

Bearbeitungsschritte:

- Speichern Sie die Datei *Serienbrief* nochmals unter dem Namen *Serienbrief_Alternativer_Text*.
- Stellen Sie den Cursor zwei Zeilen unter das letzte Datenfeld oder, wenn Sie einen vollständigen Brief entwickelt haben, an die für das Bedingungsfeld vorgesehene Stelle.
- Klicken Sie im Register **SENDUNGEN** in der Gruppe **Felder schreiben und einfügen** die Schaltfläche **Regeln** an. Wählen Sie den angegebenen Menüpunkt.

- Geben Sie die nachfolgenden Bedingungen ein:

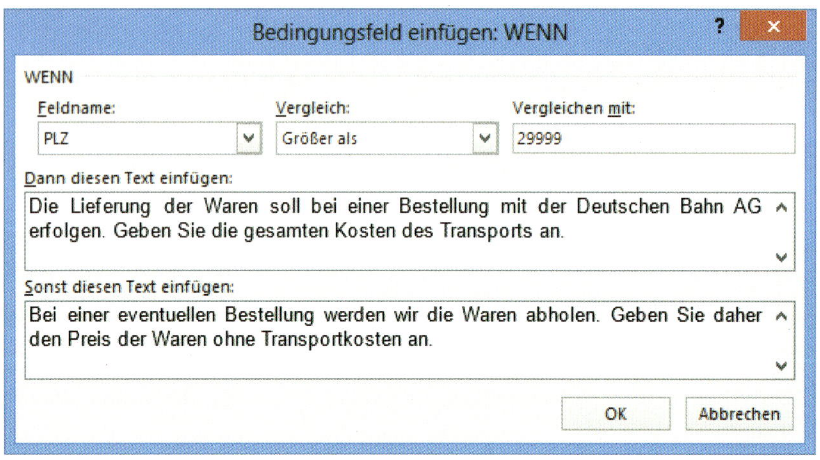

- Klicken Sie danach die Schaltfläche **OK** an.
- Klicken Sie im Register **SENDUNGEN** in der Gruppe **Fertig stellen** die Schaltfläche **Fertig stellen und zusammenführen** an. Wählen Sie den angegebenen Menüpunkt.

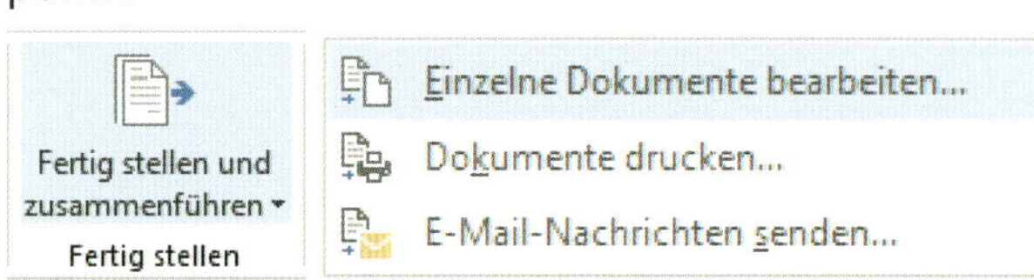

- Wenn Sie im Register **SENDUNGEN** in der Gruppe **Fertig stellen** die Schaltfläche **Fertig stellen und zusammenführen** anklicken und den Menüpunkt **Dokumente drucken** wählen, werden die einzelnen Seiten über den Drucker ausgegeben.

15.5 Datenimport

Vorbemerkungen

Die Nutzung externer Daten erfordert in der Regel Grundkenntnisse über die Programme, mit denen die Daten erfasst worden sind. Daher werden Sie nicht in jedem Fall alle Schritte hundertprozentig nachvollziehen können. Allerdings lassen sich bei normalen Office-Kenntnissen die Schritte ohne Probleme bearbeiten.

Einlesen von Texten

Das Einlesen von Texten in eine Datenbank ist nur unter bestimmten Voraussetzungen möglich. Der Text muss zum einen in dem Textverarbeitungsprogramm in einem bestimmten Format abgespeichert werden, zum anderen muss die Datenbank dieses Format lesen können. Diese Funktionen stehen im Office-Paket zur Verfügung.

Bearbeitungsschritte:

- Erstellen Sie mit der Textverarbeitung **Word** den folgenden Text. Die Bereiche werden mit Tabulatoren voneinander getrennt. Andere Bereichstrennungen (Leerzeichen usw.) sind möglich. Auch Tabellen können entsprechend konvertiert werden.

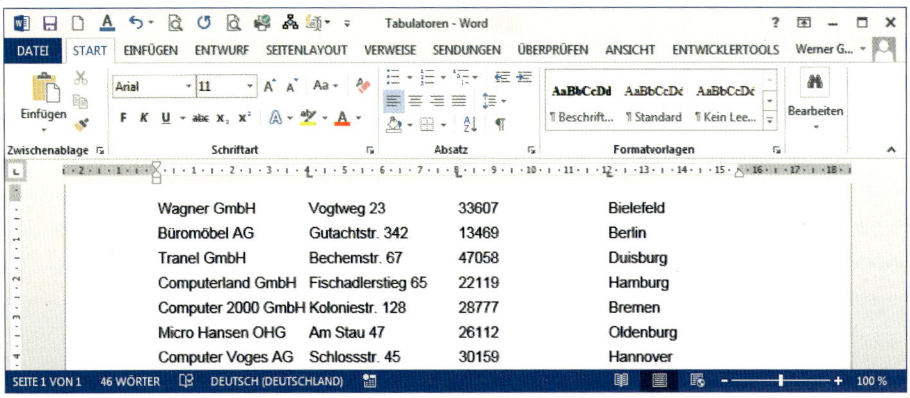

- Speichern Sie den Text über den Menüpunkt **DATEI/Speichern unter** im Format *txt* (Nur Text) ab.

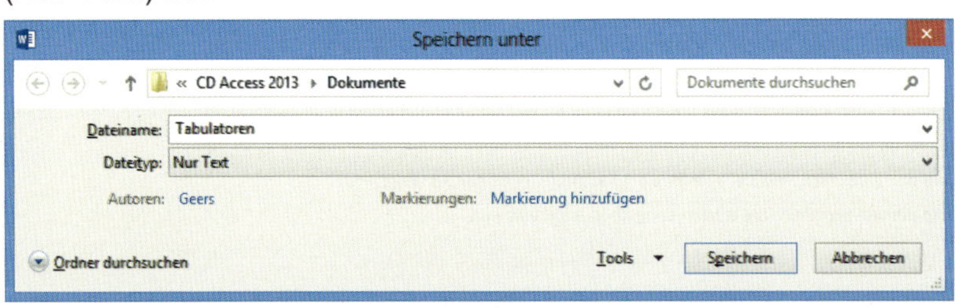

- Bestimmen Sie im nächsten Fenster die Textcodierung wie angezeigt:

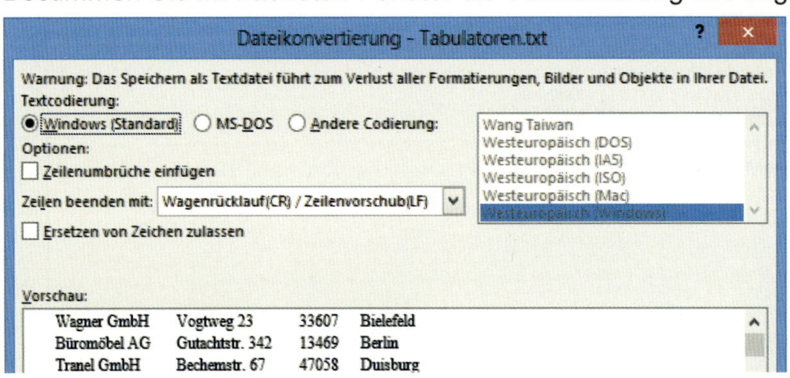

- Klicken Sie Schaltfläche **OK** an. Schließen Sie die Datei und beenden Sie die Textverarbeitung.

Bearbeitungsschritte (Fortsetzung):

- Öffnen Sie die Datenbank *Betrieb*.
- Klicken Sie im Register **EXTERNE DATEN** in der Gruppe **Importieren und Verknüpfen** die Schaltfläche **Textdatei** an.

- Bestimmen Sie im nächsten Fenster das Verzeichnis, in dem sich die zu importierende Datei befindet. Importieren Sie die Textdatei *Tabulatoren*.

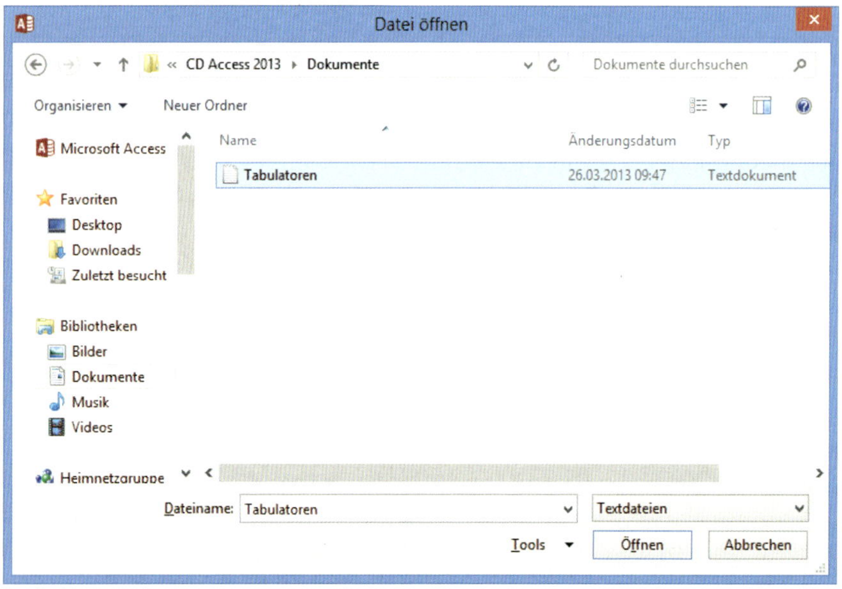

- Im Schritt 1 des Textimport-Assistenten müssen Sie Angaben zum Dateityp der zu importierenden Datei machen.

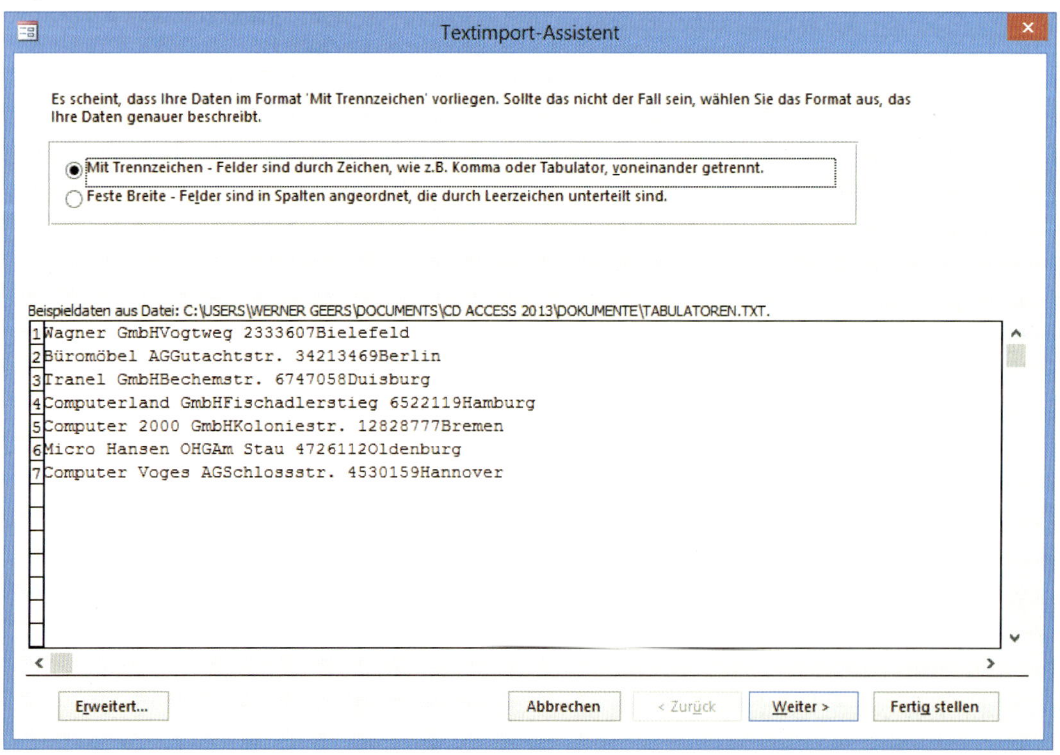

Bearbeitungsschritte (Fortsetzung):

- Im Schritt *2* des Textimport-Assistenten geben Sie an, welches Trennzeichen in der zu importierenden Datei benutzt wurde, in diesem Fall Tabulatoren.

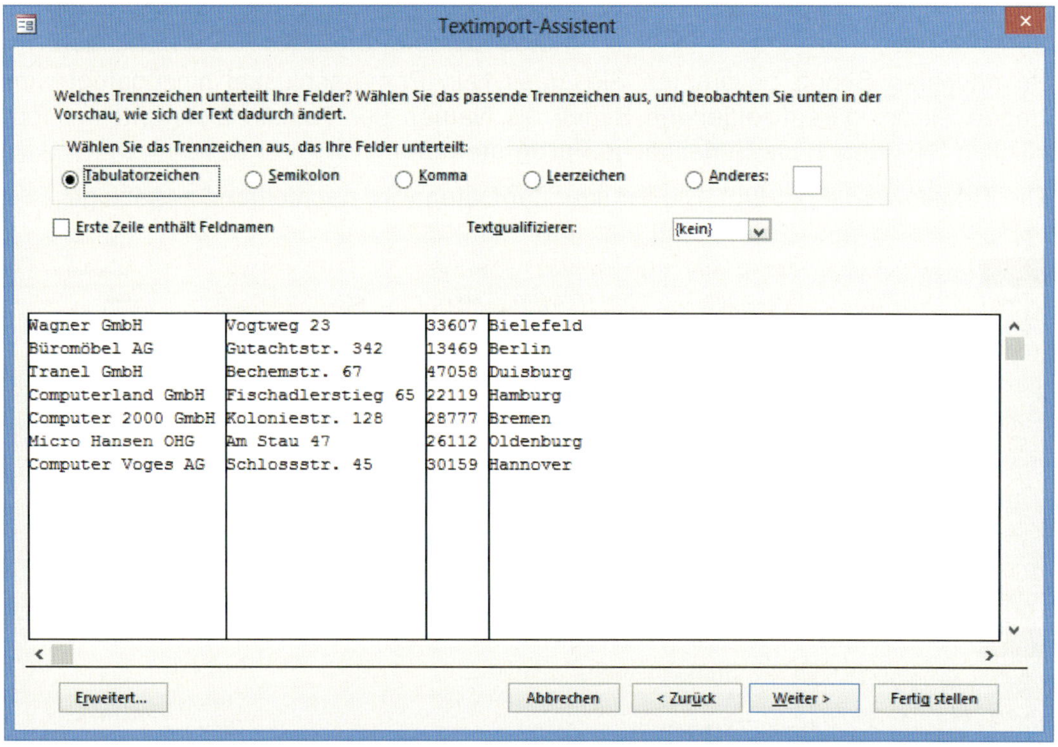

- Im Schritt 3 des Textimport-Assistenten können Sie jedem einzelnen Datenfeld spezielle Eigenschaften zuordnen, z. B. ein Datumsformat. Außerdem können Sie auch Felder nicht importieren. Die Felder müssen einzeln angeklickt werden und jeweils mit Namen und Datentyp versehen werden. Legen Sie beim Datenfeld *PLZ* dabei den Datentyp *Long Integer* fest.

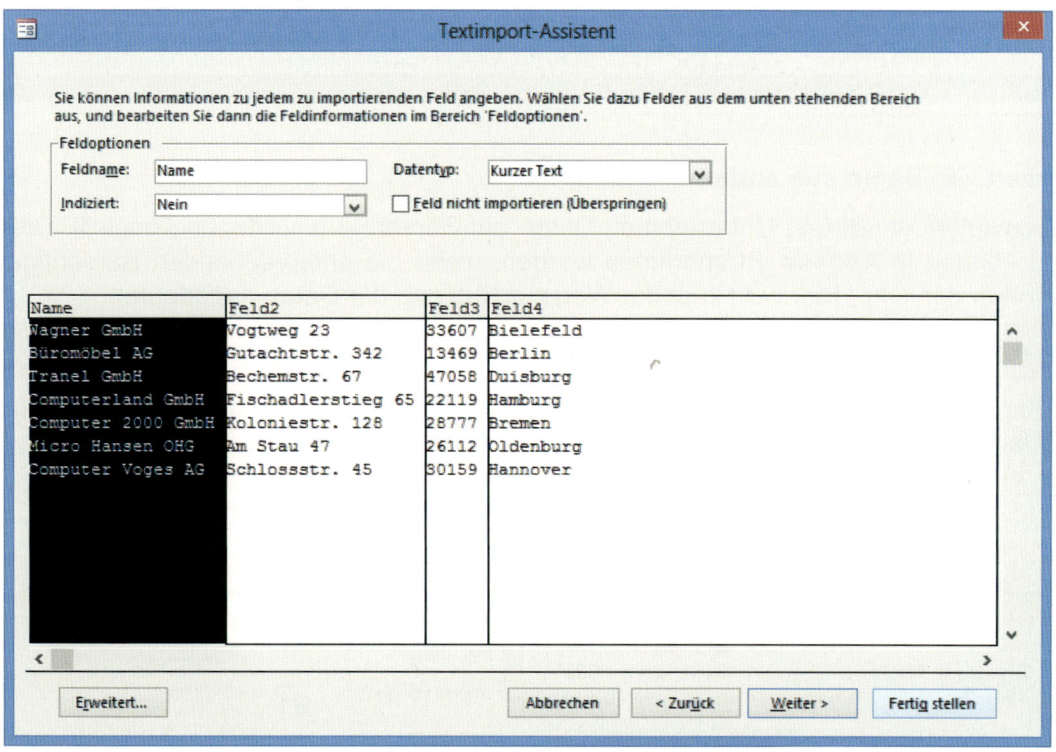

Bearbeitungsschritte (Fortsetzung):

- Das Ergebnis sieht folgendermaßen aus:

Name	Strasse	PLZ	Ort
Wagner GmbH	Vogtweg 23	33607	Bielefeld
Büromöbel AG	Gutachtstr. 342	13469	Berlin

- Im nächsten Schritt bestimmen Sie, dass kein Primärschlüssel hinzugefügt wird. Legen Sie im darauf folgenden Schritt als Namen der Tabelle *Lieferanten_1* fest. Klicken Sie danach die Schaltfläche **Fertig stellen** an.
- Die Tabelle wird eingefügt. Die Struktur der Daten wird nachfolgend angezeigt:

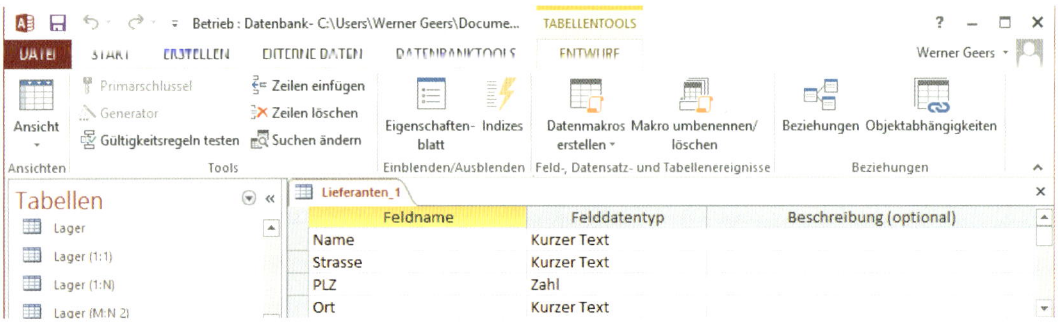

- In der Datenblattansicht werden die eingefügten Daten angezeigt:

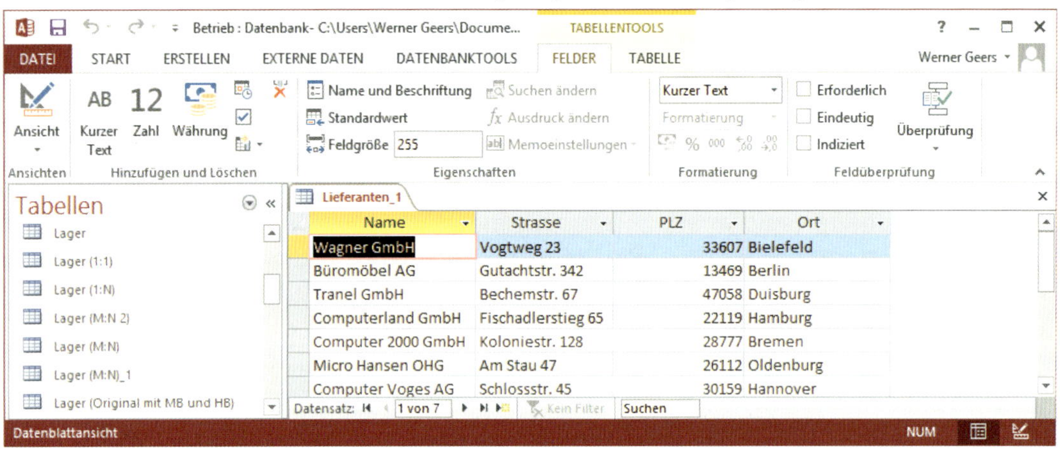

Einlesen von Daten aus anderen Quellen

In Netzwerken werden in Unternehmen Daten auf Servern zur Verfügung gestellt. Diese Daten können in **Access** übernommen werden, wenn die entsprechenden Berechtigungen vorhanden sind. Hier wird kurz der Weg zur Nutzung der Daten angedeutet.

Bearbeitungsschritte:

- Klicken Sie im Register **EXTERNE DATEN** die Schaltfläche **Weitere Optionen** an. Danach können Sie beispielsweise Daten aus HTML-Dokumenten übernehmen.

Einlesen von Daten der Tabellenkalkulation Excel

Mithilfe der Tabellenkalkulation **Excel** werden oftmals Daten erfasst, die später ideal für die Arbeit in einer Datenbank geeignet sind. Das Einlesen ist ähnlich wie bei Texten gestaltet, sodass nur die wichtigsten Schritte beschrieben werden.

Bearbeitungsschritte:

- Erstellen Sie eine Tabelle in der Tabellenkalkulation **Excel**, die die Daten der Lieferanten enthält (siehe Seite *50*). Speichern Sie sie unter dem Namen *Lieferanten* ab. Schließen Sie danach das Programm.
- Öffnen Sie die Datenbank *Betrieb*. Klicken Sie im Register **EXTERNE DATEN** in der Gruppe **Importieren und Verknüpfen** die Schaltfläche **Excel** an.

- Wählen Sie als Nächstes die einzulesende Tabelle aus. Das Vorgehen wurde zuvor beschrieben.

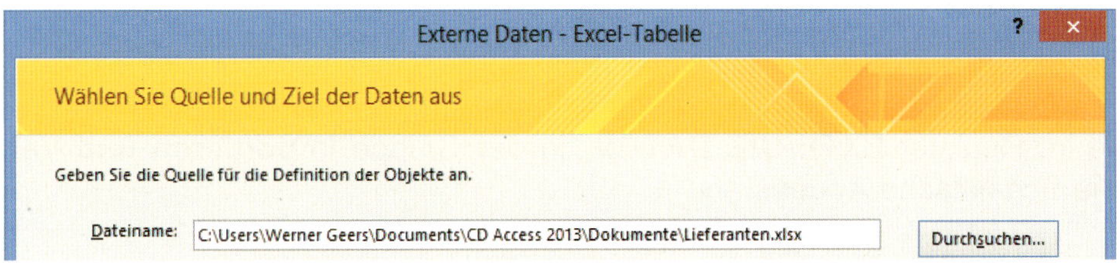

- Der Import-Assistent wird aufgerufen:

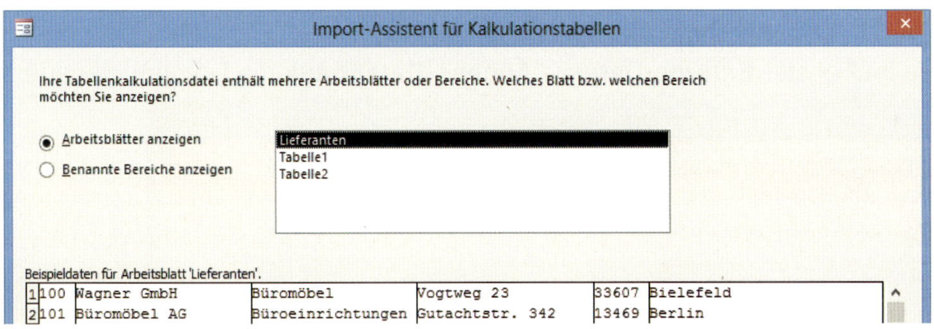

- Führen Sie diesen Assistenten wie bereits beschrieben aus. Richten Sie beispielsweise auch einen Primärschlüssel ein. Achten Sie auf den korrekten Datenfeldnamen und -typ. Die Daten werden in die Datenbank eingefügt.

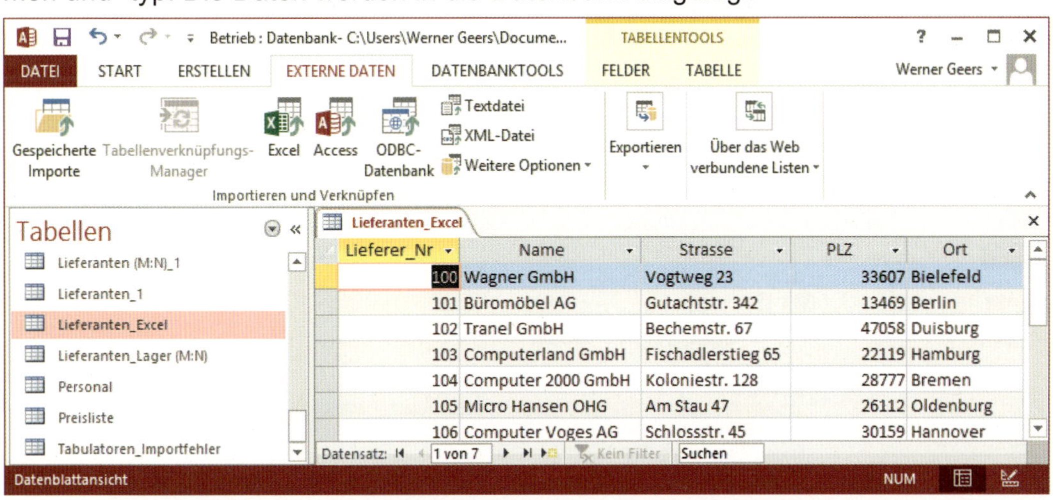

Auslesen einer Access-Tabelle oder -Abfrage

Daten einer Tabelle in einer Datenbank sollen u. U. auch in einer anderen Datenbank genutzt werden. Sie können importiert, aber auch verknüpft werden. Hier soll zunächst das Importieren beschrieben werden.

Bearbeitungsschritte:

- Öffnen Sie das Programm **Access**. Klicken Sie die Schaltfläche **Leere Desktopdatenbank** an, bestimmen Sie danach das Arbeitsverzeichnis und den Namen der Datenbank (*Betrieb_Access*) und klicken Sie danach die Schaltfläche **Erstellen** an, um eine Datenbank zu erstellen.

- Schließen Sie die eingeblendete Tabelle, ohne sie zu speichern.
- Klicken Sie im Register **EXTERNE DATEN** in der Gruppe **Importieren und Verknüpfen** die Schaltfläche **Access** an.

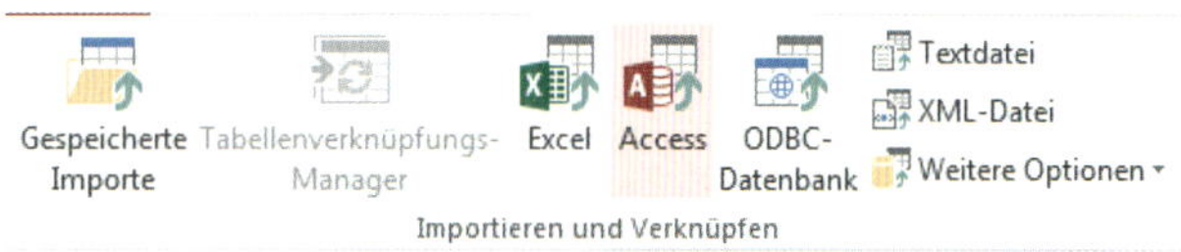

- Wählen Sie im Fenster **Externe Daten – Access-Datenbank** die Datenquelle aus:

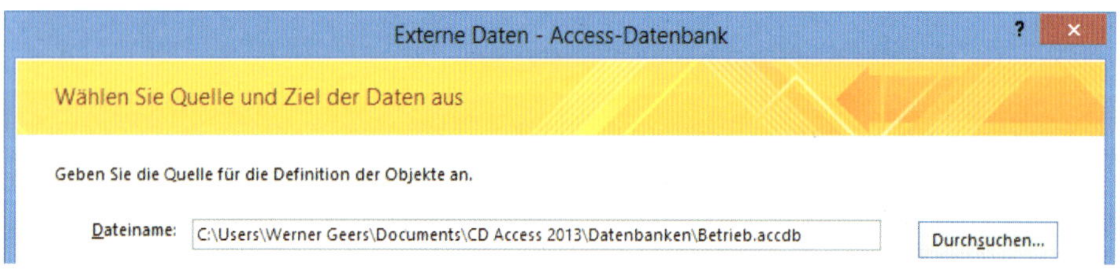

- Sind mehrere Tabellen bzw. Abfragen in einer Datenbank vorhanden, kann die benötigte Tabelle in einem Fenster ausgesucht werden.

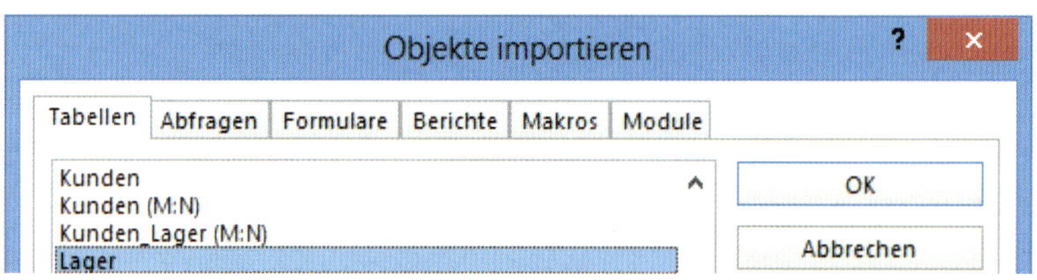

- Danach ist die Tabelle in der neuen Datenbank vorhanden:

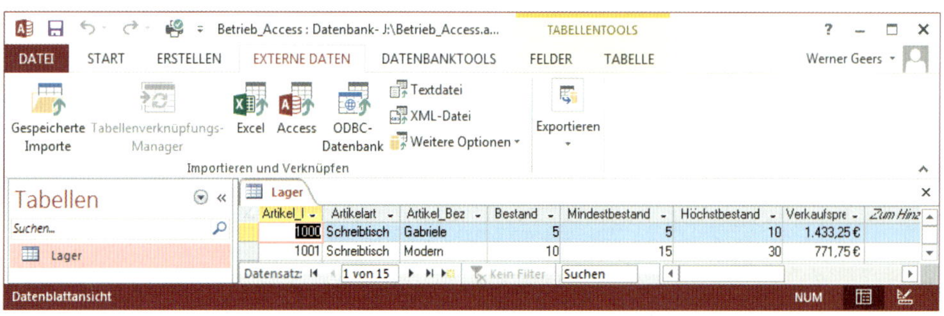

Verknüpfen einer Access-Tabelle

Daten einer Tabelle einer Datenbank sollen u. U. auch in einer anderen Datenbank genutzt werden. Sie können verknüpft werden. Dies bedeutet, dass Änderungen in der einen Datenbank zu Änderungen in der anderen Datenbank führen.

Bearbeitungsschritte:

- Öffnen Sie *Betrieb_Access*. Klicken Sie im Register **EXTERNE DATEN** in der Gruppe **Importieren und Verknüpfen** die Schaltfläche **Access** an.

- Wählen Sie im Fenster **Externe Daten – Access-Datenbank** die benötigte Datenquelle aus. Wählen Sie danach die Verknüpfung der Dateien aus.

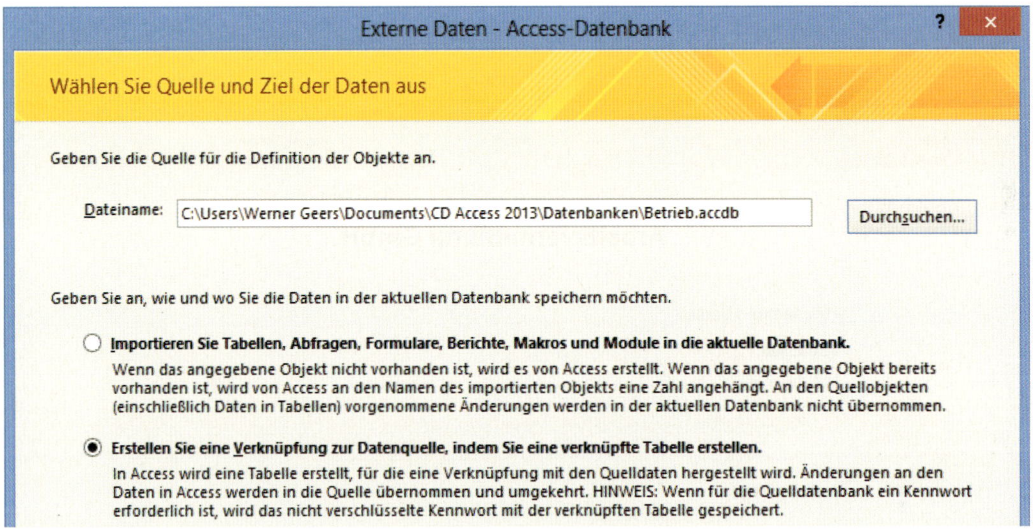

- Sind mehrere Tabellen bzw. Abfragen in einer Datenbank vorhanden, kann die benötigte Tabelle in einem Fenster ausgesucht werden.

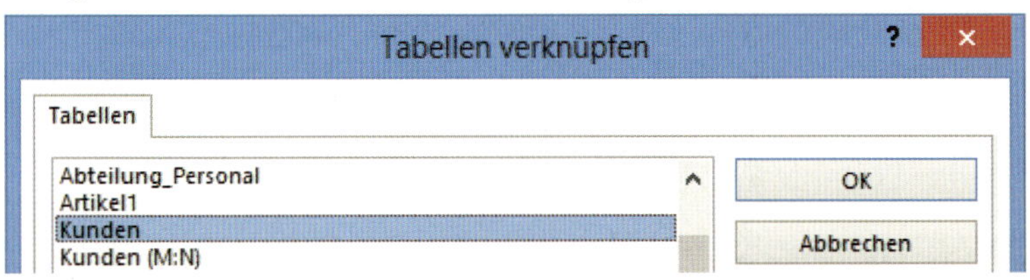

- Danach ist die verknüpfe Tabelle in der neuen Datenbank vorhanden:

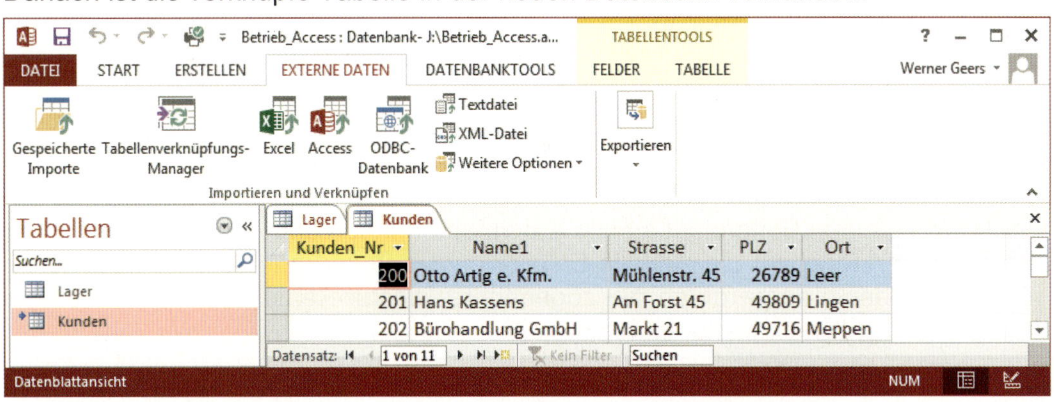

- Änderungen der Tabelle *Kunden* in der einen Datenbank führen nun automatisch auch zu Änderungen der Tabelle *Kunden* in der anderen Datenbank.

Übungen:

1. Die Arbeitsvermittlung GmbH möchte die erfassten Daten für die Erarbeitung von anderen Dokumenten, z. B. für die Erstellung von Serienbriefen, nutzen.
   a) Übertragen Sie Daten der Tabelle *Arbeitnehmer* in eine Excel-Tabelle.
   b) Übertragen Sie Daten der Tabelle *Arbeitnehmer* in ein Word-Dokument.
   c) Lesen Sie die Excel-Tabelle wieder in die Datenbank *Arbeitsvermittlung* ein. Speichern Sie die Datei unter dem Namen *Arbeitnehmer_1*.
   d) Lesen Sie aus dem Word-Dokument die Daten wieder in die Datenbank *Arbeitsvermittlung* ein. Speichern Sie die Datei unter dem Namen *Arbeitnehmer_2*.
   e) Erstellen Sie mit den Daten der Tabelle *Arbeitnehmer* den folgenden Serienbrief an die Arbeitnehmer.

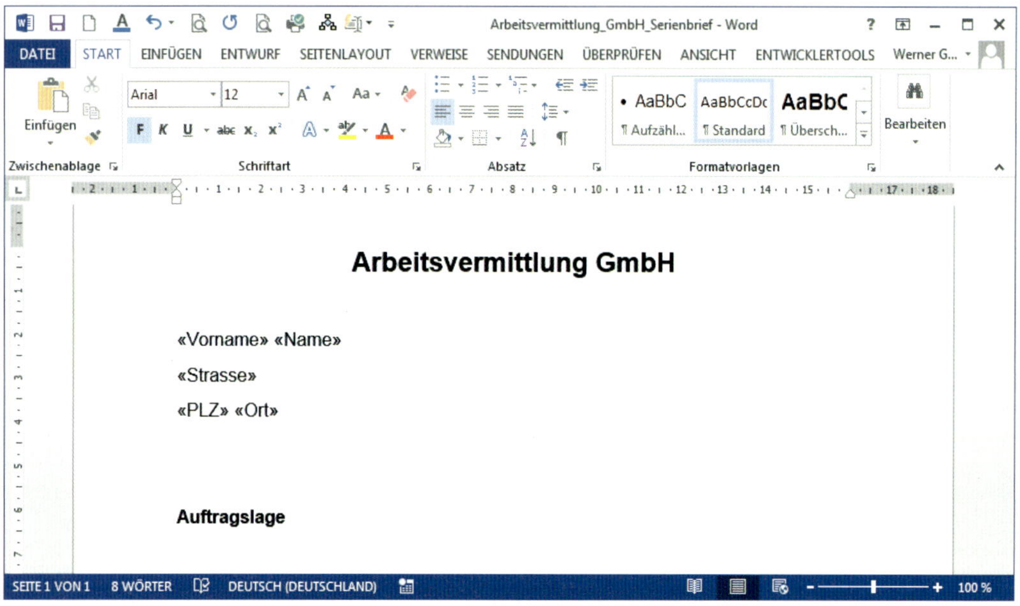

   f) Fügen Sie ein Bedingungsfeld in Abhängigkeit vom Datenfeld *Ort* ein.
   g) Fügen Sie ein Bedingungsfeld in Abhängigkeit von Postleitzahlen ein.

2. Verarbeiten Sie Daten aus der Datenbank *Arbeitsvermittlung*.
   a) Stellen Sie durch eine Abfrage die Daten aus den Tabellen *Arbeitnehmer* und *Arbeitnehmer_Betriebe* zusammen, die in dem nachfolgenden Diagramm angezeigt werden.
   b) Übertragen Sie die Daten in die Tabellenkalkulation *Excel*. Erstellen Sie, wenn möglich, aus den Daten ein Diagramm.
   c) Übertragen Sie das Diagramm in eine Word-Datei. Ergänzen Sie das Dokument um einen sachgerechten Text.

3. Erstellen Sie einen Serienbrief an alle Arbeitnehmerinnen und Arbeitnehmer. Gehen Sie in diesem Brief auf die aktuelle Entwicklung in Bezug auf die staatliche Förderung der Altersvorsorge durch die sogenannte Riester-Rente ein. Informieren Sie sich zu diesem Zweck vorher im Internet.

16 Makros

16.1 Vorbemerkungen

Ein Makro ist eine Folge von Arbeitsanwendungen und Befehlen, die vom Programm auszuführen sind. Die Makros können dann bei Bedarf abgerufen und für die Arbeit mit **Access** eingesetzt werden. Die grundsätzliche Vorgehensweise bei der Erstellung von Makros soll anhand eines Beispiels zur Datenausgabe demonstriert werden.

16.2 Makro zur Datenausgabe

Vorbemerkungen

In einem Betrieb werden bestimmte Daten im regelmäßigen Abstand benötigt. So müssen immer wieder Fehlbestände im Lager ermittelt werden, um Einkaufsmaßnahmen einleiten zu können. Fehlbestände können nur über Abfragen ermittelt werden. Auch die Realisierung der Ausgabe bestimmter Datenfelder in einem Makro ist nur möglich, wenn vorher die entsprechenden Datenfelder über eine Abfrage bestimmt worden sind.

Erstellen von Abfragen als Grundlage für die Arbeit mit einem Makro

Zunächst sollen drei Abfragen erstellt werden, die in dem Makro genutzt werden sollen. Die erste Abfrage, eine Aktualisierungsabfrage, soll den jeweiligen aktuellen Fehlbestand ermitteln. Die zweite Abfrage soll bestimmte Datenfelder der Artikel ausgeben, die nicht ausreichend im Lager vorhanden sind. Durch die dritte Abfrage sollen bestimmte Datenfelder aller Datensätze ausgegeben werden.

Bearbeitungsschritte:

- Erstellen Sie eine Abfrage, die Daten in Datensätzen anzeigt, in denen der *Bestand* geringer ist als der *Mindestbestand*. Speichern Sie die Abfrage unter dem Namen *Bestand<Mindestbestand*.

Feld:	Artikel_Nr	Artikel_Bez	Bestand	Mindestbestand	
Tabelle:	Lager	Lager	Lager		
Sortierung:					
Anzeigen:	☑	☑	☑	☑	☐
Kriterium:			<[Mindestbestand]		

- Erstellen Sie eine Aktualisierungsabfrage, die Differenzen ermittelt. Speichern Sie die Abfrage unter dem Namen *Fehlbestand*.

Feld:	Art	Artik	Bestand	Mindestb	Fehlbestand
Tabelle:	La	Lag	Lager	Lager	Lager
Aktualisieren:					[Mindestbestand]-[Bestand]
Kriterium:			<[Mindestbestand]		

- Erstellen Sie eine Abfrage, die die nachfolgend dargestellten Datenfelder enthält. Speichern Sie die Abfrage unter dem Namen *FehlbestandTabelle*.

Feld:	Artikel_Nr	Artikel_Bez	Bestand	Mindestbestand	Fehlbestand
Tabelle:	Lager	Lager	Lager		
Sortierung:					
Anzeigen:	☑	☑	☑	☑	☐
Kriterium:					

Erstellen des Makros

Nachdem die notwendigen Abfragen vorhanden sind, kann nun das Makro erstellt werden, das die jeweiligen Fehlbestände und alle Datenbestände ermittelt und über den Drucker ausgibt. Dazu ist es notwendig, zunächst über eine Abfrage die jeweiligen Fehlbestände zu aktualisieren. Danach können dann die Daten ausgegeben werden. Die Ausgabe der Daten über einen Drucker ist im Makro selbst in Access 2010 nicht mehr möglich.

Bearbeitungsschritte:

- Klicken Sie das Register **ERSTELLEN** an. Klicken Sie in der Gruppe **Makros und Code** die Schaltfläche **Makro** an. Über die Schaltfläche **Aktionskatalog** in der Gruppe **Einblenden/Ausblenden** in dem dann eingeblendeten Register **MAKRO-TOOLS/ENTWURF** können Sie den Aufgabenbereich **Aktionskatalog** einblenden, den Sie bei bestimmten Aktionen benötigen.

- Das folgende Fenster wird eingeblendet:

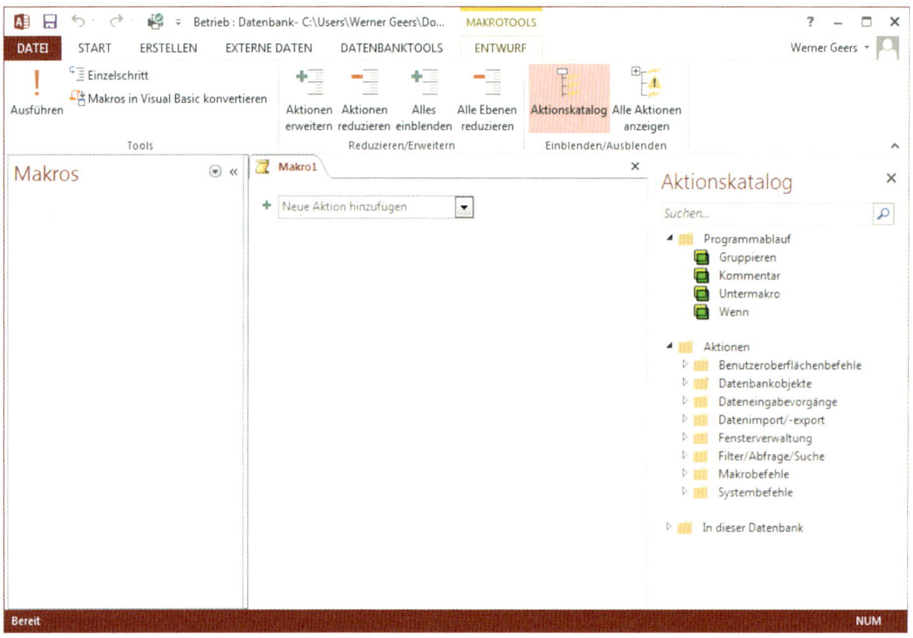

- Speichern Sie das Makro sofort über den Menüpunkt **Speichern** bzw. über das entsprechende Symbol ab.

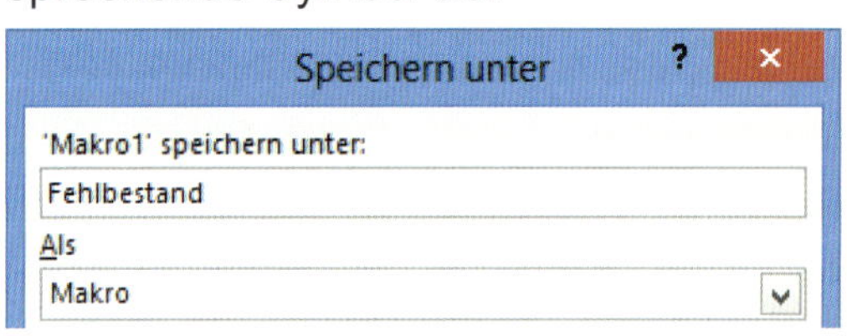

- Nach Anklicken des Pfeils nach unten werden Befehle angezeigt, die für das Erstellen von Makros zur Verfügung stehen. Auch über den rechts eingeblendeten Aktionskatalog wären die Befehle aufrufbar.

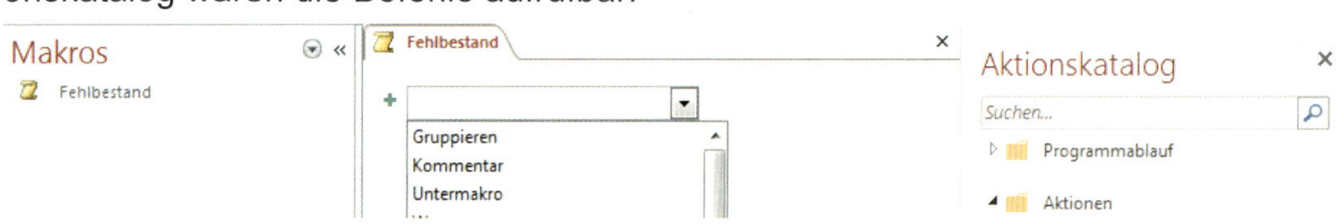

Bearbeitungsschritte (Fortsetzung):

- Wählen Sie den Befehl *ÖffnenAbfrage* aus. Des Weiteren müssen Sie im Bereich **Abfragename** die Abfrage *Fehlbestand* auswählen und die **Ansicht** *Datenblatt* und den **Datenmodus** *Bearbeiten* bestimmen. Damit wird festgelegt, dass die entsprechende Abfrage durchgeführt und das Ergebnis im Datenblatt angezeigt wird.

- Stellen Sie den Cursor in den Bereich *Neue Aktion hinzufügen*. Erstellen Sie die folgende Abfrage:

Öffnen Abfrage	
Abfragename	Bestand<Mindestbestand
Ansicht	Datenblatt
Datenmodus	Bearbeiten

- Stellen Sie den Cursor in den Bereich *Neue Aktion hinzufügen*. Erstellen Sie die folgende Abfrage:

Öffnen Abfrage	
Abfragename	FehlbestandTabelle
Ansicht	Datenblatt
Datenmodus	Bearbeiten

- Speichern Sie das Makro nochmals ab.
- Über das Kontextmenü (rechte Maustaste) können Sie sich das vollständige Makro jederzeit wieder ansehen.

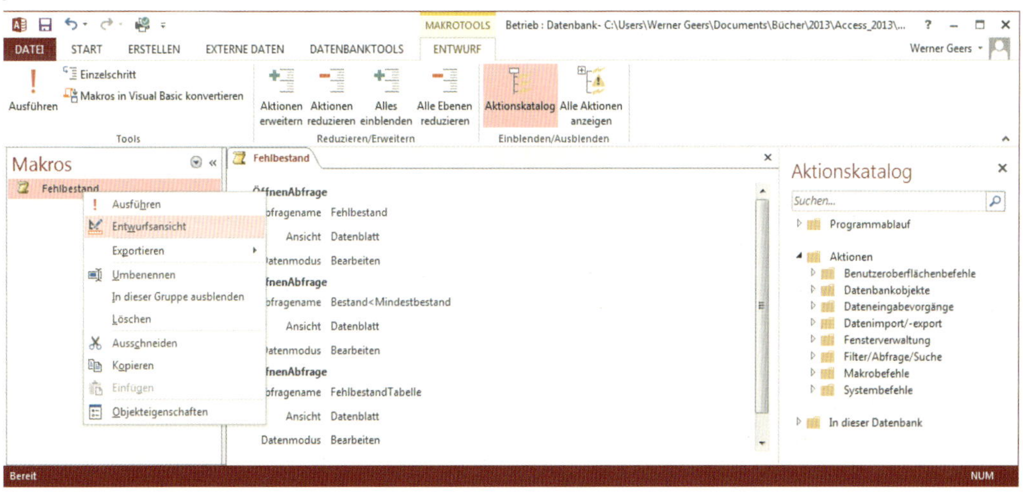

Ausführen des Makros

Das erstellte Makro kann in der Entwurfsansicht des Makros oder aus dem Navigationsbereich aufgerufen werden. Normalerweise wird man es aus dem Navigationsbereich heraus starten. Will man sich jedoch alle Einzelschritte des Makros ansehen, muss dies über die Entwurfsansicht des Makros realisiert werden.

Bearbeitungsschritte:

- Führen Sie im **Navigationsbereich** einen Doppelklick auf das Makro *Fehlbestand* aus. Als Ergebnis werden die durch die Abfragen ausgewählten Daten angezeigt.

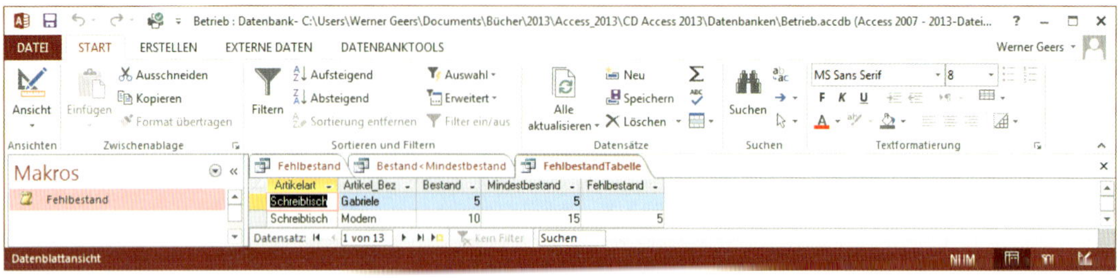

- Da aus Gründen der Sicherheit kein Druckbefehl bei der Makroerstellung zur Verfügung steht, müssen Sie nun als Letztes bei Bedarf die Daten ausdrucken. Alte, mit früheren Versionen von **Access** erstellte Makros werden noch mit entsprechenden Druckbefehlen ausgeführt.
- Wenn Sie das Makro über die Entwurfsansicht ausführen oder ändern wollen, müssen Sie im **Navigationsbereich** über das Kontextmenü den Menüpunkt **Entwurfsansicht** wählen.

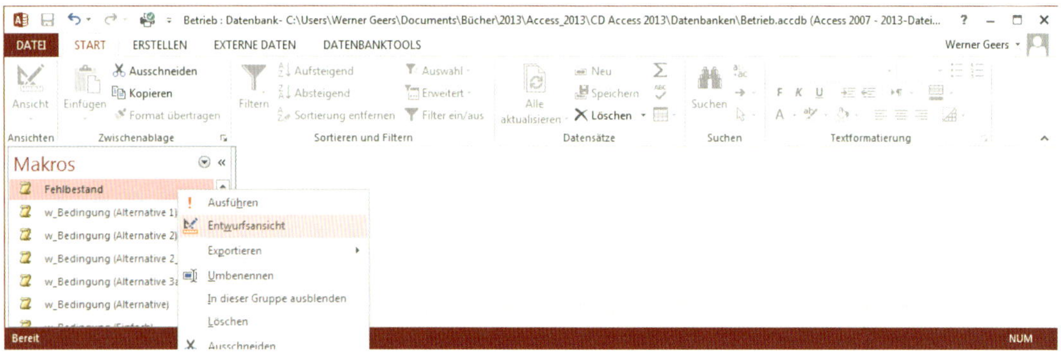

- Wenn Sie die einzelnen Schritte des Makros nachvollziehen wollen, müssen Sie zunächst die Entwurfsansicht des Makros aufrufen und danach in der Gruppe **Tools** die Schaltfläche **Einzelschritt** und danach die Schaltfläche **Ausführen** anklicken.

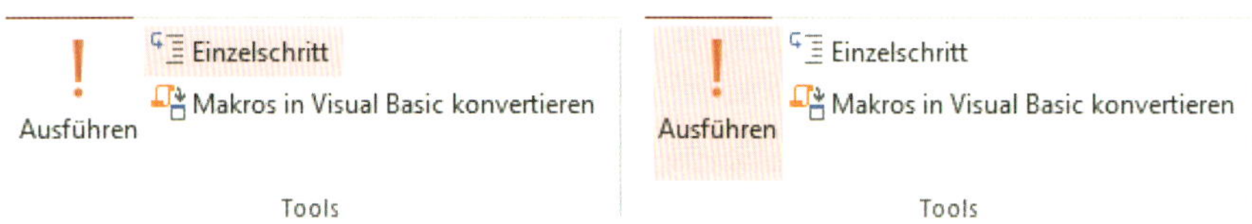

- Die einzelnen Anweisungen werden nacheinander abgearbeitet.

16.3 Makros mit Bedingungen

Vorbemerkungen

Ein Makro kann eine oder mehrere Bedingungen überprüfen. So kann z. B. festgestellt werden, ob der Bestand im Lager ausreichend ist oder nicht. Eine vom Ergebnis abhängige Meldung kann daraufhin auf dem Bildschirm ausgegeben werden. Möglich ist es selbstverständlich auch, dass beispielsweise daraufhin ein Sachverhalt auf dem Bildschirm oder Drucker ausgegeben wird. Um die Ursprungsdaten in der Tabelle *Lager* nicht zu verändern, sollen die Bedingungen in einer anderen Tabelle überprüft werden.

Einfache Bedingung

In einer Tabelle soll ein Sachverhalt überprüft werden.

Bearbeitungsschritte:

- Öffnen Sie die Tabelle *Lager*. Folgende Daten sollen in der Tabelle vorhanden sein:

Lager

Artikel_Nr	Artikelart	Artikel_Bez	Bestand	Mindestb	Höchstb	Fehlbestand
1000	Schreibtisch	Gabriele	5	5	10	
1001	Schreibtisch	Modern	10	15	30	5
1002	Schreibtisch	Exklusiv	20	10	30	
1003	Büroschrank	Elegant	12	5	10	
1004	Büroschrank	Aktuell	17	10	40	
1005	Drucker	Hanso	12	15	25	3
1006	Drucker	Stil	8	5	15	
1007	Drucker	Klassic	12	6	10	
2000	Scanner	Swift	8	10	20	2
2001	Scanner	Akura	4	2	5	
3000	Computer	AGIB HS	10	8	16	
3001	Computer	Trup AK	5	6	10	1
3002	Computer	Ambro Super	21	12	18	

- Erstellen Sie ein **AutoFormular** unter dem Namen *Lager_Bedingung*.
- Erstellen Sie ein Makro. Speichern Sie es unter dem Namen *Bedingung (Einfach)* ab.
- Öffnen Sie zunächst das gerade erstellte Formular. Bestimmen Sie, dass es jedoch ausgeblendet wird. Das Formular wird dadurch geöffnet und die Daten des Formulars können bearbeitet werden; das Formular wird jedoch nicht angezeigt. Dies ist zur weiteren Bearbeitung auch nicht notwendig.

Öffnen Formular		
Formularname	Lager_Bedingung	
Ansicht	Formular	
Filtername		
Bedingung	=	Bestand<Mindestbestand
Datenmodus	Bearbeiten	
Fenstermodus	Ausgeblendet	

- Legen Sie außerdem die angegebene Bedingung fest. Es soll überprüft werden, ob der *Bestand* kleiner als der *Mindestbestand* ist. Das Programm setzt später automatisch die notwendigen eckigen Klammern.
- Im zweiten Schritt der Erstellung des Makros soll bei erfüllter Bedingung eine Meldung ausgegeben werden. Ist die Bedingung nicht erfüllt, erfolgt keine Meldung.

Bearbeitungsschritte (Fortsetzung):

- Erstellen Sie ein Meldungsfeld mit der angegebenen Meldung. Wenn im Formular *Lager_Bedingung* der *Bestand* geringer als der *Mindestbestand* ist, soll eine Meldung darauf hinweisen.

Meldungsfeld	
Meldung	Der Bestand ist nicht immer ausreichend!
Signalton	Ja
Typ	Warnmeldung (!)
Titel	Bestellung notwendig!!!

- Das gesamte Makro sieht in der Entwurfsansicht nun folgendermaßen aus:

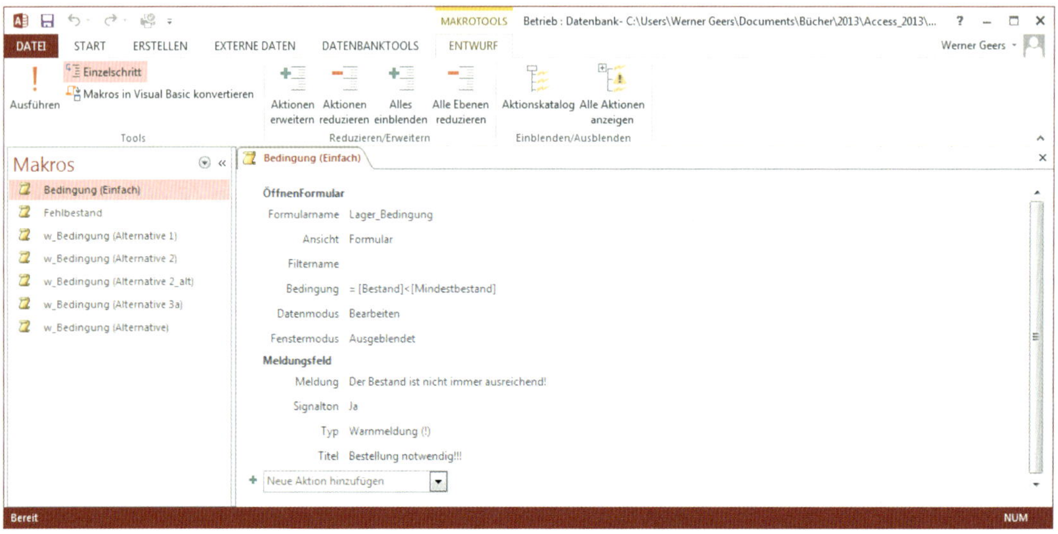

- Speichern und schließen Sie das Makro. Öffnen Sie danach im **Navigationsbereich** das Makro *Bedingung (Einfach)* durch einen Doppelklick.

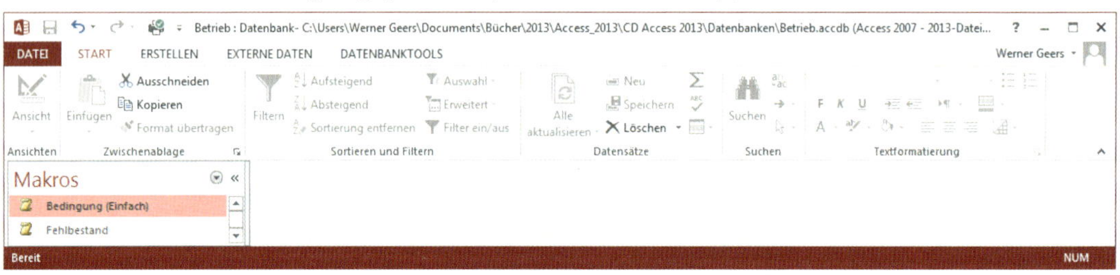

- Das Ergebnis müsste folgendermaßen aussehen:

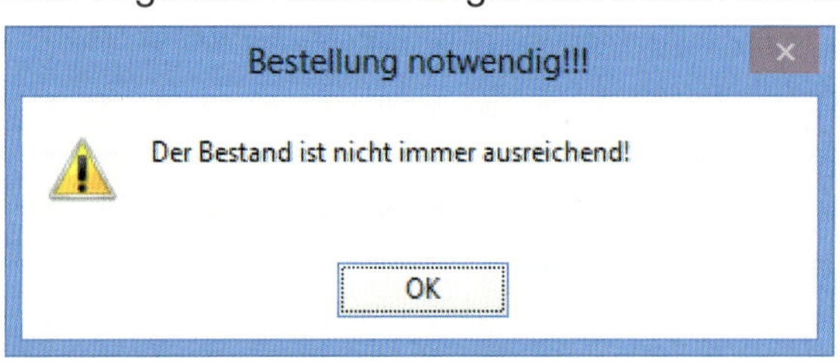

- Verändern Sie nun in der Tabelle *Lager* alle Bestände so, dass sie höher als die Mindestbestände sind.
- Öffnen Sie danach im **Navigationsbereich** wieder das Makro *Bedingung (Einfach)* durch einen Doppelklick. Als Ergebnis dürfte nichts ausgegeben werden. Für den Fall, dass alle Artikel ausreichend vorhanden sind, ist keine Bedingung vorgesehen.
- Geben Sie in der Tabelle *Lager* wieder die ursprünglichen Bestände ein.

Mehrere Bedingungen – Beispiel 1

Bei der Ausführung des Makros Bedingung (Einfach) wird eine Meldung ausgegeben, wenn der Mindestbestand teilweise zu gering ist. Bei ausreichendem Bestand erfolgte jedoch keine Meldung. Daher soll ein Makro mit alternativer Meldung eingebaut werden.

Bearbeitungsschritte:

- Speichern Sie das Makro *Bedingung (Einfach)* unter dem Namen *Bedingung (Alternative)* nochmals ab. Blenden Sie den Aufgabenbereich **Aktionskatalog** ein.
- Erstellen Sie das nachfolgende Makro. Nach dem ersten Teil des Makros müssen Sie im Aktionskatalog die Schaltfläche **Wenn** anklicken. Dann steht die Möglichkeit zur Verfügung, eine Bedingung zu formulieren und z. B. einen Inhalt auszugeben.

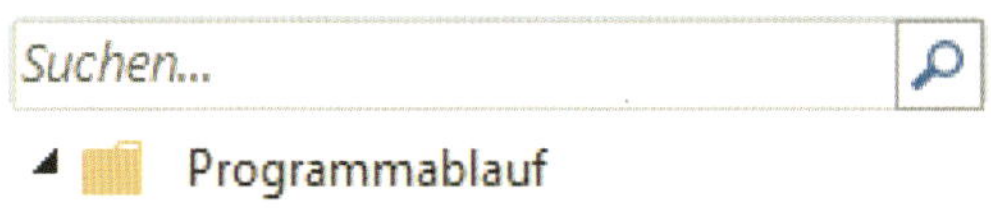

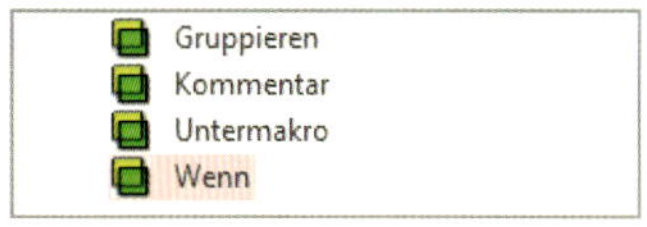

- Aus Platzgründen wird die Bedingung hier in zwei Zeilen abgebildet, sie wird jedoch in eine Zeile eingegeben.

Öffnen Formular	
Formularname	Lager_Bedingung
Ansicht	Formular
Filtername	
Bedingung	=
Datenmodus	Bearbeiten
Fenstermodus	Ausgeblendet

Wenn	[Formulare]![Lager_Bedingung]![Bestand] <[Formulare]![Lager_Bedingung]![Mindestbestand]	**Dann**

Meldungsfeld	
Meldung	Der Bestand ist nicht immer ausreichend!
Signalton	Ja
Typ	Warnmeldung (!)
Titel	Bestellung notwendig!!!

Ende Wenn

Wenn	[Formulare]![Lager_Bedingung]![Bestand] >=[Formulare]![Lager_Bedingung]![Mindestbestand]	**Dann**

Meldungsfeld	
Meldung	Der Bestand ist ausreichend!
Signalton	Ja
Typ	Information
Titel	Keine Aktion notwendig!!!

Ende Wenn

- Je nachdem, ob genügend Produkte vorhanden sind, wird die entsprechende Meldung ausgegeben. Kehren Sie danach zu den Ursprungsdaten zurück.

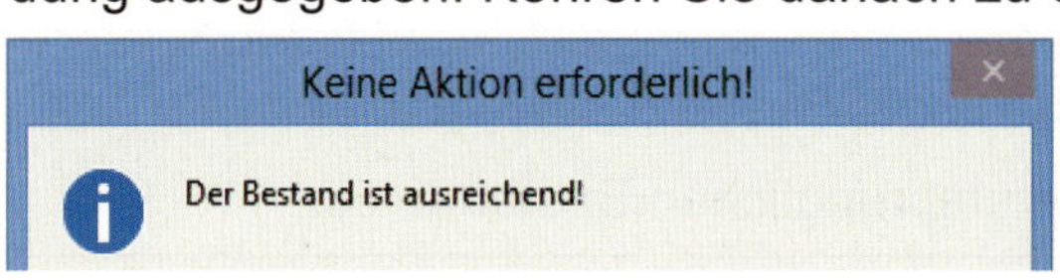

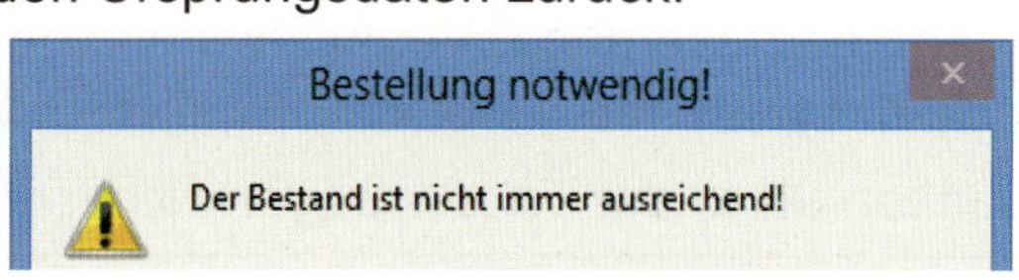

Mehrere Bedingungen – Beispiel 2

Alternativen können nicht nur in Form von Meldungen, sondern auch in Form von Aktionen durchgeführt werden. Wenn nicht genügend Produkte im Lager vorhanden sind, muss es möglich sein, über ein Makro die entsprechenden Aktionen auszulösen.

Bearbeitungsschritte:

- Speichern Sie das Makro *Bedingung (Alternative)* unter dem Namen *Bedingung (Alternative 1)* nochmals ab.
- Überprüfen Sie zunächst, ob die Datenbestände in der Tabelle *Lager* noch mit den ursprünglichen Beständen übereinstimmen. Es sollte gewährleistet sein, dass bestimmte Fehlbestände im Datenbestand vorhanden sind.
- Fügen Sie die folgenden Elemente am Ende des bisherigen Makros an.

Wenn	[Formulare]![Lager_Bedingung]![Bestand] <[Formulare]![Lager_Bedingung]![Mindestbestand]	**Dann**

Öffnen Abfrage	
Abfragename	Fehlbestand
Ansicht	Datenblatt
Datenmodus	Bearbeiten

Ende Wenn

Wenn	[Formulare]![Lager_Bedingung]![Bestand] <[Formulare]![Lager_Bedingung]![Mindestbestand]	**Dann**

Öffnen Abfrage	
Abfragename	Bestand<Mindestbestand
Ansicht	Datenblatt
Datenmodus	Nur lesen

Ende Wenn

Wenn	[Formulare]![Lager_Bedingung]![Bestand] <[Formulare]![Lager_Bedingung]![Mindestbestand]	**Dann**

Öffnen Abfrage	
Abfragename	FehlbestandTabelle
Ansicht	Datenblatt
Datenmodus	Bearbeiten

Ende Wenn

- Als Ergebnis müsste zunächst eine Meldung ausgegeben werden, dass der Bestand nicht immer ausreichend ist.
- Anschließend werden Daten auf dem Bildschirm ausgegeben, deren Bestand zu gering ist (*Abfragen: Fehlbestand, Bestand<Mindestbestand*). Danach wird die gesamte Tabelle *Lager* mit den vorgesehenen Datenfeldern, unter anderem *Fehlbestand*, auf dem Bildschirm ausgegeben.
- Verändern Sie den Datenbestand so, dass keine Fehlbestände vorhanden sind. Als Ergebnis wird die Meldung ausgegeben, dass der Bestand ausreichend ist.
- Geben Sie in der Tabelle *Lager* wieder die ursprünglichen Bestände ein.

Mehrere Bedingungen – Beispiel 3

Das soeben erzielte Ergebnis lässt sich durch ein Makro prinzipiell sogar schneller und einfacher erreichen, indem man bereits erstellte Makros in das zu erstellende Makro einbaut oder zusammenfasst. Im letzten gezeigten Beispiel werden die beiden Makros *Bedingung (Alternative)* und *Fehlbestand* zu einem neuen Makro zusammengefasst, die Ergebnisse des zuletzt dargestellten Makros *Bedingung (Alternative 1)* sehr viel einfacher erzielt. Außerdem soll die letzte auf dem Bildschirm ausgegebene Tabelle auf dem Drucker ausgegeben werden.

Bearbeitungsschritte:

- Überprüfen Sie zunächst, ob die Datenbestände in der Tabelle *Lager* noch mit den ursprünglichen Beständen übereinstimmen. Es sollte gewährleistet sein, dass bestimmte Fehlbestände im Datenbestand vorhanden sind.

AusführenMakro	
Makroname	Bedingung (Alternative)
Wiederholungen	
Wiederholbedingung	

AusführenMakro	
Makroname	Fehlbestand
Wiederholungen	
Wiederholbedingung	

- Das Ergebnis ist dasselbe, was auf der vorherigen Seite beschrieben wurde. Nach einer entsprechenden Meldung werden Listen am Bildschirm ausgegeben.
- Verändern Sie den Datenbestand so, dass keine Fehlbestände vorhanden sind. Als Ergebnis wird wiederum ausgegeben, dass der Bestand an Waren ausreichend ist und daher keine Aktion erforderlich ist.
- Geben Sie in der Tabelle *Lager* wieder die Ursprungsbestände ein, damit die Ergebnisse der nächsten Erarbeitungen nicht durch veränderte Daten beeinflusst werden.
- Rufen Sie das Makro wieder auf. Fügen Sie aus dem Aktionskatalog den Befehl **DruckenObjekt** durch einen Doppelklick in das Makro ein.

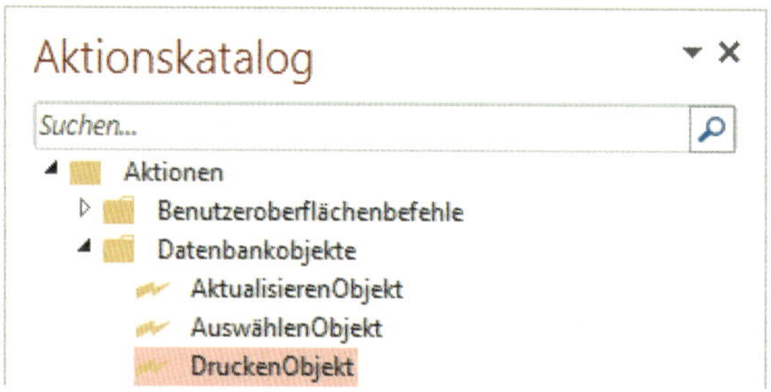

- Ergänzen Sie das Makro folgendermaßen:

AusführenMenübefehl	
Befehl	DruckenObjekt

- Das letzte Objekt, die Tabelle *FehlbestandTabelle* kann danach über das Fenster **Drucken** ausgedruckt werden.
- Auf diesem zuletzt beschriebenen Weg können z. B. auch Tabellen in Excel übertragen werden, Tabellen geöffnet werden usw.

17 Formulare II

17.1 Vorbemerkungen

Die bisher beschriebenen Formulare dienten dazu, innerhalb kürzester Zeit Formulare zur Dateneingabe usw. zur Verfügung zu stellen. Formulare können jedoch vielfältige sonstige Funktionen erfüllen und dementsprechend auch bearbeitet werden.

Wie bereits gezeigt wurde, lassen sich Formulare relativ einfach erstellen. Oftmals muss die Darstellung jedoch nachbearbeitet werden, weil z. B. Bezeichnungen nicht gut zu lesen sind oder Inhalte eines Datenfeldes nur unvollständig angezeigt werden. Probieren Sie anhand eines Formulars alle gezeigten Möglichkeiten der Formularbearbeitung aus.

17.2 Bearbeiten eines Formulars in der Entwurfsansicht

17.2.1 Erstellen und Bearbeiten eines Formulars

Nachfolgend werden die Erstellung eines Formulars und die Verwendung eines Designs zur Änderung der Darstellung des Formulars beschrieben:

Bearbeitungsschritte:

- Erstellen Sie mithilfe des Formular-Assistenten das folgende Formular:

- Klicken Sie im Register **START** in der Gruppe **Ansicht** den unteren Bereich der Schaltfläche **Ansicht** an. Wählen Sie die **Entwurfsansicht** aus. Nun ist die Bearbeitung des Formulars möglich.

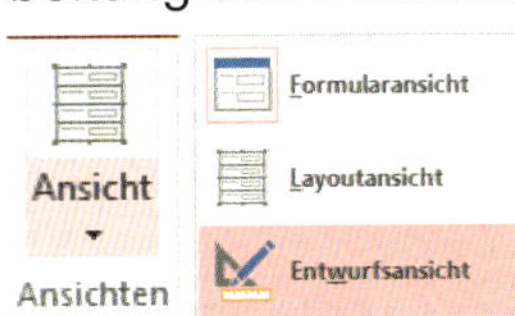

- Das gesamte Formular kann bearbeitet werden, wenn ein kleiner schwarzer Punkt in der linken oberen Ecke angezeigt wird. Ist dies nicht der Fall, klicken Sie mit der Maus in die rechte obere Ecke des Formulars.

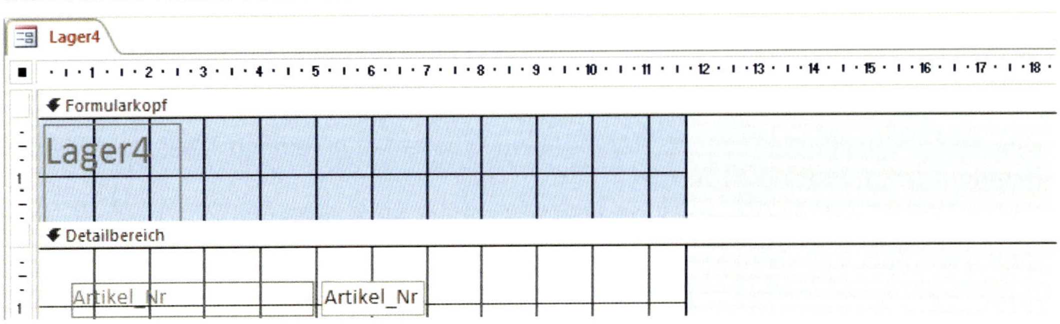

Bearbeitungsschritte (Fortsetzung):

- Im dann eingeblendeten Register **FORMULARENTWURFSTOOLS/ENTWURF** können Sie unter anderem ein Design für das gesamte Formular wählen.

- Klicken Sie den Bereich **Detailbereich** im Formular an. Sie können danach diesen Bereich bearbeiten, z. B. wiederum mit einem Design versehen.

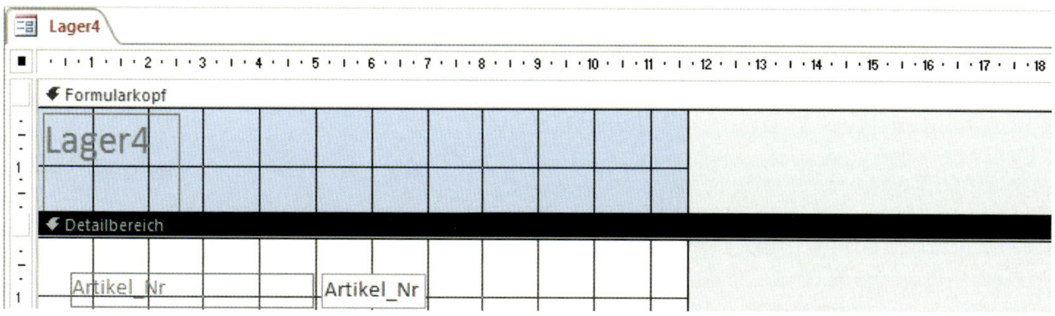

17.2.2 Bearbeiten der Objekte eines Formulars

Die Bearbeitung einzelner oder mehrerer Objekte in einem Formular ist relativ einfach, jedoch sollte man durch Ausprobieren die Möglichkeiten intensiver kennenlernen. In der folgenden Übersicht werden einige Möglichkeiten angezeigt:

Mauszeiger	Bedeutung
	Am unteren rechten Rand des Formulars nimmt der Mauszeiger die dargestellte Form an. Mithilfe der gedrückten linken Maustaste kann ein Formular beispielsweise nach unten und rechts vergrößert werden. 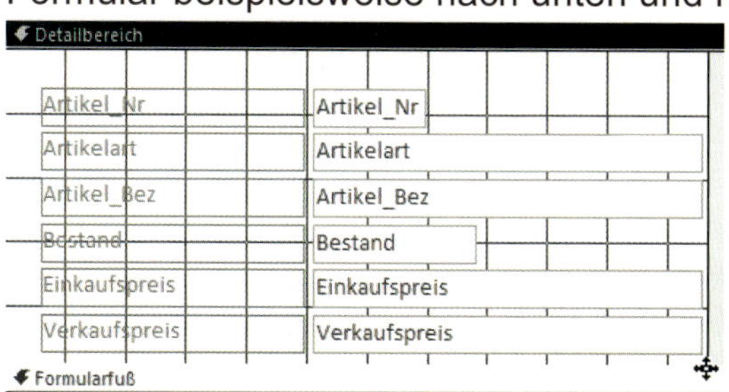
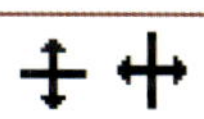	Die Größe eines Formulars wird von der rechten Seite bzw. von unten analog zur vorherigen Beschreibung verändert. 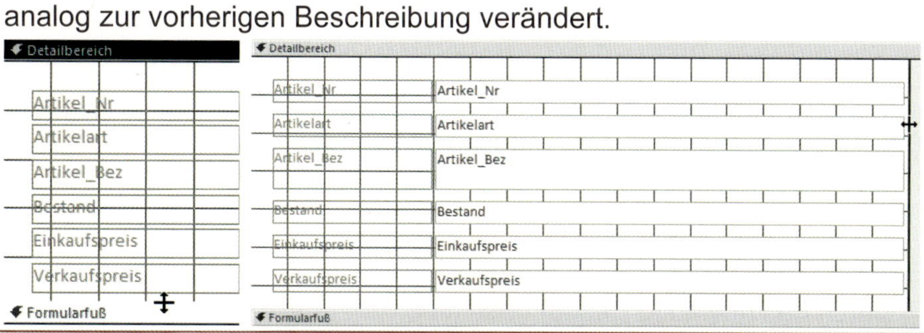
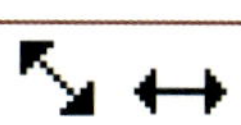	Ein oder mehrere Objekte werden durch das Anklicken mit der Maus markiert. Der Mausdoppelpfeil ermöglicht es, die Größe eines Objektes zu ändern, z. B. die Breite, die Höhe, die Position usw. 

17.3 Steuerelemente

Der Einsatz von Schaltflächen in Formularen, die bestimmte Aktionen auslösen, z. B. ein anderes Formular oder eine Tabelle, einen Bericht usw. aufrufen, gibt einer Datenbank einen professionellen Anstrich. In der nachfolgenden Tabelle sind einzelne Schaltflächen kurz beschrieben. Die wichtigsten werden später genauer erklärt.

Die ersten beiden Schaltflächen dienen nicht dazu, Aktionen in einem Formular auszuführen. Mit ihrer Hilfe lassen sich Objekte markieren und Assistenten aufrufen. Die einzelnen Schaltflächen für die Steuerelemente findet man im Register **FORMULARENTWURFS-TOOLS/ENTWURF** in der Gruppe **Steuerelemente**.

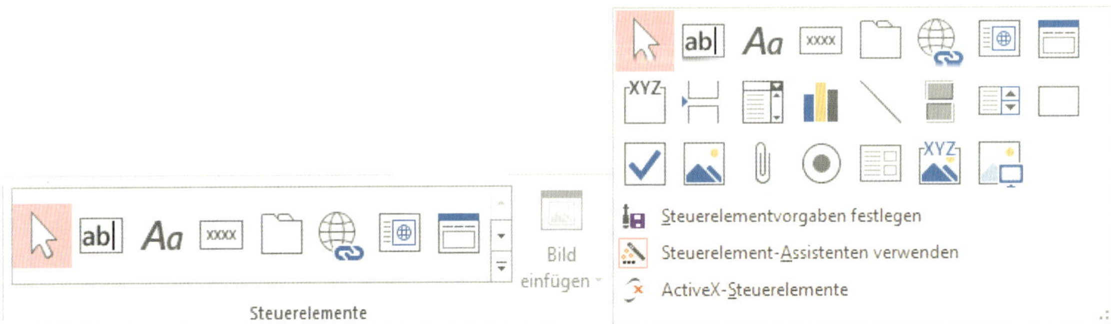

Schaltfläche	Bedeutung
	Die Schaltfläche **Auswählen** muss angeklickt werden, wenn nach der Bearbeitung eines Objektes (Schaltfläche usw.) wieder ein anderes Objekt markiert werden soll. Diese Schaltfläche dient lediglich zur Arbeitserleichterung.
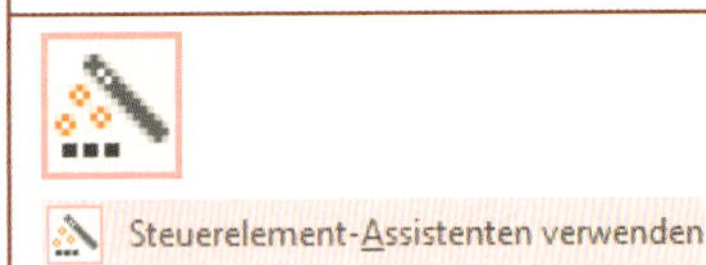	Die Schaltfläche **Steuerelement-Assistenten verwenden** dient dazu, unter Umständen einen Assistenten zur Verfügung zu stellen. Wollen Sie beispielsweise eine Schaltfläche in ein Formular mithilfe eines Assistenten erstellen, muss diese Schaltfläche aktiviert sein.

Mit den weiteren Schaltflächen können Elemente in ein Formular eingefügt werden. Dabei kann zum Teil die Hilfe eines Assistenten in Anspruch genommen werden. Die wichtigsten werden in der nachfolgenden Tabelle angesprochen:

	Bedeutung
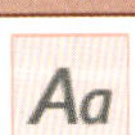	In ein Formular wird mit der Schaltfläche **Bezeichnung** ein Text eingefügt. Dieser Text kann eine Überschrift usw. darstellen. 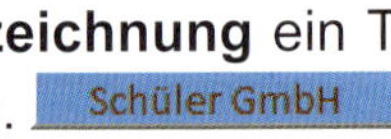
	Mit der **Schaltfläche** werden Formulare, Berichte usw. aufgerufen. Die Befehlsschaltflächen ermöglichen z. B. auch Navigationen in Formularen.
	Ein ungebundenes **Objektfeld** beruht nicht auf Daten, die z. B. aus einer Tabelle entnommen werden. Vielmehr wird das Objekt (Bild, Mind Map, Grafik usw.), das mit einem anderen Programm erstellt wurde, in das Formular eingefügt.
	Es wird eine **Linie** zwischen Elementen eines Formulars gezogen. Die Linie dient lediglich der Übersichtlichkeit in einem Formular. Die Form der Linie wird durch das gewählte Design bestimmt.
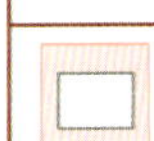	Das **Rechteck** hat eine ähnliche Funktion wie die **Linie**. Sachverhalte werden z. B. durch eine Umrandung besonders herausgestellt.
	Mit der Schaltfläche **Bild einfügen** werden Bilder usw. in ein Formular eingefügt. Das Bild ändert sich nicht bei der Anwahl eines anderen Datensatzes.

17.4 Formulare mit Befehlsschaltflächen

Über Befehlsschaltflächen können Aktionen innerhalb von Formularen aber auch Berichten usw. ausgelöst werden. Die Befehlsschaltflächen können einen Text enthalten oder auch mit einem aussagekräftigen Bild versehen werden.

Formulare können beispielsweise geschlossen werden oder lassen sich über Befehlsschaltflächen mit Makros aufrufen. Da die Vorgehensweise in der Regel identisch ist, soll anhand von drei Beispielen das Einfügen von Befehlsschaltflächen gezeigt werden.

Beispiel 1: Schließen eines Formulars

Ein Formular kann normalerweise über den entsprechenden Menüpunkt und über die Schaltfläche in der rechten oberen Ecke des Formulars geschlossen werden. Es ist jedoch auch möglich, eine Schaltfläche für diesen Zweck einzufügen.

Bearbeitungsschritte:

- Öffnen Sie das Formular *Lager*. Gehen Sie in die Entwurfsansicht. Vergrößern Sie die Formularfläche nach rechts. Achten Sie darauf, dass die Schaltfläche **Steuerelement-Assistenten verwenden**  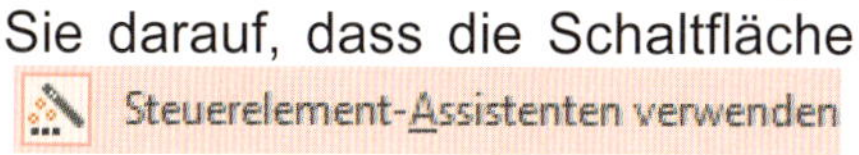

aktiviert ist, damit der entsprechende Assistent aufgerufen wird.
- Klicken Sie die Schaltfläche **Schaltfläche**  an. Der Mauszeiger verändert sich wie dargestellt:

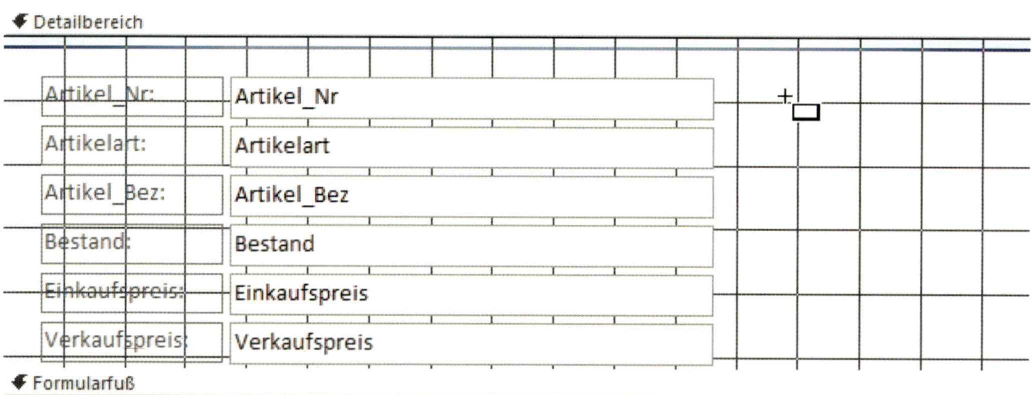

- Ziehen Sie ein kleines Rechteck auf. Der entsprechende Assistent wird aufgerufen.

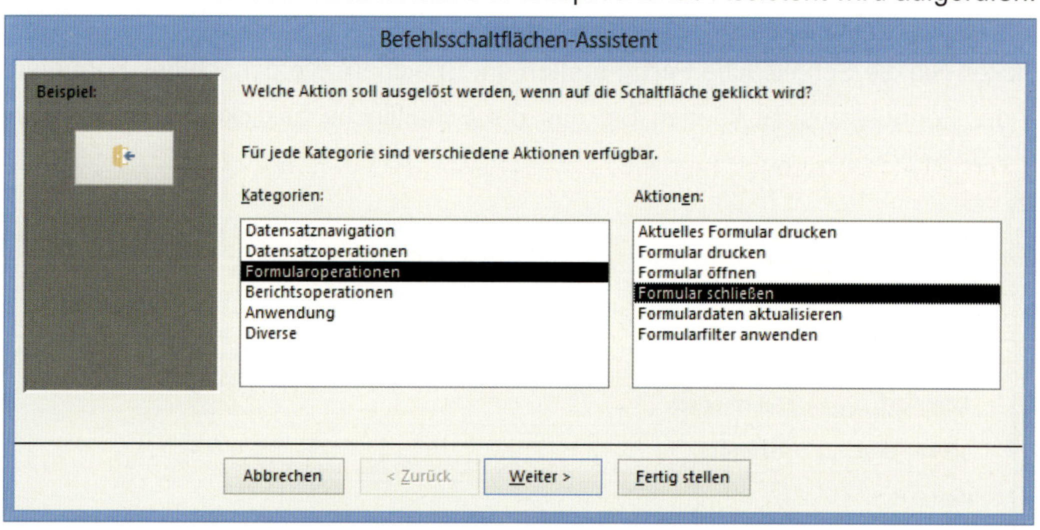

- Wählen Sie die angezeigte Kategorie und die entsprechende Aktion aus. Klicken Sie danach die Schaltfläche **Weiter** an.

Bearbeitungsschritte (Fortsetzung):

- Wählen Sie im nächsten Fenster das Bild **Ausgang** aus, welches normalerweise in Formularen für diesen Zweck angezeigt wird. Selbstverständlich können Sie auch eine Befehlsschaltfläche mit einem anderen Symbol oder einem Text verwenden.

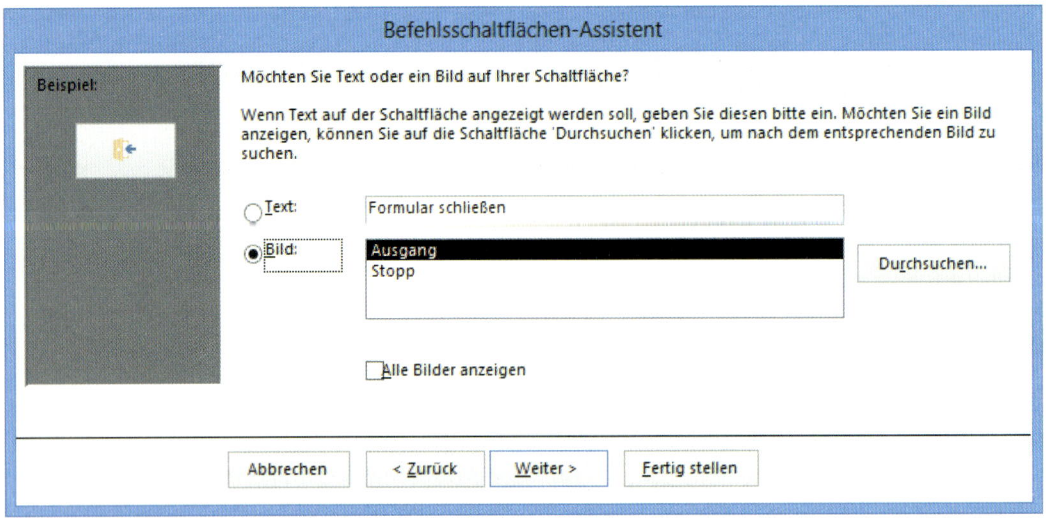

- Bestimmen Sie im nächsten Fenster, dass die Schaltfläche *Schließen_Lager1_Daten* heißt.

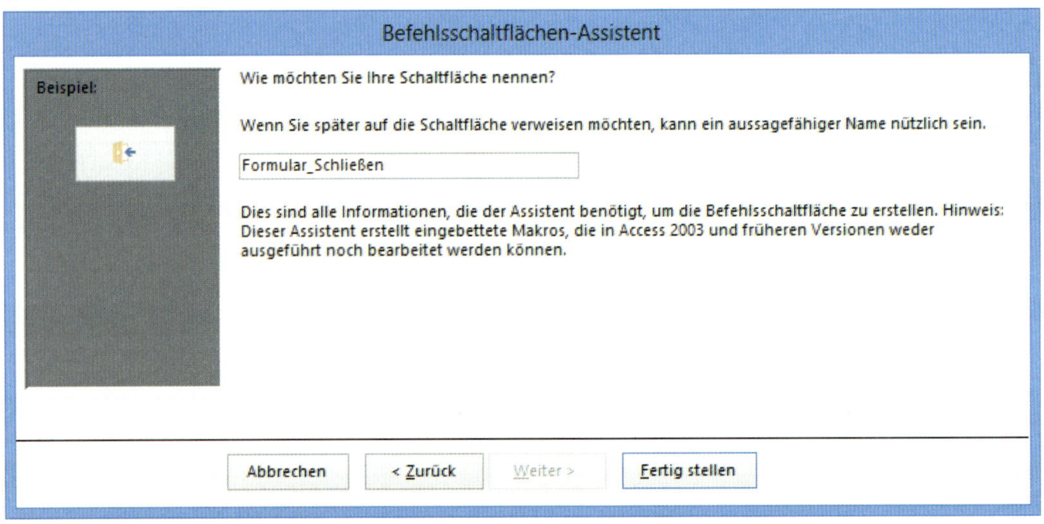

- Klicken Sie die Schaltfläche **Fertig stellen** an. Speichern Sie danach das Formular.
- In der Formularansicht können Sie nun die Schaltfläche anklicken. Das Formular wird geschlossen.

Beispiel 2: Suchen von Daten in einem Formular

Der Einbau einer Schaltfläche in einem Formular, die es erlaubt, nach Daten zu suchen, ist ebenfalls eine leicht zu realisierende Aufgabe.

Bearbeitungsschritte:

- Öffnen Sie das Formular *Lager* in der Entwurfsansicht. Klicken Sie die Schaltfläche **Schaltfläche** an.
- Bestimmen Sie im Fenster **Befehlsflächen-Assistent** in der Kategorie **Datensatznavigation** die Aktion **Datensatz suchen**. Legen Sie danach als Bild für die Schaltfläche das **Fernglas (Suchen)** fest. Klicken Sie die Schaltfläche **Fertig stellen** an.

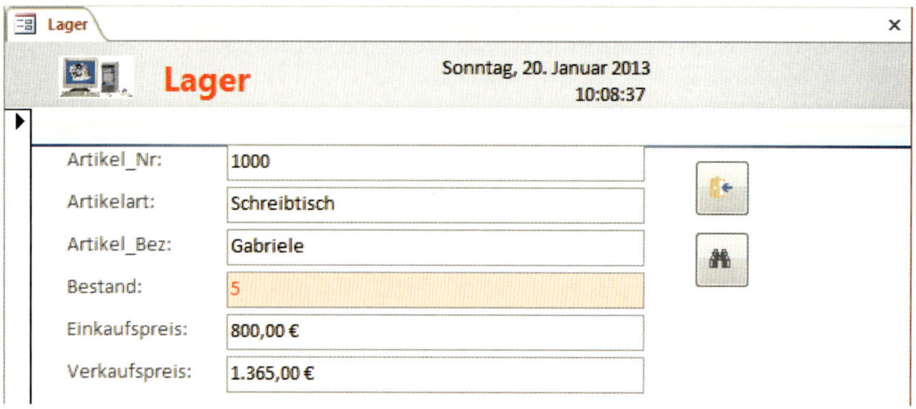

- Stellen Sie den Cursor in das Datenfeld **Artikelart**. Klicken Sie die Schaltfläche **Suchen** im Formular *Lager* an. Geben Sie als Suchbegriff *Computer* an.

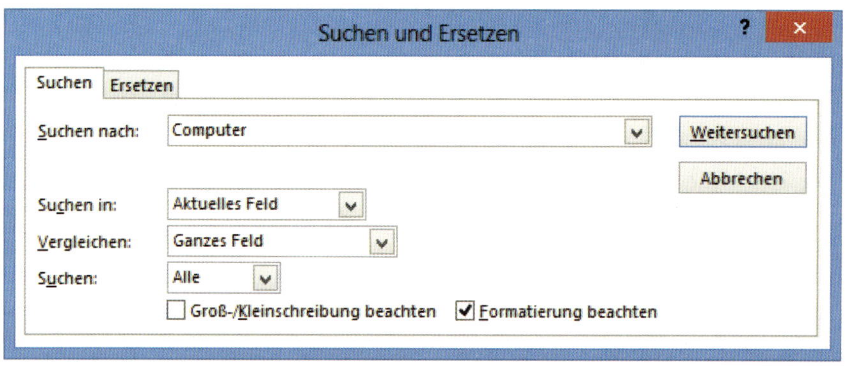

- Klicken Sie die Schaltfläche **Weitersuchen** an. Der erste Computer wird angezeigt.

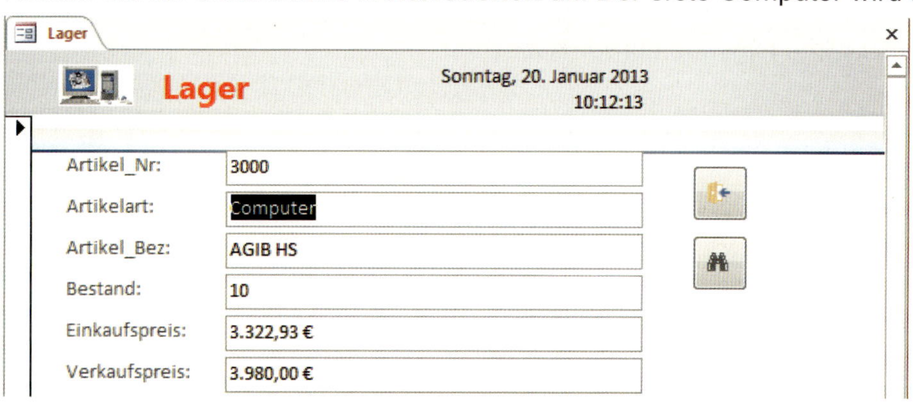

- Nach Anklicken der Registerkarte **Ersetzen** im Fenster **Suchen und Ersetzen** können Sie auch Begriffe durch andere ersetzen.

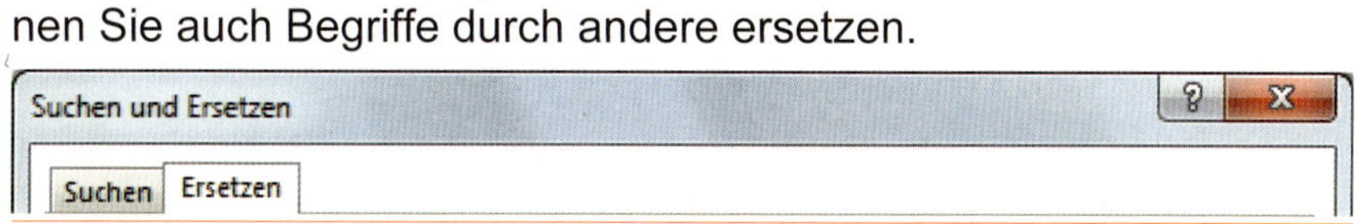

Beispiel 3: Aufrufen eines anderen Formulars

Unter Umständen möchte man jederzeit von einem Formular aus ein anderes Formular aufrufen können, also beispielsweise vom Formular *Lager* das Formular *Kunden* aufrufen, um sich zu den Lagerdaten Informationen zu den Kunden anzusehen. Die Befehlsschaltfläche stellt selbstverständlich auch die Möglichkeit, ein Formular zu öffnen, zur Verfügung.

Bearbeitungsschritte:

- Öffnen Sie das Formular *Lager* in der Entwurfsansicht. Klicken Sie die Schaltfläche **Schaltfläche**  an.
- Bestimmen Sie die folgenden Einstellungen:

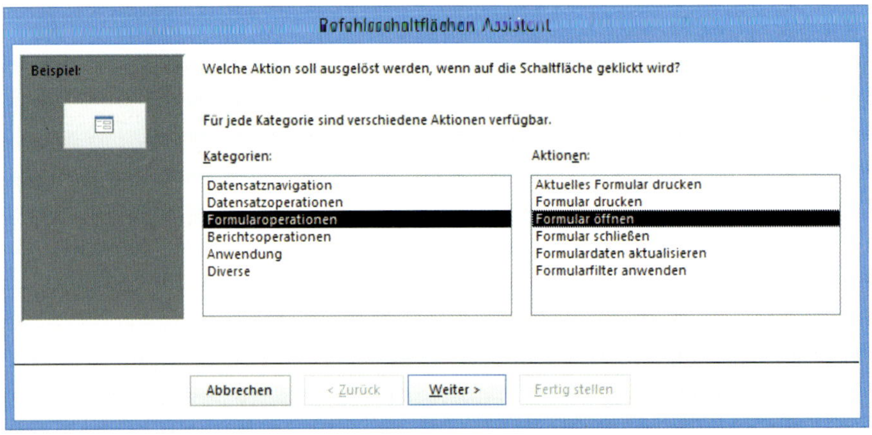

- Wählen Sie im nächsten Fenster das Formular *Kunden* aus.
- Klicken Sie im nächsten Fenster die Schaltfläche **Weiter** an. Im nächsten Fenster bestimmen Sie den Text *Kunden*. Bestimmen Sie danach noch einen Namen für die Befehlsschaltfläche und stellen Sie das Formular fertig.
- Nach Anklicken der Schaltfläche *Kunden* im Formular *Lager* wird das Formular *Kunden* aufgerufen. Über die Schaltfläche **Schriftfarbe** in der Gruppe **Schriftart** im Register **FORMULARENTWURFSTOOLS/FORMAT** müssen Sie eventuell die Schriftfarbe zur besseren Lesbarkeit ändern.

- Das Ergebnis könnte folgendermaßen aussehen:

- Sie sollten danach andere Schaltflächen zum Aufruf von Formularen in das Formular einbauen.

17.5 Formulare mit einem Unterformular – Nutzung von Beziehungen

Unterformulare bieten hervorragende Möglichkeiten, einen Sachverhalt zu verdeutlichen. Es bietet sich an, die Tabellen *Lager (m:n)* und *Lieferanten (m:n)* zu nutzen. Das Unterformular kann z. B. ausgeben, welche Artikel ein Lieferant liefern kann. Natürlich kann ein Unterformular auch alle Lieferanten eines bestimmten Artikels ausgeben.

Bearbeitungsschritte:

- Klicken Sie im Register **DATENBANKTOOLS** in der Gruppe **Beziehungen** die Schaltfläche **Beziehungen** an. Überprüfen Sie, ob folgende Beziehung besteht.

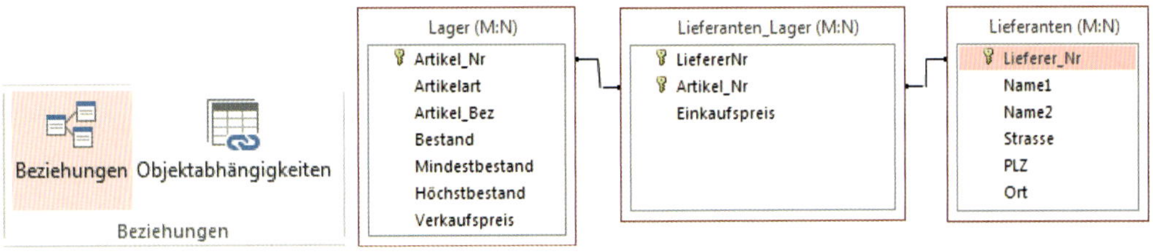

- Markieren Sie die Tabelle *Lager (m:n)* in der **Navigationsleiste**. Klicken Sie im Register **ERSTELLEN** in der Gruppe **Formulare** die Schaltfläche **Formular-Assistent** an.

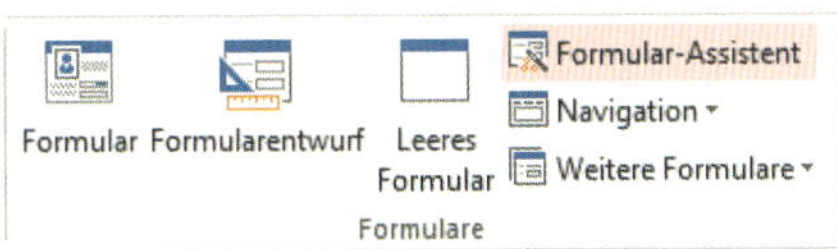

- Wählen Sie im nächsten Fenster Datenfelder der Tabelle *Lager (m:n)* aus:

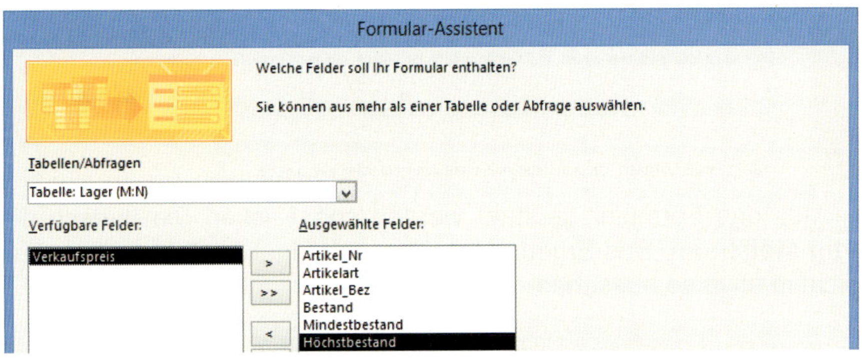

- Wählen Sie im selben Fenster die Tabelle *Lieferanten (m:n)* aus und übertragen Sie alle Datenfelder in den Bereich **Ausgewählte Felder**.

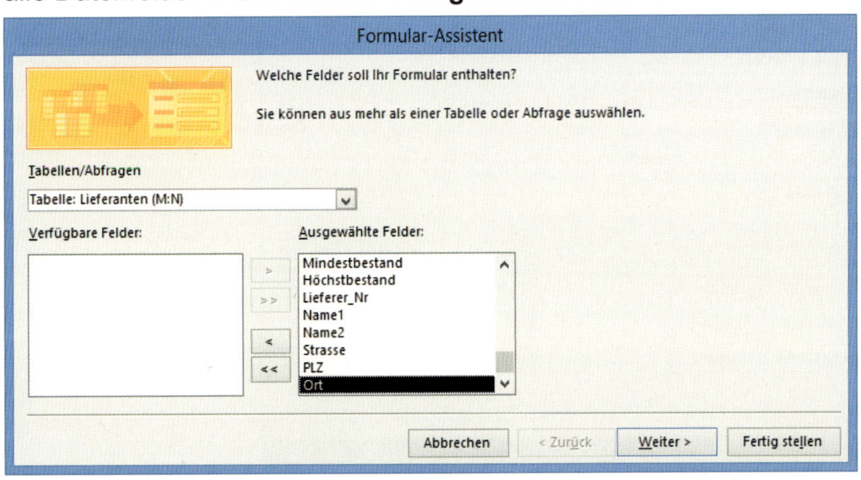

- Klicken Sie die Schaltfläche **Weiter** an. Besteht keine Beziehung zwischen den ausgewählten Tabellen, kommt jetzt eine Fehlermeldung, die darauf hinweist, dass Beziehungen zwischen den Tabellen geschaffen werden müssen.

Bearbeitungsschritte (Fortsetzung):

- Im nächsten Fenster legen Sie fest, dass die Daten nach den Lieferanten angezeigt werden sollen. Dies bedeutet, dass im Hauptformular ein Lieferant angezeigt wird und im Unterformular alle Artikel, die er liefern kann.

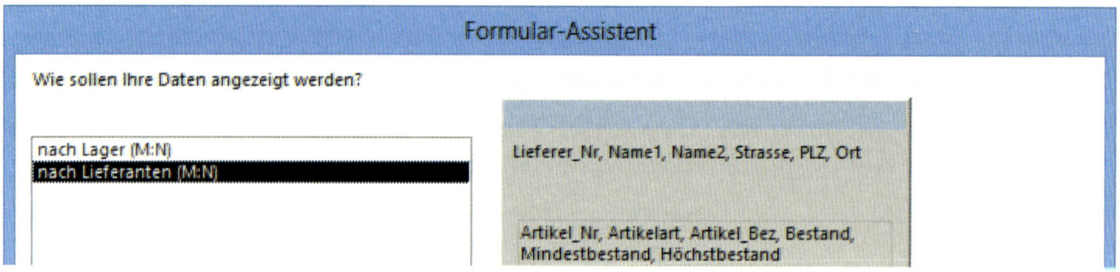

- Bestimmen Sie, dass ein Formular mit Unterformularen erstellt werden soll. Verknüpfte Formulare sind zwei eigenständige Formulare, die ebenfalls in Beziehung miteinander stehen. Sie sollten diese Möglichkeit später unbedingt ausprobieren.
- In den nächsten Fenstern bestimmen Sie ein tabellarisches Layout für das Unterformular und ein Format.
- Legen Sie im letzten Fenster den Titel des Formulars mit *Lieferanten_Lager* und den Titel des Unterformulars mit *Lager (m:n) Unterformular1* fest.

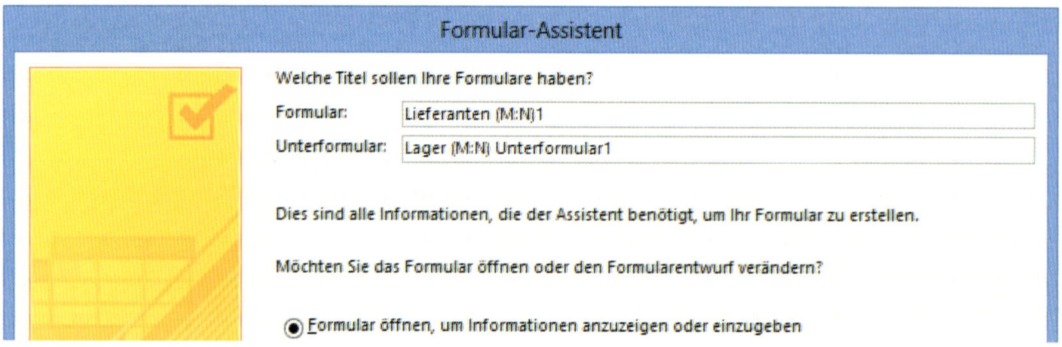

- Bestimmen Sie, dass das Formular geöffnet werden soll. Klicken Sie danach die Schaltfläche **Fertig stellen** an. Das Ergebnis könnte nach einer Nachbearbeitung in der Entwurfsansicht in etwa so aussehen:

- Erstellen Sie mithilfe des Formular-Assistenten ein weiteres Formular mit einem Unterformular, welches die einzelnen Artikel ausgibt und im Unterformular die jeweiligen möglichen Lieferanten zeigt.

18 Benutzeroberflächen

18.1 Vorbemerkungen

Professionelle Datenbanken werden mit einer Benutzeroberfläche ausgestattet, die es erlaubt, Formulare, Berichte, Makros usw. aufzurufen. Eingaben erfolgen damit zum Beispiel nicht mehr über Tabellen, sondern über Formulare, Ausgaben über Berichte.

18.2 Erstellen einer Benutzeroberfläche

Zum Erstellen einer Benutzeroberfläche werden vor allem Schaltflächen genutzt.

Bearbeitungsschritte:

- Klicken Sie im Register **ERSTELLEN** in der Gruppe **Formulare** die Schaltfläche **Formularentwurf** an.

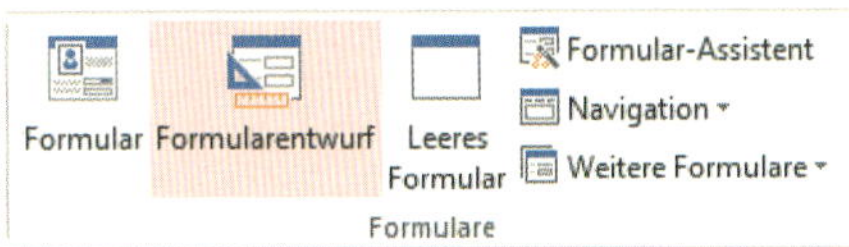

- Ein leeres Formular wird zur Verfügung gestellt:

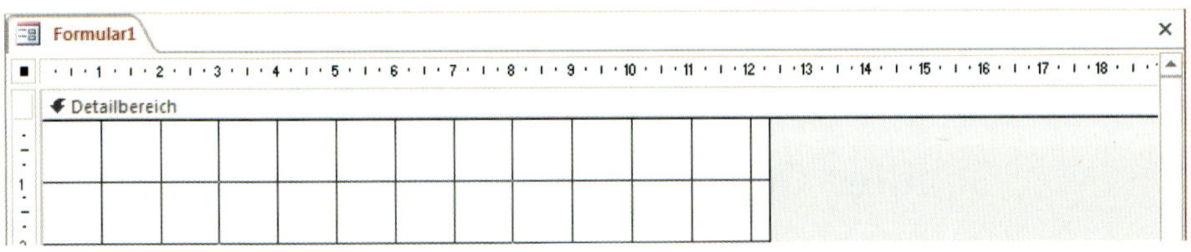

- Klicken Sie im Register **FORMULARENTWURFSTOOLS/ENTWURF** in der Gruppe **Designs** die Schaltfläche **Designs** an. Wählen Sie das Design *Papier* aus.

- Klicken Sie im Register **FORMULARENTWURFSTOOLS/ENTWURF** in der Gruppe **Steuerelemente** die Schaltfläche **Bezeichnung** an.

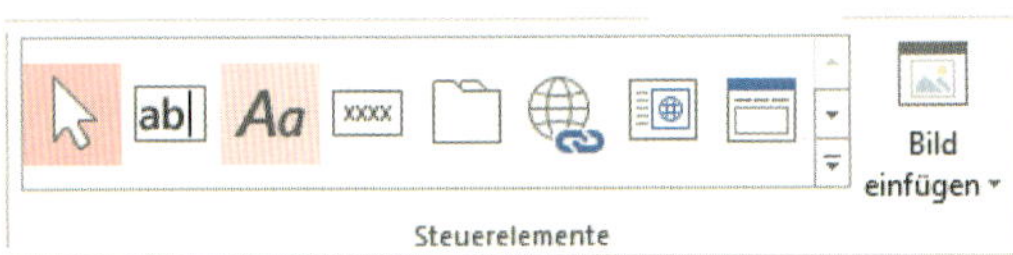

- Ziehen Sie mit der Maus ein Rechteck. Fügen Sie den folgenden Text ein:

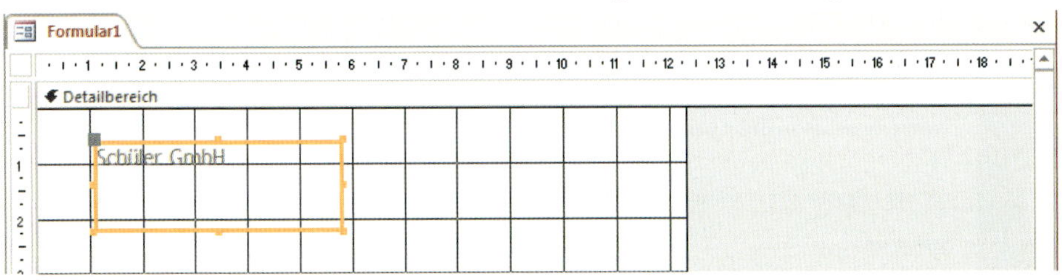

- Klicken Sie danach an eine andere Stelle des Formulars und danach an den Rand des Bezeichnungsfeldes. Damit ist das Feld markiert und kann formatiert werden.

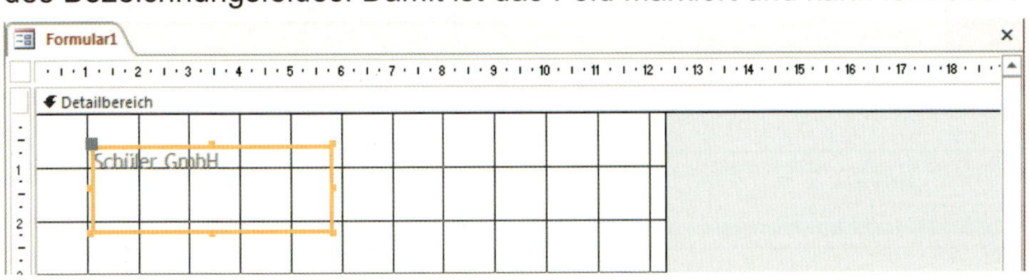

Bearbeitungsschritte (Fortsetzung):

- Formatieren Sie mithilfe der Schaltflächen des Registers **FORMULARENTWURFS-TOOLS/FORMAT** die Überschrift.

- Das Ergebnis könnte so aussehen:

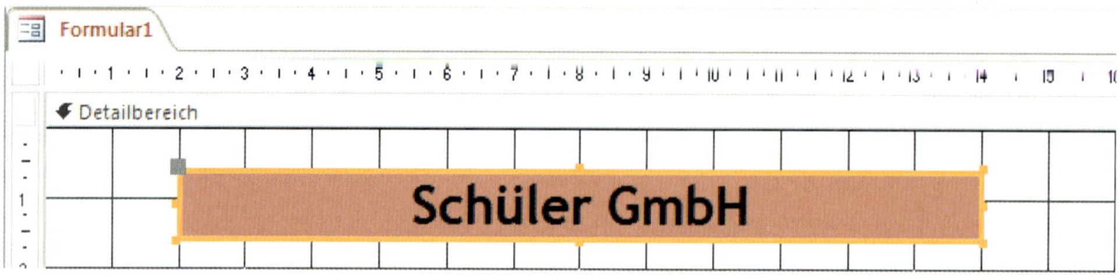

- Als Nächstes sollten Sie ein Bezeichnungsfeld für die Eingaben hinzufügen und danach die Formulare *Lager*, *Kunden* und *Lieferanten* in das Formular einfügen. Die entsprechenden Möglichkeiten wurden bereits gezeigt.

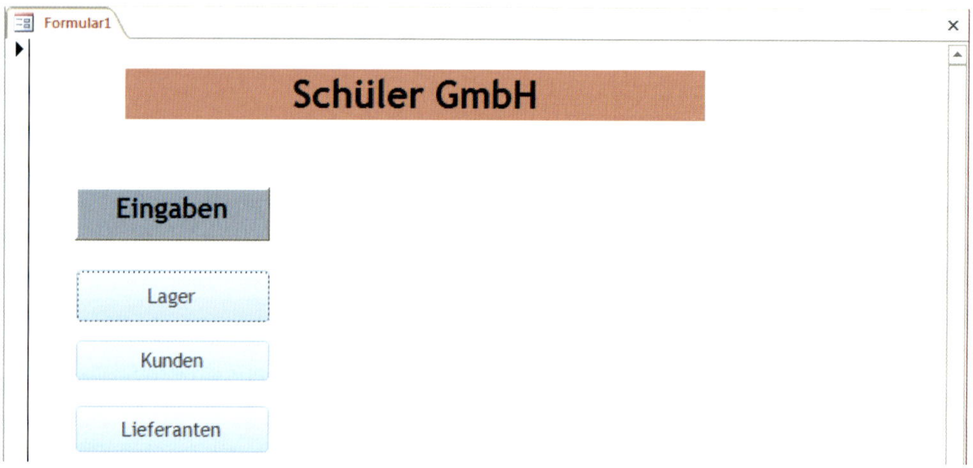

- Als Nächstes sollten erstellte Berichte eingefügt werden, beispielsweise Kundenlisten, Preislisten usw.
- Öffnen Sie das Formular *Lager* in der Entwurfsansicht. Klicken Sie die Schaltfläche **Schaltfläche**  an. Wählen Sie die folgenden Optionen aus:

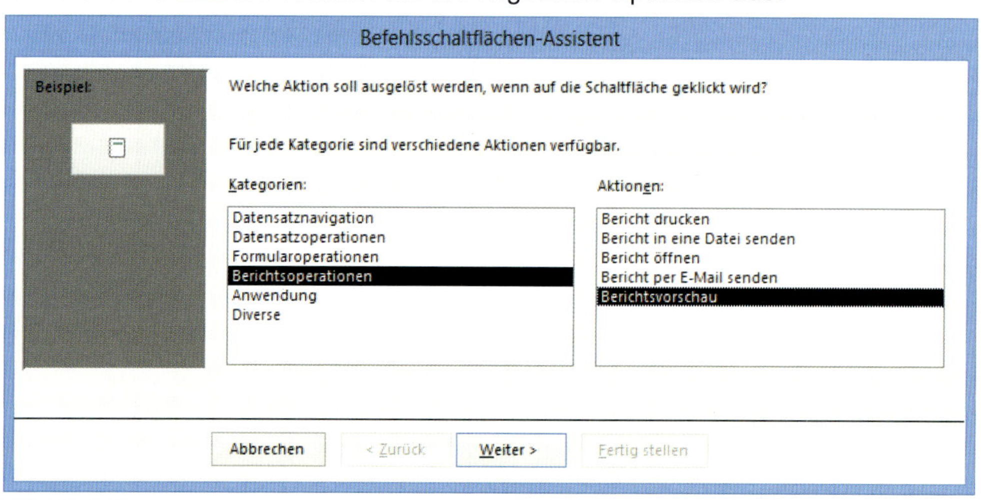

Bearbeitungsschritte (Fortsetzung):

- Wählen Sie danach einen Bericht aus:

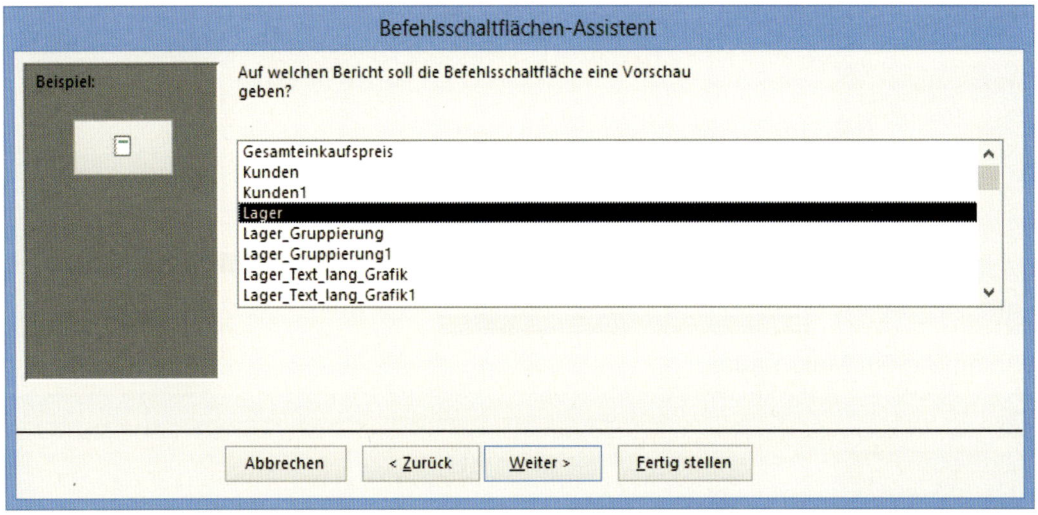

- Versehen Sie die Schaltfläche des Berichts mit einem Text:

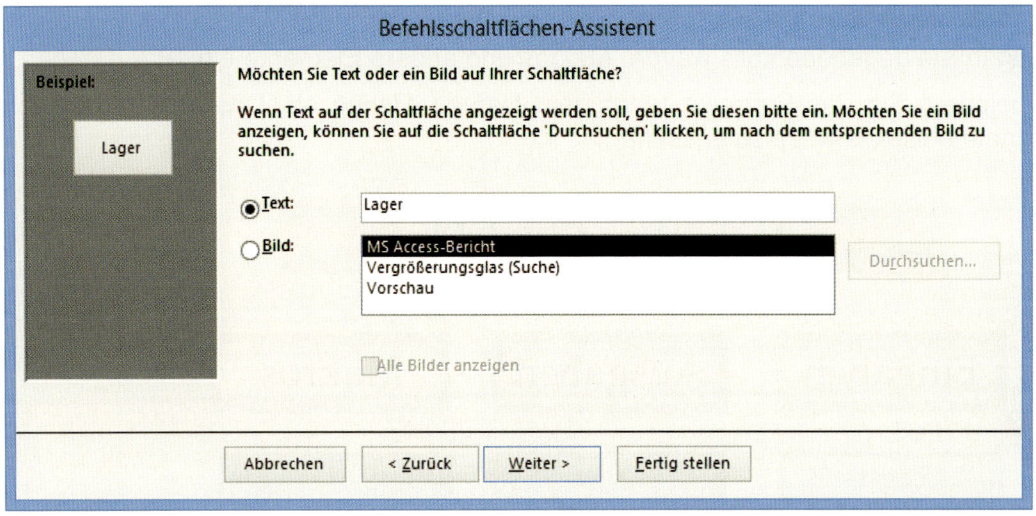

- Schließen Sie die Arbeit mit dem Assistenten ab. Formatieren Sie die Schaltfläche wie angezeigt, oder wie Sie die anderen Schaltflächen formatiert haben. Eine einheitliche Darstellung ist sicherlich vernünftig.
- Fügen Sie auf die beschriebene Art Kunden- und Lieferantenlisten usw. ein. Das Ergebnis könnte so aussehen:

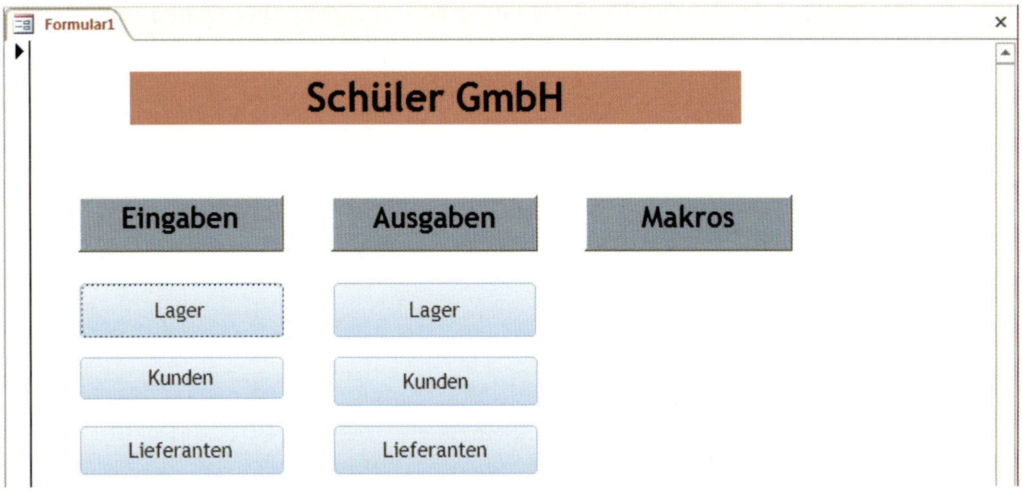

Bearbeitungsschritte (Fortsetzung):

- Als Letztes sollen erstellte Makros eingefügt werden.

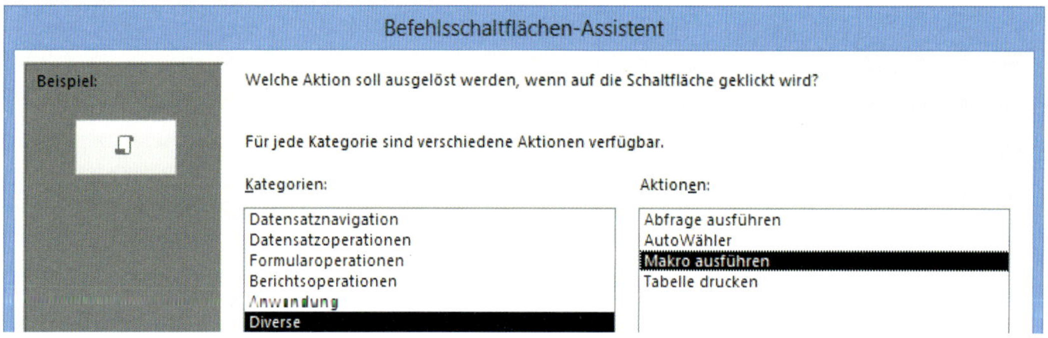

- Wählen Sie ein Makro aus:

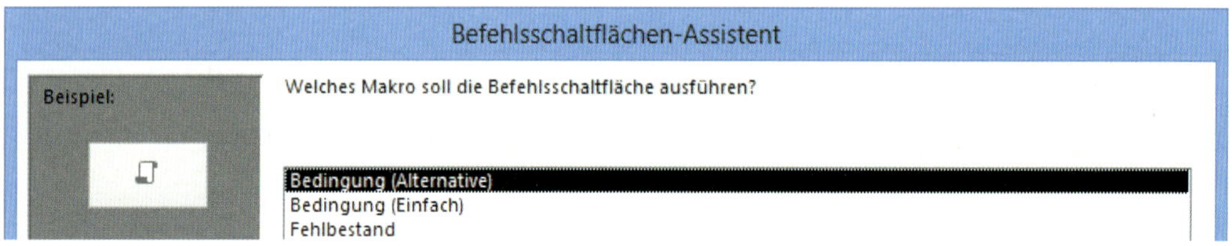

- Fügen Sie gegebenenfalls weitere Makros und andere Elemente ein.
- Speichern Sie das Formular unter dem Namen *Menue* ab. Das Gesamtergebnis könnte beispielsweise so aussehen:

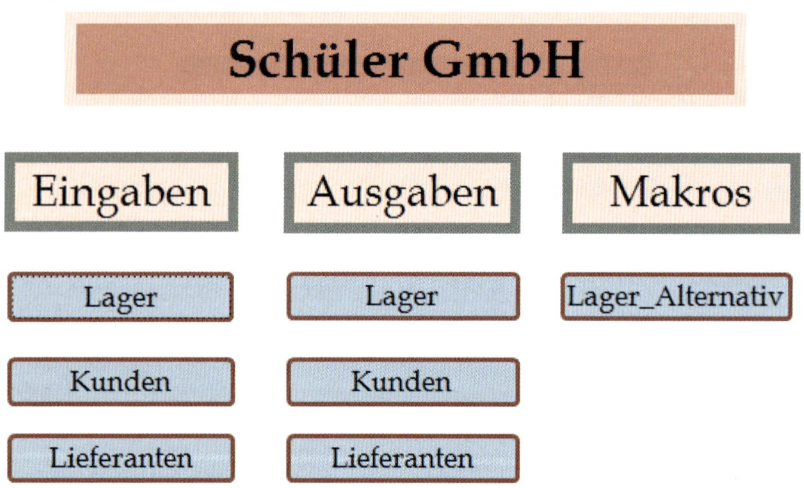

- Das Formular kann danach weiter gestaltet werden, beispielsweise können über das Register **FORMULARENTWURFSTOOLS/ENTWURF** Bilder eingefügt werden.

- Über die Schaltflächen der Gruppe **Kopfzeile/Fußzeile** kann z. B. ein Firmenlogo in die Benutzeroberfläche eingefügt werden.

19 Tabellen mit langen Texten und Grafiken

19.1 Vorbemerkungen

In einer Tabelle müssen unter Umständen auch längere Texte, etwa für eine Produktbeschreibung, oder Grafiken, Fotos usw. zur Darstellung eines Produkts eingegeben werden.

Zur Eingabe der Daten sollten Formulare dienen. Über Berichte lassen sich die Daten dann vernünftig eingeben.

19.2 Erstellen einer Tabellenstruktur

In einer Tabellenstruktur müssen die Datenfelder für das Einfügen eines langen Textes und eines Objektes (für Bilder usw.) eingerichtet werden. Es bietet sich an, die Tabelle *Lager* zu kopieren und in der kopierten Tabelle weitere Datenfelder einzurichten. Die Inhalte der Felder werden dann über ein Formular eingegeben. Die Eingabe kann jedoch auch in der Tabelle erfolgen.

Bearbeitungsschritte:

- Kopieren Sie die Tabelle *Lager* und fügen Sie die Tabelle unter dem Namen *Lager_Text_lang_Grafik* nochmals ein.
- Ändern Sie die Tabellenstruktur folgendermaßen:

Lager_Text_lang_Grafik

Feldname	Felddatentyp	Beschreibung (optional)
Artikel_Nr	Zahl	
Artikelart	Kurzer Text	
Artikel_Bez	Kurzer Text	
Bestand	Zahl	
Mindestbestand	Zahl	
Höchstbestand	Zahl	
Einkaufspreis	Währung	
Verkaufspreis	Währung	
Beschreibung	Langer Text	
Abbildung	OLE-Objekt	

- In der Tabelle werden die Daten angezeigt. Die Inhalte der beiden Datenfelder **Beschreibung** und **Abbildung** sind selbstverständlich leer.

Lager_Text_lang_Grafik

	Artikel_Nr	Artikelart	Artikel_Bez	Best	Mindestb	Höchstbe	Einkaufspreis	Beschreibur	Abbildung
	1000	Schreibtisch	Gabriele	7	5	10	800,00 €		
	1001	Schreibtisch	Modern	10	15	30	456,00 €		
	1002	Schreibtisch	Exklusiv	20	10	30	1.250,00 €		
	1003	Büroschränke	Elegant	12	5	10	2.400,00 €		
	1004	Büroschränke	Aktuell	17	10	40	897,00 €		
	1005	Drucker	Hanso	12	15	25	430,00 €		
	1006	Drucker	Stil	8	5	15	1.300,00 €		
	1007	Drucker	Klassic	12	6	10	2.900,00 €		
	2000	Scanner	Swift	8	10	20	1.578,00 €		
	2001	Scanner	Akura	4	2	5	2.790,00 €		
	3000	Computer	AGIB HS	10	8	16	3.322,93 €		
	3001	Computer	Trup AK	5	6	10	3.576,00 €		
	3002	Computer	Ambro Super	21	12	18	3.454,98 €		
*	0		0	0	0	0	0,00 €		

- Die Dateneingabe könnte nun über die Tabelle erfolgen. Dabei sind die Texte des langen Textfeldes und die Grafiken jedoch nicht zu erkennen, sodass es sich anbietet, die Dateneingabe über ein Formular zu realisieren. Die Erstellung des dafür benötigten Formulars wird anschließend ausführlich beschrieben.

19.3 Dateneingabe über ein Formular

Die Eingabe der Daten über ein Formular ist relativ einfach. Schwierig kann es unter Umständen werden, dass die Abbildungen auch wirklich im Formular angezeigt werden.

Bearbeitungsschritte:

- Markieren Sie im **Navigationsbereich** die Tabelle *Lager_Text_lang_Grafik*. Klicken Sie im Register **ERSTELLEN** in der Gruppe **Formulare** die Schaltfläche **Formular** an.

- Das Formular wird eingeblendet. Verändern Sie es über die **Entwurfsansicht** wie dargestellt und geben Sie in der **Formularansicht** den Text wie angezeigt ein:

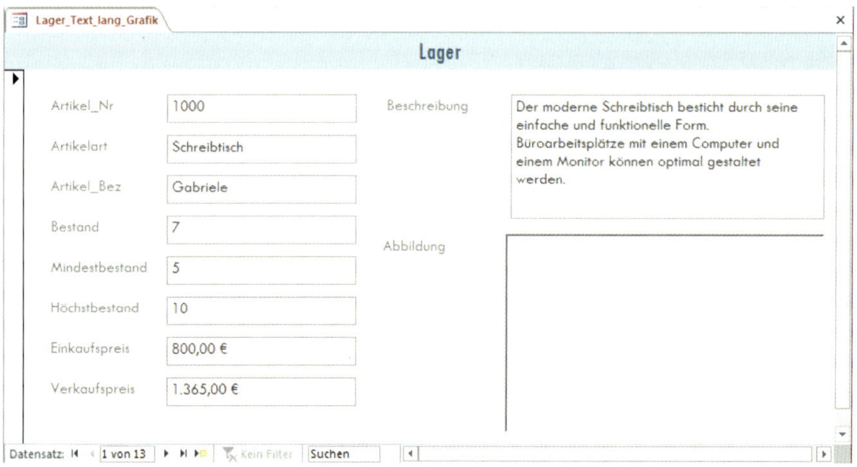

- Wechseln Sie wieder in die Entwurfsansicht und markieren Sie durch Anklicken mit der Maus das Datenfeld **Abbildung**:

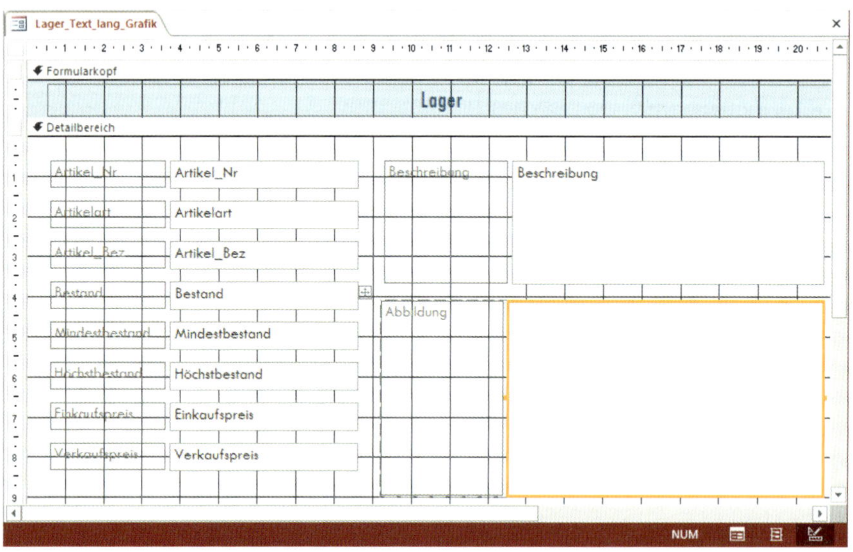

- Klicken Sie im Register **FORMULARENTWURFSTOOLS/ENTWURF** in der Gruppe **Tools** die Schaltfläche **Eigenschaftenblatt** an.

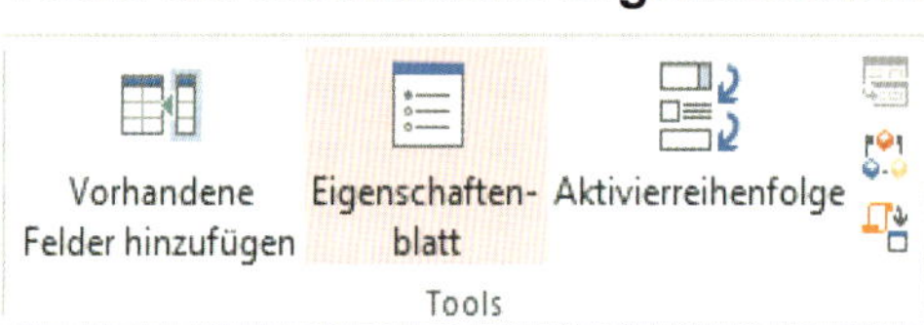

Bearbeitungsschritte (Fortsetzung):

- Bestimmen Sie im Register **Alle** die angezeigte Größenanpassung und die zugelassene OLE-Objektart. Die Größenanpassung bewirkt, dass die Grafik den gesamten Bereich des Grafikfensters ausfüllt. Als Alternative können Sie später auch die Größenanpassung *Zoomen* wählen. Durch die gewählte Objektart wird die Grafik in die Tabelle eingebettet, dies bedeutet, sie muss vom Programm nicht jedes Mal aus einem Verzeichnis in die Tabelle geladen werden. Die Datenbank wird durch diese Einstellung größer, die Grafiken müssen aber ansonsten immer an der gleichen Stelle auf einem Rechner vorhanden sein, was beim Kopieren der Datenbank zu Problemen führen kann.

- Beenden Sie die Einstellungen der Eigenschaften und kehren Sie zu der **Formularansicht** zurück.
- Kopieren Sie Grafiken/Bilder aus einem Bildbearbeitungsprogramm usw. in ein Verzeichnis des Windows-Explorers. Markieren und kopieren Sie danach die Grafik.

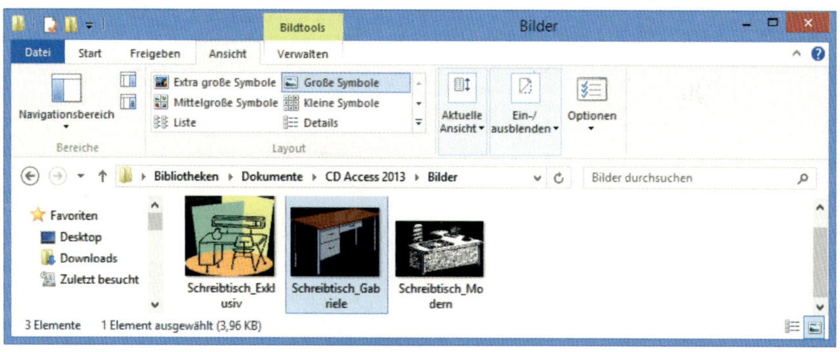

- Kehren Sie danach zur Datenbank **Betrieb** in **Access** zurück. Markieren Sie in der Formularansicht das Datenfeld **Abbildung**. Wählen Sie über das Kontextmenü den Menüpunkt **Einfügen** oder klicken Sie die Schaltfläche **Einfügen** in der Gruppe **Zwischenablage** im Register **START** an.

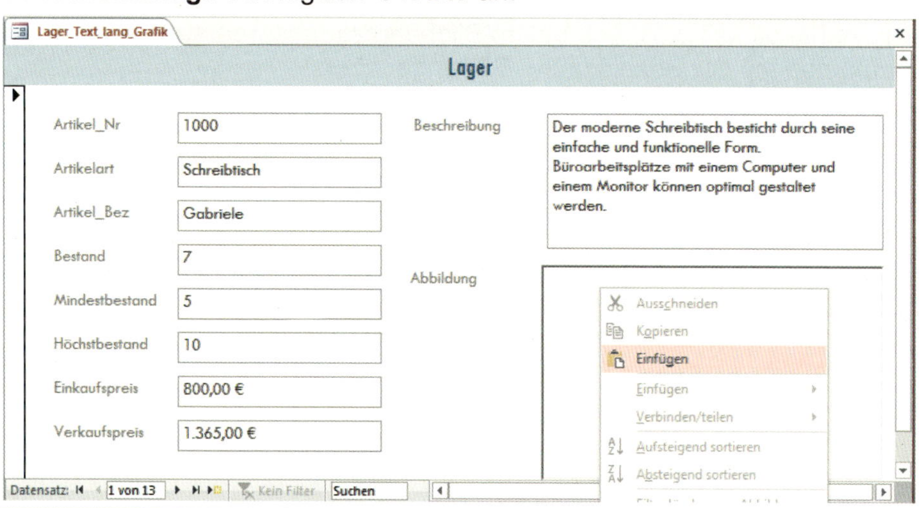

Bearbeitungsschritte (Fortsetzung):

- Das Ergebnis müsste in etwa so aussehen:

- Fügen Sie anschließend auf die beschriebene Art die entsprechenden Texte und die Abbildungen in das Formular ein.

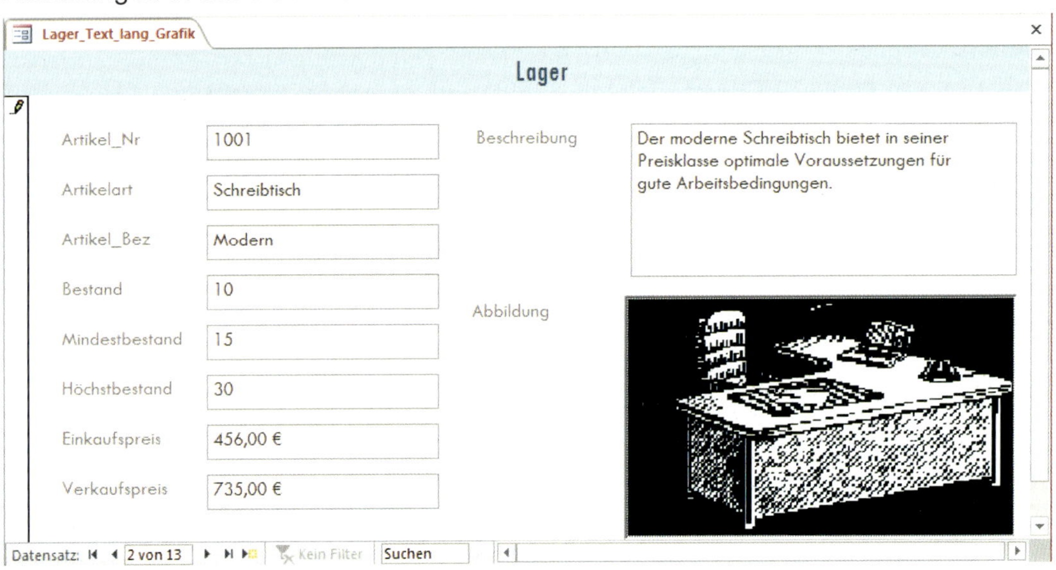

- Die hier gewählte Form der Verknüpfung ermöglicht es nicht, sich die Abbildung in der Tabelle anzusehen. In der Tabelle wird jedoch angegeben, dass ein Bild eingefügt wurde. In Abhängigkeit z. B. von einem Bildbearbeitungsprogramm wird dieses eventuell zusammen mit der Bezeichnung *Bild* angegeben.

Lager_Text_lang_Grafik

Artikel	Artikelart	Artikel_E	B	Mi	Hö	Einkaufsp	Verkaufsp	Beschreibun	Abbildung
1000	Schreibtiscl	Gabriele	7	5	10	800,00 €	1.365,00 €	Der moderne S	Paint Shop Pro 5 Bild
1001	Schreibtiscl	Modern	10	15	30	456,00 €	735,00 €	Der moderne S	Paint Shop Pro 5 Bild
1002	Schreibtiscl	Exklusiv	20	10	30	1.250,00 €	1.848,00 €	Der Schreibtisc	Paint Shop Pro 5 Bild

- Der Beschreibungstext kann durch Anpassung der Spaltenbreite gelesen und/oder über die Tabelle eingegeben werden. Dies ist jedoch nicht besonders komfortabel, sodass die Eingabe weiterhin über das Formular erfolgen sollte.

19.4 Anzeige von Objekten in einem Bericht

19.4.1 Vorbemerkungen

Grundsätzlich ergeben sich zwei Möglichkeiten, die Daten der Tabelle *Lager_Text_lang_Grafik* für die Erstellung eines Berichts zu nutzen. Zum einen kann aus dem erstellten Formular ein Bericht erstellt werden. Zum anderen können die Daten wie bereits im Kapitel *Berichte* beschrieben genutzt werden.

19.4.2 Berichtserstellung über das erstellte Formular

Ein Formular eignet sich grundsätzlich für die Erstellung eines Berichts. Da alle Formatierungsmöglichkeiten der Berichtserstellung zur Verfügung stehen, können Änderungen jederzeit vorgenommen werden.

Bearbeitungsschritte:

- Öffnen Sie den Entwurf des Formulars *Lager_Text_lang_Grafik*.
- Wählen Sie den nachfolgenden Menüpunkt und speichern Sie das Formular unter dem Namen *Lager_Text_lang_Grafik* als Bericht ab:

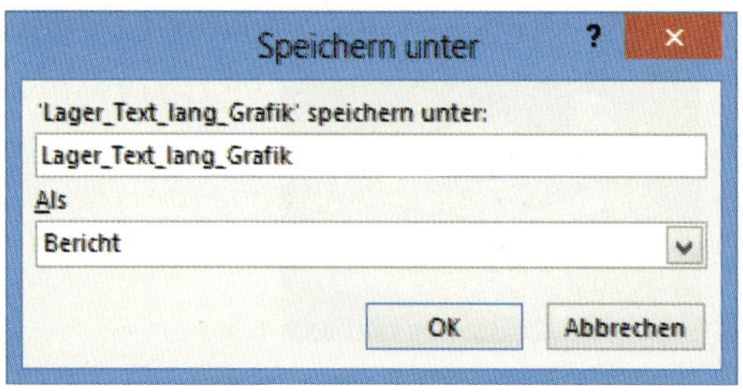

- Bearbeiten Sie den Bericht über die Entwurfsansicht des Berichts nach. Fügen Sie beispielsweise über den Menüpunkt **Ansicht/Seitenkopf/-fuß** einen Seitenkopf ein. Eventuell müssen Sie wegen der Darstellung auch die Seitenbreite anpassen.
- Das Ergebnis könnte in etwa wie nachfolgend dargestellt aussehen. Selbstverständlich passen mehrere Artikel auf eine Seite:

- In der Entwurfsansicht sollten Sie unter Umständen die Anzahl der auf einer Seite dargestellten Produkte überprüfen und eventuell durch Änderungen mehrere oder weniger Produkte auf eine Seite bringen.

19.4.3 Berichtserstellung über die erstellte Tabelle

Ein Bericht mit langen Texten und Abbildungen kann selbstverständlich auch normal über den Berichts-Assistenten erstellt werden.

Das Ergebnis kann wie bei allen Berichten außerordentlich individuell gestaltet werden.

Bearbeitungsschritte:

- Erstellen Sie aus der Tabelle *Lager_Text_lang_Grafik* den nachfolgend dargestellten Bericht. Das Ergebnis lässt sich erzielen, wenn der Bericht entsprechend nachbearbeitet wurde:

Preisliste mit Beschreibung

Artikel_Nr	Artikel_Bez	Beschreibung	Abbildung	Verkaufspreis
1000	Gabriele	Der moderne Schreibtisch besticht durch seine einfache und funktionelle Form. Büroarbeitsplätze mit einem Computer und einem Monitor können optimal gestaltet werden.		1.365,00 €
1001	Modern	Der moderne Schreibtisch bietet in seiner Preisklasse optimale Voraussetzungen für gute Arbeitsbedingungen.		735,00 €

- Die folgende Darstellung zeigt einen Bericht, der ebenfalls durch die Nachbearbeitung realisiert wurde:

Preisliste mit Beschreibung

Artikel_Nr Artikel_Bez	Beschreibung	Abbildung	Verkaufspreis
1000 Schreibtisch Gabriele 1.365,00 €	Der moderne Schreibtisch besticht durch seine einfache und funktionelle Form. Büroarbeitsplätze mit einem Computer und einem Monitor können optimal gestaltet werden.		
1001 Schreibtisch Modern 735,00 €	Der moderne Schreibtisch bietet in seiner Preisklasse optimale Voraussetzungen für gute Arbeitsbedingungen.		
1002 Schreibtisch Exklusiv 1.848,00 €	Der Schreibtisch wurde für gehobene Ansprüche entwickelt. Neben seiner hohen Funktionalität zeichnet ihn besonders sein besonderes Design aus.		

20 Berichte II

20.1 Berichte mit Berechnungen

In Berichten lassen sich ähnlich wie in Formularen Berechnungen einfügen. Beispielsweise kann ein Bericht erstellt werden, der die Berechnung von Gesamteinkaufspreisen aus den Komponenten Bestand und Einkaufspreis ermöglicht. Die folgende Tabelle stellt einige Berechnungsmöglichkeiten dar:

Formel	Erklärung
=([Bestand])*([Einkaufspreis])	Der Gesamteinkaufspreis für einen Artikel wird angezeigt.
=Summe(([Bestand])*([Einkaufspreis]))	Der Gesamteinkaufspreis für alle Artikel wird angezeigt.
=([Verkaufspreis])*1,19	Der Verkaufspreis plus Mehrwertsteuer wird berechnet.
=([Bestand])-([Mindestbestand])	Der Differenz zwischen den beiden Beständen wird angegeben.
=Wenn(([Bestand])-([Mindestbestand])<0;([Mindestbestand])-([Bestand]);" ")	Ist der Bestand eines Artikels kleiner als der Mindestbestand des Artikels, wird die Differenz ausgegeben. Ansonsten wird das Ausgabefeld leer (" ") dargestellt.

Bearbeitungsschritte:

- Erstellen Sie zunächst einen Bericht, der nachbearbeitet in etwa so aussieht:

- Fügen Sie in der Entwurfsansicht über die Schaltfläche **Bezeichnung** in der Gruppe **Steuerelemente** im Register **BERICHTSENTWURFSTOOLS/ENTWURF** die Bezeichnung *Gesamteinkaufspreis* ein.

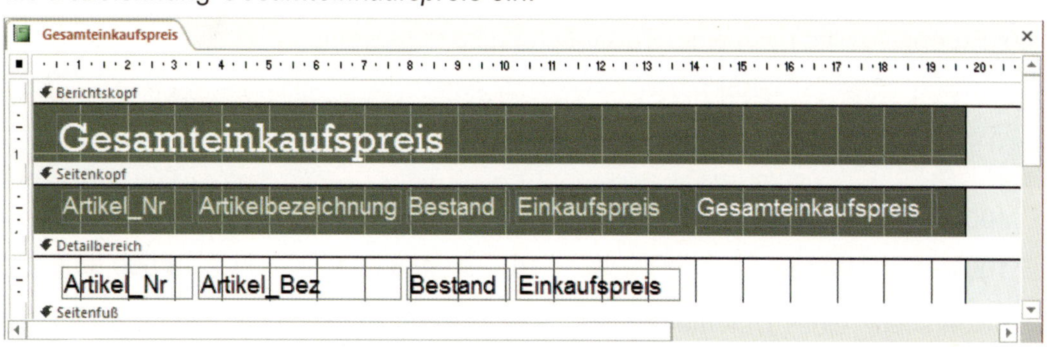

Bearbeitungsschritte (Fortsetzung):

- Fügen Sie ein Textfeld über die Schaltfläche **Textfeld** ein. Markieren Sie zunächst die Bezeichnung (z. B. *Text22*) und löschen Sie die Bezeichnung über die Schaltfläche **Ausschneiden** Ausschneiden.

- Markieren Sie danach das Textfeld (Ungebunden). Klicken Sie danach im Register **BERICHTSENTWURFSTOOLS/ENTWURF** in der Gruppe **Tools** die Schaltfläche **Eigenschaftenblatt** an.

- Geben Sie danach eine Berechnungsformel im Bereich **Daten** (wie angezeigt) in das Textfeld ein. Achten Sie genau auf die Schreibweise. Klammern werden vom Programm in der Regel automatisch ergänzt.

- In der Formularansicht wird das Ergebnis der Berechnung unformatiert ausgegeben:

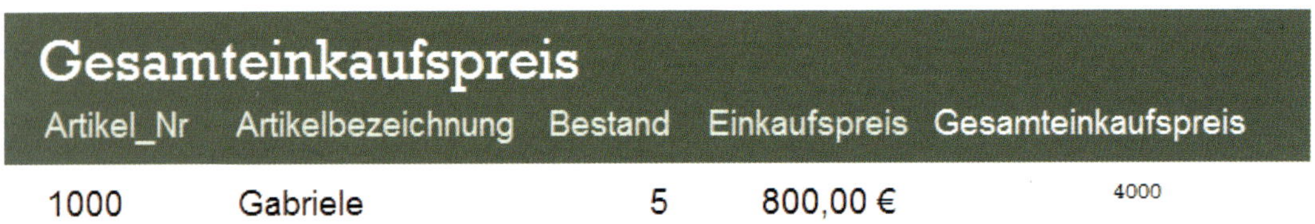

- Formatieren Sie daher in der Entwurfsansicht das Textfeld über die Schaltfläche **Eigenschaftenblatt** folgendermaßen:

- Das Ergebnis sollte nach einer Formatierung so aussehen:

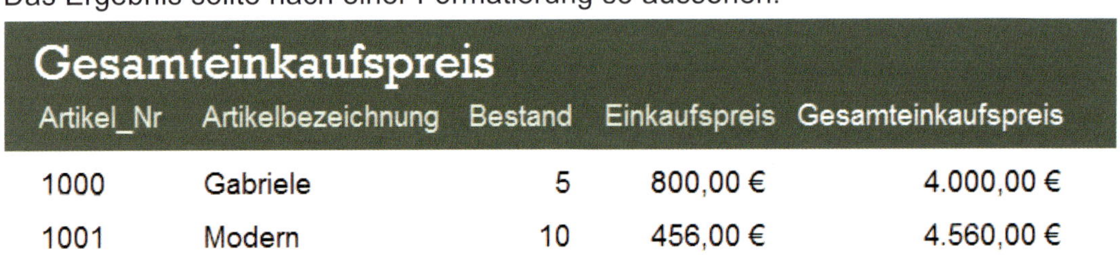

- Die Überschrift eines Datenfeldes wurde in *Artikelbezeichnung* geändert. Dies kann nach Anklicken des Objekts erfolgen.

Bearbeitungsschritte (Fortsetzung):

- Interessant ist es sicherlich ebenfalls, die gesamte Summe des Einkaufspreises aller Artikel in den Bericht aufzunehmen.
- Ziehen Sie zunächst in den **Berichtsfuß** einen Bereich, wo ein **Textfeld** eingefügt werden kann. Die Berechnung muss in diesem Bereich erfolgen, da sie ansonsten nicht nach dem letzten Datensatz angezeigt wird.
- Füllen Sie danach das Textfeld und das Berechnungsfeld aus. Formatieren Sie außerdem die beiden Bereiche.

- Die Berechnung und Formatierung erfolgt ebenfalls über das Eigenschaftsfenster. Teilweise werden Klammern auch selbstständig gesetzt.

- Das Ergebnis sollte folgendermaßen aussehen:

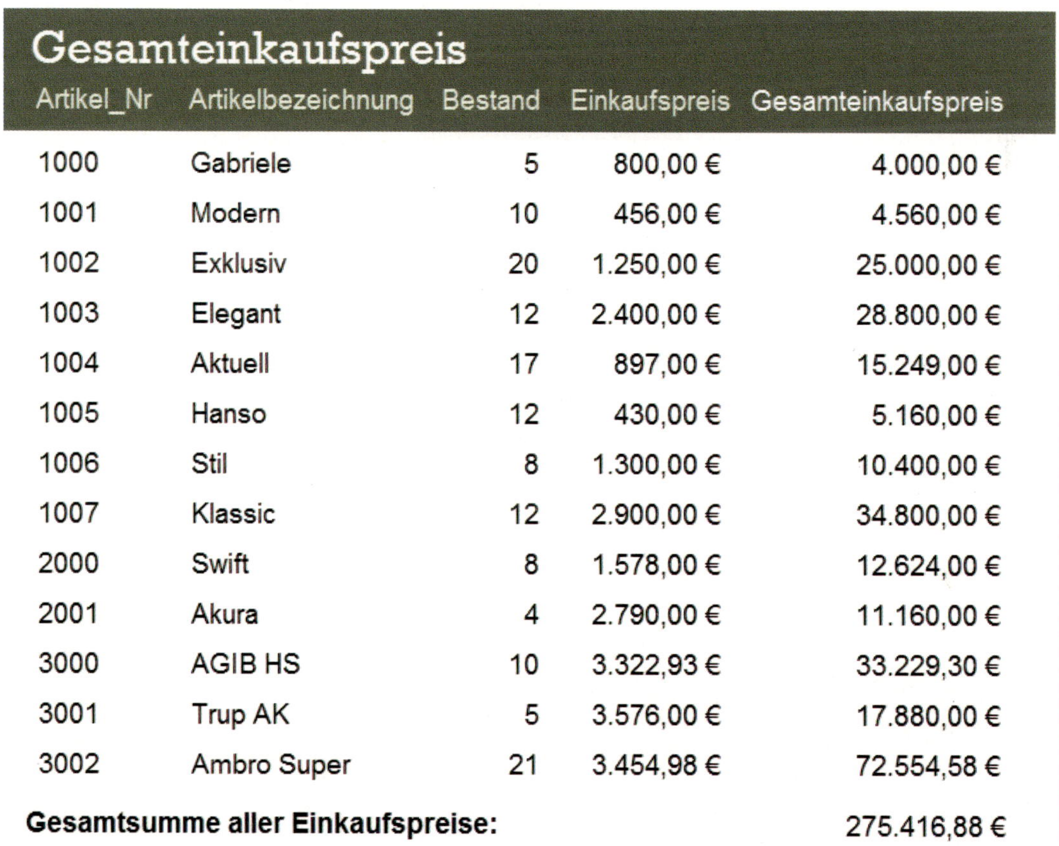

Gesamteinkaufspreis

Artikel_Nr	Artikelbezeichnung	Bestand	Einkaufspreis	Gesamteinkaufspreis
1000	Gabriele	5	800,00 €	4.000,00 €
1001	Modern	10	456,00 €	4.560,00 €
1002	Exklusiv	20	1.250,00 €	25.000,00 €
1003	Elegant	12	2.400,00 €	28.800,00 €
1004	Aktuell	17	897,00 €	15.249,00 €
1005	Hanso	12	430,00 €	5.160,00 €
1006	Stil	8	1.300,00 €	10.400,00 €
1007	Klassic	12	2.900,00 €	34.800,00 €
2000	Swift	8	1.578,00 €	12.624,00 €
2001	Akura	4	2.790,00 €	11.160,00 €
3000	AGIB HS	10	3.322,93 €	33.229,30 €
3001	Trup AK	5	3.576,00 €	17.880,00 €
3002	Ambro Super	21	3.454,98 €	72.554,58 €
Gesamtsumme aller Einkaufspreise:				275.416,88 €

- Andere Berechnungen, beispielsweise Mittelwerte usw., können selbstverständlich ebenfalls eingefügt werden.

20.2 Berichte mit Daten aus verschiedenen Tabellen

In einem Bericht können die Daten verschiedener Tabellen einfließen. So ist es z. B. möglich, die Lieferanten mit den jeweiligen Artikeln, die bei den Lieferanten gekauft wurden, aufzuführen. Beide Tabellen müssen selbstverständlich miteinander in Beziehung stehen.

Bearbeitungsschritte:

- Wählen Sie im **Navigationsbereich** die Tabelle *Lager* aus. Klicken Sie im Register **ERSTELLEN** in der Gruppe **Berichte** die Schaltfläche **Berichts-Assistent** an.

- Wählen Sie die Tabelle *Lieferanten (m:n)* aus und übernehmen Sie alle angegebenen Datenfelder in den Bericht.

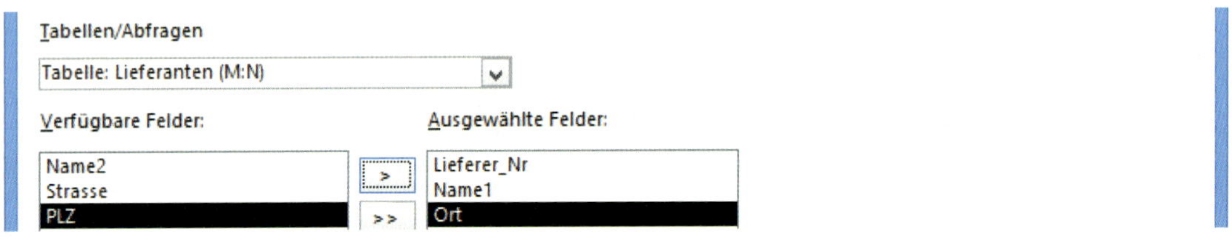

- Wählen Sie im selben Fenster die Tabelle *Lager (m:n)* aus und fügen Sie die angezeigten Datenfelder in den Bericht ein.

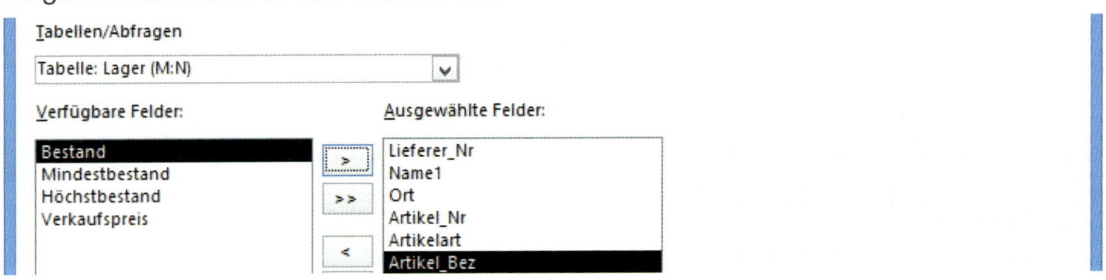

- Danach bestimmen Sie, dass die Daten nach den Lieferanten angezeigt werden.

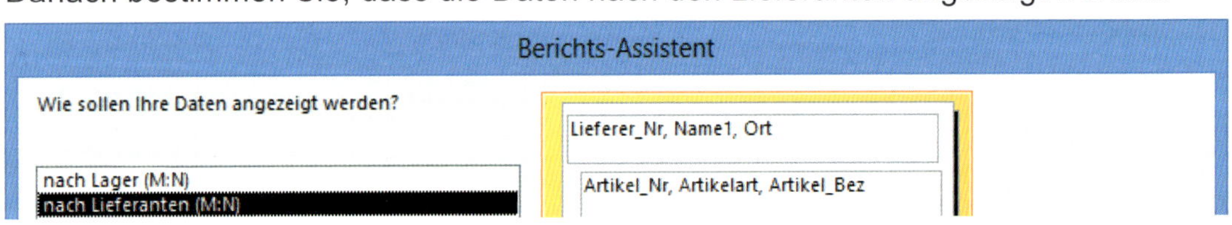

- Das Ergebnis könnte nach einer Nachbearbeitung in etwa so aussehen:

- Außerdem könnte man in einem weiteren Bericht beispielsweise Artikel mit den entsprechenden Lieferanten ausgeben.

20.3 Berichte mit Gruppierungsebenen

Durch die Einfügung von Gruppierungsebenen können Berichte individueller gestaltet werden. So können die Artikel nach Artikelarten ausgegeben werden. Dies erhöht z. B. die Übersichtlichkeit einer Preisliste ungemein. Die erstellten Berichte sollten – wie bereits beschrieben – nachbearbeitet werden. Damit können sie nach den Bedürfnissen bzw. nach den eigenen Geschmacksvorstellungen gestaltet werden.

Bearbeitungsschritte:

- Wählen Sie im **Navigationsbereich** die Tabelle *Lager* aus. Klicken Sie danach im Register **ERSTELLEN** in der Gruppe **Berichte** die Schaltfläche **Berichts-Assistent** an.
- Wählen Sie die folgenden Felder aus:

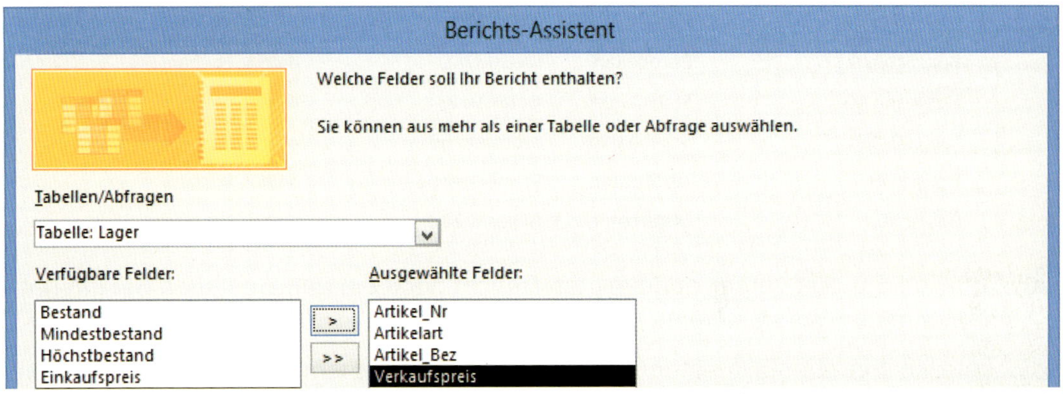

- Markieren Sie im nächsten Fenster das Datenfeld *Artikelart* und klicken Sie den Pfeil nach rechts an. Die Darstellung im Fenster verändert sich folgendermaßen:

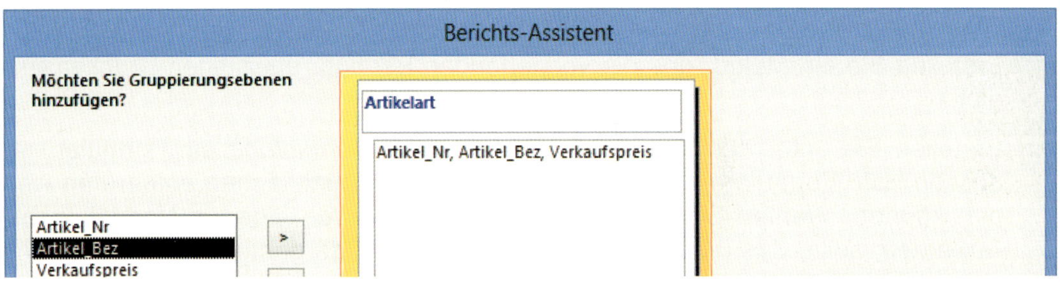

- Sie können bei Bedarf im nächsten Fenster eine Sortierreihenfolge festlegen.
- Wählen Sie im nächsten Fenster das folgende Layout aus:

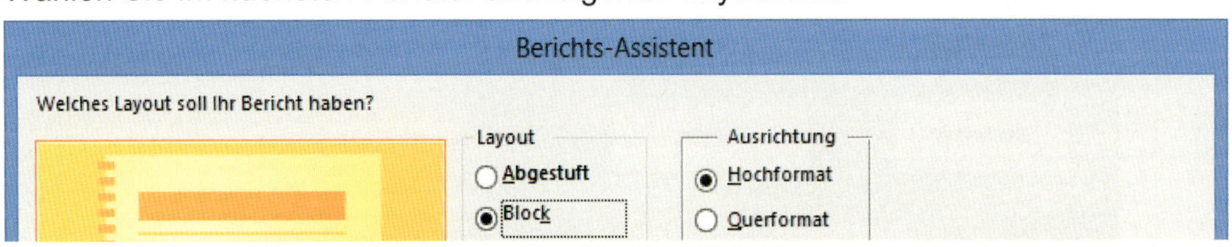

- Das Ergebnis könnte nach einer Bearbeitung in etwa so aussehen:

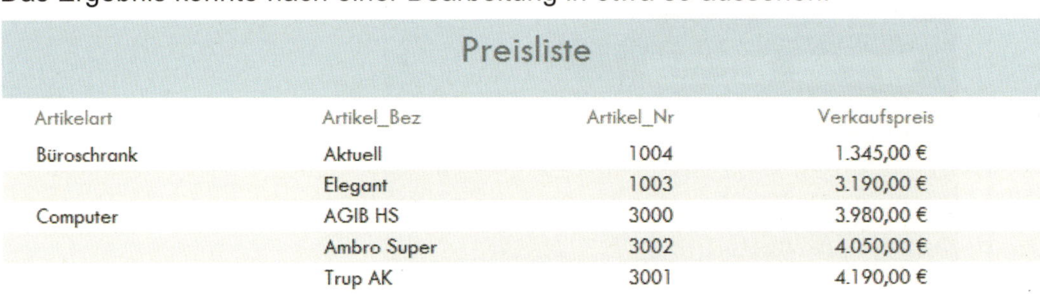

Preisliste

Artikelart	Artikel_Bez	Artikel_Nr	Verkaufspreis
Büroschrank	Aktuell	1004	1.345,00 €
	Elegant	1003	3.190,00 €
Computer	AGIB HS	3000	3.980,00 €
	Ambro Super	3002	4.050,00 €
	Trup AK	3001	4.190,00 €

Übungen:

1. Werten Sie die Daten der Datenbank *Arbeitsvermittlung* aus.

   a) Erstellen Sie jeweils ein AutoFormular oder ein Formular mithilfe des Formular-Assistenten zur Dateneingabe in die Tabellen *Arbeitnehmer* und *Betriebe*. Beim AutoFormular werden Sie feststellen, dass jeweils ein Unterformular mit eingeblendet wird.

   b) Stellen Sie in Form eines Berichts die Betriebe dar. Das Ergebnis könnte in etwa so aussehen, es kann aber auch nach Ihren Vorstellungen formatiert werden:

Betriebe

Name_1	Name_2	Strasse	PLZ	Ort
Büro Schmitz KG	Bürobedarf	Salzstr. 765	44894	Bochum
Hoffmann AG	Stahlhandel	Güterstr. 23	44145	Dortmund
Santel GmbH	Schuhhandel	Sydowstr. 56	44369	Dortmund
Donike OHG	Textilwaren	Stembergstr. 67	44807	Bochum
Geiger KG	Malerbetrieb	Gögestr. 78	44225	Dortmund

   c) Erstellen Sie den vorher angezeigten Bericht noch einmal. Gestalten Sie ihn nach Ihren eigenen Vorstellungen.

   d) Erstellen Sie ebenfalls einen Bericht über die Arbeitnehmerinnen und Arbeitnehmer.

   e) Erstellen Sie einen Bericht, der darstellt, welche Arbeitnehmerinnen und Arbeitnehmer für die *Santel GmbH* arbeiten.

   f) Erstellen Sie ein Makro, das die vorstehenden Berichte über einen Drucker ausgibt.

   g) Erstellen Sie unter dem Namen *Formular_Arbeitsvermittlung* ein Formular, mit dessen Hilfe Formulare und Berichte über Befehlsschaltflächen aufgerufen werden können. Wählen Sie dabei ein Design nach Ihren eigenen Vorstellungen. Außerdem sollte das Formular auch andere als die dargestellten Elemente enthalten.

21 SQL – Structured Query Language

21.1 Datenbanksprache

Datenbanksprachen wurden für den Einsatz in Datenbanksystemen entwickelt. Mit ihrer Hilfe kommuniziert ein Nutzer mit dem Datenbanksystem, er kann also beispielsweise Abfragen formulieren, die zum Sprachumfang einer Datenbanksprache gehören.

Die wichtigste Datenbanksprache ist SQL (Structured Query Language) für relationale Datenbanksysteme. Mithilfe dieser Datenbanksprache kann man auf verschiedene Datenbanken wie **Access**, **MySQL**, **Oracle** usw. zugreifen. Grundwissen in der Datenbanksprache SQL ist daher für die Nutzung verschiedener Datenbanksysteme nützlich.

Hinweis: Einige wenige SQL-Befehle sind in Datenbanksystemen unterschiedlich aufgebaut. Daher wird auf den folgenden Seiten in Einzelfällen neben der Syntax in **Access** auch die Syntax des Datenbanksystems **MySQL** dargestellt. Die Arbeit mit anderen Datenbanksystemen wird dem Nutzer dann leichter fallen.

In **Access** kann eine Datenbank nicht mit einem SQL-Befehl erstellt oder gelöscht werden. Die benötigten Befehle in anderen Datenbanken werden anhand des Datenbanksystems **MySQL** angegeben und erklärt.

21.2 SQL-Befehle

21.2.1 Vorbemerkungen

In den folgenden Übersichten werden wichtige Sprachelemente der Datenbanksprache SQL zusammengefasst. Anschließend werden auf den folgenden Seiten wichtige Befehle anhand von Beispielen erklärt. Grundsätzlich können in Datenbanksystemen alle Ergebnisse über SQL-Befehle erreicht werden.

21.2.2 Datenbanksprache – Arten von Datenbankbefehlen

Vorbemerkungen

Mithilfe von SQL-Befehlen lassen sich Datenbanken und Tabellen erstellen, Daten eingeben, auswählen usw. Normalerweise werden die Befehle einer Datenbanksprache wie nachfolgend beschrieben unterteilt. Auch geringfügig andere Einteilungen sind in der Literatur anzutreffen. Die Bedeutung der Befehle wird zunächst nur sehr kurz beschrieben und später anhand von Beispielen erklärt. In den folgenden Übersichten sind einige Befehle mit einer Zahl, z. B. (1) gekennzeichnet. Bei der ersten Erarbeitung sollten Sie in der Reihenfolge der so gekennzeichneten Befehle vorgehen, um zunächst einen Eindruck von der Arbeit mit SQL-Befehlen zu bekommen. Eventuell können Sie auch zunächst mit **Access** die benötigte Tabelle erstellen, die Daten eingeben und danach zunächst eine Auswertung mit den Datenabfragebefehlen (**DQL – Data Query Language**) vornehmen.

DDL (Data Definition Language) – Datenbeschreibungssprache

Die zur Verfügung stehenden Befehle dienen dem Anlegen, Löschen oder Ändern von Datenstrukturen, also z. B. dem Anlegen und Ändern einer Tabelle in einer Datenbank.

DDL – Data Definition Language		
Befehl	**Bedeutung**	
CREATE TABLE	Erzeugung einer Tabelle	(1)
ALTER TABLE	Änderung einer bestehenden Tabelle, z. B. werden neue Datenfelder eingefügt oder Datenfelder gelöscht.	(9)
DROP TABLE	Löschen einer Tabelle	(10)
CREATE INDEX	Erstellen einer Tabelle mit einem Index	
DROP INDEX	Löschen eines Index in einer Tabelle	

DML (Data Manipulation Language) – Datenverarbeitungssprache

Die zur Verfügung stehenden Datenbankbefehle werden genutzt, um Daten in Tabellen einzufügen, zu ändern und zu löschen. Außerdem werden mit ihrer Hilfe Daten ausgewählt, also Abfragen gestaltet. Diese letzte Funktion wird in der Literatur auch manchmal einem eigenständigen Bereich (DQL – Data Query Language) zugeordnet. Dies soll auch an dieser Stelle so gehandhabt werden.

DML – Data Manipulation Language		
Befehl	**Bedeutung**	
INSERT INTO	Einfügen von Daten in eine Tabelle	(2)
UPDATE	Ändern und Aktualisieren von Daten	(7)
DELETE	Löschen von Datensätzen	(8)

DQL (Data Query Language) – Datenabfragesprache

Mithilfe dieser SQL-Befehle werden Daten ausgelesen, also Abfragen gestaltet. Die Möglichkeiten sind sehr vielfältig, daher werden nur die wichtigsten Möglichkeiten in der Übersicht angezeigt. Die Ausgabe der ausgewählten Daten kann sich auf Daten einer Tabelle beschränken, es können auch Daten mehrerer Tabellen miteinander ausgegeben werden.

DQL – Data Query Language		
Befehl	**Bedeutung**	
SELECT	Auswählen von Datensätzen, bestimmter Datenfelder usw.	(3)
WHERE	Auswählen von Datensätzen unter Nutzung von Kriterien	(4)
ORDER BY	Sortieren von Datensätzen in auf- oder absteigender Form	(5)
HAVING BY	Gruppieren von Daten mit Nutzung von Bedingungen	(6)
INNER JOIN	Ausgabe von Daten beider Tabellen, wenn bestimmte Kriterien in beiden Tabellen erfüllt sind.	(12)
LEFT JOIN	Ausgabe von Daten beider Tabellen, wenn bestimmte Kriterien in beiden Tabellen erfüllt sind. Außerdem werden alle Daten der in der Anweisung zunächst angegebenen Tabelle ausgegeben.	(13)
RIGHT JOIN	Ausgabe von Daten beider Tabellen, wenn bestimmte Kriterien in beiden Tabellen erfüllt sind. Es werden alle Daten der in der Anweisung als Zweites angegebenen Tabelle ausgegeben.	(14)
UNION	Auswertung mehrerer Tabellen, die einheitlich aufgebaut sind.	(11)

DCL (Data Control Language) – Datenaufsichtssprache

Die Zugriffskontrolle, also die Vergabe von Nutzungsrechten auf eine Datenbank, wird mit Befehlen geregelt. Unter anderem kann bestimmt werden, dass Nutzer nur lesenden, aber keinen schreibenden Zugriff auf eine Datenbank erhalten. In diesem Buch wird dieser Bereich nicht angesprochen, da **Access** Zugriffsberechtigungen über Menüs regelt.

DCL – Data Control Language		
Befehl	**Bedeutung**	
GRANT	Vergabe von Rechten	
REVOKE	Löschung von Rechten	

21.3 SQL-Befehle in verschiedenen Datenbanksystemen

Die allgemeine Syntax eines SQL-Befehls wird in den jeweiligen Einführungen zu den SQL-Befehlen mit einer grauen Farbe gekennzeichnet.

Allgemeine Syntax des Befehls

Einzelne SQL-Befehle unterscheiden sich in der Syntax zwischen den beiden Datenbanksystemen. In diesem Fall werden die Befehle farblich gekennzeichnet.

Befehl in beiden Datenbanksystemen identisch

Befehl im Datenbanksystem MySQL

Befehl im Datenbanksystem Access

Bei einigen Befehlen werden Alternativen gezeigt. Aus diesen Beispielen lässt sich dann erkennen, wie diese Alternativen auch bei anderen Befehlen genutzt werden können.

Bei der Nutzung des Datenbanksystems **Access** wird Ihnen auffallen, dass das Programm automatisch die Befehle ergänzt. Für die grundsätzliche Arbeit mit SQL-Befehlen sollten Sie diese Ergänzungen, die beispielsweise aus Klammern bestehen, nicht beachten. Das Programm wird die normale Eingabe von SQL-Befehlen akzeptieren, die Ergänzungen sind lediglich programmspezifisch.

Beim Datenbanksystem **MySQL** sollte bei der Ausführung eines Befehls die Datenbank in der Regel mit angegeben werden, da ansonsten nicht klar ist, auf welche Datenbank sich der Befehl bezieht. Das Datenbanksystem kann im Gegensatz zu anderen Datenbanksystemen mehrere Datenbanken verwalten. Daher können Tabellen in verschiedenen Datenbanken gleich benannt sein. Dies erfordert dann, dass die entsprechende Datenbank entweder geöffnet oder mit angegeben werden muss.

Ein normaler SQL-Befehl zum Auslesen aller Daten aus einer Tabelle *Lager* lautet beispielsweise:

```
SELECT *
FROM Lager;
```

Bei einer Datenbank mit dem Namen *Betrieb* kann z. B. die Datenbank der Tabelle vorangestellt werden. Der Befehl lautet dann:

```
SELECT *
FROM Betrieb.Lager;
```

21.4 Bearbeitung der dargestellten Befehle

Auf den nächsten Seiten werden die einzelnen SQL-Befehle sachlogisch dargestellt, also werden beispielsweise bei der Erstellung einer Tabelle alle Möglichkeiten angegeben. Damit kann man später relativ einfach nachschlagen, wie ein bestimmter Befehl eingegeben werden muss und welches Ergebnis dadurch erzielt wird.

Für die Erarbeitung bietet es sich jedoch an, zunächst nur grundlegende Operationen auszuführen und dann später Verfeinerungen vorzunehmen.

21.5 SQL-Befehle in Access

Vorbemerkungen

Im Datenbanksystem **Access** werden SQL-Anweisungen über einen Abfrageentwurf erstellt. Anhand der Erstellung einer Tabelle soll dies demonstriert werden. Zuvor muss jedoch eine Datenbank erstellt werden. Die Erstellung einer Datenbank mithilfe eines SQL-Befehls ist in **Access** nicht möglich.

Erstellung einer Datenbank

Die Erstellung einer Datenbank soll in der beschriebenen Weise mithilfe des Programms **Access** erfolgen.

Bearbeitungsschritte:

- Starten Sie das Programm **Access**. Erstellen Sie eine Datenbank unter dem Namen *Betrieb_SQL*.

Erstellung einer Abfrage zur Eingabe von SQL-Befehlen

SQL-Befehle werden über Abfrage-Entwürfe in **Access** eingegeben. Eine einfache Tabelle bildet die Grundlage für die Erklärung der Vorgehensweise:

Bearbeitungsschritte:

- Klicken Sie das Register **ERSTELLEN** an. Klicken Sie in der Gruppe **Abfragen** die Schaltfläche **Abfrageentwurf** an.

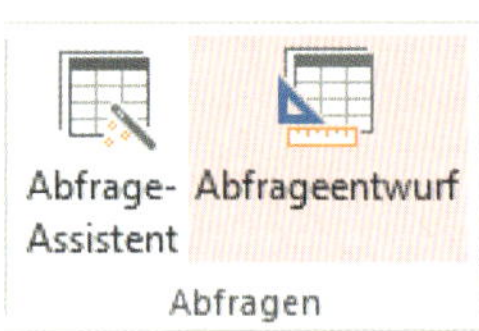

- Das Fenster **Tabelle anzeigen** wird eingeblendet. Es werden keine Tabellen angezeigt, weil noch keine Objekte vorhanden sind.

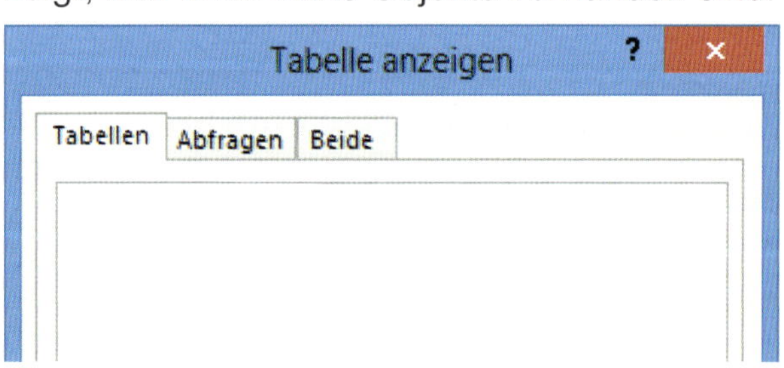

- Klicken Sie die Schaltfläche **Schließen** an.
- Klicken Sie das Register **ABFRAGETOOLS/ENTWURF** an und in der Gruppe **Ergebnisse** die Schaltfläche **SQL Ansicht**.

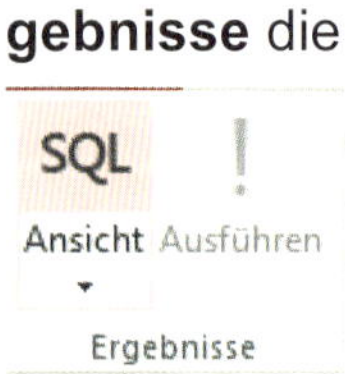

- Ein Fenster zur Eingabe von SQL-Befehlen wird zur Verfügung gestellt.

CREATE TABLE – Erstellung einer Tabelle

Mithilfe des SQL-Befehls CREATE soll zunächst eine einfache Tabelle erstellt werden. Genauere Erklärungen zum benutzten Befehl werden später gegeben.

Bearbeitungsschritte:

- Geben Sie den folgenden SQL-Befehl ein. Achten Sie ganz genau auf die Schreibweise des Befehls:

```
CREATE TABLE Mitarbeiter
(
Mitarbeiter_NR INTEGER,
Nachname CHAR (30),
Vorname CHAR (30)
);
```

- Speichern Sie die Abfrage unter dem Namen *Mitarbeiter_Tabellenerstellung*.
- Klicken Sie das Register **ABFRAGETOOLS/ENTWURF** und in der Gruppe **Ergebnisse** die Schaltfläche **Ausführen** an.

- Die Tabelle wird erstellt. Im Navigationsbereich werden bei entsprechender Einstellung (*Tabellen und damit verbundene Sichten*) die erstellte Tabelle und die zur Erstellung benötigte Abfrage angezeigt:

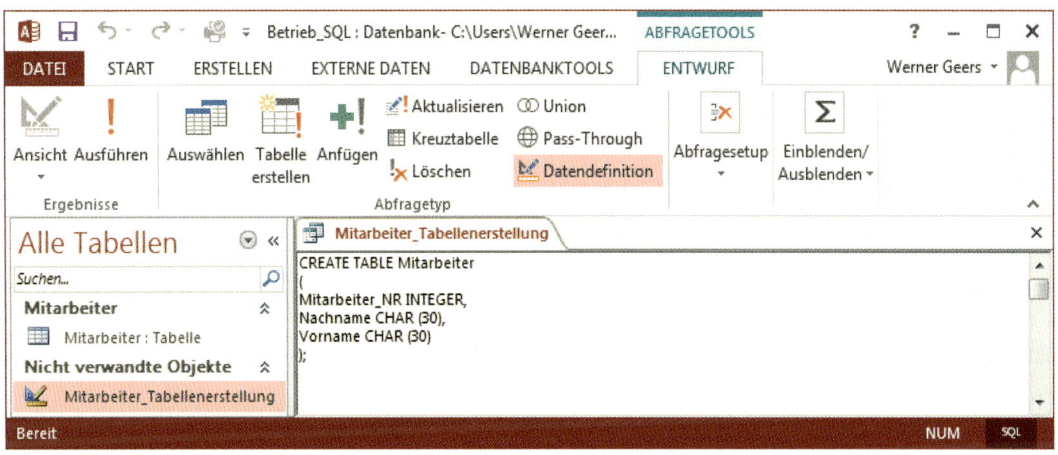

- Öffnen Sie die Tabelle *Mitarbeiter*. In die Tabelle könnten nun Daten eingegeben werden.

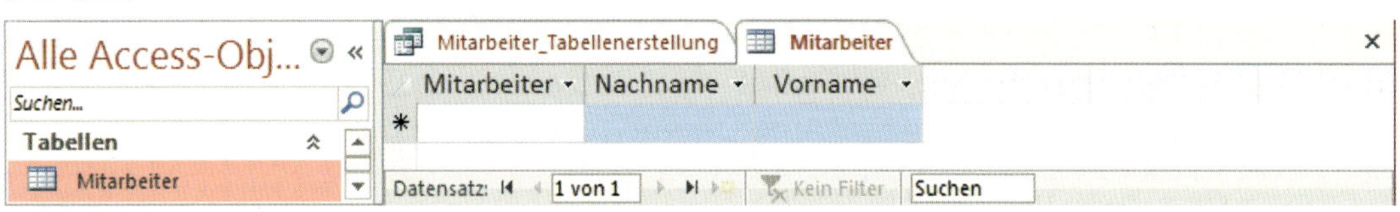

- In der Entwurfsansicht sieht die Tabelle folgendermaßen aus:

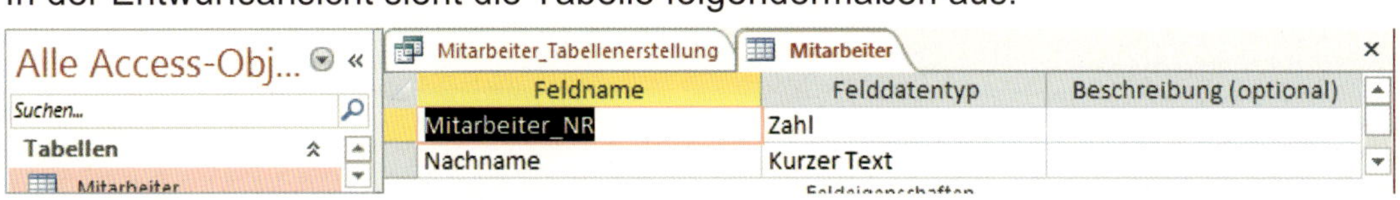

- Zur Erstellung der auf den nächsten Seiten beschriebenen SQL-Befehle müssen Sie jeweils eine neue Abfrage wie beschrieben erstellen.

21.6 Data Definition Language (DDL)

21.6.1 CREATE DATABASE – Erstellung einer Datenbank

Um Daten eingeben, verwalten usw. zu können, muss eine Datenbank erstellt werden. In vielen Datenbanksystemen steht zu diesem Zweck ein entsprechender Befehl zur Verfügung.

Im Programm **Access** muss jedoch mithilfe des Programms eine Datenbank erstellt werden. Dies wurde bereits beschrieben. Die Nutzung des nachfolgenden Befehls ist daher im Programm **Access** nicht möglich. Er wird jedoch beschrieben, damit er bei Nutzung eines anderen Datenbanksystems angewandt werden kann.

```
CREATE DATABASE Datenbank;
```

Problemstellung – Erstellung einer Datenbank

Eine Datenbank soll verschiedene Daten in mehreren Tabellen aufnehmen. Diese Daten sollen später nach den Erfordernissen miteinander in Beziehung gesetzt und ausgewertet werden.

```
CREATE DATABASE Betrieb_SQL;
```

Ergebnis – Datenbank *Lager*

Die Datenbank *Lager* wird erstellt.

21.6.2 DROP DATABASE – Löschung einer Datenbank

Eine Datenbank, deren gesamte Daten nicht mehr benötigt werden, soll gelöscht werden. Der Befehl lässt sich in der Regel nicht mehr rückgängig machen. Daher ist zum einen sehr vorsichtig mit dem Befehl umzugehen, zum anderen empfiehlt es sich unbedingt, zuvor zumindest Sicherungskopien zu erstellen.

```
DROP DATABASE Datenbank;
```

Problemstellung – Löschung einer Datenbank

Eine nicht mehr benötigte Datenbank soll gelöscht werden.

```
DROP DATABASE Betrieb_SQL;
```

Ergebnis (Tabelle Lager)

Die Datenbank *Lager* wird gelöscht.

21.6.3 CREATE TABLE – Erstellung einer Tabelle

Der Befehl CREATE TABLE steht für die Erstellung von Tabellen zur Verfügung. Datenfelder mit gewählten Datenfeldtypen werden eingerichtet. Die erste erstellte Tabelle enthält noch keine Besonderheiten, wie etwa das Setzen eines Primärschlüssels auf ein Datenfeld. Hinter dem letzten Datenfeld mit Datentyp wird kein Komma gesetzt.

```
CREATE TABLE Tabelle
(
Datenfeld1 Datentyp,
Datenfeld2 Datentyp,
Datenfeld3 Datentyp,
...
);
```

Datenfeldtypen

In der folgenden Übersicht sind die wichtigsten Datentypen angegeben, die auf den nachfolgenden Seiten genutzt werden. Es stehen noch weitere Datentypen zur Verfügung.

In Datenbanken werden unterschiedliche Datentypen oftmals unter unterschiedlichen Bezeichnungen angeboten, sodass einheitliche Datenformate oftmals zwar gegeben sind, nicht jedoch sofort zu erkennen sind. Daher sollten Sie sich in den verschiedenen zur Verfügung stehenden Hilfen bzw. im Internet jeweils mit einem Datentyp genauer vertraut machen.

INTEGER **INT** **LONG INTEGER** **BIGINT**	Das Datenfeld nimmt ganze Zahlen auf und kann in Abhängigkeit von der gewählten Option unterschiedlich große Werte aufnehmen. Auch ist die Bezeichnung oftmals unterschiedlich. Bei Eingabe von Buchstaben und Sonderzeichen wird eine Fehlermeldung ausgegeben bzw. der Datensatz wird nicht in eine Tabelle eingefügt.
CHAR **VARCHAR** **Text**	In dem Datenfeld können bis zu einer bestimmten Anzahl Zeichen eingegeben werden. Dabei kann es sich um Buchstaben, Zahlen usw. handeln. Außerdem stehen oftmals Datenfelder zur Verfügung, die sich für die Aufnahme größerer Texte wie Beschreibungen usw. eignen.
REAL **DOUBLE** **DECIMAL** **DEZIMAL** **WÄHRUNG**	Zahlen mit Nachkommastellen werden verarbeitet. Eine genauere Eingrenzung der Nachkommastellen ist nicht vorgesehen. Daher wird beispielsweise der Betrag *890,90* als *890,9* ausgegeben. Die Bezeichnungen sind stark vom genutzten Datenbankprogramm abhängig, da in einigen Datenbanken deutsche Bezeichnungen genutzt werden, in anderen nur englische.
Date/Time	Das Datenfeld eignet sich zur Aufnahme eines Datums bzw. einer Zeit. Es stehen in Datenbanken verschiedene Möglichkeiten zur Verfügung, beispielsweise nur zur Aufnahme eines Datums oder einer Zeit. Oftmals kann auch ein bestimmtes Format gewählt werden.

Problemstellung – Erstellung einer Tabelle

In einer Datenbank werden die Daten in verschiedene Tabellen eingegeben, die zunächst erstellt werden müssen. Dabei werden Datenfelder mit unterschiedlichen Datentypen benötigt, z. B. um Texte oder Zahlen aufzunehmen. Die nachfolgende Tabelle soll Artikeldaten aufnehmen. Die Datenfeldtypen werden nach den Erfordernissen ausgewählt:

```
CREATE TABLE Lager
(
Artikel_Nr INTEGER,
Artikelart CHAR (20),
Artikel_Bez CHAR (20),
Bestand INTEGER,
Einkaufspreis REAL,
Verkaufspreis REAL
);
```

Ergebnis (Tabelle Lager)

Artikel_Nr	Artikelart	Artikel_Bez	Bestand	Einkaufspreis	Verkaufspreis

21.6.4 CREATE TABLE – PRIMARY KEY – Tabelle mit Primärschlüssel

Vorbemerkungen

Wenn Tabellen miteinander in Beziehung gesetzt werden sollen, ist das Setzen von Primärschlüsseln usw. unbedingt notwendig. Dies sollte in der Regel bei der Erstellung einer Tabelle bereits erfolgen. Folgende Datendefinitionen können für die Gestaltung von Tabellen vorgenommen werden:

- Definition eines Primärschlüssels,
- Definition einer NOT NULL-Bedingung,
- Definition eines zusammengesetzten Primärschlüssels,
- Definition eines Fremdschlüssels,
- Definition eines Index.

Tabelle mit Primärschlüssel und NOT NULL-Bedingung

Ein Datenfeld mit einem Primärschlüssel erlaubt nur die Eingabe unterschiedlicher Werte. Damit ist es möglich, über das Datenfeld Beziehungen aufzubauen. Wird eine NOT NULL-Bedingung gesetzt, muss in dem Datenfeld eine Eingabe erfolgen.

Problemstellung – Tabelle mit Primärschlüssel und NOT-NULL-Bedingung

Eine Tabelle mit dem Namen *Kunden* soll aufgebaut werden. Das Datenfeld *Kunden_Nr* wird mit einem Primärschlüssel versehen. In Datenfeld *Name1* muss eine Eingabe erfolgen. Durch das Setzen einer NOT NULL-Bedingung ist dies unbedingt erforderlich.

Geben Sie nach der Erstellung der Daten die Kunden ein. Nutzen Sie entweder die Möglichkeiten des Befehls INSERT INTO oder geben Sie die Daten über die Tabelle ein.

```
CREATE TABLE Kunden
(
Kunden_Nr INTEGER PRIMARY KEY,
Name1 CHAR (20) NOT NULL,
Strasse CHAR (30),
PLZ INTEGER,
Ort CHAR (20)
);
```

Ergebnis (Tabelle Kunden1 – nach dem Einfügen von Daten)

Kunden_Nr	Name1	Strasse	PLZ	Ort
200	Otto Artig e. Kfm.	Mühlenstr. 45	26789	Leer

Tabelle mit zusammengesetztem Primärschlüssel

Bei einem zusammengesetzten Primärschlüssel werden zwei oder mehrere Datenfelder mit einem Primärschlüssel versehen. Eine Eingabe von gleichen Werten in beiden Datenfeldern ist danach nicht mehr möglich.

Die Nutzung eines solchen Primärschlüssels erscheint nicht immer ideal. So können beispielsweise Personen mit gleichem Vor- und Nachnamen nicht in der Tabelle in der richtigen Art und Weise erfasst werden, da nur einmal diese Kombination eingegeben werden kann. Es ist daher nach Alternativen Ausschau zu halten.

Problemstellung – Tabelle mit zusammengesetztem Primärschlüssel

Zwei Datenfelder sollen mit einem Primärschlüssel versehen werden.

```
CREATE TABLE Vertreter_1
(
Nachname CHAR (30),
Vorname CHAR (30),
Ort CHAR (30),
PRIMARY KEY (Nachname, Vorname)
);
```

21.6.5 Tabellen zur Herstellung von Beziehungen (Verbindungen)

Die Auswertung von Daten wird erst durch die Verbindung von Daten aus verschiedenen Tabellen sinnvoll und interessant. Daher sollen neben den bisher schon vorhandenen Tabellen weitere aufgebaut werden, die für die Auswertung der Daten benötigt werden. Unter Umständen müssen Sie in Abhängigkeit von der Datenbank einen Felddatentyp ändern.

```
CREATE TABLE Lieferanten
(
Lieferanten_Nr INTEGER PRIMARY KEY,
Name1 CHAR (20) NOT NULL,
Strasse CHAR (30),
PLZ INTEGER,
Ort CHAR (20)
);
```

```
CREATE TABLE Auftrag_Lieferanten
(
Auftrag_Nr INTEGER PRIMARY KEY,
Lieferanten_Nr INTEGER,
Artikel_Nr INTEGER,
Menge INTEGER,
Einkaufspreis DECIMAL(10,2),        (Einkaufspreis REAL,)
Lieferung DATE,
Zahlung DATE,
);
```

Aufgaben

1. Erstellen Sie eine Tabelle *Auftrag_Kunden* mit einem identischen Aufbau wie bei der Tabelle *Auftrag_Lieferanten*.
2. Erstellen Sie eine Tabelle *Abteilung* mit den Datenfeldern *Abteilung_Nr* und *Bezeichnung*.
3. Erstellen Sie eine Tabelle, in der die Mitarbeiter des Unternehmens mit allen wichtigen Angaben eingegeben werden können. Sehen Sie auch ein Datenfeld vor, über das eine Verbindung zu den Abteilungen geschaffen werden kann.
4. Erstellen Sie eine Tabelle *Vertreter*. Die Tabelle soll zunächst nur die standardmäßig erforderlichen Daten enthalten, später jedoch ausgebaut werden können, z. B. um Verbindungen zu Artikelgruppen, Abteilungen usw. zu schaffen.

21.6.6 DROP TABLE – Löschen einer Tabelle

Eine nicht mehr benötigte Tabelle sollte gelöscht werden. Allerdings ist die Gefahr gegeben, dass Daten, die später doch noch benötigt werden, unwiderruflich gelöscht werden. Daher ist bei der Anwendung des Befehls Vorsicht geboten.

DROP TABLE *Tabelle*;

Hinweis: Die Daten der Originaltabelle *Lager* sollen erhalten bleiben. Daher sollen zum Löschen, Aktualisieren usw. von Tabellen und zum Löschen von Datensätzen usw. aus Tabellen zuvor durch Kopieren und Einfügen neue Tabellen geschaffen werden. Erstellen Sie daher durch Kopieren und Einfügen aus der Tabelle *Lager* die Tabellen *Lager_1*, *Lager_2*, *Lager_3*, *Lager_A1*, *Lager_A2* usw.

Problemstellung

Da die Daten einer Tabelle nicht mehr benötigt werden, sollen diese gelöscht werden.

DROP TABLE *Lager_1*;

Ergebnis (DROP TABLE)

Die Tabelle *Lager_1* wird ohne Warnmeldung aus der Datenbank entfernt.

21.6.7 ALTER TABLE – Änderung der Struktur einer Tabelle

Vorbemerkungen

Mithilfe des Befehls wird die Struktur einer Tabelle bearbeitet, so wird z. B. ein Tabellenfeld umbenannt, ein Datenfeld gelöscht, ein Primärschlüssel hinzugefügt usw.

ALTER TABLE – Hinzufügen von Datenfeldern

In einer Tabelle sollen Daten in einem zusätzlichen Datenfeld erfasst werden.

ALTER TABLE *Tabelle* ADD Datenfeld *Datentyp;*

Problemstellung – Hinzufügen eines Datenfelds

Einzelne Waren sollen durch das Bestimmen einer Artikelgruppe gekennzeichnet werden. Anschließend können Daten eingefügt werden. Es kann sich dabei um Buchstaben oder Zahlen handeln. Es ist nicht möglich, mehr als ein Zeichen einzugeben.

ALTER TABLE *Lager_A1* ADD Artikelgruppe *CHAR (1);*

Ergebnis (Tabelle: Lager_A1; Abfrage: ALTER_ TABLE_ADD_Artikelgruppe)

Artikel_Nr	Artikelart	Artikel_Bez	Bestand	Einkaufs-kaufs-preis	Verkaufs-preis	Artikelgruppe
1000	Schreibtisch	Gabriele	5	800,00	1.433,25	A
1001	Schreibtisch	Modern	10	456,00	771,75	A
1004	Büroschrank	Aktuell	17	897,00	1.345,00	A
1005	Drucker	Hanso	12	430,00	912,86	1
3000	Computer	AGIB HS	10	3.322,93	3.980,00	1
3001	Computer	Trup AK	5	3.576,00	4.190,00	1

ALTER TABLE – Ändern des Datenfeldtyps I

Die Datenfeldeigenschalten eines Datenfeldes müssen u. U. angepasst werden. So kann beispielsweise die Anzahl der maximalen Zeichen eines Datenfelds verändert werden.

ALTER TABLE *Tabelle* CHANGE Datenfeld Datenfeld *Datentyp*;

Problemstellung – Ändern der Datenfeldeigenschaften eines Datenfelds

Das Datenfeld *Artikelgruppe* soll nicht nur ein Zeichen, sondern mehrere Zeichen aufnehmen können. Daher soll die Datenfeldeigenschaft entsprechend geändert werden.

ALTER TABLE *Lager_A1* CHANCE Artikelgruppe Artikelgruppe *CHAR (2)*;

Ergebnis (Tabelle: Lager_A1; Abfrage: ALTER_TABLE_CHANCE_Artgr_1)

Artikel_Nr	Artikelart	Artikel_Bez	Bestand	Einkaufskaufspreis	Verkaufspreis	Artikelgruppe
1000	Schreibtisch	Gabriele	5	800,00	1.433,25	A1
1001	Schreibtisch	Modern	10	456,00	771,75	A1
1004	Büroschrank	Aktuell	17	897,00	1.345,00	A2
1005	Drucker	Hanso	12	430,00	912,86	B2
3000	Computer	AGIB HS	10	3.322,93	3.980,00	B1
3001	Computer	Trup AK	5	3.576,00	4.190,00	B1

ALTER TABLE – Ändern des Datenfeldtyps II

Bei der Änderung eines Datenfeldtyps können unter anderem Daten verloren gehen, wenn beispielsweise ein Textfeld (CHAR) in ein Zahlenfeld (INTEGER) geändert wird. Zeichen können dann nicht mehr in dem Datenfeld aufgenommen werden.

ALTER TABLE *Tabelle* MODIFY Datenfeld *Datentyp*;

Problemstellung – Ändern der Datenfeldeigenschaften eines Datenfelds

Das Datenfeld *Artikelgruppe* soll nur Zahlen aufnehmen. Daher soll die Datenfeldeigenschaft entsprechend geändert werden. Sind Werte in dem Datenfeld vorhanden, die diesen Vorgaben nicht entsprechen, werden sie gelöscht. Das Ausführen dieses Befehls führt also dazu, dass die bisherigen Werte im Datenfeld *Artikelgruppe* gelöscht werden.

ALTER TABLE *Lager_A1* MODIFY Artikelgruppe *INTEGER*;

Ergebnis (Tabelle: Lager_A1; Abfrage: ALTER_TABLE_MODIFY_Artgr_2)

Artikel_Nr	Artikelart	Artikel_Bez	Bestand	Einkaufskaufspreis	Verkaufskaufspreis	Artikelgruppe
1000	Schreibtisch	Gabriele	5	800,00	1.433,25	1
1001	Schreibtisch	Modern	10	456,00	771,75	1
1004	Büroschrank	Aktuell	17	897,00	1.345,00	2
1005	Drucker	Hanso	12	430,00	912,86	3
3000	Computer	AGIB HS	10	3.322,93	3.980,00	4
3001	Computer	Trup AK	5	3.576,00	4.190,00	4

ALTER TABLE – Löschen von Datenfeldern

Ein Datenfeld aus einer Tabelle soll entfernt werden. Damit werden automatisch auch alle in diesem Datenfeld erfassten Daten gelöscht.

ALTER TABLE *Tabelle* DROP Datenfeld;

Problemstellung – Löschen eines Datenfelds

Das Datenfeld *Artikelgruppe* wird in einer Tabelle nicht mehr benötigt.

ALTER TABLE *Lager_A1* DROP Artikelgruppe;

Ergebnis (Tabelle: Lager_A1; Abfrage: ALTER_TABLE_DROP_Artikelgruppe) (A)

Artikel_Nr	Artikelart	Artikel_Bez	Bestand	Einkaufspreis	Verkaufspreis
1000	Schreibtisch	Gabriele	5	800,00	1.433,25

ALTER TABLE – Nachträgliche Definition von Schlüsseln

In einer Tabelle soll nachträglich ein Datenfeld mit einem Primärschlüssel versehen werden.

ALTER TABLE *Tabelle* ADD PRIMARY KEY(Datenfeld);

Problemstellung – Nachträgliche Definition eines Primärschlüssels

Das Datenfeld *Artikel_Nr* soll mit einem Primärschlüssel versehen werden.

ALTER TABLE *Lager_A1* ADD PRIMARY KEY (Artikel_Nr);

Ergebnis (Tabelle: Lager_A1; Abfrage: ALTER_TABLE_PRIMARY KEY) (Ausschnitt)

Artikel_Nr	Artikelart	Artikel_Bez	Bestand	Einkaufspreis	Verkaufspreis
1000	Schreibtisch	Gabriele	5	800,00	1.433,25

21.6.8 CREATE INDEX – Indizieren eines Datenfeldes oder mehrerer Datenfelder

Durch das Indizieren eines Datenfeldes oder mehrerer Datenfelder kann in einer Tabelle schneller nach bestimmten Begriffen gesucht werden. Bei einem Buch wird man, wenn man nach einem Begriff sucht, nicht das gesamte Inhaltsverzeichnis oder gar das gesamte Buch durchsuchen, sondern das Stichwortverzeichnis zu Rate ziehen. Dieses Prinzip ist mit der Indizierung zu vergleichen. Der Befehl kann in einer Datenbank mehrfach verwandt werden, um unterschiedliche Datenfelder zu indizieren. In der Regel wird der Indexname aus einer Verbindung *IDX* und dem Tabellennamen zusammengestellt, dies ist jedoch nicht verbindlich.

CREATE INDEX *Indexname* **On *Tabelle***(Datenfeld);

Problemstellung – Definition eines Indexes

Das Datenfeld *Artikel_Bez* soll indiziert werden.

CREATE INDEX *IDX_Artikel_Bez* **On *Lager***(Artikel_Bez);

Ergebnis (Tabelle: Lager; Abfrage: CREATE INDEX

Der Index wird eingefügt. In **Access** kann man sich das Ergebnis in der Tabellenstruktur ansehen.

21.7 Data Manipulation Language (DML)

21.7.1 INSERT INTO – Einfügen von Datensätzen

Der Befehl INSERT INTO ermöglicht die Eingabe von Daten in eine Tabelle. Die Datensätze müssen entweder einzeln oder es können mehrere Datensätze mit einem Befehl eingegeben werden. In der Realität erfolgt die Eingabe der Datensätze in SQL-Datenbanken über ein entsprechend gestaltetes Formular, welches mithilfe einer Programmier- oder Skriptsprache erstellt wurde. Das Formular wird ausgelesen und die Daten in die Tabelle eingelesen.

In der Datenbank **Access** wird man die Datensätze über eine Tabelle oder ein Formular einlesen. Sie sollten jedoch zu Übungszwecken zumindest einige der Datensätze über den in SQL vorgesehenen Befehl eingeben und damit die Vorgehensweise üben. Daten werden in den SQL-Datenbanken bei der Eingabe in Hochkommata ‘ ‘ eingeschlossen.

Beispiele: ‘Meier‘ ‘Hansen‘

```
INSERT INTO Tabelle
VALUES ('Wert1', 'Wert2', ...);
```

Problemstellung – Einfügen von Datensätzen

Die einzelnen Datensätze sollen mithilfe des zur Verfügung stehenden Befehls in eine Tabelle eingelesen werden. Jeder einzelne Datensatz muss einzeln in die Tabelle übertragen werden.

```
INSERT INTO Lager
VALUES ('1000', 'Schreibtisch', 'Gabriele', '5', '800,00', '1433,25');
```

```
INSERT INTO Lager
VALUES ('1001', 'Schreibtisch', 'Modern', '10', '456,00', '771,75');
```

```
INSERT INTO Lager
VALUES ('1004', 'Büroschrank', 'Aktuell', '17', '897,00', '1345,00');
```

```
INSERT INTO Lager
VALUES ('1005', 'Drucker', 'Hanso', '12', '430,00', '760,62');
```

```
INSERT INTO Lager
VALUES ('3000', 'Computer', 'AGIB HS', '10', '3322,93', '3980,00');
```

```
INSERT INTO Lager
VALUES ('3001', 'Computer', 'Trup AK', '5', '3576,00', '4190,00');
```

Ergebnis (Tabelle Lager) (Ausschnitt)

Artikel_Nr	Artikelart	Artikel_Bez	Bestand	Einkaufspreis	Verkaufspreis
1000	Schreibtisch	Gabriele	5	800,00	1.433,25

In einigen Datenbanken muss der SQL-Befehl mit Spaltennamen eingegeben werden:

```
INSERT INTO Tabelle ('Datenfeld1', 'Datenfeld2', ...)
VALUES ('Wert1', 'Wert2', ...);
```

```
INSERT INTO Lager (`Artikel_Nr`, `Artikelart`, `Artikel_Bez`, `Bestand`,
`Mindestbestand`, `Hoechstbestand`, `Einkaufspreis`, `Verkaufspreis`)
VALUES ('3001', 'Computer', 'Trup AK', '5', '3576,00', '4190,00');
```

Aufgaben

1. Fügen Sie in die Tabelle *Lieferanten* mittels SQL-Befehl die folgenden Datensätze ein.

Lieferanten_Nr	Name1	Name2	Strasse	PLZ	Ort
100	Wagner GmbH	Büromöbel	Vogtweg 23	33607	Bielefeld
101	Büromöbel AG	Büroeinrichtungen	Gutachtstr. 342	13469	Berlin
102	Tranel GmbH	Büromöbel	Bechemstr. 67	47058	Duisburg
155	Computer GmbH	Computer	Mühlenstr. 17	26789	Leer

2. Fügen Sie die folgenden Datensätze in die Tabelle *Auftrag_Lieferanten* ein.

Auftrag_Nr	Lieferanten_Nr	Artikel_Nr	Menge	Einkaufspreis	Lieferung	Zahlung
1	100	1001	3	430,00	2013-10-04	2013-10-25
2	101	1001	3	467,00	2013-10-12	2013-10-26
3	102	1004	7	903,00	2013-10-04	2013-10-25
4	100	3000	2	3.200,00	2013-10-12	2013-10-29
5	100	3000	3	3.300,00	2013-10-11	2013-10-18

3. Geben Sie die folgenden Datensätze in die Tabelle *Auftrag_Kunden* ein.

Kunden_Nr	Name1	Strasse	PLZ	Ort
200	Otto Artig e. Kfm.	Mühlenstr. 45	26789	Leer
201	Hans Kassens	Am Forst 45	49809	Lingen
202	Bürohandlung GmbH	Markt 21	49716	Meppen
203	Bürobedarf Hinze KG	Siemensstr. 1	12459	Berlin

4. Fügen Sie die folgenden Datensätze in die Tabelle *Auftrag_Kunden* ein.

Auftrag_Nr	Kunden_Nr	Artikel_Nr	Menge	Einkaufspreis	Lieferung	Zahlung
1	201	1000	2	780,00	2013-10-13	2013-11-17
2	201	1003	3	3.467,00	2013-10-04	2013-11-09
3	202	1002	7	803,00	2013-10-19	2013-10-27
4	203	3000	4	3.200,00	2013-10-20	2013-10-29
5	202	3000	5	3.100,00	2013-10-27	2013-10-29

5. Erstellen Sie die folgende Tabelle *Lager_111* und fügen Sie die Daten ein.

Artikel_Nr	Artikelart	Artikel_Bez	Bestand	Einkaufspreis	Verkaufspreis	Lieferanten_Nr
1000	Schreibtisch	Gabriele	5	800,00	1.433,25	101
1001	Schreibtisch	Modern	10	456,00	771,75	
1004	Büroschrank	Aktuell	17	897,00	1.345,00	155
1005	Drucker	Hanso	12	430,00	760,72	102
3000	Computer	AGIB HS	10	3.322,93	3.980,00	101
3001	Computer	Trup AK	5	3.576,00	4.190,00	155

6. Geben Sie in die Tabelle *Abteilungen* die Abteilungen *Direktion, Verkauf*, *Einkauf*, *Rechnungswesen* und *Lager/Versand* mit den Abteilungsnummern *1* bis *5* ein.

7. Geben Sie in den Tabellen *Mitarbeiter* und *Vertreter* jeweils 5 Datensätze ein.

21.7.2 UPDATE – Aktualisierung von Daten

Daten müssen im Laufe der Zeit angepasst werden. Beispielsweise erhöhen sich Verkaufspreise, die Bezeichnung einzelner Artikeldaten ändert sich usw. Mit dem Befehl UPDATE stehen dazu verschiedene Möglichkeiten zur Verfügung. In der Realität wird jedoch in der Regel eine solche Anpassung über ein Formular erfolgen, welches mithilfe des genutzten Programms oder einer Programmier- oder Skriptsprache erstellt wurde.

Bei einem Update wird zunächst die Tabelle bestimmt, danach eine Aktualisierung durchgeführt, beispielsweise eine Berechnung und danach eine Bedingung definiert, die für die Aktualisierung erfüllt sein muss. Da es eine Reihe von unterschiedlichen Möglichkeiten der Aktualisierung gibt, wird die Aktualisierung an verschiedenen Beispielen gezeigt.

```
UPDATE Tabelle SET Datenfeld1 = [Wert]
WHERE {Bedingung}
```

Problemstellung – Aktualisierung eines Wertes mithilfe einer Multiplikation

Die Verkaufspreise für eine bestimmte Artikelart sollen erhöht werden.

```
UPDATE Lager_2 SET Verkaufspreis = Verkaufspreis * 1.2
WHERE Artikelart = 'Drucker';
```

Ergebnis (Tabelle: Lager_2; Abfrage: UPDATE_Verkaufspreis_Drucker) (Ausschnitt)

Artikel_Nr	Artikelart	Artikel_Bez	Bestand	Einkaufspreis	Verkaufspreis
1005	Drucker	Hanso	12	430,00	912,86

Problemstellung – Aktualisierung eines Wertes mithilfe einer Addition

Der Bestand eines Produkts soll angepasst werden.

```
UPDATE Lager_3 SET Bestand = Bestand + 4
WHERE Artikel_Bez = 'AGIB HS';
```

Ergebnis (Tabelle: Lager_3; Abfrage: UPDATE_Bestand_1) (Ausschnitt)

Artikel_Nr	Artikelart	Artikel_Bez	Bestand	Einkaufspreis	Verkaufspreis
3000	Computer	AGIB HS	14	3.322,93	3.980,00
3001	Computer	Trup AK	5	3.576,00	4.190,00

Problemstellung – Anpassung eines Wertes durch Festsetzen des Wertes

Der Bestand eines Produkts soll angepasst werden.

```
UPDATE Lager_4 SET Bestand = 9
WHERE Artikel_Nr = 1000;
```

Ergebnis (Tabelle: Lager_4; Abfrage: UPDATE_Bestand_2) (Ausschnitt)

Artikel_Nr	Artikelart	Artikel_Bez	Bestand	Einkaufspreis	Verkaufspreis
1000	Schreibtisch	Gabriele	9	800,00	1.433,25
1001	Schreibtisch	Modern	10	456,00	771,75

Problemstellung – Aktualisierung eines Wertes – Nutzung einer AND-Bedingung

Der Verkaufspreis eines Produkts soll angepasst werden. Da es mehrere Computer gibt, wird als zusätzliches Unterscheidungskriterium die Artikelbezeichnung hinzugefügt.

```
UPDATE Lager_5 SET Verkaufspreis = Verkaufspreis * 1.05
WHERE Artikelart = 'Computer' AND Artikel_Bez = 'Trup AK';
```

Ergebnis (Tabelle: Lager_5; Abfrage: UPDATE_Verkaufspreis_Computer_Trup_AK)

Artikel_Nr	Artikelart	Artikel_Bez	Bestand	Einkaufspreis	Verkaufspreis
3001	Computer	Trup AK	5	3.576,00	4.399,50

Problemstellung – Anpassung verschiedener Werte

Der Verkaufspreis eines Produktes soll prozentual erhöht werden.

```
UPDATE Lager_6 SET Einkaufspreis = 3500, Verkaufspreis = Verkaufspreis * 1.15
WHERE Artikelart='Computer' AND Artikel_Bez ='AGIB HS';
```

Ergebnis (Tabelle: Lager_6; Abfrage: UPDATE_Verkaufspreis_Computer_AGIB_HS)

Artikel_Nr	Artikelart	Artikel_Bez	Bestand	Einkaufspreis	Verkaufspreis
3000	Computer	AGIB HS	14	3.500,00	4.577,00

21.7.3 DELETE FROM – Löschen von Datensätzen bzw. Datenfeldern

Nicht mehr benötigte oder alle Daten sollen in einer Tabelle gelöscht werden. Die Tabelle soll allerdings für spätere Dateneingaben erhalten bleiben. Daher werden lediglich Daten gelöscht, die Struktur der Tabelle wird jedoch nicht verändert.

```
DELETE FROM Tabelle
WHERE {Bedingung}
```

Problemstellung

Alle Daten in einer Tabelle werden nicht mehr benötigt und sollen daher gelöscht werden. Die Tabelle soll jedoch für die spätere Erfassung von neuen Daten erhalten bleiben, daher sollen nur die Daten, nicht jedoch die Tabelle selbst entfernt werden.

```
DELETE
FROM Lager_7;
```

Ergebnis (Tabelle Lager_7; Abfrage DELETE_*)

Artikel_Nr	Artikelart	Artikel_Bez	Bestand	Einkaufspreis	Verkaufspreis

Problemstellung

Das Warensortiment soll in Zukunft eine Artikelart nicht mehr enthalten.

```
DELETE
FROM Lager_8
WHERE Artikelart='Schreibtisch';
```

Ergebnis (Tabelle Lager_8; Abfrage DELETE Schreibtisch) (Ausschnitt)

Artikel_Nr	Artikelart	Artikel_Bez	Bestand	Einkaufspreis	Verkaufspreis
1004	Büroschrank	Aktuell	17	897,00	1.345,00

Problemstellung

Ein Artikel mit einer bestimmten Artikelnummer soll aus der Tabelle entfernt werden.

```
DELETE
FROM Lager_9
WHERE Artikel_NR = 1004;
```

Ergebnis (Tabelle Lager_9; Abfrage DELETE Artikel_Nr 104) (Ausschnitt)

Artikel_Nr	Artikelart	Artikel_Bez	Bestand	Einkaufspreis	Verkaufspreis
1000	Schreibtisch	Gabriele	5	800,00	1.433,25
1001	Schreibtisch	Modern	10	456,00	771,75
1005	Drucker	Hanso	12	430,00	760,72

Problemstellung

Mehrere Artikel mit bestimmten Artikelnummern sollen aus der Tabelle entfernt werden.

```
DELETE
FROM Lager_10
WHERE Artikel_NR = 1000 OR Artikel_NR = 1001 OR Artikel_NR = 1004;
```

Ergebnis (Tabelle Lager_10; Abfrage DELETE Artikelnummern)

Artikel_Nr	Artikelart	Artikel_Bez	Bestand	Einkaufspreis	Verkaufspreis
1005	Drucker	Hanso	12	430,00	760,72
3000	Computer	AGIB HS	10	3.322,93	3.980,00
3001	Computer	Trup AK	5	3.576,00	4.190,00

Problemstellung

Ein Artikel mit einer bestimmten Artikelnummer soll aus der Tabelle entfernt werden.

```
DELETE
FROM Lager_11
WHERE Einkaufspreis >= 850 AND Verkaufspreis >= 1000;
```

Ergebnis (Tabelle Lager_11 Abfrage DELETE Einkaufspreis_Verkaufspreis)

Artikel_Nr	Artikelart	Artikel_Bez	Bestand	Einkaufspreis	Verkaufspreis
1000	Schreibtisch	Gabriele	5	800,00	1.433,25
1001	Schreibtisch	Modern	10	456,00	771,75
1005	Drucker	Hanso	12	430,00	912,86

21.8 Data Query Language (DQL)

21.8.1 SELECT – Projektion von Datensätzen

Begriff

Mit dem Befehl SELECT werden aus einer oder mehreren Tabellen Datensätze ausgelesen. Festgelegt werden kann, ob die Inhalte aller oder nur bestimmter Datenfelder ausgegeben werden sollen. Werden nicht alle Daten einer Tabelle ausgegeben, spricht man von einer Projektion von Daten.

Der SELECT-Befehl wird ebenfalls genutzt, um bestimmte Datensätze bzw. nur bestimmte Daten auszugeben oder doppelte Ausgaben zu unterdrücken. Die Berechnung von Summen, Mittelwerten usw., aber auch andere Berechnungen, die nicht zu einer dauerhaften Änderung von Daten führen, werden ebenfalls mithilfe dieses Befehls vorgenommen.

Die Grundform der SELECT-Anweisung umfasst Klauseln, die in der hier angegebenen Reihenfolge genutzt werden können. Die beiden ersten Bestandteile müssen obligatorisch, also grundsätzlich, verwandt werden, die anderen Bestandteile können optional, also bei Bedarf genutzt werden. In der nachfolgenden Darstellung werden diese Bestandteile daher mit einer eckigen Klammer fett umrandet.

Datenfeldnamen werden bei der Ausführung des Befehls durch ein Komma voneinander getrennt, Alternativen mit einem | gekennzeichnet.

SELECT { Feldname1 [, Feldname2, ...] |* }
FROM ***Tabelle1 [, Tabelle2, Tabelle3, ...]***
[**WHERE** {Bedingung} **]**
[**ORDER BY** Feldname1 [**ASC|DESC**] [, Feldname2 [**ASC|DESC**]] ...**]**
[**GROUP BY** Feldname1 [**HAVING** {Bedingung}]]

Die einzelnen Elemente werden in der Tabelle angesprochen und mit Beispielen unterlegt.

Art	Bedeutung	Beispiel
SELECT	Alle oder einzelne Datenfelder, die projiziert (wiedergegeben) werden sollen, werden ausgewählt.	**SELECT** * **SELECT** Artikel_Nr, Artikelart
FROM	Die genutzte Tabelle oder die genutzten Tabellen werden definiert.	**FROM** Lager **FROM** Lager, Auftrag
WHERE	Datensätze werden aufgrund einer Suchbedingung selektiert (ausgewählt).	**WHERE** Artikel_Nr = 1005 **WHERE** Artikelart = ‘Drucker‘
ORDER BY	Die Daten können nach verschiedenen Kriterien auf- bzw. absteigend sortiert werden.	**ORDER BY** Artikelart **ASC** **ORDER BY** Artikelart **DESC**
GROUP BY	Datensätze werden aufgrund gleicher Datenwerte gruppiert. Auf dieser Grundlage können dann beispielsweise Bestände usw. berechnet werden.	**GROUP BY** Artikelart
HAVING	Zusätzlich zur Gruppierung von Werten wird eine Bedingung formuliert, die bestimmt, welche Werte ausgegeben werden. Die Bedingung gleicht in gewisser Weise der WHERE-Bedingung.	**GROUP BY** Artikelart **HAVING SUM**(Bestand) >= 16;

SELECT – Auswählen aller Datensätze – Anzeige aller Datenfelder

Durch die Eingabe eines Sterns (*) werden alle Datenfelder ausgegeben. Der Befehl bewirkt außerdem die Ausgabe aller Datensätze, da die Ausgabe nicht durch eine einschränkende Anweisung begrenzt wird.

```
SELECT *
FROM Tabelle;
```

Problemstellung – Ausgabe aller Daten (3)

Alle Datensätze einer Tabelle sollen mit allen zur Verfügung stehenden Datenfeldern angezeigt werden. Die Daten sollen der Tabelle *Lager* entnommen werden.

```
SELECT *
FROM Lager;
```

Ergebnis (SELECT_ *)

Artikel_Nr	Artikelart	Artikel_Bez	Bestand	Einkaufspreis	Verkaufspreis
1000	Schreibtisch	Gabriele	5	800,00	1.433,25
1001	Schreibtisch	Modern	10	456,00	771,75
1004	Büroschrank	Aktuell	17	897,00	1.345,00
1005	Drucker	Hanso	12	430,00	760,72
3000	Computer	AGIB HS	10	3.322,93	3.980,00
3001	Computer	Trup AK	5	3.576,00	4.190,00

SELECT – Projektion – Auswählen aller Datensätze – Anzeige einiger Datenfelder

Die Auswahl bestimmter Daten aus einer oder mehreren Tabellen wird als Projektion von Daten bezeichnet. Grundsätzlich lassen sich auch Daten aus verschiedenen Tabellen in einer Projektion ausgeben. Dies erfordert jedoch die Festlegung von Schlüsseln (Primärschlüssel und eventuell Fremdschlüssel) und den Aufbau von Beziehungen zwischen Tabellen in einer entsprechenden SQL-Anweisung.

```
SELECT Feldname1 [;Feldname2, Feldname3, ...]
FROM Tabelle;
```

Problemstellung – Ausgabe aller Datensätze mit bestimmten Datenfeldern

Alle Datensätze der Tabelle *Lager* sollen angezeigt werden. Allerdings sollen nur die angegebenen Datenfelder angezeigt werden. Dabei können die Datenfelder je nach Bedarf ausgewählt werden, z. B. Datenfelder für Bestandslisten usw.

```
SELECT Artikel_Nr, Artikelart, Artikel_Bez
FROM Lager;
```

Ergebnis (SELECT_Datenfelder_1) (Ausschnitt)

Artikel_Nr	Artikelart	Artikel_Bez
1000	Schreibtisch	Gabriele

21.8.2 SELECT AS – Vergeben von Feldnamen für eine Auswertung

Gewählte Namen für Datenfelder sind nicht immer aussagekräftig bzw. eignen sich nicht immer für die gewünschten Zwecke. Die Datenfeldbezeichnung Artikel_Bez erscheint nicht immer günstig. In der Ausgabe von Daten können daher Aliasnamen verwandt werden. In den Überschriften erscheinen danach die gewünschten Angaben.

Durch die Nutzung dieses SQL-Befehls wird in keiner Weise die Datenstruktur der Tabelle beeinflusst. Auch beim nächsten Aufruf der Tabelle müssen selbstverständlich die ursprünglichen Bezeichnungen der Datenfelder genutzt werden, es kann jedoch zusätzlich wieder ein ALIAS-Name, eventuell jedoch je nach Bedarf ein anderer, genutzt werden. So könnte beispielsweise das Datenfeld Artikel_Nr bei der nächsten Selektion statt Artikelnummer mit Artikel-Nummer bezeichnet werden.

```
SELECT Feldname1 AS Bezeichnung [,Feldname2 AS Bezeichnung, ...]
FROM Tabelle;
```

Problemstellung

Einige Datenfelder in einer Tabelle sollen mit aussagekräftigen Namen versehen werden.

```
SELECT Artikel_Nr AS Artikelnummer, Artikelart,
Artikel_Bez AS Artikelbezeichnung
FROM Lager;
```

Ergebnis (SELECT_ AS) (Ausschnitt)

Artikelnummer	Artikelart	Artikelbezeichnung
1000	Schreibtisch	Gabriele

21.8.3 SELECT DISTINCT – Unterdrückung doppelter Ausgabe in Datenfeldern

Befinden sich in einem Datenfeld einer Tabelle mehrmals dieselben Bezeichnungen, werden diese Bezeichnungen auch mehrmals ausgegeben. Dies ist jedoch nicht immer erwünscht. Mit dem SQL-Befehl DISTINCT wird die Ausgabe doppelter Bezeichnungen unterdrückt.

```
SELECT DISTINCT Feldname
FROM Tabelle;
```

Problemstellung

Alle Artikelarten sollen ausgegeben werden, nicht jedoch mehrfach. Es wird eine automatisch aufsteigend sortierte Liste der Daten ausgegeben.

```
SELECT DISTINCT Artikelart
FROM Lager;
```

Ergebnis (SELECT_DISTINCT_Artikelart)

Artikelart
Büroschrank
Computer
Drucker
Schreibtisch

21.8.4 SELECT-WHERE – Auswahl von Datensätzen

Allgemeine Erklärungen und Beispiel

Sollen nicht alle Datensätze ausgegeben werden, können mithilfe von Operatoren Teilmengen bestimmt werden. Je nach genutztem Operator werden unterschiedliche Datensätze ausgegeben. Zusätzlich können ALIAS-Namen genutzt und Datenfelder bestimmt werden, die ausgegeben werden sollen. Grundsätzlich lautet die Syntax des Befehls folgendermaßen:

```
SELECT { Feldname1 [, Feldname2, ...] |* }
FROM Tabelle
WHERE Feldname OPERATOR Ausdruck
```

Sollen mehrere Bedingungen überprüft werden, kann dies mithilfe von der Logikoperatoren **AND** und **OR** erfolgen.

```
SELECT { Feldname1 [, Feldname2, ...] |* }
FROM Tabelle
WHERE Feldname OPERATOR Ausdruck AND|OR Feldname OPERATOR Ausdruck
```

Außerdem sind verschiedene Kombinationen der einzelnen Möglichkeiten gegeben.

Problemstellung

Alle Artikel einer bestimmten Artikelart werden ausgegeben. Außerdem sollen nicht alle Datenfelder ausgegeben und die restlichen Datenfeldbezeichnungen vernünftig gewählt werden.

```
SELECT Artikel_Nr AS Artikelnummer, Artikelart, Artikel_Bez
AS Artikelbezeichnung, Bestand
FROM Lager
WHERE Artikelart = 'Computer';
```

Hinweis: Benutzen Sie zur Erzeugung des Zeichens **'** die Tastenkombination [⇧] + [**#**].

Ergebnis (WHERE_ Artikelart)

Artikelnummer	Artikelart	Artikelbezeichnung
3000	Computer	AGIB HS
3001	Computer	Trup AK

Operatoren

Oftmals werden nur Daten benötigt, die bestimmten Kriterien entsprechen. Zu diesem Zweck werden u. a. Logik-Operatoren verwandt:

Operator	Beschreibung	Beispiele
OR	Alle Daten, die einem der beiden Kriterien entsprechen, werden ausgegeben.	Artikelart <> *'Computer'* **OR** Artikelart <> *'Drucker'*
AND	Alle Daten, die beiden Kriterien entsprechen, werden ausgegeben.	Einkaufspreis >= *100* **AND** Einkaufspreis < *550*
NOT	Alle Daten, die nicht den angegebenen Kriterien entsprechen, werden ausgegeben.	Artikelart **NOT LIKE** *'C%'*

In der folgenden Tabelle werden die grundsätzlichen Möglichkeiten zusammengefasst:

Operator	Beschreibung	Beispiele
= *Gleich*	Überprüfung, ob eine Bedingung erfüllt ist. Ist die Bedingung erfüllt, werden die entsprechenden Daten ausgegeben.	Artikelart **=** *'Computer'* Bestand **=** *50* Verkaufspreis = *456,00*
!= <> *Ungleich*	Es werden alle Daten ausgegeben, die ungleich des eingegebenen Ausdrucks sind. Dies ist nicht nur bei Zahlen, sondern auch bei Namen usw. der Fall.	Artikelart **<>** *'Computer'* Bestand **!=** *50* Artikelart **<>** *'Computer'* **OR** Artikelart **<>** *'Drucker'*
< *Kleiner als*	Es werden beispielsweise Artikelarten ausgegeben, wo der erste Buchstabe ein *A* oder *B* ist oder die ersten Buchstaben *Ci* sind. Für den Computer sind aufgrund des genutzten Codes auch Buchstaben Zahlenwerte, sodass eine genaue Abgrenzung erfolgen kann.	Bestand **<** *20* Artikelart **<** *'Computer'* Artikelart **<** *'Computer'* **AND** Bestand **<** *20*
<= *Kleiner oder gleich*	Alle Werte, die kleiner oder gleich der Bedingung sind, werden ausgegeben. Dabei kann es sich um Zahlen oder Buchstaben handeln.	Verkaufspreis **<=** *500* Artikel_Bez **<=** *'TRUP AK'*
> *Größer als*	Alle Werte, die größer der Bedingung sind, werden ausgegeben. Dabei kann es sich um Zahlen oder Buchstaben handeln.	Einkaufspreis **>** *550* Artikelart **<** *'Computer'* **AND** Bestand **>** *20*
>= *Größer oder gleich*	Alle Werte, die größer oder gleich der Bedingung sind, werden ausgegeben. Dabei kann es sich um Zahlen oder Buchstaben handeln.	Einkaufspreis **>=** *550* Einkaufspreis **>=** *100* **AND** Einkaufspreis < *550*
IS [NOT] Null	Überprüfung, ob ein Wert vorhanden ist. Es geht dabei nicht darum, ob ein Wert z. B. *0* ist, sondern ob überhaupt ein Wert eingetragen ist. Die Ergebnisse sind teilweise von der Datenstruktur abhängig, sodass eventuell nicht immer das erwartete Ergebnis angezeigt wird.	Artikelart **IS NULL**
[NOT] LIKE	Abfragen mit dem Befehl **LIKE** können mithilfe von Platzhaltern gestaltet werden. Die Verwendung von Platzhaltern und damit die Nutzung des SQL-Befehls LIKE sind in Datenbanksystemen unterschiedlich geregelt. Daher empfiehlt sich ein Blick in Hilfe-Dateien oder Handbücher (siehe nächste Seite).	Artikelart **LIKE** *'Computer'* Artikelart **LIKE** *'C%'* Artikelart **LIKE** *'C_m%'* Artikelart **NOT LIKE** *'C%'*
[NOT] IN	Überprüfung, ob ein Feldwert in einer Menge von in dem Datenfeld vorhandenen Werten auftritt.	Artikelart **IN** *('Computer')* Artikelart **NOT IN** *('Computer', 'Drucker')*

Operator	Beschreibung	Beispiele
[NOT] BETWEEN	Alle Werte, die in einem bestimmten Bereich liegen, werden ausgegeben. **Besonderheit:** Die Grenzwerte (Beispiel 1: *100*, *1500*) werden mit ausgegeben.	Verkaufspreis **BETWEEN** 100 **AND** 1500 Einkaufspreis **BETWEEN** 100 **AND** 500 **AND NOT LIKE** 400
[NOT] EXISTS	Die SQL-Abfrage wird im Zusammenhang mit sogenannten Unterabfragen verwandt. Auf diese Art der Abfragen wird im Buch nicht eingegangen.	**SELECT** Artikel_Nr **FROM** Auftrag_Lieferanten **WHERE EXISTS** (**SELECT** * **FROM** Lager);

Platzhalter in dem Datenbanksystemen **MySQL** (%) (_) und **ACCESS** (*) (?):

Platzhalter	Beschreibung	Beispiele	Ausgaben u. a.
% (*)	Alle Daten nach dem Zeichen werden ausgegeben.	Ma% Ma*	Maler Maurer
_ (?)	Ein beliebiges Zeichen kann an dieser Stelle stehen.	M__er M??er	Meier Maier

Problemstellung

Alle Artikel außer einer bestimmten Artikelart sollen ausgegeben werden.

```
SELECT *
FROM Lager
WHERE Artikelart <> 'Computer';
```

Ergebnis (WHERE_ Artikelart) (Ausschnitt)

Artikel_Nr	Artikelart	Artikel_Bez	Bestand	Einkaufspreis	Verkaufspreis
1000	Schreibtisch	Gabriele	5	800,00	1.433,25
1001	Schreibtisch	Modern	10	456,00	771,75
1004	Büroschrank	Aktuell	17	897,00	1.345,00

Problemstellung

Alle Artikel, bei denen ein Bestand von 12 oder mehr vorhanden ist, werden ausgegeben.

```
SELECT *
FROM Lager
WHERE Bestand >= 12;
```

Ergebnis (WHERE_ Artikelart)

Artikel_Nr	Artikelart	Artikel_Bez	Bestand	Einkaufspreis	Verkaufspreis
1004	Büroschrank	Aktuell	17	897,00	1.345,00
1005	Drucker	Hanso	12	430,00	760,72

Problemstellung

Es sollen alle Datensätze ausgegeben werden, die zwei Bedingungen erfüllen.

```
SELECT *
FROM Lager
WHERE Artikelart = 'Computer' AND Bestand >= 10;
```

Ergebnis (SELECT_ Artikelart_Computer_AND_Bestand)

Artikel_Nr	Artikelart	Artikel_Bez	Bestand	Einkaufspreis	Verkaufspreis
3000	Computer	AGIB HS	10	3.322,93	3.980,00

Problemstellung

Es sollen alle Datensätze ausgegeben werden, die zwei Bedingungen erfüllen.

```
SELECT *
FROM Lager
WHERE Artikelart ='Computer' AND NOT Bestand >= 10;
```

Ergebnis (SELECT_ Artikelart_Computer_AND_Bestand)

Artikel_Nr	Artikelart	Artikel_Bez	Bestand	Einkaufspreis	Verkaufspreis
3001	Computer	Trup AK	5	3.576,00	4.190,00

Problemstellung

Es sollen alle Datensätze ausgegeben werden, die eine von zwei Bedingungen erfüllen.

```
SELECT *
FROM Lager
WHERE Artikelart='Computer' OR Artikelart='Drucker';
```

Ergebnis (SELECT_ Artikelart_Computer_AND_Bestand) (Ausschnitt)

Artikel_Nr	Artikelart	Artikel_Bez	Bestand	Einkaufspreis	Verkaufspreis
1005	Drucker	Hanso	12	430,00	760,72
3000	Computer	AGIB HS	10	3.322,93	3.980,00

Problemstellung

Daten eines Datenfelds, die zwischen zwei Werten liegen, sollen ausgegeben werden.

```
SELECT Artikel_Nr, Artikelart, Artikel_Bez, Bestand, Einkaufspreis
FROM Lager
WHERE Bestand BETWEEN 8 AND 12;
```

Ergebnis (SELECT_ BETWEEN_Bestand) (Ausschnitt)

Artikel_Nr	Artikelart	Artikel_Bez	Bestand	Einkaufspreis
1001	Schreibtisch	Modern	10	456,00

Hinweis: Die Randwerte (*8* und *12*) werden mit ausgegeben.

Problemstellung

Daten zwischen verschiedenen Werten sollen ausgegeben werden.

```
SELECT * FROM Lager
WHERE Artikelart Between 'Büroschrank' AND 'Drucker'
ORDER BY Artikelart;
```

Ergebnis (SELECT_ BETWEEN_Büroschrank_und_Drucker)

Artikel_Nr	Artikelart	Artikel_Bez	Bestand	Einkaufspreis	Verkaufspreis
1004	Büroschrank	Aktuell	17	897,00	1.345,00
3001	Computer	Trup AK	5	3.576,00	4.190,00
3000	Computer	AGIB HS	10	3.322,93	3.980,00
1005	Drucker	Hanso	12	430,00	760,72

Problemstellung

Daten zwischen verschiedenen Werten sollen ausgegeben werden.

```
SELECT *
FROM Lager
WHERE Einkaufspreis Between 500 AND 850;
```

Ergebnis (SELECT_ BETWEEN_Einkaufspreis)

Artikel_Nr	Artikelart	Artikel_Bez	Bestand	Einkaufspreis	Verkaufspreis
1000	Schreibtisch	Gabriele	5	800,00	1.433,25

Problemstellung – Auslesen bestimmter Daten eines Datenfelds

Die Daten eines Datenfelds sollen zusätzlich als Kurzzeichen ausgegeben werden.

```
SELECT *
FROM Lager
WHERE Artikelart LIKE 'Schreibtisch';
```

Ergebnis (SELECT_LIKE_Schreibtisch)

Artikel_Nr	Artikelart	Artikel_Bez	Bestand	Einkaufspreis	Verkaufspreis
1000	Schreibtisch	Gabriele	5	800,00 €	1.365,00 €
1001	Schreibtisch	Modern	10	456,00 €	735,00 €

Problemstellung – Auslesen von Daten mithilfe eines Platzhalters

Alle Artikelbezeichnungen mit dem Anfangsbuchstaben *A* sollen ausgegeben werden.

```
SELECT *
FROM Lager
WHERE Artikel_Bez LIKE 'A*';
```

Ergebnis (SELECT_LIKE_A*)

Artikel_Nr	Artikelart	Artikel_Bez	Bestand	Einkaufspreis	Verkaufspreis
1004	Büroschrank	Aktuell	17	897,00	1.345,00
3000	Computer	AGIB HS	10	3.322,93	3.980,00

Problemstellung – Auslesen von Daten mithilfe von Platzhaltern/beliebiger Zeichen

Alle Artikelbezeichnungen, die an der zweiten Stelle den Buchstaben *a* enthalten, sollen ausgegeben werden. Der erste Buchstabe kann beliebig sein, ebenfalls alle Zeichen, die auf den zweiten Buchstaben folgen.

```
SELECT * FROM Lager
WHERE Artikel_Bez LIKE '?a*';
```

Ergebnis (SELECT_LIKE_?a)**

Artikel_Nr	Artikelart	Artikel_Bez	Bestand	Einkaufspreis	Verkaufspreis
1000	Schreibtisch	Gabriele	5	800,00	1.433,25
1005	Drucker	Hanso	12	430,00	760,72

Problemstellung – Auslesen bestimmter Artikelarten

Bestimmte Artikelarten, die angegeben werden, sollen aus einer Tabelle ausgelesen werden.

```
SELECT *
FROM Lager
WHERE Artikelart IN ('Computer','Drucker');
```

Ergebnis (SELECT_IN_Artikelart)

Artikel_Nr	Artikelart	Artikel_Bez	Bestand	Einkaufspreis	Verkaufspreis
1005	Drucker	Hanso	12	430,00	912,86
3000	Computer	AGIB HS	10	3.322,93	3.980,00
3001	Computer	Trup AK	5	3.576,00	4.190,00

Problemstellung – Auslesen bestimmter Artikelnummern

Daten zwischen verschiedenen Werten sollen ausgegeben werden.

```
SELECT *
FROM Lager
WHERE Artikel_Nr IN (1000,3000,3001);
```

Ergebnis (SELECT_IN_Artikel_Bez)

Artikel_Nr	Artikelart	Artikel_Bez	Bestand	Einkaufspreis	Verkaufspreis
1000	Schreibtisch	Gabriele	5	800,00	1.433,25
3000	Computer	AGIB HS	10	3.322,93	3.980,00
3001	Computer	Trup AK	5	3.576,00	4.190,00

21.8.5 SELECT – Berechnung von Werten

Mithilfe vorhandener Daten in Datenfeldern können benötigte Werte berechnet werden.

Problemstellung

Der Gesamteinkaufspreis einzelner Artikel soll ermittelt werden.

```
SELECT Artikel_Bez, Bestand, Einkaufspreis,
[Bestand]*[Einkaufspreis] AS Gesamtpreis
FROM Lager;
```

Ergebnis (SELECT_ Berechnung) (Ausschnitt)

Artikel_Bez	Bestand	Einkaufspreis	Gesamtpreis
Gabriele	5	800,00	4.000,00
Modern	10	456,00	4.560,00
Aktuell	17	897,00	15.249,00

Problemstellung

Bestimmte Werte, wie beispielsweise die Gesamteinkaufspreise der Artikel einer einzelnen Artikelart, sollen ermittelt werden.

```
SELECT Artikelart, Artikel_Bez, Bestand, Einkaufspreis,
[Bestand]*[Einkaufspreis] AS Gesamtpreis
FROM Lager
WHERE Artikelart = 'Drucker';
```

Ergebnis (WHERE_ Artikelart)

Artikelart	Artikel_Bez	Bestand	Einkaufspreis	Gesamtpreis
Drucker	Hanso	12	430,00	5.160,00

Problemstellung

Die Differenz und die prozentuale Differenz zwischen Werten soll ermittelt werden.

```
SELECT Artikelart, Artikel_Bez, Einkaufspreis, Verkaufspreis,
[Verkaufspreis]-[Einkaufspreis] AS Differenz,
(([Verkaufspreis]-[Einkaufspreis])/[Einkaufspreis]) * 100 AS Prozent
FROM Lager
WHERE Artikelart = 'Schreibtisch';
```

Ergebnis (WHERE_ Artikelart)

Artikelart	Artikel_Bez	Einkaufspreis	Verkaufspreis	Differenz	Prozent
Schreibtisch	Gabriele	800,00	1.433,25	633,25	79,15
Schreibtisch	Modern	456,00	771,75	315,75	69,24

21.8.6 SELECT ORDER BY – Sortieren von Datensätzen

Datensätze in Tabellen können nach verschiedenen Kriterien sortiert werden, beispielsweise aufsteigend und absteigend. Auch eine wie auch immer gestaltete Sortierung nach mehreren Kriterien ist möglich, es kann also in einer Sortierung ein Datenfeld beispielsweise absteigend und ein anderes aufsteigend sortiert werden.

SELECT { Feldname1 [, Feldname2, ...] |* }
FROM ***Tabelle1 [, Tabelle2, Tabelle3, ...]***
[**WHERE** {Bedingung} **]**
[**ORDER BY** Feldname1 **[ASC|DESC]** [, Feldname2 **[ASC|DESC]**] ...**]**

Problemstellung – Aufsteigende Sortierung

In einer Tabelle soll nach einem Datenfeld aufsteigend sortiert werden. Erfolgt keine Kennung der Sortierung (ASC bzw. DESC), wird automatisch aufsteigend sortiert. Daher ist die Angabe der Sortierungsart ASC optional.

```
SELECT *
FROM Lager
ORDER BY Artikelart;
```

```
SELECT *
FROM Lager
ORDER BY Artikelart ASC;
```

Ergebnis (SELECT_ORDER__BY_Artikelart) (Ausschnitt)

Artikel_Nr	Artikelart	Artikel_Bez	Bestand	Einkaufspreis	Verkaufspreis
1004	Büroschrank	Aktuell	17	897,00	1.345,00
3001	Computer	Trup AK	5	3.576,00	4.190,00
3000	Computer	AGIB HS	10	3.322,93	3.980,00

Problemstellung – Absteigende Sortierung

In einer Tabelle soll nach einem Datenfeld absteigend sortiert werden. Eine Kennung der Sortierungsart ist unbedingt erforderlich.

```
SELECT *
FROM Lager
ORDER BY Artikelart DESC;
```

Ergebnis (SELECT_ORDER__BY_Artikelart_Artikel_Bez) (Ausschnitt)

Artikel_Nr	Artikelart	Artikel_Bez	Bestand	Einkaufspreis	Verkaufspreis
1001	Schreibtisch	Modern	10	456,00	771,75
1000	Schreibtisch	Gabriele	5	800,00	1.433,25
1005	Drucker	Hanso	12	430,00	760,72

Problemstellung – Aufsteigende Sortierung nach mehreren Datenfeldern

In einer Tabelle soll nach mehreren Datenfeldern aufsteigend sortiert werden. Eine Kennung der Sortierungsart kann, aber muss nicht erfolgen. Die Reihenfolge der Sortierung ergibt sich aus der Reihenfolge der angegebenen Datenfelder. Es wird zunächst nach dem ersten angegebenen Datenfeld, danach nach dem nächsten Datenfeld usw. sortiert.

```
SELECT *
FROM Lager
ORDER BY Artikelart, Artikel_Bez;
```

```
SELECT *
FROM Lager
ORDER BY Artikelart ASC, Artikel_Bez ASC;
```

Ergebnis (SELECT_ORDER__BY_Artikelart_Artikel_Bez) (Ausschnitt)

Artikel_Nr	Artikelart	Artikel_Bez	Bestand	Einkaufspreis	Verkaufspreis
1004	Büroschrank	Aktuell	17	897,00	1.345,00
3000	Computer	AGIB HS	10	3.322,93	3.980,00
3001	Computer	Trup AK	5	3.576,00	4.190,00
1005	Drucker	Hanso	12	430,00	760,72

Problemstellung – Sortierung nach unterschiedlichen Sortierungsarten

In einer Tabelle soll ein Datenfeld aufsteigend und ein zweites Datenfeld absteigend sortiert werden. Außerdem soll die Ausgabe durch ALIAS-Namen gestaltet werden.

```
SELECT Artikel_Nr AS Artikelnummer,
Artikelart, Artikel_Bez AS Artikelbezeichnung, Verkaufspreis
FROM Lager
ORDER BY Artikelart , Artikel_Bez DESC;
```

Ergebnis (SELECT_ORDER__BY_Artikelart_Artikel_Bez_DESC) (Ausschnitt)

Artikelnummer	Artikelart	Artikelbezeichnung	Verkaufspreis
1004	Büroschrank	Aktuell	1.345,00
3001	Computer	Trup AK	4.190,00

21.8.7 SELECT GROUP BY – Gruppieren von Daten

Durch die Gruppierung können nicht nur Gesamtsummen usw. ausgegeben werden, sondern auch Summen, Mittelwerte usw. in Abhängigkeit von den Inhalten eines anderen Datenfelds. Eine aufsteigende Sortierung wird nach der Gruppierung automatisch vorgenommen, es kann jedoch auch eine andere Sortierung bestimmt werden.

```
SELECT { Feldname1 [, Feldname2, ...] |* }
FROM Tabelle1 [, Tabelle2, Tabelle3, ...]
[ GROUP BY Feldname1 [HAVING {Bedingung}] ]
[ ORDER BY Feldname1 [ASC|DESC] [, Feldname2 [ASC|DESC]] ...]
```

Wird sowohl ausgewählt als auch gruppiert und sortiert, ist die folgende Reihenfolge einzuhalten:

- Gruppierung,
- Sortierung.

Problemstellung – Summe der Bestände aller gruppierten Elemente

Die Daten sollen nach den Inhalten eines Datenfelds gruppiert werden. Die jeweiligen Summen der gruppierten Werte sollen nach absteigender Sortierung ausgegeben werden.

```
SELECT Artikelart, Sum(Bestand) AS Summe_Bestand
FROM Lager
GROUP BY Artikelart
ORDER BY SUM(Bestand) DESC;
```

Ergebnis (SELECT_GROUP_ BY_ Artikelart_Summe)

Artikelart	Summe_Bestand
Büroschrank	17
Computer	15
Schreibtisch	15
Drucker	12

Problemstellung – Ausgabe des Minimums usw. aller gruppierten Ebenen

Der minimale, der maximale und der durchschnittliche Wert der Werte eines Datenfelds sollen ausgegeben werden. Ist jeweils nur ein Wert vorhanden, sind diese drei Werte identisch.

```
SELECT Artikelart, MIN(Bestand) AS Minimum_Bestand,
MAX(Bestand) AS Maximum_Bestand, AVG(Bestand) AS Mittelwert_Bestand
FROM Lager
GROUP BY Artikelart;
```

Ergebnis (SELECT_GROUP_BY_Artikelart_Funktionen) (Ausschnitt)

Artikelart	Minimum_Bestand	Maximum_Bestand	Mittelwert_Bestand
Büroschrank	17	17	17
Computer	5	10	7,5
Drucker	12	12	12
Schreibtisch	5	10	7,5

21.8.8 SELECT HAVING – Gruppieren mit Bedingungen

Zusätzlich zur Gruppierung von Werten wird eine Bedingung formuliert, die bestimmt, welche Werte ausgegeben werden. Die Bedingung gleicht in gewisser Weise der WHERE-Bedingung.

```
SELECT { Feldname1 [, Feldname2, ...] |* }
FROM Tabelle1 [, Tabelle2, Tabelle3, ...]
 [ GROUP BY Feldname1 [HAVING {Bedingung}] ]
```

Problemstellung

Die Summe der Werte eines Datenfelds sollen unter Nutzung einer Bedingung ab einem bestimmten Wert ausgegeben werden.

```
SELECT Artikelart, Sum(Bestand) AS Summe_Bestand FROM Lager
GROUP BY Artikelart
HAVING SUM(Bestand) >= 16;
```

Ergebnis (SELECT_HAVING_ Artikelart)

Artikelart	Summe_Bestand
Büroschrank	17

Problemstellung

Bestimmte Mittelwerte der Werte eines Datenfelds sollen unter Nutzung des SQL-Befehls BETWEEN ausgegeben werden.

```
SELECT Artikelart, AVG(Bestand) AS Mittelwert_Bestand
FROM Lager
GROUP BY Artikelart
HAVING AVG(Bestand) BETWEEN 10 AND 14;
```

Ergebnis (SELECT_HAVING Artikelart_BETWEEN)

Artikelart	Mittelwert_Bestand
Drucker	12

Problemstellung

Werte sollen in Abhängigkeit von einer UND-Bedingung ausgegeben werden.

```
SELECT Artikelart, Sum(Bestand) AS Summe_Bestand,
AVG(Bestand) AS Mittelwert_Bestand
FROM Lager
GROUP BY Artikelart
HAVING SUM(Bestand)>=10 AND AVG(Bestand) <10;
```

Ergebnis (SELECT_HAVING Artikelart_AND) (Ausschnitt)

Artikelart	Summe_Bestand	Mittelwert_Bestand
Computer	15	7,5

21.8.9 UNION – JOINS – Datenauswertung aus verschiedenen Tabellen

Vorbemerkungen

Nachfolgend sollen Daten aus verschiedenen Tabellen miteinander in Verbindung gesetzt und damit ausgewertet werden. Bei den gezeigten Beispielen handelt es sich im Wesentlichen um die Nutzung von Beispielen, die mit 1:n-Beziehungen beschrieben werden könnten. Eine Übertragung der Sachverhalte auf andere Beziehungen ist jederzeit möglich. Außerdem werden noch weitere Auswertungen vorgenommen.

UNION

Daten aus verschiedenen Tabellen, die einheitlich aufgebaut sind oder die einheitliche Kriterien wie beispielsweise Namen und Orte enthalten, können für Auswertungen sinnvoll zusammengestellt werden. Außerdem können Kriterien definiert werden, sodass eine spezielle Auswertung definiert werden kann.

Problemstellung – Daten aus verschiedenen Tabellen

Die Daten der Tabellen *Lieferanten* und *Kunden* sollen zusammengefasst werden. Für Anschreiben soll eine Liste mit den wichtigsten Daten der Lieferanten und Kunden zur Verfügung stehen.

```
SELECT Name1, Strasse, PLZ, Ort FROM Lieferanten
UNION
SELECT Name1, Strasse, PLZ, Ort FROM Kunden
ORDER BY Name1;
```

Ergebnis (SELECT_UNION_Name1_Ort_usw) (Ausschnitt)

Name1	Strasse	PLZ	Ort
Bürobedarf Hinze KG	Siemensstr. 1	12459	Berlin
Bürohandlung GmbH	Markt 21	49716	Meppen
Büromöbel AG	Gutachtstr. 342	13469	Berlin

Problemstellung – Daten aus verschiedenen Tabellen nach Kriterien

Die Daten der Tabellen *Lieferanten* und *Kunden* sollen zusammengefasst werden. Für Anschreiben soll eine Liste mit den wichtigsten Daten der Lieferanten und Kunden zur Verfügung stehen.

```
SELECT Name1, Strasse, PLZ, Ort FROM Lieferanten
WHERE Ort = 'Leer'
UNION SELECT Name1, Strasse, PLZ, Ort FROM Kunden
WHERE Ort = 'Leer';
```

Ergebnis (SELECT_UNION_Ort_Leer)

Name1	Strasse	PLZ	Ort
Computer GmbH	Mühlenstr. 17	26789	Leer
Otto Artig e. Kfm.	Mühlenstr. 45	26789	Leer

JOINS

Als Join (Verbund, Verbindung) wird das Zusammenführen von Daten aus verschiedenen Tabellen in einer relationalen Datenbank bezeichnet. Durch die Nutzung verschiedener Kriterien können unterschiedliche Ergebnisse erzielt werden. Bei den genutzten Tabellen spricht man von einer linken und einer rechten Tabelle. Diese Angaben beziehen sich auf die Reihenfolge der genutzten Tabellen, die erste genutzte Tabelle wird also als linke, die zweite genutzte Tabelle als rechte Tabelle bezeichnet.

Grundsätzlich lassen sich die folgenden in allen Datenbanken nutzbaren Verbindungen unterscheiden:

Art	Bedeutung
INNER JOIN	Datensätze aus den beiden Tabellen werden zusammengeführt, wenn die angegebenen Kriterien alle erfüllt sind. Besteht keine Übereinstimmung, wird der Datensatz auch nicht ausgegeben. Wird beispielsweise ein Produkt von keinem Lieferanten geliefert, so wird bei der Zusammenführung der Daten dieses Produkt auch nicht angezeigt.
LEFT JOIN **LEFT OUTER JOIN**	Die beiden angegebenen SQL-Befehle sind identisch und führen zum gleichen Ergebnis. Daten aus der linken (ersten) Tabelle werden auf jeden Fall ausgegeben. Daten aus der rechten (zweiten) Tabelle nur dann, wenn sie einem Datensatz aus der linken Tabelle zugeordnet werden können. In einigen Datenbanken (wie **MySQL**) werden nicht vorhandene Daten mit *NULL* gekennzeichnet. Die Daten aus der linken Tabelle werden ausgegeben, die Datenfelder aus der rechten werden mit *NULL* ausgegeben.
RIGHT JOIN **RIGHT OUTER JOIN**	Die beiden angegebenen SQL-Befehle sind identisch und führen zum gleichen Ergebnis. Daten aus der rechten (zweiten) Tabelle werden auf jeden Fall ausgegeben. Daten aus der linken (ersten) Tabelle nur dann, wenn sie einem Datensatz aus der rechten Tabelle zugeordnet werden können. In einigen Datenbanken (wie **MySQL**) werden nicht vorhandene Daten mit *NULL* gekennzeichnet. Die Daten aus der rechten Tabelle werden ausgegeben, die Datenfelder aus der linken werden mit *NULL* ausgegeben.

Problemstellung – INNER JOIN – Ausgabe aller Daten

Alle Datensätze, bei denen es einen Lieferanten für ein Produkt gibt, sollen ausgegeben werden. Gibt es keinen Lieferanten, soll der Artikel nicht ausgegeben werden.

```
SELECT Lager_111.Artikel_Nr, Lager_111.Artikel_Bez,
Lieferanten.Lieferanten_Nr, Lieferanten.Name1, Lieferanten.Ort
FROM Lager_111
INNER JOIN Lieferanten
ON Lager_111.Lieferanten_Nr = Lieferanten.Lieferanten_Nr
ORDER BY Artikel_Nr;
```

Ergebnis (SELECT_INNER_JOIN)

A_Nr	Artikel_Bez	L_Nr	Name1	Ort
1000	Gabriele	101	Büromöbel AG	Berlin
1004	Aktuell	155	Computer GmbH	Leer
1005	Hanso	102	Tranel GmbH	Duisburg
3000	AGIB HS	101	Büromöbel AG	Berlin
3001	Trup AK	155	Computer GmbH	Leer

Problemstellung – LEFT JOIN – Ausgabe aller Daten der linken Tabelle

Alle Artikel sollen ausgegeben werden. Gibt es keinen Lieferanten, sollen die entsprechenden Datenfelder der Lieferanten frei bleiben bzw. es soll gekennzeichnet (mit *NULL*) werden, dass es keine zugeordneten Daten gibt.

```
SELECT Lager_1.Artikel_Nr, Lager_1.Artikel_Bez,
Lieferanten.Lieferanten_Nr, Lieferanten.Name1, Lieferanten.Ort
FROM Lager_1
LEFT JOIN Lieferanten
ON Lager_1.Lieferanten_Nr = Lieferanten.Lieferanten_Nr
ORDER BY Artikel_Nr;
```

Ergebnis Access (SELECT_LEFT_JOIN)

A_Nr	Artikel_Bez	L_Nr	Name1	Ort
1000	Gabriele	101	Büromöbel AG	Berlin
1001	Modern			
1004	Aktuell	155	Computer GmbH	Leer
1005	Hanso	102	Tranel GmbH	Duisburg
3000	AGIB HS	101	Büromöbel AG	Berlin
3001	Trup AK	155	Computer GmbH	Leer

Ergebnis MySQL (SELECT_LEFT_JOIN)

A_Nr	Artikel_Bez	L_Nr	Name1	Ort
1000	Gabriele	101	Büromöbel AG	Berlin
1001	Modern	*NULL*	*NULL*	*NULL*
1004	Aktuell	155	Computer GmbH	Leer
1005	Hanso	102	Tranel GmbH	Duisburg
3000	AGIB HS	101	Büromöbel AG	Berlin
3001	Trup AK	155	Computer GmbH	Leer

Problemstellung – RIGHT JOIN – Ausgabe aller Daten der rechten Tabelle

Alle Lieferanten sollen ausgegeben werden. Liefert ein Lieferant keinen Artikel, soll dies aus der Ergebnistabelle zu erkennen sein.

```
SELECT Lager_1.Artikel_Nr, Lager_1.Artikel_Bez,
Lieferanten.Lieferanten_Nr, Lieferanten.Name1, Lieferanten.Ort
FROM Lager_1
RIGHT JOIN Lieferanten
ON Lager_1.Lieferanten_Nr = Lieferanten.Lieferanten_Nr
ORDER BY Lieferanten_Nr;
```

Ergebnis Access (SELECT_RIGHT_JOIN) (Ausschnitt)

A_Nr	Artikel_Bez	L_Nr	Name1	Ort
		100	Wagner GmbH	Bielefeld
3000	AGIB HS	101	Büromöbel AG	Berlin
1000	Gabriele	101	Büromöbel AG	Berlin

Ergebnis MySQL (SELECT_RIGHT_JOIN) (Ausschnitt)

A_Nr	Artikel_Bez	L_Nr	Name1	Ort
NULL	*NULL*	100	Wagner GmbH	Bielefeld
3000	AGIB HS	101	Büromöbel AG	Berlin

Problemstellung – INNER JOIN – Ausgabe aller Daten – Alternative

Alle Datensätze, bei denen es einen Lieferanten für ein Produkt gibt, sollen ausgegeben werden. Gibt es keinen Lieferanten, soll der Artikel nicht ausgegeben werden.

Hinweis: Die linke und die rechte Tabelle werden ausgetauscht. Dadurch ändert sich die Reihenfolge der Datenfelder bei der Ausgabe. Entsprechendes gilt auch für die Verbindungen *LEFT-JOIN* und *RIGHT-JOIN*.

```
SELECT Lieferanten.Lieferanten_Nr, Lieferanten.Name1,
Lieferanten.Ort, Lager_1.Artikel_Nr, Lager_1.Artikel_Bez
FROM Lieferanten
INNER JOIN
Lager_1 ON Lieferanten.Lieferanten_Nr = Lager_1.Lieferanten_Nr;
```

Ergebnis (SELECT_INNER_JOIN) (Ausschnitt)

L_Nr	Name1	Ort	A_Nr	Artikel_Bez
101	Büromöbel AG	Berlin	1000	Gabriele
155	Computer GmbH	Leer	1004	Aktuell
102	Tranel GmbH	Duisburg	1005	Hanso

21.8.10 Auswertung von Daten aus verschiedenen Tabellen

Vorbemerkungen

Abfragen lassen sich über mehrere Tabellen ausführen. Dies ist folgendermaßen möglich:

- Aufbau von Beziehungen und Auswertung durch Abfragen (**Access**),
- SQL-Abfragen unter Verwendung von Joins,
- SQL-Abfragen ohne Verwendung von Joins.

Die erste Möglichkeit wird an verschiedenen Stellen im Buch intensiv beschrieben. Die Möglichkeiten 2 und 3 sind oftmals alternativ anwendbar. Joins wurden im vorherigen Kapitel erklärt. Zusätzlich werden Mitarbeiterdaten aus der Tabelle *Personal* genutzt

Problemstellung – Ausgabe aller Daten aus zwei Tabellen

Alle Datensätze, bei denen es einen Lieferanten für ein Produkt gibt, sollen ausgegeben werden. Gibt es keinen Lieferanten, soll der Artikel nicht ausgegeben werden.

Access-Abfrage

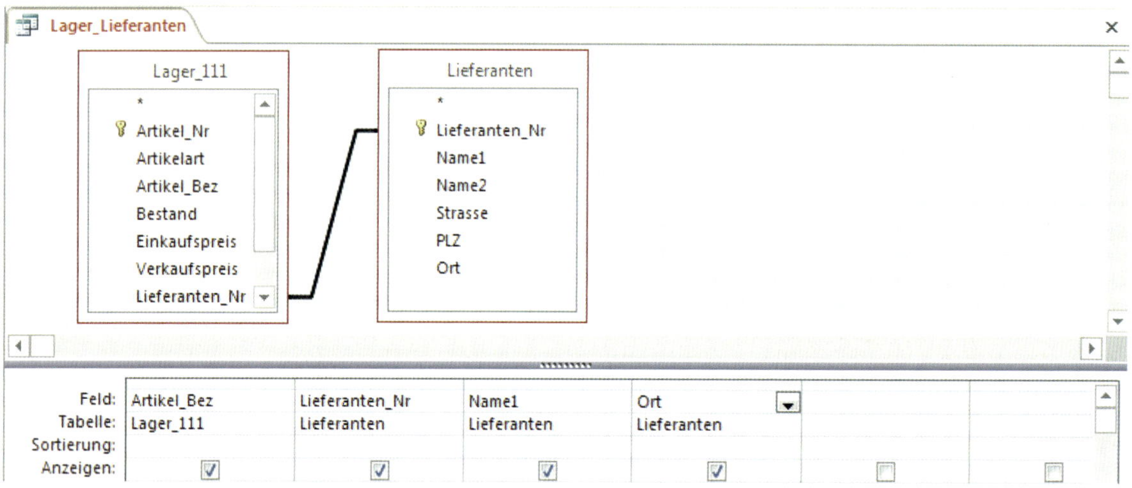

SQL-Abfrage unter Verwendung von Joins

```
SELECT Lager_111.Artikel_Nr, Lager_111.Artikel_Bez,
Lieferanten.Lieferanten_Nr, Lieferanten.Name1, Lieferanten.Ort
FROM Lager_111
INNER JOIN Lieferanten
ON Lager_111.Lieferanten_Nr = Lieferanten.Lieferanten_Nr
ORDER BY Artikel_Nr;
```

SQL-Abfrage ohne Verwendung von Joins

```
SELECT Lager_111.Artikel_Nr, Lager_111.Artikel_Bez,
Lieferanten.Lieferanten_Nr, Lieferanten.Name1, Lieferanten.Ort
FROM Lager_111, Lieferanten
WHERE Lager_111.Lieferanten_Nr = Lieferanten.Lieferanten_Nr
ORDER BY Artikel_Nr;
```

Ergebnis (SELECT_alle_Daten aus zwei Tabellen_sortiert) – Ausschnitt -

A_Nr	Artikel_Bez	L_Nr	Name1	Ort
1000	Gabriele	101	Büromöbel AG	Berlin

Problemstellung – Ausgabe von Daten aus mehreren Tabellen

Daten aus mehreren Tabellen sollen ausgewertet werden.

Hinweis: Richten Sie, wenn Sie das Beispiel nachverfolgen möchten, die Dateien ein. Ansonsten können Sie sich auch den Sachverhalt ansehen und nachvollziehen.

Access-Abfrage

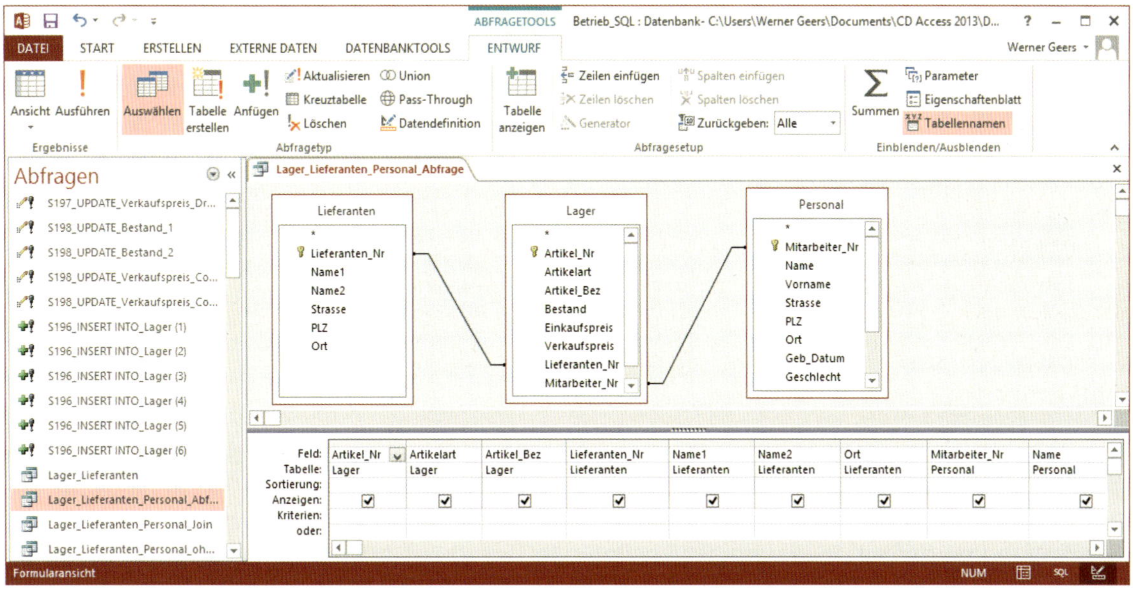

SQL-Abfrage unter Verwendung von Joins

SELECT ***Lager***.Artikel_Nr, ***Lager***.Artikelart, ***Lager***.Artikel_Bez,
Lieferanten.Lieferanten_Nr, ***Lieferanten***.Name1, ***Lieferanten***.Name2**,** ***Lieferanten***.Ort,
Personal.Mitarbeiter_Nr, ***Personal***.Name
FROM ***Personal***
INNER JOIN (***Lieferanten*** **INNER JOIN Lager**
ON ***Lieferanten***.Lieferanten_Nr=***Lager***.Lieferanten_Nr)
ON ***Personal***.Mitarbeiter_Nr=***Lager***.Mitarbeiter_Nr;

Hinweise:

- Datenfelder werden jeweils mit Tabelle und Datenfeld angegeben: z. B. **Lager.**Artikel_Nr,
- Tabellen werden über Joins verbunden (**FROM Lieferanten INNER JOIN Lager**),
- Die Auswertung wird über einen Primärschlüssel und einen Fremdschlüssel vorgenommen (**ON Lieferanten**.Liefereranten_Nr = **Lager**.Liefereranten_Nr)

SQL-Abfrage ohne Verwendung von Joins

SELECT ***Lager***.Artikel_Nr, ***Lager***.Artikelart, ***Lager***.Artikel_Bez,
Lieferanten.Lieferanten_Nr, ***Lieferanten***.Name1, ***Lieferanten***.Name2,
Lieferanten.Ort, ***Personal***.Mitarbeiter_Nr, ***Personal***.Name
FROM ***Personal***, ***Lieferanten***, ***Lager***
WHERE ***Lieferanten***.Lieferanten_Nr=***Lager***.Lieferanten_Nr
AND ***Personal***.Mitarbeiter_Nr=***Lager***.Mitarbeiter_Nr;

Hinweise:

- Datenfelder werden jeweils mit Tabelle und Datenfeld angegeben: z. B. ***Lager***.Artikel_Nr
- Tabellen werden durch ein Komma verbunden (**FROM** ***Lieferanten***, ***Lager***, ***Lager***).
- Die Auswertung wird über einen Primärschlüssel und einen Fremdschlüssel vorgenommen.
  (**WHERE** ***Lieferanten***.Liefereranten_Nr = ***Lager***.Liefereranten_Nr)
- Mit dem Operator **AND** werden die nächsten Bedingungen angefügt.
  (**AND** ***Personal***.Mitarbeiter_Nr = ***Lager***.Mitarbeiter_Nr)

Ergebnis (Lager_Lieferenten_Personal) – Ausschnitt -

Lager_Lieferanten_Personal_Abfrage

Artikel_Nr	Artikelart	Artikel_Bez	Lieferanten_Nr	Name1	Name2	Ort	Mitarbeiter_Nr	Name
1000	Schreibtisch	Gabriele	100	Wagner GmbH	Büromöbel	Bielefeld	1000	Meier
1001	Schreibtisch	Modern	102	Tranel GmbH	Büromöbel	Duisburg	1003	Müller
1004	Büroschrank	Aktuell	100	Wagner GmbH	Büromöbel	Bielefeld	1002	Hermes
1005	Drucker	Hanso	104	Computer 2000 GmbH	EDV-Herstellung	Bremen	1001	Regeleit
3000	Computer	AGIB HS	103	Computerland GmbH	Computer	Hamburg	1000	Meier
3001	Computer	Trup AK	103	Computerland GmbH	Computer	Hamburg	1004	Groos

Problemstellung – Ausgabe von Daten aus mehreren Tabellen mit Bedingungen

Daten aus mehreren Tabellen sollen ausgewertet werden. Außerdem wird eine zusätzliche Bedingung eingefügt, in diesem Fall sollen alle Computer ausgegeben werden.

SQL-Abfrage unter Verwendung von Joins

```
SELECT Lager.Artikel_Nr, Lager.Artikelart, Lager.Artikel_Bez,
Lieferanten.Lieferanten_Nr, Lieferanten.Name1, Lieferanten.Name2, Lieferanten.Ort,
Personal.Mitarbeiter_Nr, Personal.Name
FROM Personal
INNER JOIN (Lieferanten INNER JOIN Lager
ON Lieferanten.Lieferanten_Nr=Lager.Lieferanten_Nr)
ON Personal.Mitarbeiter_Nr=Lager.Mitarbeiter_Nr
WHERE Lager.Artikelart="Computer";;
```

Hinweis:

- Mit der WHERE-Bedingung werden Daten ausgewählt.
  (**WHERE** ***Lager***.Artikelart="Computer")

SQL-Abfrage ohne Verwendung von Joins

```
SELECT Lager.Artikel_Nr, Lager.Artikelart, Lager.Artikel_Bez,
Lieferanten.Lieferanten_Nr, Lieferanten.Name1, Lieferanten.Name2, Lieferanten.Ort,
Personal.Mitarbeiter_Nr, Personal.Name
FROM Personal, Lieferanten, Lager
WHERE Lieferanten.Lieferanten_Nr=Lager.Lieferanten_Nr
AND Personal.Mitarbeiter_Nr=Lager.Mitarbeiter_Nr
AND Lager.Artikelart="Computer";
```

Hinweis:

- Mit dem Operator **AND** werden weitere Bedingungen angefügt.

21.9 SQL-Funktionen

Vorbemerkungen

Innerhalb einer Datenbank können Funktionen verwendet werden, mit deren Hilfe beispielsweise mathematische Auswertungen, Auswertungen in Abhängigkeit von einem Wert usw. durchgeführt werden können. Im Wesentlichen lassen sich die folgenden Arten von Funktionen unterscheiden:

- numerische Funktionen,
- alphanumerische Funktionen (String-Funktionen),
- Dateiumwandlungsfunktionen,
- Datums- und Zeitfunktionen,
- Kontrollfluss-Funktionen,
- Aggregatfunktionen.

Nachfolgend werden einige der für die praktische Arbeit benötigten Funktionen kurz erklärt. Selbstverständlich kann nur ein kleiner Teil der zur Verfügung stehenden Funktionen beschrieben werden. Dies soll anhand einer Beispieltabelle erfolgen, die sowohl in einer **Access-** als auch in einer **MySQL-Datenbank** eingerichtet werden kann.

Durch eine farbliche Kennung wird angegeben, dass einzelne Funktionen in den Datenbanksystemen **Access** und **MySQL** unterschiedlich definiert sind (*rot = allgemein gültig, blau =* ***Access****, grün =* ***MySQL***).

SELECT Funktionsname(Parameter1, [Parameter2], ...) FROM *Tabelle*;

SELECT MAX(Bestand) FROM Lager;

Hinweis: Führen Sie die jeweiligen Beispiele für die Nutzung verschiedenartiger Funktionen aus. Versuchen Sie anschließend die Aufgabenstellungen zu bearbeiten, die sich am Ende des gesamten Kapitels befinden. Bei Angabe mehrerer SQL-Befehle kann der Befehl entweder alternativ eingesetzt werden oder er steht nur in einem Datenbanksystem zur Verfügung.

Numerische Funktionen

Mithilfe numerischer Funktionen können Werte schneller ermittelt werden. Ansonsten müssten z. B. komplizierte Formeln entwickelt und eingesetzt werden. In der nachfolgenden Tabelle werden wichtige und immer wieder benötigte numerische Funktionen aufgeführt. Das jeweils genutzte Datenfeld muss numerische Werte (n) enthalten.

SQL-Funktion	Beschreibung	Beispiele	Ergebnis
ABS(n)	Der Absolutwert entfernt die Vorzeichen eines Wertes.	*Abs(-234)* *Abs(234)*	*234* *234*
CEILING(n) **CEIL(n)**	Die Nachkommstellen werden aufgerundet.	*CEILING(234.15)* *CEIL(-234.1)*	*235* *-234*
EXP(n)	Die Eulersche Zahl e^n wird ermittelt.	*EXP(1)*	*2,71828*
FLOOR(n)	Die Nachkommstellen werden abgerundet.	*FLOOR(342,56)* *FLOOR(-342,56)*	*342* *-343*

SQL-Funktion	Beschreibung	Beispiele	Ergebnis
LN(n)	Der natürliche Logarithmus (zur Basis *e*) wird ermittelt. Werte, die kleiner oder gleich *0* sind, liefern das Ergebnis *NULL* zurück.	*LN(2.71828)* *LN(-23)* *LN(1)*	*1* *NULL* *0*
MAX(n)	Der größte Wert einer Reihe von Werten wird ermittelt.	*MAX(Bestand)* *MIN(Artikelart)*	*17* *Schreibtisch*
MIN(n)	Der kleinste Wert einer Reihe von Werten wird ermittelt.	*MIN(Bestand)* *MIN(Artikelart)*	*5* *Büroschrank*
MOD(n,n1)	Der Rest einer ganzzahligen Division wird ermittelt.	*MOD(5,2)* *MOD(Bestand,2)*	*1*
ROUND(n,[n1])	Der Wert wird mathematisch korrekt gerundet. Optional kann angegeben werden, auf welche Zahl hinter dem Komma gerundet werden soll. Ansonsten wird auf ganze Zahlen gerundet.	*ROUND(4.15)* *ROUND(4.65)* *ROUND(4.15, 1)*	*4* *5* *4.2*
PI(n)	Der Wert PI wird ausgegeben.	*PI()*	*3,1415….*
POWER(n)	Die Potenzfunktion wird angewandt.	*POWER(3.4)*	*81*
SQRT(n)	Die positive Quadratwurzel einer Zahl wird zurückgegeben.	*SQRT(16)*	*4*

Problemstellung – Runden von Werten

Der Wert eines Datenfeldes soll gerundet werden. Die Anzahl der Nachkommastellen kann angegeben werden, ohne diese Angabe wird auf ganze Zahlen gerundet.

```
SELECT A_Nr, Artikel_Bez, Verkaufspreis, ROUND(Verkaufspreis,1) AS Preis_1
FROM Lager_C;
```

Ergebnis (SELECT_ROUND) (Ausschnitt)

A_Nr	Artikel_Bez	Verkaufspreis	Preis_1
1000	Gabriele	1.365,54	1365,5

Problemstellung – Absolutwert

Der Betrag eines Wertes (Positivwert) soll ermittelt werden.

```
SELECT A_Nr, Artikel_Bez, Identifikation, Abs(Identifikation) AS Kategorie
FROM Lager_C;
```

Ergebnis (SELECT Absolutwert) (Ausschnitt)

A_Nr	Artikel_Bez	Identifikation	Kategorie
1001	Modern	1	1
1004	Aktuell	-1	1

Problemstellung – Ganzzahliger Rest einer Division

Der ganzzahlige Rest einer Division soll bei der Modulo-Division ermittelt werden.

```
SELECT A_Nr, Artikel_Bez, Bestand, Verpackungseinheit,
Round(Bestand/Verpackungseinheit,0) AS Behaelter,
Bestand Mod Verpackungseinheit AS Restmenge
FROM Lager_C;
```

```
SELECT A_Nr, Artikel_Bez, Bestand, Verpackungseinheit,
Round(Bestand/Verpackungseinheit,0) AS Behaelter,
Mod (Bestand, Verpackungseinheit) AS Restmenge
FROM Lager_C;
```

Ergebnis (SELECT_Modulo-Division) (Ausschnitt)

A_Nr	Artikel_Bez	Bestand	Verpackungseinheit	Behaelter	Restmenge
1000	Gabriele	5	2	2	1
1001	Modern	10	3	3	1

Alphanumerische Funktionen

Alphanumerische Funktionen lassen sich auf Texte anwenden. In diesen Texten dürfen sich selbstverständlich auch Zahlen befinden.

SQL-Funktion	Beschreibung	Beispiele	Ergebnis
CONCATE (Text1, Text2)	Die einzelnen Texte werden aneinandergehängt. Es bietet sich in der Regel an, zwischen den Werten Leerzeichen zu erzeugen.	*CONCAT(Artikelart, ' ', Artikel_Bez)* *CONCAT(Artikel_Bez, ' , zum Preis von ', Verkaufspreis, ' €.')*	*Schreibtisch Gabriele* *Gabriele, zum Preis von 800,00 €.*
LEFT(a, a2)	Eine genau bestimmte Anzahl von Zeichen auf dem linken Rand eines Strings wird ausgegeben.	*LEFT(Artikelart, 5)*	*Schre*
LENGTH(a)	Die Anzahl der Zeichen eines Wertes wird angegeben.	*LENGTH(Artikelart)* *LENGTH(Bestand)*	*12* *1*
LOWER(a)	Alle Zeichen eines Textes werden in Kleinbuchstaben umgewandelt.	*LOWER(Artikelart)*	*drucker*
LTRIM(a)	Aus einem Text werden alle führenden Leerzeichen entfernt.	*LRIM(Artikelart)*	*' Drucker '* *'Drucker '*
MID(a, a2)	Eine genau bestimmte Anzahl von Zeichen eines Strings wird ab einer bestimmten Position im String ausgegeben.	*MID(Artikelart, 2, 3)*	*chr*

SQL-Funktion	Beschreibung	Beispiele	Ergebnis
REPLACE (a, a2, a3)	In einem Text wird ein Zeichen oder es werden mehrere Zeichen durch andere ersetzt.	*REPLACE(Artikelart, 'S', 'A')*	*Achreibtisch*
RIGHT(a, a2)	Eine genau bestimmte Anzahl von Zeichen auf dem rechten Rand eines Strings wird ausgegeben.	*RIGHT(Artikelart, 5)*	*tisch*
RTRIM(a)	Aus einem Text werden alle anhängenden Leerzeichen entfernt.	*RTRIM(Artikelart)*	*' Drucker '* *'Drucker '*
SUBSTRING (a, a2)	Ein bestimmter Teil eines Strings wird ausgegeben.	*SUBSTRING (Artikelart, 3, 4)*	*hrei*
TRIM(a)	Aus einem Text werden alle führenden und anhängenden Leerzeichen entfernt. Dies sollte vor allem dann geschehen, wenn die Daten z. B. mit einer Programmier- oder Skriptsprache weiterverarbeitet werden.	*TRIM(Artikelart)*	*' Drucker '* *'Drucker'* *' Computer'* *'Computer'*
UPPER(a)	Alle Zeichen eines Textes werden in Großbuchstaben umgewandelt.	*UPPER(Artikelart)*	*DRUCKER*

Problemstellung – Kurzzeichen für die Inhalte eines Datenfelds

Die Daten eines Datenfelds sollen zusätzlich als Kurzzeichen ausgegeben werden.

```
SELECT Artikelart, LEFT(Artikelart,2) AS Kurzzeichen, Artikel_Bez
FROM Lager_4;
```

Ergebnis (SELECT_LEFT_ Artikelart) (Ausschnitt)

Artikelart	Kurzzeichen	Artikel_Bez
Schreibtisch	Sc	Gabriele
Schreibtisch	Sc	Modern
Büroschrank	Bü	Aktuell

Problemstellung – Kurzzeichen für die Inhalte eines Datenfelds

Für jeden Inhalt eines Datenfelds soll ein Kurzzeichen ausgegeben werden. Allerdings sollen die Kurzzeichen nur einmal angezeigt werden.

```
SELECT DISTINCT Artikelart, LEFT (Artikelart,3) AS Kurzzeichen
FROM Lager_4;
```

Ergebnis (SELECT_DISTINCT_LEFT_ Artikelart) (Ausschnitt)

Artikelart	Kurzzeichen
Büroschrank	Bür
Computer	Com

Problemstellung – Nachkommastellen eines Betrages

Der Nachkommabereich eines Preises soll ausgegeben werden.

```
SELECT DISTINCT Artikel_Bez, RIGHT (Einkaufspreis,2) AS Nachkommabetrag
FROM Lager_4;
```

Ergebnis (SELECT_RIGHT_Einkaufspreis) (Ausschnitt)

Artikel_Bez	Nachkommabetrag
AGIB HS	00
Aktuell	97

Problemstellung – Ausgaben aus der Mitte eines Strings

Der Nachkommabereich eines Preises soll ausgegeben werden.

```
SELECT Artikelart, Mid(Artikelart,4,2) AS Mitte, Artikel_Bez
FROM Lager;
```

Ergebnis (SELECT_RIGHT_Einkaufspreis) (Ausschnitt)

Artikelart	Mitte	Artikel_Bez
Schreibtisch	re	Gabriele
Schreibtisch	re	Modern
Büroschrank	os	Aktuell

Datentypumwandlungsfunktionen

Müssen Daten zur Weiterverarbeitung in ein anderes Format umgewandelt werden, spricht man von Casting. So ist die Umwandlung einer Zahl in einen Text die Grundlage dafür, dass bestimmte Funktionen überhaupt angewandt werden können.

Eine Umwandlung ist aus logischen Gründen nicht immer möglich, in einem solchen Fall wird eine Fehlermeldung ausgegeben. Die Konvertierungsbefehle sind außerdem zwischen den einzelnen Datenbanksystemen außerordentlich unterschiedlich. Daher ist in der Regel das jeweilige Handbuch zu Rate zu ziehen.

Datumsfunktionen

Mithilfe dieser Funktionen können Zeitabstände, Berechnungen von Tagen, Bestimmungen von Jahren, Monaten, Tagen usw. vorgenommen werden.

Damit ist es z. B. möglich, Zahlungstermine zu berechnen, festzustellen, ob Termine überschritten wurden usw.

SQL-Funktion	Beschreibung	Beispiele	Ergebnis
ADDDATE()	Zu einem gegebenen Datum wird eine bestimmte Anzahl von Tagen hinzu- bzw. abgerechnet.	*ADDDATE (Lieferung, + 20)* *ADDDATE (Lieferung, - 20)*	*2013-10-29*

SQL-Funktion	Beschreibung	Beispiele	Ergebnis
ADDTIME()	Zu einer Zeit wird eine bestimmte Anzahl von Minuten hinzu- bzw. abgerechnet.	*ADDTIME (Beginn, + 20)*	
CURRENT_DATE()	Das aktuelle Datum wird ausgegeben.	*CURRENT_DATE()*	*2013-10-29*
CURRENT_TIME()	Die Zeit wird ausgegeben.	*CURRENT_TIME()*	*14:16:29*
CURRENT_ TIMESTAMP()	Das aktuelle Datum und die aktuelle Zeit werden ausgegeben.	*CURRENT_ TIMESTAMP()*	*2013-10-29 14:16:29*
DATEDIFF()	Die Differenz zwischen zwei Datumswerten wird ermittelt.	*DATEDIFF (Zahlung, Lieferung)*	
DAY()	Ein Tag wird ausgegeben.	*DAY(Lieferung)*	*29*
MONTH()	Ein Monat wird ausgegeben.	*MONTH(Lieferung)*	*10*
TIMEDIFF()	Die Differenz zwischen zwei Zeiten wird ermittelt.	*TIMEDIFF(Anfangszeit, Endzeit)*	
WEEKDAY()	Der Wochentag wird in Form einer Zahl ausgegeben (1 = Montag, 2 = Dienstag usw.).	*WEEKDAY (Zahlung)*	*4*
YEAR()	Ein Jahr wird ausgegeben.	*YEAR(Lieferung)*	*2013*

Problemstellung – Ermittlung von Tag, Monat, Jahr und Wochentag

Die Einzeldaten des Lieferungsdatums sollen ausgegeben werden.

```
SELECT Lieferung, DAY(Lieferung) AS Tag, MONTH(Lieferung) AS Monat,
YEAR(Lieferung) AS Jahr, WEEKDAY(Lieferung) AS Wochentag
FROM Auftrag_Lieferanten;
```

Ergebnis (SELECT_Tag_Monat_Jahr_Wochentag) (Ausschnitt)

Lieferung	Tag	Monat	Jahr	Wochentag
2013-10-04	4	10	2013	0
2013-10-12	12	10	2013	1

Problemstellung – Ermittlung eines Zahlungsverzugs

Eine Zahlung ist grundsätzlich 20 Tage nach der Lieferung fällig. Es soll der Zahlungstermin ermittelt werden, und es soll festgestellt werden, ob die Zahlung rechtzeitig erfolgte.

```
SELECT Lieferung, ADDDATE(Lieferung, + 20) AS Zahlungstermin, Zahlung,
DATEDIFF(ADDDATE(Lieferung, +20), Zahlung) AS Zahlungsverzug_bei_Minus
FROM Auftrag_Lieferanten;
```

Ergebnis (SELECT_Tag_Monat_Jahr_Wochentag) (Ausschnitt)

Lieferung	Zahlungstermin	Zahlung	Zahlungsverzug_bei_Minus
2013-10-04	2013-10-24	2013-10-25	-1

Logikfunktionen

Entsprechende Funktionen sind in der Lage, Werte in Abhängigkeit von Bedingungen zu verändern. Beispielsweise kann der Preis eines Produkts in Abhängigkeit von einem Bestand oder einem Preis erhöht werden.

Problemstellung – Anpassung eines Preises in Abhängigkeit vom bisherigen Preis

Der Preis der Ware soll bei einem bisherigen Verkaufspreis von über 1.000,00 € um 2 % erhöht werden. Ansonsten soll der Preis nicht geändert werden.

Im Gegensatz zu vielen Programmiersprachen muss in diesem Fall auch das Nichtverändern des Verkaufspreises in die Anweisung eingearbeitet werden.

Programmablaufplan – Struktogramm

Die Sachverhalte können mithilfe von Programmablaufplänen (PAP) und Struktogrammen dargestellt werden.

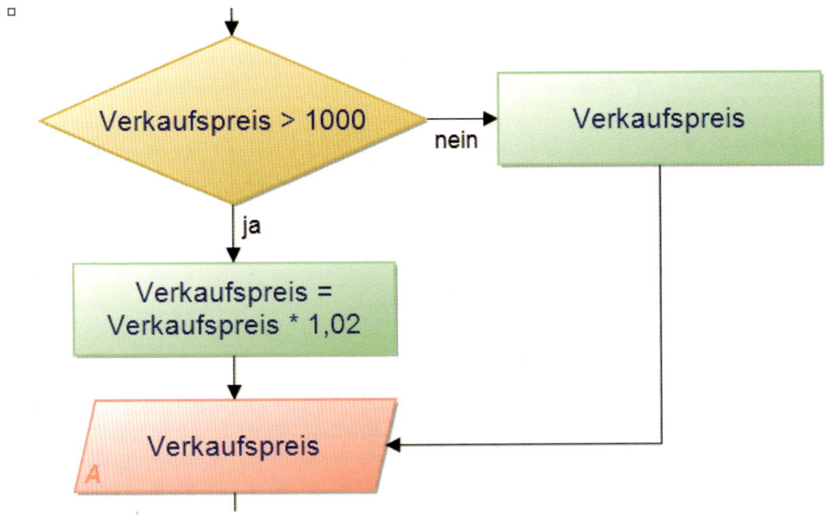

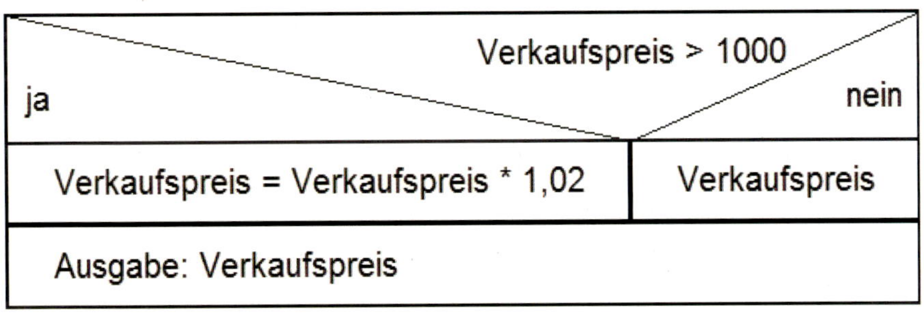


```
UPDATE Lager_C SET Verkaufspreis
= IIf([Verkaufspreis]>1000,[Verkaufspreis]*1.02,[Verkaufspreis]);
```

```
UPDATE Lager_C SET Verkaufspreis
= If(Verkaufspreis>1000,Verkaufspreis*1.02,Verkaufspreis);
```

Ergebnis (IF_1 – Lager_C) (Ausschnitt)

A_Nr	Artikelart	Artikel_Bez	Bestand	Einkaufspreis	Verkaufspreis
1000	Schreibtisch	Gabriele	5	800,00	1.392,85
1001	Schreibtisch	Modern	10	456,00	735,60

Problemstellung – Anpassung eines Preises in Abhängigkeit vom bisherigen Preis

Der Preis der Ware soll bei einem Preis von unter 1.000,00 € um 2 % gesenkt werden. In einem zweiten Fall soll der Preis bei einem Preis von unter 1.000,00 € ebenfalls um 2 % gesenkt werden, ist der Preis jedoch höher oder gleich 1.000,00 €, soll er um 2 % erhöht werden.

Programmablaufplan – Struktogramm

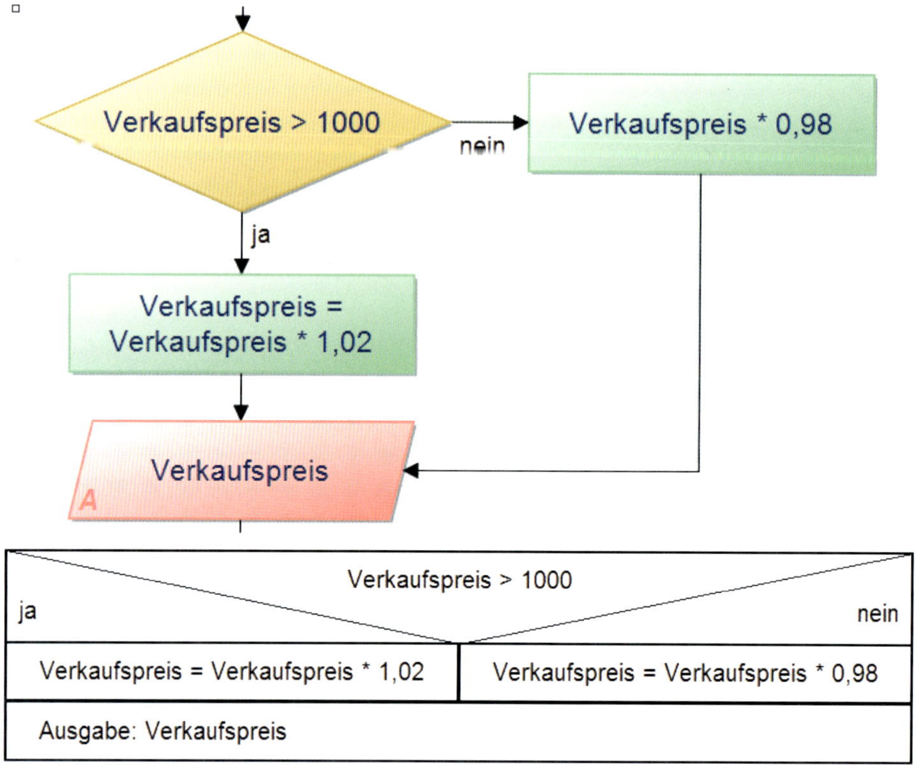


```
UPDATE Lager_C SET Verkaufspreis
= IIf([Verkaufspreis]>1000,[Verkaufspreis]*1.02,[Verkaufspreis]*0.98);
```

```
UPDATE Lager_C SET Verkaufspreis
= If(Verkaufspreis>1000,Verkaufspreis*1.02,Verkaufspreis*0.98);
```

Ergebnis (IF_2 – Lager_C) (Ausschnitt)

A_Nr	Artikelart	Artikel_Bez	Bestand	Einkaufspreis	Verkaufspreis
1000	Schreibtisch	Gabriele	5	800,00	1.420,70
1001	Schreibtisch	Modern	10	456,00	720,88

Problemstellung – Anpassung eines Preises in Abhängigkeit von der Artikelart

Der Preis für Produkte einer bestimmten Artikelart soll um 5 % erhöht werden. Für alle Produkte soll der Preis um 4 % gesenkt werden.

```
UPDATE Lager_C SET Verkaufspreis
= IIf([Artikelart]='Computer',[Verkaufspreis]*1.05,[Verkaufspreis]*0.96);
```

```
UPDATE Lager_C SET Verkaufspreis
= If(Artikelart='Computer', Verkaufspreis*1.05, Verkaufspreis*0.96);
```

Ergebnis (IF_3 – Lager_C)

A_Nr	Artikelart	Artikel_Bez	Bestand	Einkaufspreis	Verkaufspreis
1000	Schreibtisch	Gabriele	5	800,00	1.363,87
1001	Schreibtisch	Modern	10	456,00	692,04
1004	Büroschrank	Aktuell	17	897,00	1.344,01
1005	Drucker	Hanso	12	430,00	681,60
3000	Computer	AGIB HS	10	3.322,93	4.348,45
3001	Computer	Trup AK	5	3.576,00	4.577,23

Problemstellung – Anpassung eines Preises in Abhängigkeit mehrerer Kriterien

Der Preis eines bestimmten Produkts soll in Abhängigkeit von einer Artikelart und dem Einkaufspreis angepasst werden. Dies kann mit und ohne sonstige Anpassungen erfolgen. Alternativ könnte auch eine OR-Bedingung formuliert werden.

```
UPDATE Lager_C SET Verkaufspreis
= IIf ([Artikelart]='Schreibtisch' AND [Einkaufspreis]<700 ,
[Verkaufspreis]*1.05,[Verkaufspreis]);
```

```
UPDATE Lager_C SET Verkaufspreis
= If(Artikelart='Schreibtisch' AND Einkaufspreis<700 ,
Verkaufspreis*1.05,Verkaufspreis);
```

Ergebnis (IF_AND – Lager_C) (Ausschnitt)

A_Nr	Artikelart	Artikel_Bez	Bestand	Einkaufspreis	Verkaufspreis
1000	Schreibtisch	Gabriele	5	800,00	1.363,87
1001	Schreibtisch	Modern	10	456,00	726,64
1004	Büroschrank	Aktuell	17	897,00	1.344,01

Aggregatfunktionen

Mithilfe von Aggregatfunktionen wird z. B. die Summe aller Werte in einem Datenfeld ermittelt. Daten können einzeln genutzt oder verschiedene Daten können gemeinsam genutzt werden.

SQL-Funktion	Beschreibung	Beispiele	Ergebnis
AVG(a)	Der durchschnittliche Wert in einem Datenfeld wird ermittelt.	*AVG(Bestand)*	
COUNT(a)	Die Anzahl der Werte in einem Datenfeld wird ermittelt.	*COUNT(Artikelart)*	
SUM(a)	Die Summe aller Werte eines Datenfelds wird ermittelt.	*SUM(Bestand)*	
MAX(a)	Der maximale Wert in einem Datenfeld wird ermittelt.	*MAX(Bestand)*	
MIN(a)	Der minimale Wert in einem Datenfeld wird ermittelt.	*MIN(Bestand)*	

Problemstellung – Summe des Bestands

Die Summe der Werte eines Datenfelds soll ausgegeben werden.

```
SELECT Sum(Bestand) AS Summe
FROM Lager_C;
```

Ergebnis (SELECT_SUMME_Bestand))

Summe
59

Problemstellung – Anzahl der Werte

Die Anzahl der Werte eines Datenfelds soll ausgegeben werden.

```
SELECT COUNT(Artikelart) AS Anzahl_der_Werte
FROM Lager_C;
```

Ergebnis (SELECT_COUNT_Artikelart)

Anzahl_der_Werte
6

Problemstellung – Summe, Minimum, Maximum und Durchschnitt der Werte

Die Summe, das Maximum usw. der Werte eines Datenfelds sollen ausgegeben werden.

```
SELECT Sum(Bestand) AS Summe, MAX(Bestand) AS Maximum,
MIN(Bestand) AS Minimum, AVG(Bestand) AS Durchschnitt
FROM Lager_C;
```

Ergebnis (SELECT_SUMME_Aggregatfunktionen_Bestand))

Summe	Maximum	Minimum	Durchschnitt
59	17	5	9,83333333333333

Aufgaben

1. Ermitteln Sie den kleinsten Einkaufspreis.
2. Stellen Sie den durchschnittlichen Einkaufspreis fest.
3. Geben Sie mit einem einzigen SQL-Befehl den durchschnittlichen, den niedrigsten und den höchsten Verkaufspreis aus.
4. Runden Sie die Nachkommastellen des Verkaufspreises auf.
5. Bei der Ermittlung eines Zahlungsverzugs (siehe Seite 230) wirkt es störend, dass nicht nur die Tage mit einem Zahlungsverzug, sondern auch alle anderen ausgegeben werden. Realisieren Sie mithilfe der If-Funktion, dass nur benötigte Werte angegeben werden.
6. Stellen Sie alle Daten der Tabelle *Lager* in Großbuchstaben und danach in Kleinbuchstaben dar.
7. Verbinden Sie Daten so, dass Sie für ein Angebot an Kunden genutzt werden können (z. B. *Schreibtisch Gabriele, zum Preis von 1.363,87 €*).

Übungen:

1. Werten Sie die Tabelle *Lager* in der Datenbank *Betrieb* mithilfe von SQL-Befehlen aus.
   a) Die Tabelle wird auf den Seiten *73* bis *76* durch Abfragen ausgewertet. Nehmen Sie diese Auswertungen mit SQL-Befehlen vor.
   b) Führen Sie die Abfragen auf den Seiten *85* bis *89* mithilfe von SQL-Befehlen durch.
   c) Bilden Sie Summen usw. mithilfe von SQL-Befehlen entsprechend den Auswertungen auf der Seite *90*.
2. In der Datenbank *Arbeitsvermittlung* wird die Tabelle *Arbeitnehmer* (siehe Seite *35)* eingerichtet.
   a) Erstellen Sie mithilfe eines SQL-Befehls die identische Tabelle unter dem Namen *Arbeitnehmer_1*.
   b) Fügen Sie mithilfe eines SQL-Befehls die ersten drei Datensätze in die Tabelle (siehe Seite *35)* ein. Ergänzen Sie die Tabellen um ein Datenfeld für den Betrieb, in dem die Arbeitnehmer arbeiten.
   c) Legen Sie die Tabelle *Betriebe_1* an. Fügen Sie mithilfe eines SQL-Befehls die folgenden Datensätze ein:

BNr	Name_1	Name_2	Strasse	PLZ	Ort	ANr
1	Büro Schmitz	Bürobedarf	Salzstr. 765	44894	Bochum	1001
2	Hoffmann AG	Stahlhandel	Güterstr. 23	44145	Dortmund	1002
3	Santel GmbH	Schuhhandel	Sydowstr. 56	44369	Dortmund	

   d) Erstellen Sie eine SQL-Abfrage unter Nutzung der Tabellen *Arbeitnehmer_1* und *Betriebe_1*. Geben Sie alle Datensätze mit Betrieben aus, bei denen Arbeitnehmer beschäftigt sind. Betriebe ohne Arbeitnehmer sollen nicht aufgeführt werden.
   e) Erstellen Sie eine SQL-Abfrage unter Nutzung der Tabellen *Arbeitnehmer_1* und *Betriebe_1*. Geben Sie alle Datensätze der Betriebe aus, außerdem sollen die jeweiligen Arbeitnehmer ausgegeben werden. Betriebe ohne Arbeitnehmer sollen ebenfalls ausgegeben werden.
   f) Erstellen Sie eine SQL-Abfrage unter Nutzung der Tabellen *Arbeitnehmer_1* und *Betriebe_1*. Geben Sie alle Datensätze der Betriebe aus, außerdem sollen die jeweiligen Arbeitnehmer ausgegeben werden. Betriebe ohne Arbeitnehmer sollen ebenfalls ausgegeben werden.
   g) Erstellen Sie eine SQL-Abfrage unter Nutzung der Tabellen *Arbeitnehmer_1* und *Betriebe_1*. Geben Sie alle Datensätze der Arbeitnehmer aus, außerdem sollen die jeweiligen Betriebe ausgegeben werden. Arbeitnehmer, die zzt. in keinem Betrieb beschäftigt sind, sollen ebenfalls ausgegeben werden.
   h) Erstellen Sie eine SQL-Abfrage unter Nutzung der Tabellen *Arbeitnehmer_1* und *Betriebe_1*. Stellen Sie fest, welche Arbeitnehmer beim Betrieb mit der Betriebsnummer 1 beschäftigt sind.
3. Führen Sie in der Tabelle *Arbeitnehmer*, die alle Datensätze enthält, die folgenden Operationen durch:
   a) Lösen Sie die Aufgaben *1f)* bis *1r)* auf der Seite *68* mithilfe von SQL-Befehlen. Bei den Aufgaben *1l)* bis *1o)* nutzen Sie SQL-Befehle für die Auswahl von Daten.
   b) Lösen Sie die Aufgaben *1b)* bis *1l)* auf der Seite *92* mithilfe von SQL-Befehlen.
4. Erstellen Sie die Tabellen der Datenbank *SV_München* (siehe Seite *25*). Geben Sie jeweils einige Datensätze ein. Werten Sie die Datenbank nach eigenen Daten aus. Nutzen Sie für alle Aufgaben SQL-Befehle.

Zusammenfassende Übungen:

1. Aufgabe

Die Daten Ihres Unternehmens werden zurzeit auf Karteikarten geführt. Es hat sich herausgestellt, dass das Anlegen von Karteikarten, um die geschäftlichen Aktivitäten zu erledigen, nicht mehr zeitgemäß und vernünftig ist. Nachfolgend wird die erste Karteikarte abgebildet:

Artikelbezeichnung: *Marena*		
Artikelart: *Teppichboden*	Artikelnummer: *10017*	
Bestand: *237,40* m^2	Mindestbestand: *200,00* m^2	Höchstbestand: *400,00* m^2
Verkaufspreis (pro m^2): *33,24 €*	Verkaufsdatum: *19.08.2013*	
Kunde: *Farben Müller KG*	Name2: *Teppichmarkt*	
Kunden_Nr: *17802*	Anschrift: *Naumannstr. 12, 10234 Berlin*	

1. Der Sachverhalt soll in eine m:n-Beziehung überführt werden. Tragen Sie die einzelnen sich ergebenden Entitäten (Entitätstypen) mit den jeweiligen Attributen ein. Kennzeichen Sie etwaige Primärschlüssel mit einem Unterstrich.

   Hinweis: Die Anzahl der dargestellten Ellipsen ist willkürlich gewählt. Nicht benötigte Ellipsen sind daher nicht zu beschriften.

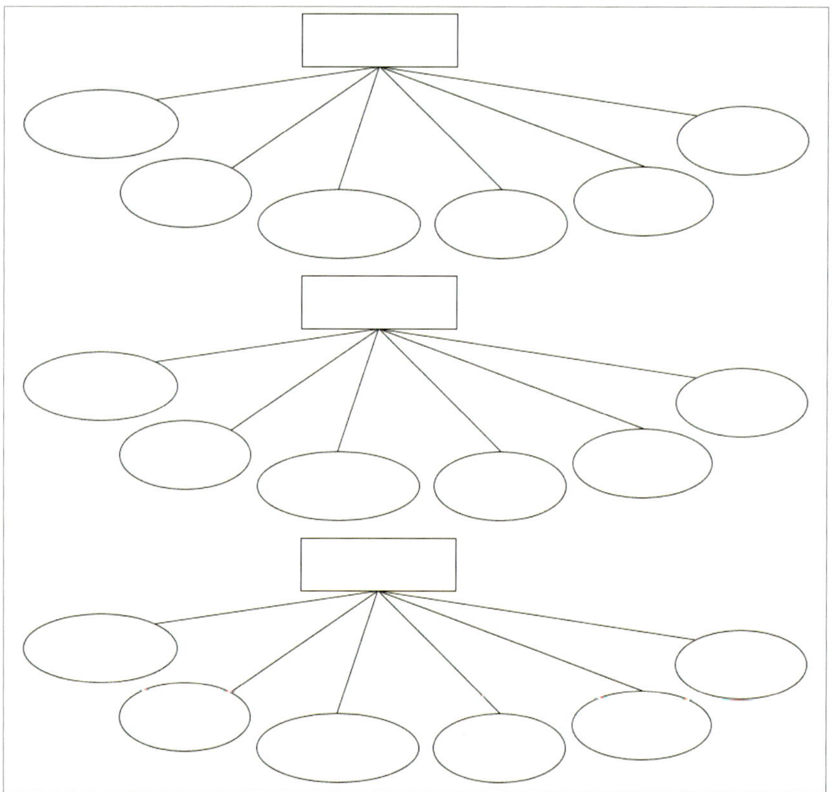

2. Schreiben Sie den gesamten Sachverhalt (Aufgabe 1) in einer Kurznotation.
3. Stellen Sie den Sachverhalt als Entity-Relationsship-Modell (ERM) ohne Attribute dar. Kennzeichen Sie die Entitäten und die Relationship.
4. Erstellen Sie eine Datenbank unter dem Namen *Unternehmen*. Richten Sie die entsprechenden Tabellen ein und stellen Sie die Beziehungen her.
5. Werten Sie die Datenbank durch Abfragen aus.

Zusammenfassende Übungen:

2. Aufgabe

Die Beziehungen zwischen Kursen einer Volkshochschule und den Teilnehmern an den Kursen sollen in einer Datenbank dargestellt werden.

1. Richten Sie eine Datenbank unter dem Namen *VHS* ein.
2. Erstellen Sie aus den Angaben normalisierte Tabellen. Benutzen Sie den jeweils vernünftigsten Datentyp.

Tabelle: *Schüler*

Teilnehmer_Nr	
Name	
Vorname	
Anschrift	
Kurs_Nr	

Tabelle: *Kurse*

Kurs_Nr	
Kursname	
Bereich	
Kursgebühr	

3. Erstellen Sie zwischen den Tabellen eine *1:n-Beziehung*.
4. Geben Sie alle Kurse mit einer Kursgebühr von unter 50,00 € aus.
5. Erhöhen Sie die Gebühren im Bereich Wirtschaft im Datenfeld *Kursgebühr* um 5 %.
6. Richten Sie ein Datenfeld *Neue Kursgebühr* ein. Die Kursgebühren für alle Kurse sollen um 12 % erhöht werden. Berechnen Sie die neuen Kursgebühren.
7. Richten Sie ein neues Datenfeld *Differenz* ein. Ermitteln Sie die Differenz zwischen der neuen und der alten Kursgebühr.
8. Ermitteln Sie die Gesamtsumme der Kursgebühren.
9. Ermitteln Sie die Gesamtsumme der Kursgebühren für die einzelnen Bereiche.

3. Aufgabe

Nach genauer Analyse der Datenbank *VHS* sind Sie zu dem Ergebnis gekommen, dass mehrere Teilnehmer nicht nur einen, sondern mehrere Kurse besuchen und es daher unter anderem zu Datenredundanzen kommt. Sie wollen daher den Sachverhalt in einer *m:n-Beziehung* darstellen.

1. Stellen Sie den Sachverhalt in einem ER-Diagramm dar.
2. Erstellen Sie eine Datenbank unter dem Namen *VHS_2*.
3. Erstellen Sie die notwendigen Tabellen und die sich ergebenden Beziehungen.
4. Werten Sie die Datenbank durch Abfragen aus. Erstellen Sie Formulare und Berichte.

4. Aufgabe

Erstellen Sie die Datenbank *SV_München* (siehe Seite 25). Werten Sie die Datenbank durch sinnvolle Abfragen aus. Erstellen Sie außerdem Formulare und Berichte.

1

A

B

D

E

F

G

I

J

K

L

M

N